本书出版得到

国家重点文物保护专项补助经费资助

京沪高速铁路山东段
考古报告集

山东省文物考古研究院　编著

文物出版社

图书在版编目（CIP）数据

京沪高速铁路山东段考古报告集／山东省文物
考古研究院编著 . —北京：文物出版社，2017. 11
ISBN 978 - 7 - 5010 - 5420 - 6

Ⅰ . ①京…　Ⅱ . ①山…　Ⅲ . ①考古发掘 - 发掘报告 -
山东　Ⅳ . ①K872. 520. 5

中国版本图书馆 CIP 数据核字（2017）第 276424 号

京沪高速铁路山东段考古报告集

编　　著：山东省文物考古研究院

责任编辑：杨新改　秦　彧
封面设计：李　红
责任印制：张道奇
责任校对：安艳娇

出版发行：文物出版社
社　　址：北京市东直门内北小街 2 号楼
邮　　编：100007
网　　址：http://www. wenwu. com
邮　　箱：web@ wenwu. com
经　　销：新华书店
印　　刷：北京荣宝燕泰印务有限公司
开　　本：889mm×1194mm　1/16
印　　张：34. 5
插　　页：1
版　　次：2017 年 11 月第 1 版
印　　次：2017 年 11 月第 1 次印刷
书　　号：ISBN 978 - 7 - 5010 - 5420 - 6
定　　价：450. 00 元

本书编辑委员会

目　　录

济南彭家庄遗址 2008 年发掘报告

山东省文物考古研究院

彭家庄遗址位于济南市槐荫区段店镇彭家庄、小饮马、演马庄三村交界处，地理坐标为北纬
36°40′41.88″、东经 116°53′29.04″。这里位于济南西郊，其南面 3.5 千米即为经十西路，西、北侧
则为济南绕城高速公路，现又为京沪高铁济南西客运站所在（图一）。

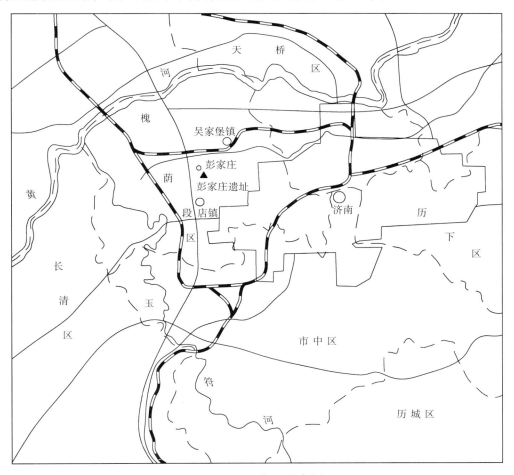

图一 遗址位置示意图

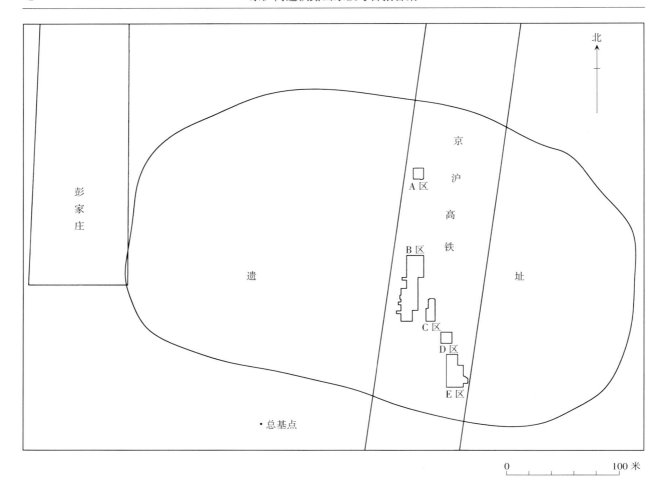

图二　遗址发掘区位置示意图

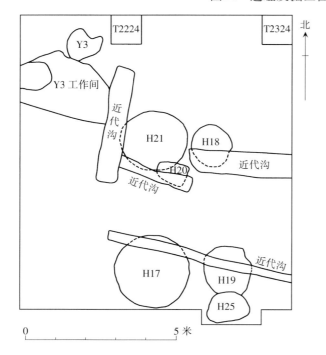

图三　A 区遗迹分布图

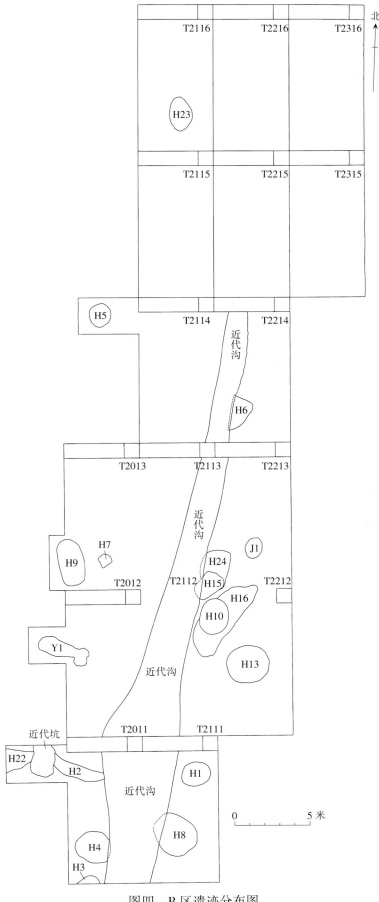

北

T2116　　　T2216　　　T2316

H23

T2115　　　T2215　　　T2315

H5

T2114　　　T2214

近代沟

H6

T2013　　　T2113　　　T2213

近代沟

H7　　　　　　　　　　J1

H9　　　　　　　　H24

T2012　　　T2112　H15　　T2212

H16

H10

Y1

H13

近代沟

近代坑　　T2011　　T2111

H22　　　　　　　　　H1

H2

近代沟

0　　　　　5 米

H8

H4

H3

图四　B 区遗迹分布图

　　济南属于暖温带气候区，年平均气温 14.7℃，年平均降水量 671.1 毫米。为春季风多干燥、夏季炎热多雨、秋季天高气爽、冬季干冷期长、雨量集中、四季分明但春秋季短冬夏季长的大陆性季风气候。遗址所在地属鲁中山地与鲁西北平原交接的山前地带，北面是小清河与黄河，西面有玉符河，周围地势平坦，土壤肥沃，宜于灌溉。

　　遗址为在配合铁路建设的调查中发现的。发掘之前，为了解遗址整体的文化堆积状况，进行了为期 3 天的钻探。发现彭家庄遗址平面呈不太规则的椭圆形，东西长约 450、南北宽约 300 米，面积近 11 万平方米。其西部被彭家庄占压一部分，京沪高铁南北纵贯遗址中部，其余则为耕地、果园或苗圃（彩版一，1）。钻探工作结束后，于 8 月 30 日～11 月 6 日对遗址进行了发掘。

　　这次发掘选取钻探结果较为理想的五个地点以正方向布方，分别称为 A、B、C、D、E 五个区（图二）。总坐标基点设在遗址南部，遗址整个都包括在第一、第四象限内，探方以四位数字编号，前两位为 X 轴，后两位为 Y 轴。A 区包括 T2224、T2324；B 区包括 T2116、T2216、T2316、T2115、T2215、T2315、T2114、T2214、T2013、T2113、T2213、T2012、T2112、T2212、T2011、T2111；C 区 包 括 T2511、T2512；D 区 包 括 T2709、T2809；E 区 包 括 T2805、T2905、T3005、T2806、T2906、T3006、T2807、T2907。除 T2224 为 4 米 × 10 米，T2511、T2512 为 6 米 × 10 米探方外，其他皆为 5 米 × 10 米探方。共开探方 30 个，包括扩方，实际发掘面积约 1560 平方米。

　　发掘区文化堆积以岳石文化遗存为主，还有少量龙山文化、商周时期的灰坑等。所清理遗迹主要有灰坑（附表）、灰沟、水井、陶窑和墓葬等（图三～七）。出土遗物多陶、石两类，另见少量骨器及兽骨、植物等自然和人工遗存。

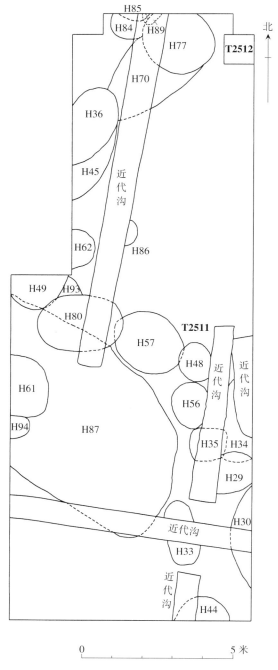

图五　C 区遗迹分布图

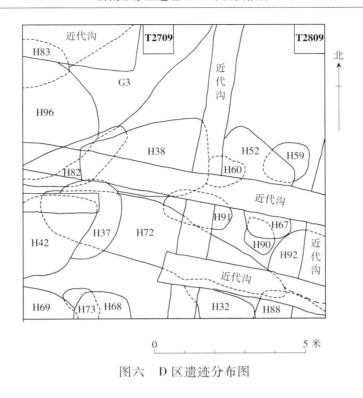

图六　D 区遗迹分布图

一　地层堆积

文化堆积普遍较薄，地层简单，除灰坑等遗迹外，一般厚约 0.5～0.8 米。A、B 两区，在我们进驻工地之前，上部文化层即为工程部门破坏，遗迹直接暴露出来。C 区不见文化层，耕土层下即发现遗迹，唯有 D、E 两区分布古代文化层。下面以 D、E 两区为例，对遗址的地层堆积予以介绍。

（一）D 区

现以 T2709～T2809 的南壁剖面为例予以说明（图八）：

第 1 层：耕土层，灰褐色，结构疏松。厚 0.2～0.4 米。

第 2 层：黄色土，土质松软而较细腻，含少量生黄土块、烧土粒、木炭灰等。该层基本遍及两个探方，厚 0.15～0.35 米。包含物较杂，属近代层。开口于该层下的遗迹有 H32、H68、H69 等。

第 3 层：灰褐色土，结构疏松，包含物较少。该层仅分布在 T2709 中东部、T2809 中西部，形状不规则，在两探方南壁剖面上未见有分布，厚约 0.2 米。出土遗物有豆、罐等陶片，属岳石文化堆积。

第 4 层：黄褐色粉沙土，土质较致密且纯净，包含物较少。该层仅分布于 T2709、T2809 的南部，厚 0.05～0.4 米。出土遗物极少，可见少量岳石文化碎陶片，属岳石文化堆积。

第 4 层下为黄色生土。

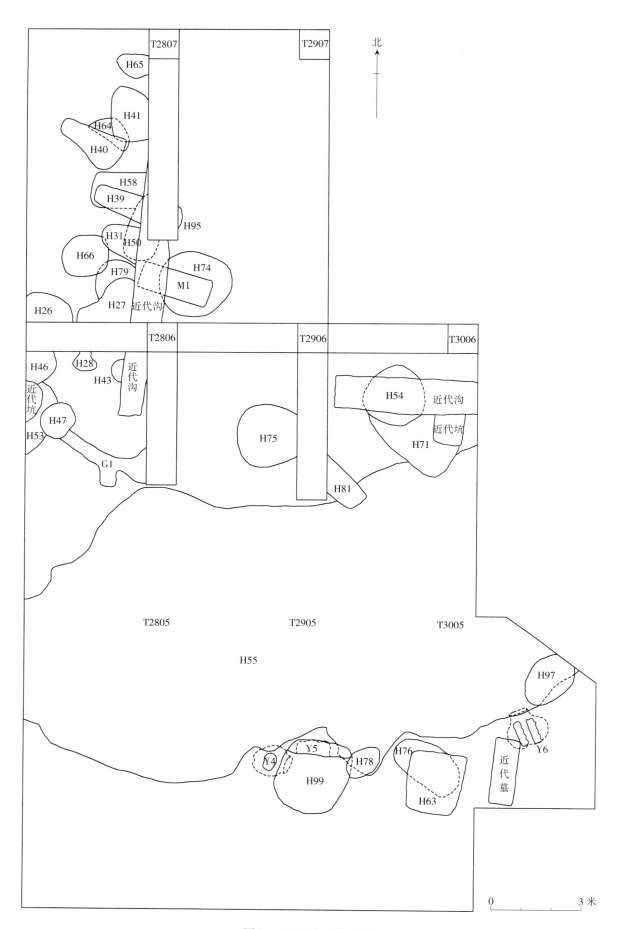

图七　E区遗迹分布图

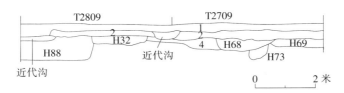

图八　D 区 T2709～T2809 南壁剖面图

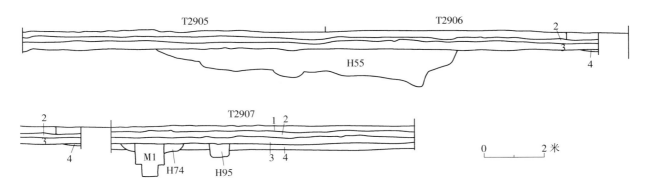

图九　E 区 T2905～T2907 西壁剖面图

（二）E 区

此区位于遗址的东南部。耕土层下一般都分布有第 2 层和第 3 层，在 T2807 东部、T2907 西部这一小片区域内分布有第 4 层。下面以 T2905～T2907 的西壁为例予以说明（图九）。

第 1 层：耕土层，灰褐色，结构疏松。厚 0.12～0.35 米。

第 2 层：黄色土，土质松软且细腻，包含少量烧土粒、木炭灰等。厚 0.1～0.25 米。出土物较杂，属近代文化层。

第 3 层：灰褐色粉沙黏土，质地紧密，偶见有黄土块等。该层普遍存在，厚 0.12～0.4 米。出土遗物较少，有陶豆、罐、鼎、盆等残片，属岳石文化层。开口于该层下的遗迹有 H55、H74、H95、M1 等。

第 4 层：黄褐色粉沙黏土，土质致密且较纯净，包含物很少。该层仅分布于 T2807 东部、T2907 西部，厚 0.15～0.2 米。出土遗物皆为陶片，属岳石文化层。

第 4 层下为黄色粉沙生土。

二　龙山文化遗存

（一）遗迹

均为灰坑，3 座，皆位于 A 区。

H21　位于 T2324 与 T2224 之间。被 H20 和近代沟打破，打破生土。坑口呈圆形，直壁，平底。口径 2.2、深 0.8 米。坑内填黄褐色粉沙土，结构疏松，内含少量炭屑。出土陶片较多，可辨器形有陶鼎、盂、子母口罐等（图一○；彩版一，2）。

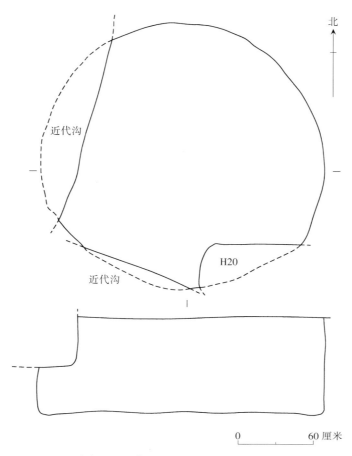

图一〇　龙山文化 H21 平、剖面图

H19　位于 T2324 东南部。被 H25 和一近代沟打破,打破生土。坑口呈不规则圆形,壁稍斜而不规则,平底。口径 1.7、深 0.6 米。坑内填黄褐色粉沙土,结构疏松,内含少许红烧土粒及炭屑,在坑底西北部有两副猪下颌骨。出土陶片可辨器形有直口罐、圈足盒等(图一一;彩版一,3)。

H25　位于 T2324 及向南扩方部分。打破 H19 和生土。坑口呈不规则形,直壁,平底。口径 1.74、深 0.6 米。填土可分 4 层:第 1 层为浅灰褐色粉沙土,结构疏松,内含少许炭屑,厚 0.06 ~ 0.24 米;第 2 层为深灰褐色粉沙土,结构疏松,内含少许烧土粒,厚 0.05 ~ 0.12 米;第 3 层为浅灰褐色粉沙土,结构疏松,内含少许炭屑,厚 0.05 ~ 0.18 米;第 4 层为深灰褐色粉沙土,结构疏松,内含少许炭屑和烧土颗粒,厚 0.14 ~ 0.22 米。出土陶器器形有扁腹罐、碗、双耳罐等(图一二)。

(二)遗物

出土遗物皆为陶器,修复 8 件。

鼎　1 件。

H21:3,夹砂灰陶。侈口,卷沿,方唇,罐形腹,足残。唇面有凹槽。口径 12.4、残高 13.1 厘米(图一三,1)。

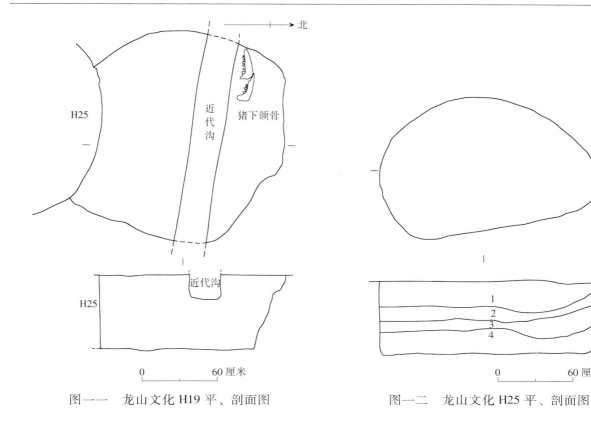

图一一　龙山文化 H19 平、剖面图　　　　图一二　龙山文化 H25 平、剖面图

扁腹罐　1 件。

H25：3，泥质灰陶。口微侈，卷沿，近方唇，颈稍长，圆肩，鼓腹，腹部一侧被压扁，底残。器表有篦状刮痕。口径 15.5、残高 21.7 厘米（图一三，2；彩版二，1）。

子母口罐　1 件。

H21：5，夹砂灰陶。子口，圆唇，鼓腹，底残。沿内有两周凹槽。器表有篦状刮痕。口径 30.8、残高 27.5 厘米（图一四，1）。

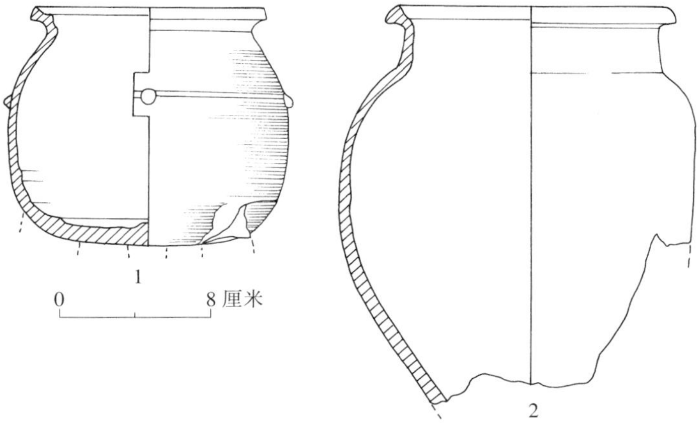

双耳罐　1 件。

图一三　龙山文化陶器
1. 鼎（H21：3）　2. 扁腹罐（H25：3）

H25：2，泥质灰褐陶。窄沿，圆唇，近直颈，宽圆肩，深腹，平底，上腹有一对宽横耳。上腹饰两周细凹弦纹，双耳饰刻划纹。口径 16.4、底径 11.8、高 31.8 厘米（图一四，3；彩版二，2）。

直口罐　1 件。

H19：3，泥质灰陶。直口稍外倾，方唇，圆肩，深腹，底残。沿外有两周凹槽，肩部饰一周细凹弦纹。器表有篦状刮痕。口径 29.4、残高 19.7 厘米（图一四，2）。

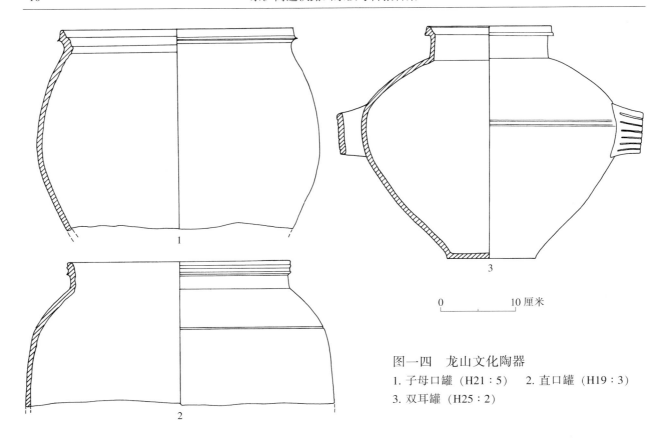

图一四　龙山文化陶器
1. 子母口罐（H21：5）　2. 直口罐（H19：3）
3. 双耳罐（H25：2）

圈足盒　1件。

H19：2，泥质黑陶。直子口，尖圆唇，大圜底，圈足较直。圈足上部饰一周凸弦纹。轮制。
口径26.5、足径26.1、高9.3厘米（图一五，3；彩版二，3）。

盂　1件。

H21：2，泥质黑灰陶。侈口，卷沿，尖圆唇，有颈，圆肩外鼓，鼓腹，平底稍内凹。轮制。
口径13.6、底径6.6、高7.4厘米（图一五，1；彩版二，4）。

碗　1件。

H25：1，泥质红胎黑皮陶。敞口，圆唇，圆折腹，平底稍内凹。口径14.6、底径6.1、高7.4
厘米（图一五，2；彩版二，5）。

三　岳石文化遗存

（一）遗迹

主要遗迹为灰坑、灰沟、水井、陶窑、墓葬。

1. 灰坑

88座。坑口平面有圆形、椭圆形、长方形、梯形和异形五种，其中以圆形、椭圆形和异形居

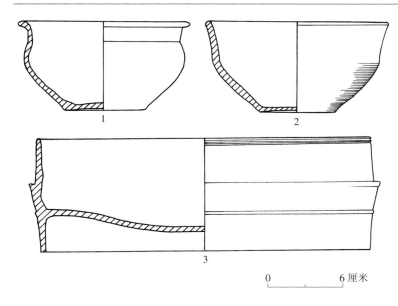

图一五　龙山文化陶器

1. 盂（H21：2）　2. 碗（H25：1）　3. 圈足盒（H19：2）

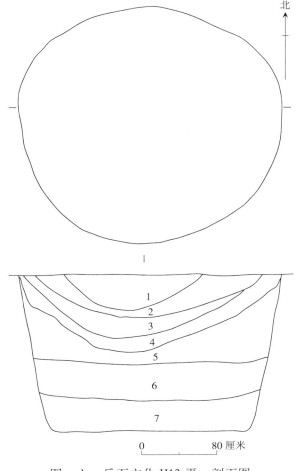

图一六　岳石文化 H13 平、剖面图

多，长方形、梯形者较少。口径大小不一，小者不到 1 米，大者近 20 米。深度多在 1 米以内，个别深者接近 2.2 米。坑内多填褐色土，结构疏松致密不一，内含一定数量的草木灰、炭屑、陶片及红烧土颗粒。

（1）圆形灰坑

25 座。

H13　位于 T2212 中部。打破生土。坑口略不规整，斜壁，平底。口径 2.78、深 1.7 米。填土分 7 层：第 1 层为深灰褐色粉沙土，结构疏松，内含少许红烧土颗粒和大量草木灰，厚 0.01～0.38 米；第 2 层为浅灰褐色粉沙土，结构较疏松，内含少许红烧土颗粒和炭屑，厚 0.01～0.3 米；第 3 层为深灰褐色粉沙土，结构较疏松，厚 0.01～0.24 米；第 4 层为浅灰褐色粉沙土，结构较致密，内含少许炭屑和红烧土颗粒，厚 0.05～0.16 米；第 5 层为红褐色粉沙土，结构较致密，内含少许烧土粒和炭屑，厚 0.14～0.86 米；第 6 层为黄褐色粉沙土，结构较疏松，内含少许烧土粒和少量蚌壳，厚 0.34～0.4 米；第 7 层为灰褐色黏土，结构较疏松，内含少许烧土粒、蚌壳和大量炭屑，厚 0.34～0.44 米。出土遗物可辨器形有陶甗、中口罐、球腹罐、鼓腹盆及石镰、条形石器等（图一六；彩版三，1）。

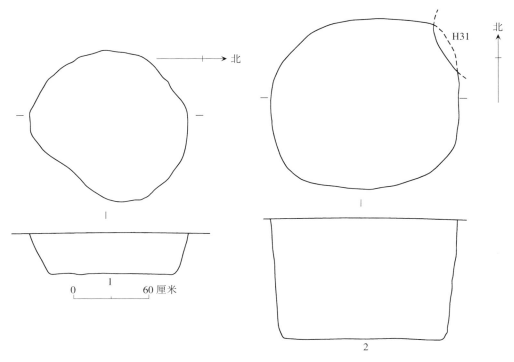

图一七　岳石文化 H47、H66 平、剖面图
1. H47　2. H66

H47　位于 T2806 西部。开口于第 3 层下，打破 H53、G1 和生土。坑口不规则，斜壁，平底。口径 1.25、深 0.34 米。坑内填灰褐色粉沙土，结构较致密，内含红烧土颗粒和草木灰（图一七，1）。

H54　位于 T3006 北部。开口于第 3 层下，被一近代沟打破，打破 H71 和生土。坑口呈圆形，坑壁近直，未见加工痕迹，下部稍外斜而略呈袋状，平底。口径 2、深 2.2 米。坑内填黄褐色细沙土，结构较疏松，内含少量的红烧土颗粒及极少量的炭屑（图一八；彩版三，2）。

H66　位于 T2807 南部。开口于第 2 层下，被 H31 打破，打破 H79、第 3 层和生土。斜壁，平底。口径 1.5、深 1 米。坑内填深灰褐色粉沙土，内含有红烧土块等。出土陶器器形有鼓腹盆、球腹罐等（图一七，2；彩版三，3）。

H77　位于 T2512 北部。开口于第 1 层下，被一近代沟打破，打破 H70、H84、H89 和生土。坑口呈圆形，斜壁，平底。口径 2.4、深 1.2 米。坑内填深灰褐色粉沙土，夹杂有少量黄土块，内含大量草木灰及少许蚌壳。出土陶器器形有异形罐、鼓腹盆、覆锅式器盖等（图一九，1）。

H99　位于 T2905、T3005 之间。开口于第 3 层下，被 H78 打破，打破 Y4、Y5、H55 和生土。坑口不太规则，除北部上半部呈弧壁外，其他壁面为斜壁，平底。口径 3、深 1 米。坑内填灰褐色粉沙土，结构较疏松，内含大量的红烧土颗粒、木炭碎屑等（图一九，2）。

（2）椭圆形灰坑

26 座。

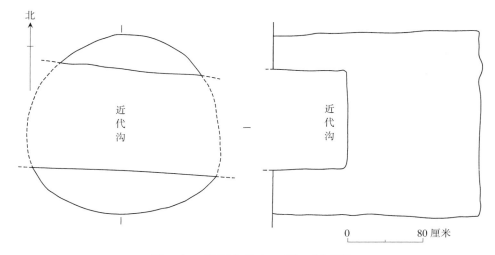

图一八　岳石文化 H54 平、剖面图

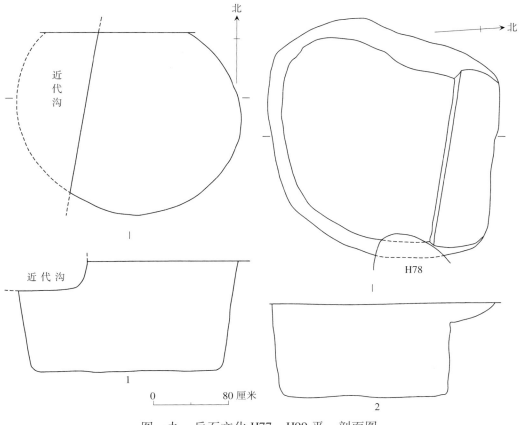

图一九　岳石文化 H77、H99 平、剖面图
1. H77　2. H99

H1　位于 T2111 东北部。打破生土。坑口不太规则，上壁内斜，下壁近直，平底。口部长径1.9、短径 1.6、深 1.5 米。填土可分 8 层，皆含有少许红烧土颗粒和陶片：第 1 层为深灰褐色粉沙土，结构疏松，厚 0.01～0.28 米；第 2 层为灰褐色粉沙土，结构疏松，厚 0.01～0.5 米；第 3层为浅黄褐粉沙土，结构疏松，厚约 0.14 米；第 4 层为黄褐色粉沙土，结构较疏松，厚 0.1～

0.18 米；第 5 层为红褐色细沙土，结构疏松，厚约 0.2 米；第 6 层为红褐色淤土，结构疏松，厚 0.22~0.3 米；第 7 层为黄褐色粉沙土，结构疏松，厚 0.01~0.2 米；第 8 层为浅灰褐色粉沙土，结构较疏松，厚 0.14~0.26 米。出土遗物可辨器形有陶鼎、碗、鼓腹盆、小罐、三足杯等陶器和石器残片（图二〇）。

H4　位于 T2011 南部。被近代沟打破，打破生土。坑口不规则，直壁，平底。口部长径 2.36、短径 2.16、深 0.6 米。填土可分 4 层：第 1 层为灰褐色粉沙土，结构较疏松，内含陶片及少量的红烧土颗粒及草木灰，厚 0.01~0.14 米；第 2 层为灰褐色细沙土，结构较疏松，内含少量烧土粒、少许兽骨及陶片，厚 0.08~0.24 米；第 3 层为黄褐色粉沙土，结构疏松，土质较纯净，内含有淤土块和少量陶片，厚 0.2~0.48 米；第 4 层为灰褐色粉沙土，结构疏松，厚 0.05~0.14 米，内含少许兽骨、木炭粒和较多烧土块、草拌泥块、草木灰。出土陶器器形有中口罐、簋等（图二一；彩版三，4）。

H8　位于 T2111 中部。被一近代沟打破，打破生土。壁稍斜，平底。口部长径 3.05、短径 2.4、深 1.5 米。填土可分 3 层：第 1 层为灰褐色粉沙土，结构较疏松，内含少量烧土颗粒及极少

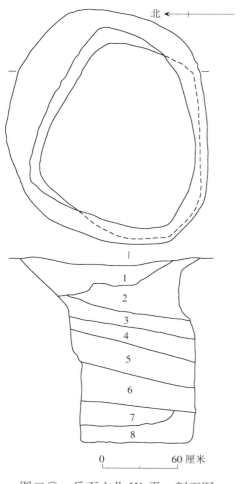

图二〇　岳石文化 H1 平、剖面图

图二一　岳石文化 H4 平、剖面图

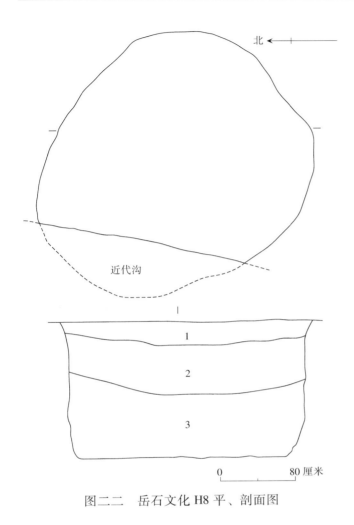

图二二　岳石文化 H8 平、剖面图

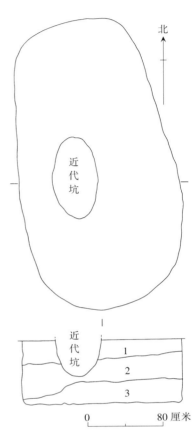

图二三　岳石文化 H9 平、剖面图

量炭屑，厚 0.1～0.26 米；第 2 层为灰褐色沙土，结构较疏松并有淤土块，含有少量炭屑和少许红烧土粒，厚 0.4～0.47 米；第 3 层为灰褐色沙土，夹黄土块，含少许兽骨和草木灰，厚 0.7～0.84 米。出土陶片较多，复原器形有鼎、大平底盆、鼓腹盆、壶等（图二二）。

　　H9　位于 T2013 西南部及向西扩方部分。中部被一近代坑打破，打破生土。直壁，平底。口部长径 3.2、短径 1.7、深 0.7 米。填土可分 3 层：第 1 层为黄褐色沙土，结构较疏松，内含少量红烧土颗粒和少许草木灰，厚 0.14～0.26 米；第 2 层为灰褐色沙土，结构疏松，内含少量红烧土块及大量草木灰，厚 0.26～0.4 米；第 3 层为黄褐色沙土，结构较疏松，内含大量草木灰，厚 0.07～0.26 米。出土陶器有鼓腹盆等（图二三）。

　　H10　位于 T2112、T2212 之间。打破 H16 和生土。弧壁，圜底。口部长径 2.45、短径 1.85、深 0.7 米。填土可分为 4 层：第 1 层为浅灰色粉沙土，结构较致密，内含大量草木灰和烧土颗粒，厚 0.01～0.26 米；第 2 层为红褐色粉沙土，结构疏松，厚 0.01～0.16 米；第 3 层为灰褐色粉沙土，夹黄沙土块，内含少许蚌壳、炭屑及大量烧土颗粒，厚 0.24～0.54 米；第 4 层为浅灰褐色粉沙土并夹杂黄黏土和黄沙土块，内含少许烧土粒和蚌壳，厚 0.04～0.14 米。出土大量陶片，复原

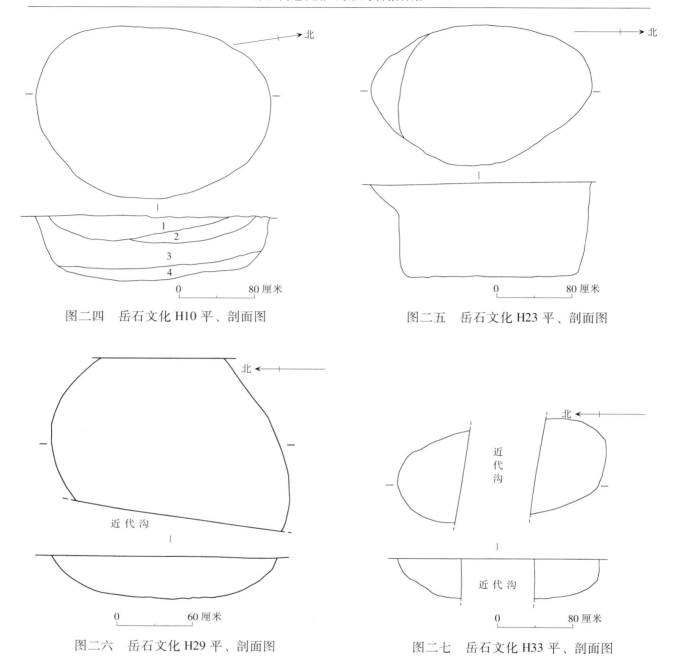

图二四　岳石文化 H10 平、剖面图　　　　　图二五　岳石文化 H23 平、剖面图

图二六　岳石文化 H29 平、剖面图　　　　　图二七　岳石文化 H33 平、剖面图

器形有大平底盆、鼓腹盆、碗、覆锅式器盖等（图二四）。

　　H23　位于 T2116 南部。打破生土。壁近直，平底。口部长径 2.3、短径 1.5、深 1 米。坑内填灰褐色黏土，结构较疏松，内含极少的烧土粒和蚌壳碎片。出土陶器器形有中口罐、盂等（图二五；彩版三，5）。

　　H29　位于 T2511 东部。开口于第 1 层下，被近代沟打破，打破 H34、H35 和生土。坑口不规则，弧壁，圜底。口部最大径 1.68、深 0.3 米。坑内填黑褐色粉沙土，结构较疏松，内含草木灰（图二六）。

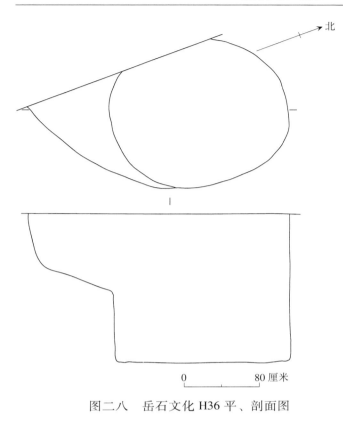

图二八　岳石文化 H36 平、剖面图

H33　位于 T2511 东南部。开口于第 1 层下，被一近代沟打破，打破生土。弧壁，大圜底。坑口长径 2.15、短径 1.05、深 0.43 米。坑内填灰褐色粉沙土，结构较疏松，内含少许草木灰（图二七）。

H36　位于 T2512 西北部。开口于第 1 层下，打破 H45、H70 和生土。坑口不规则，除南部上壁呈弧形外，其他皆为直壁，平底。口部最大径 2.8、深 1.6 米。坑内填黄褐色粉沙土，含较多细沙，结构较疏松，内含少许蚌壳和草木灰。出土陶器复原器形有中口罐、大平底盆等（图二八）。

H48　位于 T2511 东北部。开口于第 1 层下，被一近代沟打破，打破 H57 和生土。弧壁，圜底。口部最大径 1.4、深 0.43 米。坑内填灰褐色粉沙土，内夹黄土小块，含有少许红烧土粒和草木灰（图二九，1）。

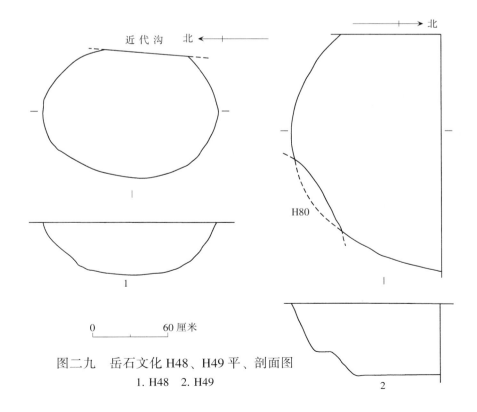

图二九　岳石文化 H48、H49 平、剖面图
1. H48　2. H49

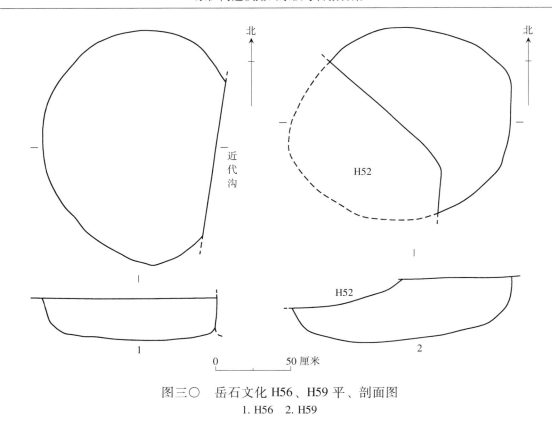

图三〇　岳石文化 H56、H59 平、剖面图
1. H56　2. H59

H49　位于 T2512 向西扩方部分。开口于第 1 层下，被 H80 打破，打破 H87、H93 和生土。斜壁有台阶，平底。口部最大径 2.1、深 0.6 米。坑内填黑褐色粉沙土，结构较致密，内含少许烧土粒及草木灰。出土陶片可辨器形有中口罐等（图二九，2）。

H56　位于 T2511 北部。开口于第 1 层下，被一近代沟打破，打破生土。弧壁，大圜底。口部最大径 1.6、深 0.3 米。坑内填灰褐色粉沙土，夹杂有淤土块及草木灰（图三〇，1）。

H57　位于 T2511、T2512 之间。开口于第 1 层下，被 H48、H80 打破，打破生土。弧壁，平底。口部长径 2.4、短径 1.92、深 1.88 米。坑内填浅灰褐色粉沙土，夹杂少量黄土块，结构较致密，内含红烧土颗粒及草木灰。出土遗物可辨器形有陶中口罐、子母口罐、鼓腹盆、盂、浅盘豆及石器残片等（图三一；彩版三，6）。

H59　位于 T2809 东部。开口于第 2 层下，被 H52 打破，打破生土。坑口不太规则，弧壁，大圜底。坑口长径 1.5、短径 1.3、深 0.43 米。坑内填浅灰褐色粉沙土，结构较致密，内含少许炭屑和少量烧土颗粒（图三〇，2）。

H61　位于 T2511 西扩方部分。开口于第 1 层下，打破 H94 和 H87。斜壁，平底。方内坑口最大径 2.26、深 0.84 米。坑内填深灰褐色粉沙土，内含草木灰。出土陶器可辨器形有中口罐、鼓腹盆、盘等（图三二，1）。

H78　位于 T3005 西部。开口于第 3 层下，打破 H55、H99 和生土。直壁，平底。口部长径 1.26、短径 0.88、深 0.42 米。坑内填黄褐色粉沙土，内含少许红烧土颗粒及极少木炭屑（图三二，2）。

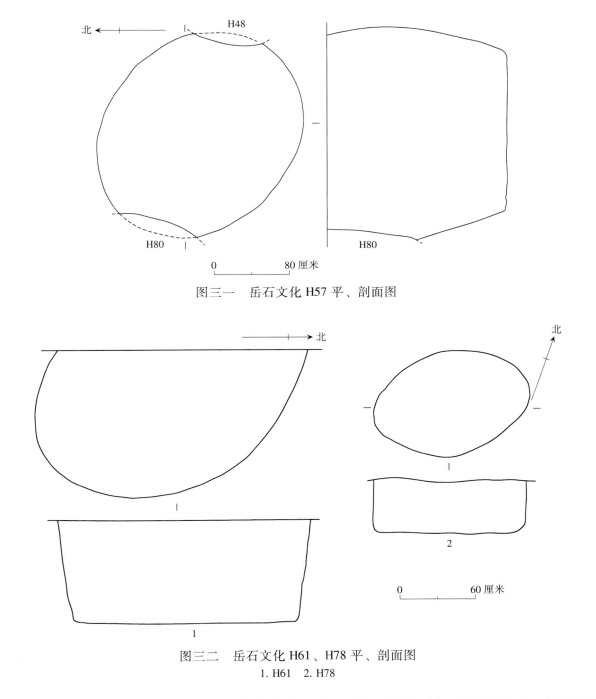

图三一　岳石文化 H57 平、剖面图

图三二　岳石文化 H61、H78 平、剖面图
1. H61　2. H78

　　H80　位于 T2511、T2512 之间及西扩方部分。开口于第 1 层下，被一近代沟打破，打破 H49、H57、H87、H93 及生土。斜壁，平底。口部长径 2.8、短径 2.1、深 1.1 米。坑内填浅灰褐色粉沙土，夹杂有少量黄土块，结构较疏松，内含少许蚌壳、兽骨与草木灰（图三三）。

　　H91　位于 T2709、T2809 之间。开口于第 3 层下，被 H38、H72 及近代沟打破叠压，打破生土。坑口不规则，斜壁，底稍斜。口部长径 2.2、短径 1.3、深 0.3 米。坑内填灰褐色粉沙土，结构较疏松，内含少许红烧土粒及少量炭屑（图三四）。

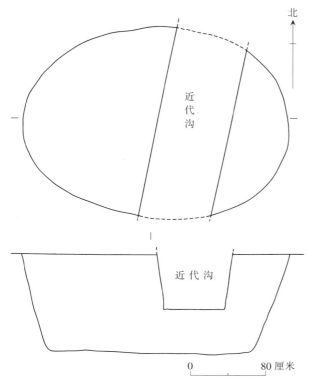

图三三　岳石文化 H80 平、剖面图

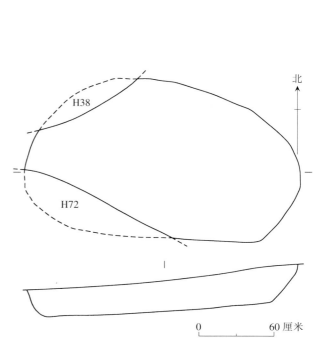

图三四　岳石文化 H91 平、剖面图

（3）长方形灰坑

4 座。

H35　位于 T2511 东部。开口于第 1 层下，被 H29、H34 和一近代沟打破，打破生土。坑口近圆角正方形，弧壁，圜底。口部东西长 1.24、南北宽 1.16、深 0.8 米。坑内填黑褐色粉沙土，夹少量黄土块，结构较疏松，内含草木灰（图三五）。

H38　位于 T2709、T2809 之间。开口于第 3 层下，被 H37 打破，打破 H60、H91、H82、H96 和生土。坑口不太规则，弧壁，圜底。口部东西长 4.1、南北宽 2.5、深 0.45 米。坑内填浅灰褐色粉沙土，结构较致密，内含少许红烧土粒和炭屑。出土陶片可辨器形有盂等（图三六）。

H58　位于 T2807 东部。开口于第 2 层下，被 H39、H50 和一近代沟打破，打破第 3 层及生土。坑口略呈长方形，直壁，平底。口部东西残长 1.7、南北宽 1.14、深 0.85 米。坑内填灰褐色粉

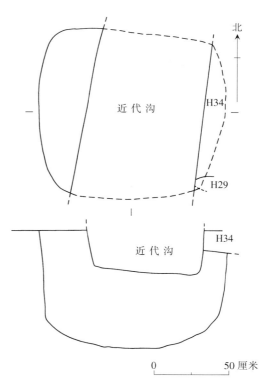

图三五　岳石文化 H35 平、剖面图

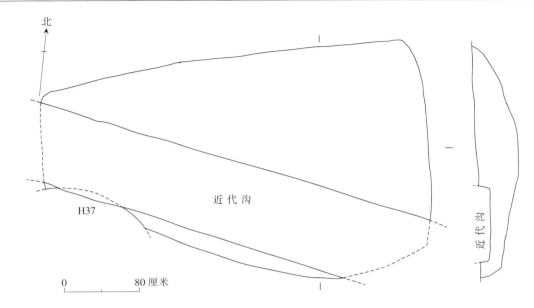

图三六　岳石文化 H38 平、剖面图

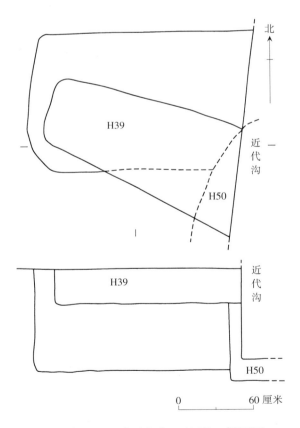

图三七　岳石文化 H58 平、剖面图

沙土，结构较疏松（图三七）。

（4）梯形灰坑

2 座。

H39　位于 T2807 东部。开口于第 2 层下，被一近代沟打破，打破 H50、H58、第 3 层和生土。壁稍斜，平底。口部东西残长 1.7、南北宽 0.4～0.84、深 0.3 米。坑内填灰褐色粉沙土，结构较致密，内含红烧土块（图三八）。

H63　位于 T3005 东部。开口于第 3 层下，打破 H76 和生土。近直壁，东部平底，西部底不平。口部南北长 2.12、东西宽 1.6～2.1、深 0.8 米。填土可分 2 层：第 1 层为黄褐色粉沙土，夹杂大量细黄沙，结构较致密，内含少量炭屑和少许烧土，厚 0.4 米；第 2 层为浅灰褐色细沙土，夹杂有水锈，结构较致密，内含少许红烧土粒及炭屑，厚 0.26 米。出土陶片可辨器形有盖纽等（图三九）。

（5）异形灰坑

32 座。

H7　位于 T2013 南部。打破生土。弧边方形，斜壁，底略不平。口部最大径 0.96、深 0.3 米。坑内填灰褐色粉沙土，结构疏松，内含少许陶片、烧土粒和草木灰（图四〇）。

H15　位于 T2213、T2113、T2112、T2212 之间。被一近代沟打破，打破 H24 和生土。坑口近

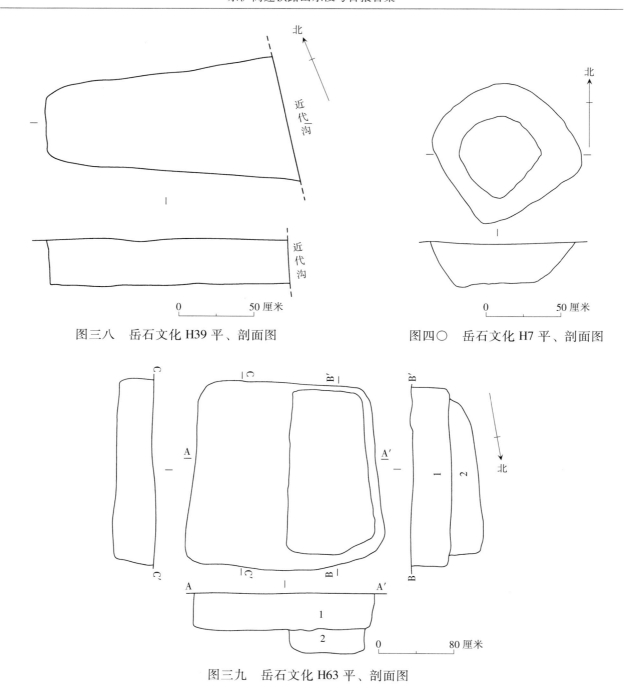

图三八　岳石文化 H39 平、剖面图　　　　　　图四〇　岳石文化 H7 平、剖面图

图三九　岳石文化 H63 平、剖面图

圆角长方形，斜壁，平底。口部最大径 2.04、深 0.88 米。填土可分为 4 层：第 1 层为深灰色粉沙土，结构较致密，内含大量红烧土颗粒和炭屑，厚 0.01～0.26 米；第 2 层为深灰褐色粉沙土，结构较疏松，内含少许红烧土粒和零星炭屑，厚 0.16～0.22 米；第 3 层为黑褐色粉沙土，结构较致密，内含少许炭屑和红烧土颗粒，厚 0.05～0.26 米；第 4 层为黄褐色细沙土，结构较疏松，内含少许炭屑，厚 0.24～0.68 米。出土遗物复原器形有陶小口罐、大平底盆、壶等（图四一）。

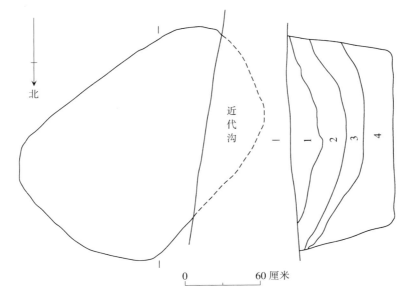

图四一　岳石文化 H15 平、剖面图

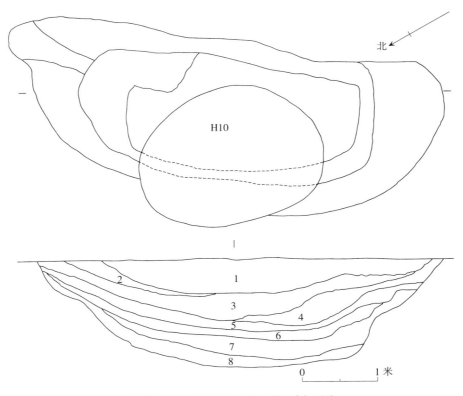

图四二　岳石文化 H16 平、剖面图

　　H16　位于 T2112、T2212、T2213 之间。被 H10 打破，打破生土。坑口呈不规则长条形，斜壁阶状内收，南壁较缓，余者较陡，底不平。口部最大径 5.7、深 1.47 米。填土可分为 8 层，皆含较多的水锈斑点：第 1 层为浅灰褐色粉沙土，夹杂黄黏土块，结构较致密，含少许烧土粒、炭屑和蚌壳，厚 0.01 ~ 0.46 米；第 2 层为灰褐色粉沙土，结构疏松，内含少许炭屑和较多草木灰，厚 0.01 ~ 0.24 米；第 3 层为浅灰褐色粉沙土，结构较疏松，内含少许烧土粒、兽骨和炭屑，厚 0.01 ~ 0.36 米；第 4 层为黄褐色粉沙土，结构较致密，内含少许烧土粒，厚 0.01 ~ 0.38 米；第 5 层为灰色粉沙土，结构疏松，内含少许炭屑，厚 0.06 ~ 0.2 米；第 6 层为浅灰褐色粉沙土，结构疏松，内含少许蚌壳和烧土粒，厚 0.01 ~ 0.14 米；第 7 层为黄褐色粉沙土，结构疏松，内含少许烧土粒和兽骨，厚 0.01 ~ 0.26 米；第 8 层为灰褐色粉沙土，夹杂黄土块，结构疏松，内含少许炭屑、烧土粒和蚌壳，厚 0.06 ~ 0.22 米。出土遗物器形有陶鼎、中口罐、子母口罐、鼓腹盆、盂、蘑菇纽器盖及骨锥等，陶片以豆残片最多（图四二；彩版四，1）。

H20　位于 T2324 西部。被一近代沟打破，打破 H21 和生土。坑口呈不规则长方形，直壁，平底。口部最大径 1.1、深 0.3 米。坑内填浅灰色粉沙土，结构疏松，内含少许炭屑。出土陶器器形有壶等（图四三）。

H40　位于 T2807 中部。开口于第 2 层下，打破 H41、H64、第 3 层和生土。坑口近梯形，斜壁，平底。口部最大径 2.2、深 0.4 米。坑内填灰褐色粉沙土，结构疏松，内含草木灰和红烧土粒。出土遗物有磨石等（图四四）。

H41　位于 T2807 东北部。开口于第 2 层下，被 H40 打破，打破 H64、第 3 层和生土。坑口呈不规则椭圆形，坑壁上部斜壁，下部直，平底。方内口部最大径 2.02、深 0.9 米。坑内填灰褐色粉沙土，结构较疏松，内含红烧土块。出土陶片可辨器形有豆盘等（图四五）。

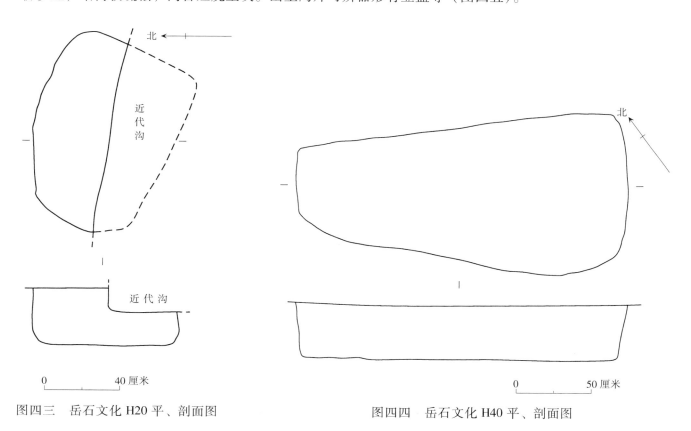

图四三　岳石文化 H20 平、剖面图　　　　　　图四四　岳石文化 H40 平、剖面图

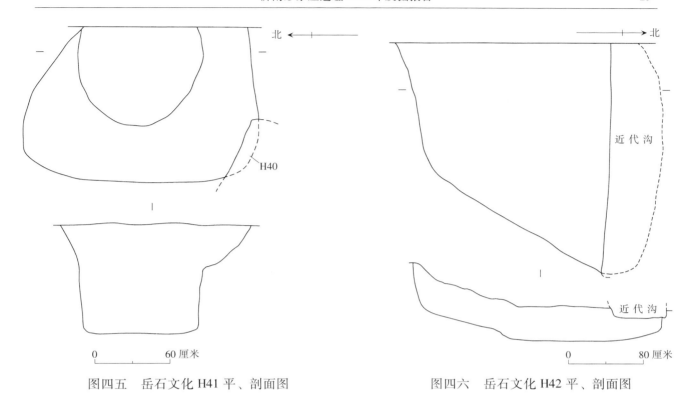

图四五　岳石文化 H41 平、剖面图　　　　　图四六　岳石文化 H42 平、剖面图

　　H42　位于 T2709 西南部。开口于第 2 层下,被一近代沟打破,打破 H37、H72、第 3 层和生土。坑口不规则,斜壁,底不平。口最大径 3.5、深 0.82 米。坑内填黑褐色粉沙土,结构较致密。出土遗物可辨器形有陶浅盘豆等(图四六)。

　　H55　位于 T2805、T2905、T3005、T2806、T2906、T3006 之间及 T3005 东扩方部分。开口于第 3 层下,被 H81、H71、H78、H97、H99 打破,打破 Y4、Y6 及生土。坑口不规则,显然非一次挖成,壁面不规整,或呈斜坡、弧状,或直壁呈崖状。方内口部最大径 18.5、深 1.9 米。周壁及底部有几个凹坑,其间堆积相连。填土可分多层,土质土色变化比较大,以 T2805、T2905、T3005 及东扩部分的北壁剖面为例,可分 6 层,皆内含红烧土颗粒:第 1 层为灰褐色粉沙土,结构较致密,内含少许炭屑,厚 0.1～0.35 米;第 2 层为灰褐色土,内含较多炭屑,偶见有小黄土块,厚 0.01～0.35 米;第 3 层为黄褐色土,内含较多炭屑,厚 0.03～0.35 米;第 4 层为灰褐色粉沙土,结构较疏松,内含少许炭屑,厚 0.01～0.62 米;第 5 层为深灰褐色沙土,内含小黄土块及较多炭屑,厚 0.11～0.7 米;第 6 层为黄褐色粉沙淤土,结构较疏松,土质单纯,内夹青黄色土锈,厚 0.01～0.5 米。该灰坑出土陶片数量巨多,器形有中口罐、小口罐、球腹罐、子母口罐、敛口瓮、大平底盆、鼓腹盆、折腹盆、盂、碗、浅盘豆、深盘豆、盘、平底尊、蘑菇纽器盖、覆锅式器盖等;石器有钺、刀、磨石、柱形器等(图四七)。

　　H60　位于 T2809 西部。开口于第 3 层下,被 H38、H52 打破、叠压,打破生土。坑口略呈葫芦形,弧壁,底近平。口部最大径 1.4、深 0.34 米。坑内填灰褐色粉沙土,结构疏松,内含少量炭屑(图四八)。

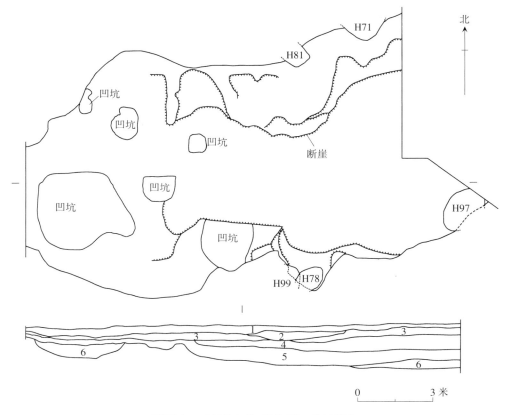

图四七　岳石文化 H55 平、剖面图

　　H73　位于 T2709 南部。开口于第 2 层下，被 H68、H69 打破，打破第 4 层和生土。坑口近条状，直壁，底部较平。方内口部最大径 1.4、深 0.75 米。坑内填黄褐色粉沙土，结构较致密，内含少量烧土颗粒及炭屑（图四九）。

　　H87　位于 T2511、T2512 之间及两方西扩部分。开口于第 1 层下，被 H49、H61、H80、H94 及近代沟打破，打破生土。坑口近舌状，北部斜壁，南壁较陡，平底略圜，在坑底的东部有一近长方形的凹坑。方内口部最大径 9.5、深 1.48 米。填土可分 4 层：第 1 层为黑褐色粉沙土，结构较致密，内含少许红烧土粒、兽骨及大量草木灰，厚 0.01～1.1 米；第 2 层为黄褐色细沙土，结构疏松，内含红烧土块及少许草木灰，厚 0.01～0.17 米；第 3 层为黑褐色粉沙土，结构较疏松，内含少许红

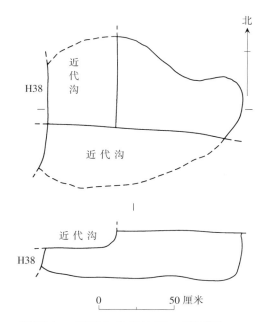

图四八　岳石文化 H60 平、剖面图

烧土粒、兽骨及大量草木灰，厚 0.01～0.85 米；第 4 层为黄褐色粉沙黏土，结构较致密，内含红烧土块及少许草木灰，厚 0.01～0.5 米。出土陶器器形有鼎、中口罐、小口罐、敛口罐、浅盘豆、

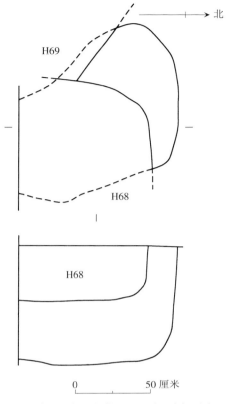

图四九　岳石文化 H73 平、剖面图

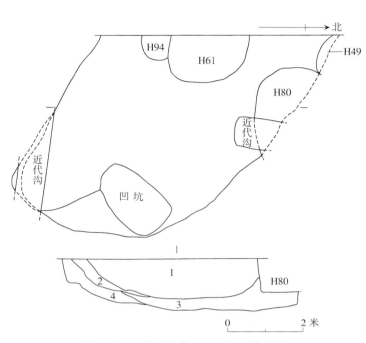

图五〇　岳石文化 H87 平、剖面图

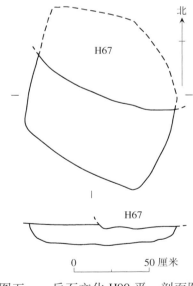

图五一　岳石文化 H90 平、剖面图

深盘豆、平底尊、球腹罐、大平底盆、鼓腹盆、圆饼等，石器有斧、镰等（图五〇）。

　　H90　位于 T2809 南部。开口于第 2 层下，被 H67 打破，打破生土。坑口近弧边四边形，弧壁，圜底。口部最大径 1.35、深 0.15 米。坑内填浅灰褐色粉沙土，结构较致密，内含少许炭屑（图五一）。

2. 灰沟

2 条。

　　G1　位于 T2806 中部。开口于第 3 层下，被 H47 打破，打破生土。平面结构分三部分，西部是一窄条形沟，东接一近圆形坑和一长方形坑。斜壁，平底。口部残长 3.1、宽 0.46、深 0.3 米。坑内填灰褐色粉沙土，结构较疏松，内含少量红烧土颗粒及草木灰（图五二）。

　　G3　位于 T2709、T2809 之间。开口于第 2 层下，被 H82、H96、H83 及一条近代沟打破，打破生土。略呈条形，弧壁，底不平。方内口部残长 5.4、宽 2.4、深约 0.8 米。坑内填黄褐色粉沙

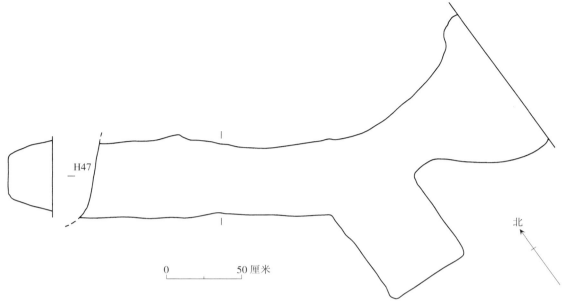

图五二　岳石文化 G1 平、剖面图

土，结构较致密，内含少量炭屑。出土少量陶片（图五三）。

3. 水井

1 眼。

J1　位于 T2213 南部。打破生土。井口呈不规则的椭圆形，壁近直，只在第 2 层填土处向外坍塌，平底。口部长径 1.4、短径 1.12、深 1.62 米。填土可分 8 层，皆内含少许红烧土粒及零星炭屑：第 1 层为灰褐色粉沙土，结构较疏松，厚 0.16～0.2 米；第 2 层为深灰色粉沙土，结构较疏松，厚 0.26～0.32 米；第 3 层为灰褐色土，土质疏松，厚 0.22～0.26 米；第 4 层为深灰色土，结构较疏松，厚 0.08～0.11 米；第 5 层为黄褐色粉沙土，土质疏松，内含少量蚌壳，厚 0.1～0.12 米；第 6 层为深灰色粉沙土，结构较疏松，厚 0.12～0.18 米；第 7 层为黄褐色土，结构疏松，内含少许蚌壳，厚 0.2～0.26 米；第 8 层为深灰色粉沙黏土，结构较疏松，厚 0.3～0.36 米。出土陶器器形有小口罐、鼓腹盆、盂、浅盘豆等（图五四；彩版四，2）。

4. 陶窑

5 座。形制基本相同，皆在生土上掏挖而成，均受到

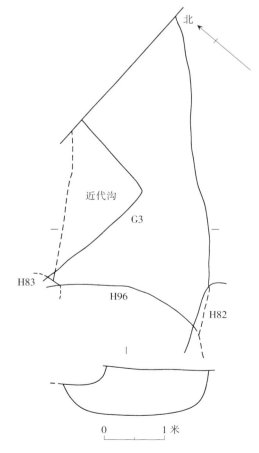

图五三　岳石文化 G3 平、剖面图

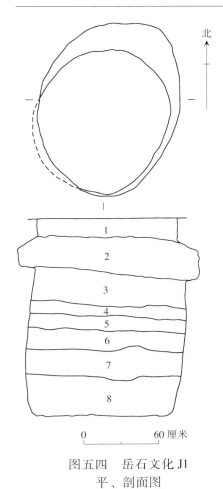

图五四　岳石文化 J1
平、剖面图

不同程度的破坏，烟道、窑室、窑箅等上部结构已经无存，其中 Y5 仅残存火膛的底部。保存比较好的，则存有火门、火膛和火道部分。2 座陶窑（Y1、Y3）发现了工作间，另 3 座（Y4、Y5、Y6）则未发现工作间，其中 Y6 位于 H55 的边缘，或利用这个灰坑作为其工作间。现选择其中的 4 座介绍如下。

　　Y1　位于 T2012 西部及向西扩方部分。上层被破坏，开口层位不清，打破生土。只保留工作间、火门与火膛的底部。工作间略呈椭圆形，弧壁，底部自西向东渐低，并经火门倾斜至火膛底部。东西长 2.4、南北宽 0.64～1.2、深 0.1～0.24 米。填土为灰褐色，结构较疏松，内含大量草木灰、红烧土颗粒及陶片，陶片以泥质灰陶为主，可辨有鬲足、盆口沿及盆底部等。火门宽 0.62、进深 0.22 米。火膛平面略呈苹果形，东壁中间内收。长径 1.26、短径 0.85、残深 0.4 米。火膛壁面被烧成较硬的青灰色，厚 0.02～0.03 米，其外围及底部是烧成 0.03～0.08 米厚的红烧土。填土为深灰褐色，结构疏松，内含大量的红烧土粒、草木灰及少量陶片（图五五；彩版四，3）。

　　Y3　位于 T2224 北部。上层被破坏，打破生土。窑址被严重破坏，亦只保留工作间、火门与火膛的底部。工作间面阔而

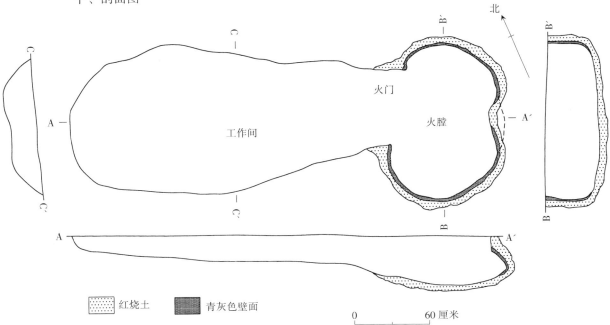

红烧土　　　青灰色壁面

图五五　岳石文化 Y1 平、剖面图

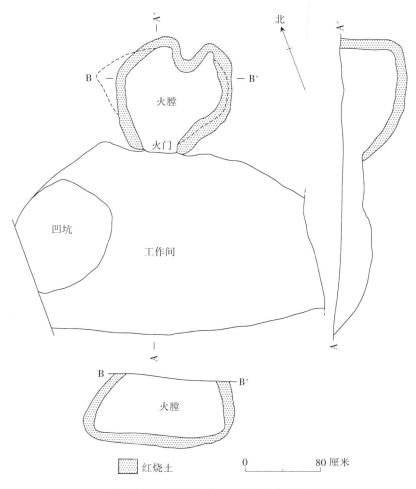

图五六　岳石文化 Y3 平、剖面图

进深浅，弧壁，圜底，底部起伏稍大，西端又向下挖一凹坑，直径约 1、深 0.3 米。工作间东西残长 3.1、南北宽 2 米。其内填灰褐色土，土质疏松，内含烧土块、石块、草木灰等。火门只存下部，宽 0.34、进深约 0.12 米。火膛平面略呈苹果形，北壁中间内收。长径 1.2、短径 1 米。火膛壁残深 0.62 米。火膛壁面及底面由于长时间的烧烤，变成青灰色的硬面，再外则是 0.08 ~ 0.12米厚的红烧土。火膛内填灰褐色土，土质较硬，含有蚌壳、烧土块、草木灰等。出土陶片可辨器形有陶豆等（图五六）。

　　Y4　位于 T2905 中部。开口于第 3 层下，被 H99 打破，打破生土。仅存有火门，火膛。火门位于东部，由于壁面的塌落，火门上口略大于下口，上口宽 0.6、下口宽 0.44、高 0.38、进深 0.2米。火膛平面略呈椭圆形，剖面呈袋形，长径 1.2、短径 0.98、深 0.7 米。火膛周壁及底面都成弧形，由于长时间的烧烤，皆变为类似薄砖的青灰色硬面。硬面以外，则烤成不太规则的红烧土，最厚可至 0.2 米。火膛内填黄褐色土，土质疏松，内含大量的红烧土颗粒（块）、青灰色的碎砖状物及少量炭屑（图五七）。

　　Y6　位于 T3005 向东扩方部分。开口于第 3 层下，打破生土。只存火门、火膛和火道。火门

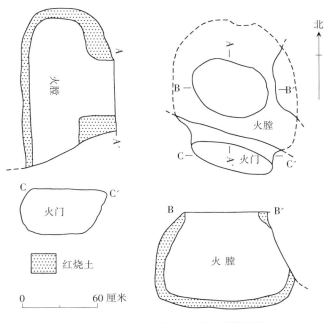

图五七 岳石文化 Y4 平、剖面图

位于西北部，整体略呈上小下大的梯形。上口宽 0.26、下口宽 0.72、高 0.46、最大进深 0.24 米。其东端曾坍塌过，有用草拌泥修补过的痕迹，壁面则烧成红色。火膛平面近似圆形，剖面袋形。长径 1.4、短径 1.1、深 0.66 米。底面近火门部及四周较高而中部稍低平，底部有烧成近青黄色的硬面。壁面呈弧形向上内收呈圆顶，周壁则烧成青灰色硬面，厚 0.03～0.05 米。自火门至火膛的填土分 2 层：第 1 层为黄褐色土，夹杂较薄的淤土，结构较疏松，内含较少的草木灰及红烧土块，厚 0.06～0.42 米；第 2 层为灰褐色土，土质疏松并呈大颗粒状，内含较多的草木灰及红烧土颗粒，厚 0.18～0.3 米。填土出土少量陶片。两条平行的长方形火道，位于火膛上方，分布在火门的左右两侧，亦为掏挖生土而成。每条火道长 0.65、宽 0.2、深 0.38 米。每条火道两侧都有深浅不等的小沟槽，可能为增大火膛向上冲火的面积。壁面皆烧成青灰色（图五八；彩版四，4）。

5. 墓葬

1 座。

M1 位于 T2807、T2907 之间。开口于第 3 层下，被一近代沟打破，打破 H74、第 4 层及生土。方向 107°。墓口距地表 0.55 米。此墓为一长方形土坑竖穴墓。墓口东西长 2.4、南北宽 0.85～0.94 米，墓深 1.1 米。墓内填浅灰褐色五花土，结构较疏松，未见加工痕迹。墓四周有生土二层台，但头左右两侧部分有用熟土修补过的痕迹。台高 0.4 米，东、西、南、北二层台的宽度分别为 0.2、0.1、0.12～0.2、0.2～0.22 米。墓底平坦，发现有长 1.82、宽 0.4 米的浅灰色土痕迹，似为葬具残痕。其上发现一具保存完好的骨架，仰身直肢，头向东，面向北，左上肢置于腹部。在骨架头后侧、骨盆左侧发现 3 块兽骨。无随葬品（图五九；彩版四，5）。

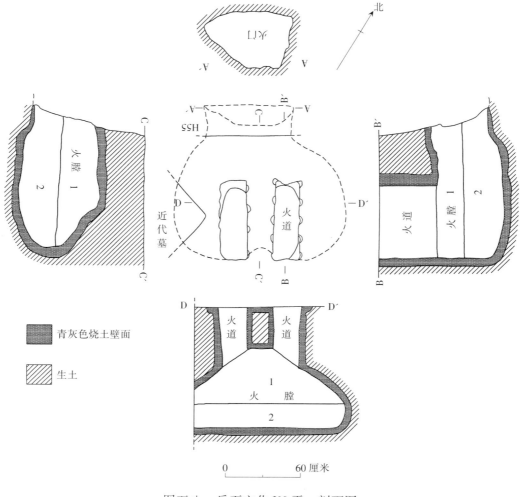

图五八　岳石文化 Y6 平、剖面图

（二）遗物

1. 陶器

陶片数量较多，完整及可修复者较少。陶质有夹砂和泥质两类，其中泥质陶占绝对优势，约占 92%，夹砂陶约占 8%。夹砂陶主要用来制作甗、罐等炊器；泥质陶器的原料多经过淘洗，质地纯净细腻，用来制作豆、盆、盂等盛食器。陶鼎多由泥质陶制作而成，这种情况，在其他岳石文化遗址中较为少见。

泥质陶器烧成温度一般较高，硬度较大，只有少量的泥质陶烧制温度不高，遇水即粉。

陶色以灰色为主，其次为红褐、灰褐色，黑色陶比例较低。夹砂陶主要流行红褐、灰褐色；泥质陶则盛行灰色。大多数泥质陶器器表有层经过磨光处理的外皮，尤其是黑皮陶较为盛行。陶色多为表里不一，但层层递变，规律鲜明（表一至三）。

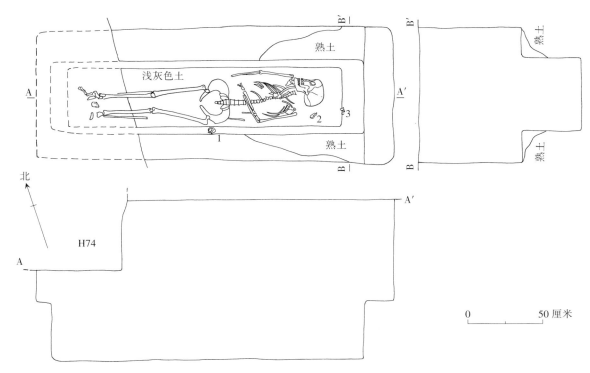

图五九　岳石文化 M1 平、剖面图
1～3. 兽骨碎片

表一　H8 陶片统计表

陶质		泥质				夹砂	合计	百分比（%）
陶色		浅灰	灰褐	红褐	黑皮	红褐		
纹饰	素面	105	310	35	230	80	760	82.34
	凹弦纹	7	8	3	8		26	2.82
	凸棱纹	6	9		10		25	2.71
	绳纹	8	30	55	15		108	11.7
	戳印纹					4	4	0.44
合计		126	357	93	263	84	923	
百分比（%）		13.65	38.68	10.08	28.50	9.10		100
		90.90				9.10		
器形	鼎	1				2	3	3.95
	甗					4	4	5.26
	豆	18	9	4	12		43	56.58
	盆	2	7	4	9		22	28.95
	壶	1					1	1.32
	罐	3					3	3.95
合计		70				6	76	100

表二　H16 陶片统计表

陶质		泥质				夹砂		合计	百分比（%）
陶色		深灰	浅灰	褐	红	红	灰		
纹饰	素面	64	912	900	95	98	113	2182	75.14
	凹弦纹	19	38	107	10	3		177	6.1
	凸棱纹	32	46	82	14			174	6
	三角刻划纹			1				1	0.04
	绳纹		307	46		7		360	12.4
	戳印纹					8		8	0.28
	附加堆纹						2	2	0.07
合计		115	1303	1136	119	116	115	2904	
百分比（%）		3.96	44.87	39.12	4.10	4.00	3.96		
		92.04				7.96			100
器形	鼎	6				18		24	4.07
	甗					20		20	3.39
	豆	28	160	20	35			243	41.19
	盆	10	30	30	5			75	12.71
	罐	15	63	80	10	2	2	172	29.15
	器盖	13	15	13	2			43	7.29
	盂	3	4	6				13	2.20
合计		548				42		590	100

表三　H55 陶片统计表

陶质		泥质				夹砂	合计	百分比（%）
陶色		浅灰	灰褐	红褐	黑皮	红褐		
纹饰	素面	5654	3983	1581	10107	1911	23236	85.60
	凸棱纹	212	192	83	461		948	3.50
	凹弦纹	209	215	55	338		817	3.01
	绳纹	1268	390	206	191	7	2062	7.60
	戳印纹					50	50	0.18
	附加堆纹					22	22	0.08
	方格纹	2	5				7	0.03
	刻划纹					2	2	0.01
合计		7345	4785	1925	11097	1992	27144	
百分比（%）		27.06	17.63	7.09	40.88	7.34		
		92.66				7.34		100

陶质	泥质				夹砂	合计	百分比（%）
陶色	浅灰	灰褐	红褐	黑皮	红褐		
鼎	18	25	8	40	56	147	2.71
甗					105	105	1.93
豆	480	860	170	1190		2700	49.70
盆	175	285	58	375		893	16.44
罐	294	284	114	550	170	1412	25.99
器盖	14	25	5	25		69	1.27
平底尊	5	6		7		18	0.33
瓮	10					10	0.18
盂	10	20		22		52	0.96
碗	12					12	0.22
盘	15					15	0.28
合计	5102				331	5433	100

（器形一列合并标注于左侧）

陶器的制法主要分为轮制和手制。除一些器形较小的多用手制外，泥质陶整体上以轮制为主，形体较规整，器壁光洁。其轮制之法，或直接拉坯成型，或先用泥条盘筑的手法制成初坯，而后轮修成型。夹砂陶多不规整，内壁凹凸不平，应为支垫印痕，器表多有成型时留下的篦状刮抹痕迹。

陶器总体上以素面为主，泥质陶多表面光滑，经过磨光处理。纹饰可见凸棱纹、凹弦纹、绳纹、附加堆纹、捺印纹、压印纹、戳印纹、刻划纹、方格纹等，极少数陶器表面有彩绘。

凸棱纹，在轮制陶器过程中堆捏而成。常见于豆柄、平底尊、器盖等器物之上。

凹弦纹，常见于豆柄、蘑菇纽器盖等部位。

绳纹，主要分两种：一种是横或竖绳纹，一种是斜绳纹。皆多见于罐的下腹部及底部、盆口沿下等部位（图六〇，1~3、7）。该纹饰一般滚压而成，少量拍印。

方格纹，分为两种：一种拍印而成，一种刻划而成。见于泥质罐口沿及夹砂罐腹部（图六〇，8、9、11）。

附加堆纹，多附贴在罐的颈部、甗的腰部。其上往往经过捺印形成连续的窝状纹，或压印、戳印、刻划成十字纹、×形纹等（图六〇，4、5）。

窝纹，捺印或戳印形成，排列较有规律。常饰于鼎足外表面（图六〇，6、10）。

回形纹，仅在一残陶片上发现，系压印而成（图六一，2）。

彩绘，极少，均饰于泥质陶，或于罐的口沿、颈部，或于器盖表面。全为朱色，条带状（图六一，1）。

陶器的种类有鼎、甗、罐、瓮、壶、盆、盘、尊、盂、碗、豆、杯、器盖等。

鼎　6件。有夹砂和泥质陶两类。器形均较小。一般轮制，足多为手制。分三型。

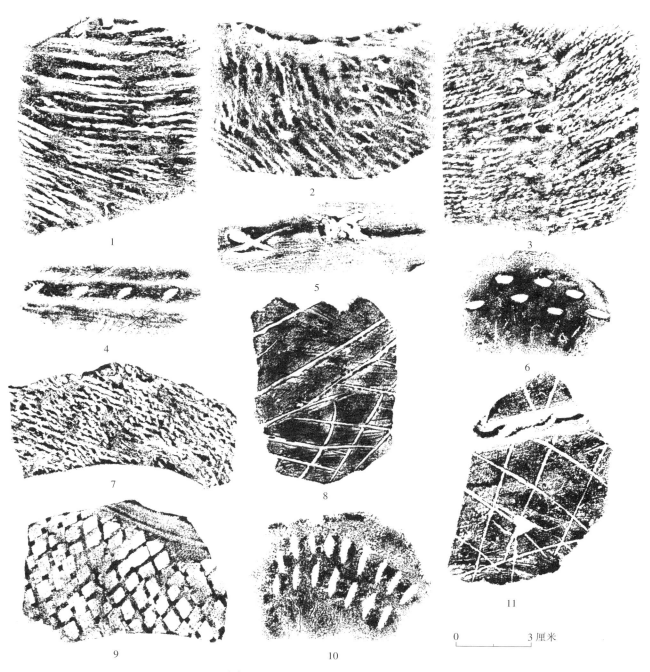

图六〇　岳石文化陶器纹饰拓片

1～3、7. 绳纹（H55：92、H87：40、H15：6、H55：91）　4、5. 附加堆纹（H4：2、H55：94）　6、10. 窝纹（H72：9、H34：1）　8、9、11. 方格纹（H84：1、H4：6、H55：95）

A 型　4件。盆形鼎。泥质陶。敞口，深腹，舌形足较高。分三式。

Ⅰ式　1件。

H1：3，红胎灰皮陶。口沿较宽，腹略深，腹壁较平滑，平底，舌形足很高。口径17.5、高17厘米（图六二，1；彩版五，1）。

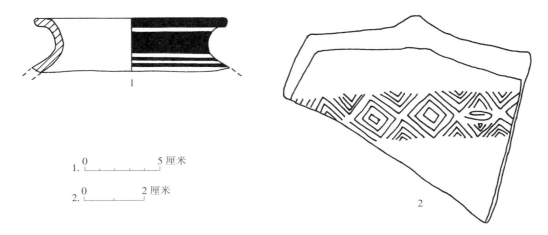

图六一　岳石文化陶器纹饰
1. 彩绘罐（H55：17）　2. 回形纹（H2：1）

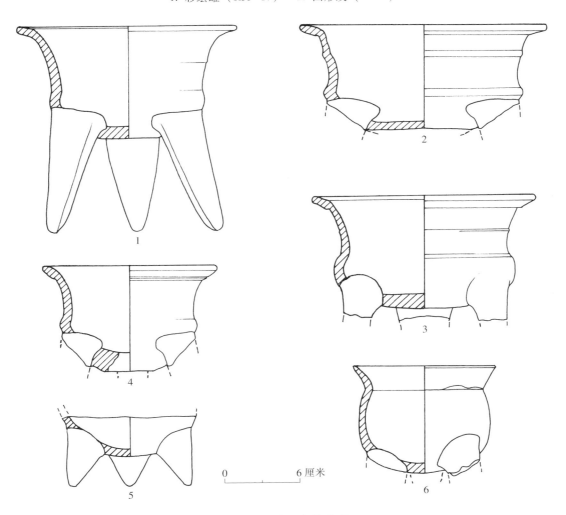

图六二　岳石文化陶鼎
1. A 型 I 式（H1：3）　2、3. A 型 II 式（H96：1、H16：5）　4. A 型 III 式（H87：32）　5. C 型（H8：6）
6. B 型（H1：7）

Ⅱ式　2件。灰陶。口沿较宽，腹略深，腹壁弧曲较明显，三足残。

H96：1，底部残。口径19.6、残高8.8厘米（图六二，2）。

H16：5，平底。口径17.7、残高10.3厘米（图六二，3）。

Ⅲ式　1件。

H87：32，灰陶。口沿较窄，腹较深，底及三足残。口径13.8、残高8.6厘米（图六二，4）。

B型　1件。

H1：7，罐形鼎。夹砂灰褐陶。侈口，卷沿，圆唇，鼓腹，圜底，三足残。器表有篦状刮痕。口径11.5、残高9厘米（图六二，6）。

C型　1件。

H8：6，泥质灰陶。上部已残，鼓腹，圜底，三锥状实足。手制。残高5.7厘米（图六二，5）。

鼎足　发现数量较多。主要是夹砂陶，但泥质陶占的比例较大。形制亦较多，主要有舌状长足、锥形足等。鼎足均为手制。除素面外，多饰有锥刺或按捺的窝纹（图六三）。

甗　出土残片较多，但无一完整者，仅修复下部或腰部2件。皆为夹砂陶，厚胎，器体粗大，腰与裆部饰附加堆纹。

H70：5，红褐陶。腰较粗。残高13.2厘米（图六四，2）。

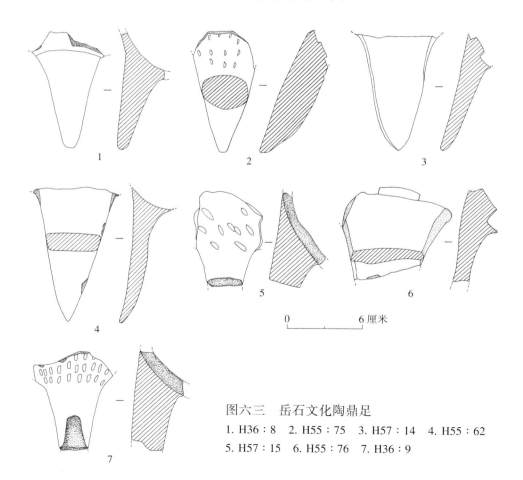

图六三　岳石文化陶鼎足
1. H36：8　2. H55：75　3. H57：14　4. H55：62
5. H57：15　6. H55：76　7. H36：9

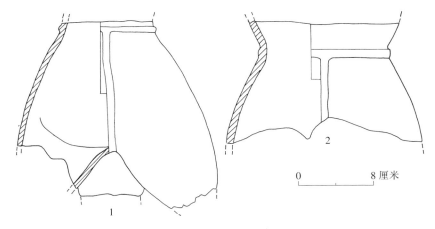

图六四　岳石文化陶鬲
1. H13∶3　2. H70∶5

H13∶3，灰褐陶。腰略细，裆较宽，袋足粗大呈乳状。残高 20.6 厘米（图六四，1）。

中口罐　22 件。口径与腹径相近。多轮制。分五型。

A 型　16 件。颈部内曲较甚。侈口，卷沿，颈较短，鼓腹，平底。分三式。

Ⅰ式　9 件。器体宽大。

H55∶54，泥质灰陶。卷沿，方唇，圆肩外鼓。腹饰方格纹。口径 24、残高 13 厘米（图六五，1）。

H70∶3，泥质灰陶。卷沿，圆唇，溜肩。肩下部饰交叉刻划纹。口径 23.8、残高 8.7 厘米（图六五，2）。

H55∶56，泥质灰陶。卷沿，圆唇，颈稍长。肩以下饰斜绳纹。口径 24.6、残高 10 厘米（图六五，3）。

H57∶10，夹砂红褐陶。圆方唇，溜肩，肩以下残。颈部饰两周斜向排列的刻划纹。器表有篦状刮痕。口径 30.2、残高 8.8 厘米（图六五，4）。

H16∶17，泥质红胎灰皮陶。卷沿，圆方唇。腹饰经拍打的斜绳纹。口径 25.8、残高 13 厘米（图六五，6）。

H55∶40，泥质灰褐陶。卷沿，圆唇，溜肩。腹饰斜绳纹。口径 27、残高 11.4 厘米（图六五，5）。

H49∶1，夹砂灰褐陶。器形较大。圆唇，深鼓腹。颈饰一周附加堆纹，其上饰斜向排列的窝纹。器表有篦状刮痕。口径 30.3、底径 13、高 37.8 厘米（图六六，1；彩版五，2）。

H4∶2，夹砂红褐陶。器形较大。圆方唇，深鼓腹。颈饰一周附加堆纹，其上饰有斜向排列的窝纹。器表有篦状刮痕。口径 24.2、底径 10.1、高 32.8 厘米（图六六，2；彩版五，5）。

H61∶6，夹砂红褐陶。圆方唇，深鼓腹，底残。颈饰一周附加堆纹，其上饰有斜向排列的窝纹。器表有篦状刮痕。口径 25.6、残高 17 厘米（图六六，3）。

Ⅱ式　6 件。器体稍窄。

H87∶23，泥质灰陶。卷沿，圆唇，溜肩。口径 20.8、残高 10.1 厘米（图六六，4）。

H13∶7，泥质灰褐陶。卷沿，圆唇，溜肩。腹饰斜绳纹。口径 24、残高 18.8 厘米（图六六，5）。

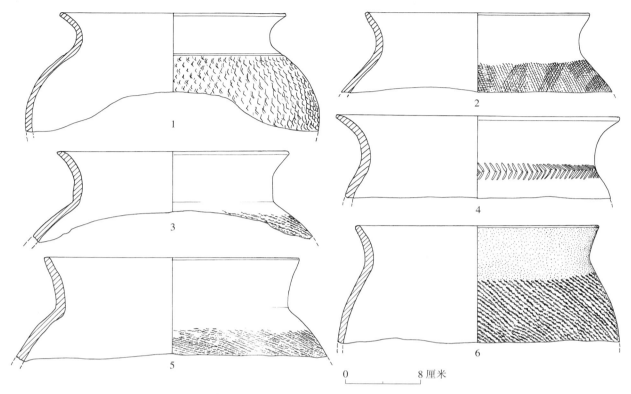

图六五　岳石文化 A 型 Ⅰ 式陶中口罐
1. H55：54　2. H70：3　3. H55：56　4. H57：10　5. H55：40　6. H16：17

H23：2，泥质灰陶。卷沿，圆方唇。腹饰竖行与斜行交叉的绳纹。口径 25.2、残高 19 厘米（图六六，6）。

H4：3，夹砂红褐陶。圆唇，鼓腹，底残。肩部有抹压的一周凹槽。口径 17.6、残高 12.1 厘米（图六七，1）。

H36：6，夹砂灰褐陶。圆唇，溜肩，底残。口径 11.8、残高 9.2 厘米（图六七，2）。

H72：8，夹砂红褐陶。圆唇。颈饰一周附加堆纹，其上饰斜向排列的窝纹。器表有篦状刮痕。口径 18.6、残高 8 厘米（图六七，3）。

Ⅲ式　1 件。器体较瘦长。

H55：42，泥质灰陶。圆唇，溜肩。腹饰斜绳纹。口径 13、残高 20.8 厘米（图六七，4）。

B 型　3 件。颈部稍内曲。均泥质灰陶。侈口，颈较短，鼓腹，底残。分三式。

Ⅰ式　1 件。口外侈较明显。

H4：5，卷沿，深鼓腹。腹饰拍打过的绳纹。口径 26.5、残高 35 厘米（图六七，5）。

Ⅱ式　1 件。侈口近直。

H72：6，卷沿，圆唇，溜肩。腹饰竖绳纹。口径 20、残高 9.7 厘米（图六七，6）。

Ⅲ式　1 件。方唇。

H87：22，侈口，颈稍长，圆肩外鼓。沿面有一周较宽的凹槽，腹饰斜绳纹。口径 15.2、残高

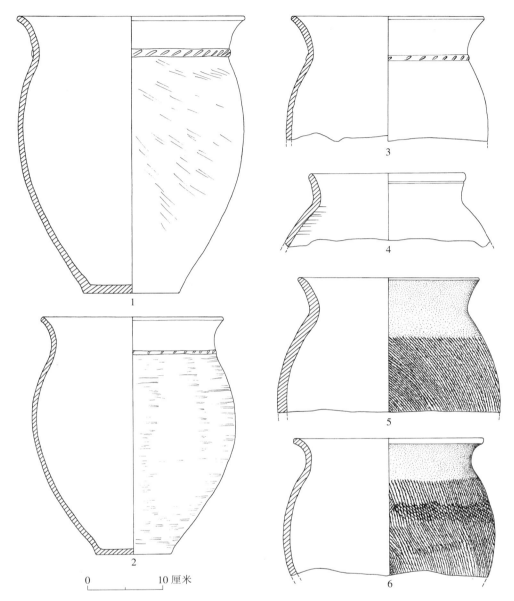

图六六　岳石文化 A 型陶中口罐

1~3. Ⅰ式（H49∶1、H4∶2、H61∶6）　　4~6. Ⅱ式（H87∶23、H13∶7、H23∶2）

7 厘米（图六七，7）。

　　C 型　1件。下腹内收明显，近盆形。

　　H57∶7，泥质灰陶。侈口，沿较宽，圆方唇，鼓腹。肩部饰竖行刻划纹，腹部饰绳纹。口径34.1、残高 27.6 厘米（图六八，4）。

　　D 型　1件。器体瘦长。

　　H87∶18，泥质灰陶。侈口，圆唇，长颈，鼓腹，底残。腹饰竖绳纹。口径 12、残高 12.1 厘米（图六八，1）

　　E 型　1件。器形较大，肩部外凸。

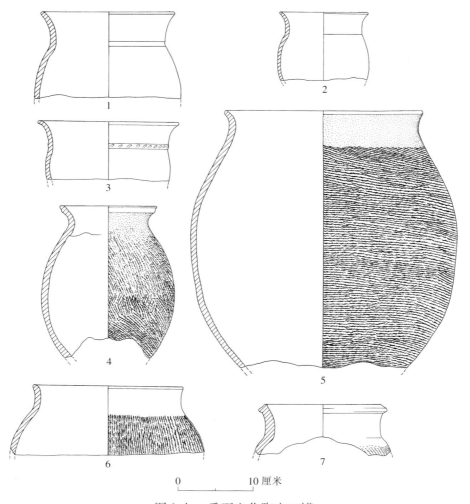

0　　　　　　　10 厘米

图六七　岳石文化陶中口罐

1～3. A 型Ⅱ式（H4∶3、H36∶6、H72∶8）　4. A 型Ⅲ式（H55∶42）　5. B 型Ⅰ式
（H4∶5）　6. B 型Ⅱ式（H72∶6）　7. B 型Ⅲ式（H87∶22）

　　H55∶52，泥质灰陶。侈口，卷沿，圆唇，圆肩外鼓，下腹及底残。腹饰斜绳纹。口径 43.2、残高 8.1 厘米（图六八，3）。

　　大口罐　1 件。

　　H6∶2，夹砂灰陶。侈口，宽卷沿，鼓腹，底残。器表有篦状刮痕。口径 28.2、残高 12.5 厘米（图六八，2）。

　　小口罐　7 件。均残。泥质陶。轮制。分两型。

　　A 型　4 件。颈部内曲较甚。侈口，颈较短，鼓腹，底残。分两式。

　　Ⅰ式　3 件。灰陶。鼓腹。

　　H55∶72，卷沿，圆方唇，圆肩外鼓。口径 16.8、残高 10.6 厘米（图六九，1）。

　　H15∶5，卷沿，尖圆唇。口径 18.2、残高 10.4 厘米（图六九，2）。

　　J1∶7，圆方唇，圆肩外鼓。腹饰绳纹。口径 16.2、残高 19 厘米（图六九，3）。

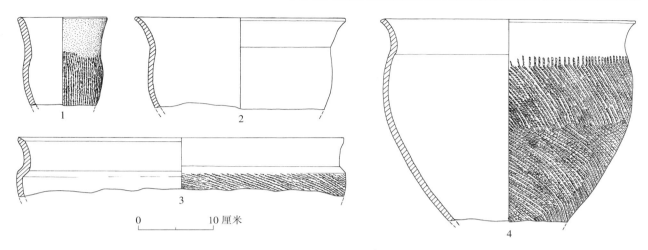

图六八　岳石文化陶器
1. D 型中口罐（H87∶18）　2. 大口罐（H6∶2）　3. E 型中口罐（H55∶52）　4. C 型中口罐（H57∶7）

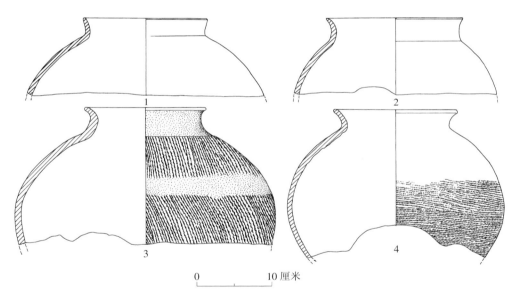

图六九　岳石文化 A 型陶小口罐
1～3. Ⅰ式（H55∶72、H15∶5、J1∶7）　4. Ⅱ式（H55∶43）

Ⅱ式　1件。球腹。

H55∶43，灰褐陶。卷沿，圆方唇。腹饰横绳纹。口径 16.4、残高 20.5 厘米（图六九，4）。

B 型　3件。均泥质灰陶。颈部稍内曲。侈口，颈较短，鼓腹，底残。分两式。

Ⅰ式　1件。器体较宽。

H72∶5，卷沿，圆方唇。腹饰斜绳纹。口径 14.8、残高 6.6 厘米（图七〇，1）。

Ⅱ式　2件。器体瘦长。

H55∶79，圆方唇，溜肩。腹饰斜绳纹。口径 17.2、残高 11.8 厘米（图七〇，3）。

H87∶25，圆唇。口径 8.2、残高 6 厘米（图七〇，2）。

球腹罐　8件。泥质灰陶。素面。轮制。分三型。

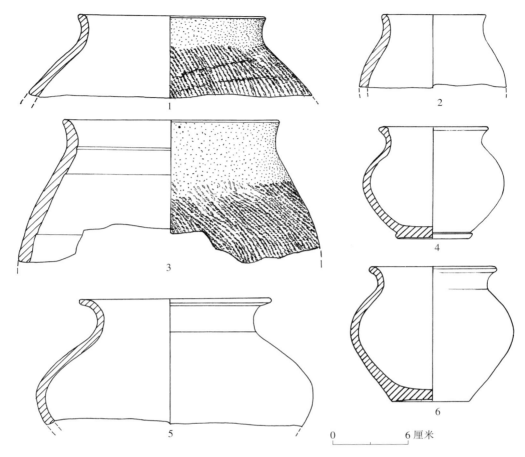

图七〇　岳石文化陶器

1. B 型 I 式小口罐（H72∶5）　　2、3. B 型 II 式小口罐（H87∶25、H55∶79）　　4、6. A 型 I 式
球腹罐（H55∶37、H55∶19）　　5. A 型 II 式球腹罐（H66∶2）

A 型　4 件。颈部内曲较甚。侈口，卷沿，圆唇，短颈，鼓腹。分两式。

I 式　3 件。肩稍外鼓。

H55∶19，平底稍内凹。口径 10.1、底径 6.1、高 11.1 厘米（图七〇，6）。

H55∶37，平底稍内凹，底缘外凸。口径 8.6、底径 6、高 9.1 厘米（图七〇，4）。

H24∶1，底残。口径 8、残高 7 厘米（图七一，4）。

II 式　1 件。肩部外凸明显。

H66∶2，底残。口径 15.3、残高 10.6 厘米（图七〇，5）。

B 型　3 件。直颈或近直颈。鼓腹，平底，底缘外凸。分两式。

I 式　1 件。近直颈稍斜。

H55∶36，侈口，卷沿，圆唇，平底稍内凹。腹饰两周凹弦纹。口径 16.2、底径 10.2、高 17.7
厘米（图七一，1；彩版五，3）。

II 式　2 件。直颈。

H13∶4，侈口，卷沿，圆唇，颈稍长，平底稍内凹。口径 14.2、底径 8.4、高 19 厘米（图七

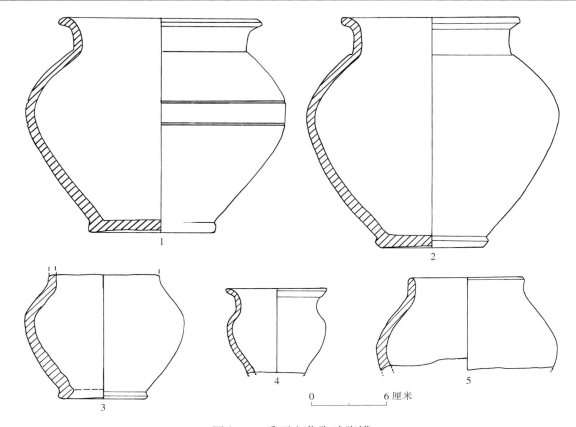

图七一 岳石文化陶球腹罐

1. B 型 I 式（H55：36） 2、3. B 型 II 式（H13：4、H87：26） 4. A 型 I 式（H24：1） 5. C 型（H87：15）

一，2；彩版五，4）。

H87：26，口残，短直颈。底径 7.1、残高 10.2 厘米（图七一，3）。

C 型 1 件。直口。

H87：15，圆唇，溜肩，鼓腹，底残。口径 9.2、残高 7.6 厘米（图七一，5）。

子母口罐 5 件。均残。泥质陶。轮制。分两型。

A 型 4 件。器形较大。子口内敛，短颈，颈部有凸棱并因此形成子母口。鼓腹，底残。分两式。

I 式 2 件。溜肩。

H6：3，红褐陶。口径 17.7、残高 6.8 厘米（图七二，1）。

H55：61，灰陶。口径 14.5、残高 8.4 厘米（图七二，2）。

II 式 2 件。圆肩微鼓，鼓腹较甚。

H16：18，黑灰陶。腹饰一周细凹弦纹。口径 21.4、残高 10 厘米（图七二，3）。

H55：41，灰褐陶。腹饰两周凹弦纹。口径 20.5、残高 13.9 厘米（图七二，4）。

B 型 1 件。器形较小。

H57：9，灰陶。矮子口内敛，短颈，鼓腹较甚，底残。口径 8.6、残高 4.1 厘米（图七三，3）。

异形罐　1件。

H77：1，泥质黑灰陶。口微侈且高低不平呈波浪状，圆唇，颈不明显，鼓腹，平底微内凹，底缘外凸。口径 8.2、底径 5.8、高 9.8 厘米（图七三，1）。

敛口罐　1件。

H87：33，泥质灰陶。器体较矮。敛口，圆唇，大平底已残，肩下有对称的柱状把手。手制。口径 9.8、底径 11.6、高 4.5 厘米（图七三，2）。

小罐　1件。

H1：6，泥质灰褐陶。口微侈，圆唇，束颈，鼓腹，平底。手制。口径 4.5、底径 3.5、高 6 厘米（图七三，4）。

罐底　发现数量较多。多为泥质陶，亦有少量夹砂陶。除平底外，还有平底内凹、底缘外凸者。罐腹有弧形、圆形，还有近直壁者。纹饰有横、竖、斜绳纹，极少数饰有刻划纹、方格纹等。多为轮制，少见手制者（图七四，2~5）。

敛口瓮　1件。

H55：84，泥质灰陶。敛口，圆肩外鼓，底残。沿外有一周凹槽。轮制。口径 22、残高 4.4 厘米（图七四，1）。

大平底盆　出土残片较多。完整与较完整者 13

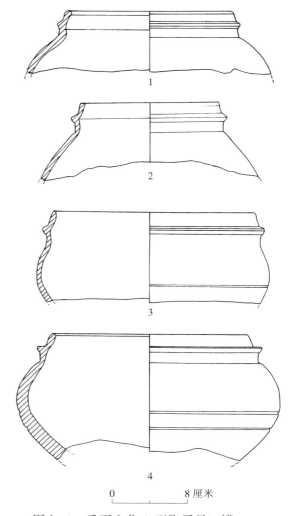

0　　　　　　　　8厘米

图七二　岳石文化 A 型陶子母口罐
1、2. Ⅰ式（H6：3、H55：61）
3、4. Ⅱ式（H16：18、H55：41）

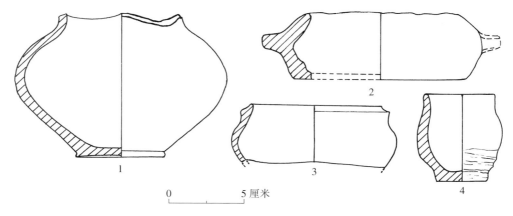

0　　　　　5厘米

图七三　岳石文化陶器
1. 异形罐（H77：1）　2. 敛口罐（H87：33）　3. B 型子母口罐（H57：9）　4. 小罐（H1：6）

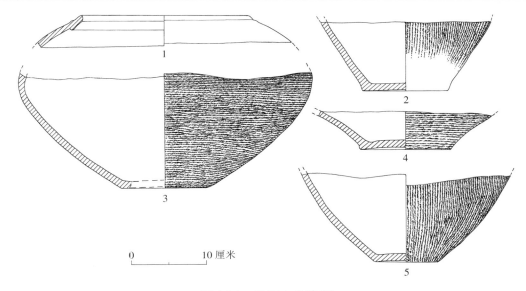

图七四　岳石文化陶器

1. 敛口瓮（H55：84）　2～5. 罐底（H55：88、H55：86、H72：7、H55：87）

件。均泥质陶。敞口，斜腹或稍内曲，大平底。轮制。分三式。

Ⅰ式　4件。腹较浅。

H55：21，灰陶。圆折沿，方唇。口径 27.1、底径 14.1、高 7.5 厘米（图七五，1）。

H55：24，灰陶。卷沿，方唇，底残。口径 25.6、底径 15.1、高 7.2 厘米（图七五，2）。

H55：25，黑灰陶。卷沿，圆唇。口径 27、底径 13.2、高 8.3 厘米（图七五，3）。

H55：4，灰褐陶。折沿，圆唇，平底内凹。口径 28、底径 15.8、高 8 厘米（图七五，4）。

Ⅱ式　5件。腹稍深。

H55：5，灰陶。折沿，圆方唇。口径 26.2、底径 12.8、高 9.1 厘米（图七五，5）。

H55：22，灰陶。圆折沿，方唇，平底内凹。口径 25、底径 13.9、高 8.7 厘米（图七五，6；彩版六，1）。

H55：20，灰陶。卷沿，圆方叠唇，底稍残。口径 26.3、底径 16.1、高 9.3 厘米（图七五，7；彩版六，2）。

H55：23，红胎灰皮陶。卷沿，圆方唇，平底稍内凹。口径 30、底径 15、高 9 厘米（图七五，8；彩版六，3）。

H8：3，灰陶。圆叠唇。口径 27.2、底径 13.3、高 9 厘米（图七五，9）。

Ⅲ式　4件。腹较深。

H10：3，黄褐陶。卷沿，方唇，平底稍内凹。口径 27.2、底径 14.2、高 10.4 厘米（图七五，10；彩版六，4）。

H15：2，红褐陶。折沿，方唇。口径 27、底径 12、高 9.7 厘米（图七五，11）。

H36：1，灰陶。卷沿，圆唇。口径 26.8、底径 14、高 10 厘米（图七五，12）。

H87：1，灰褐陶。圆折沿，圆唇，平底稍内凹。口径 28.6、底径 17.5、高 10.6 厘米（图七

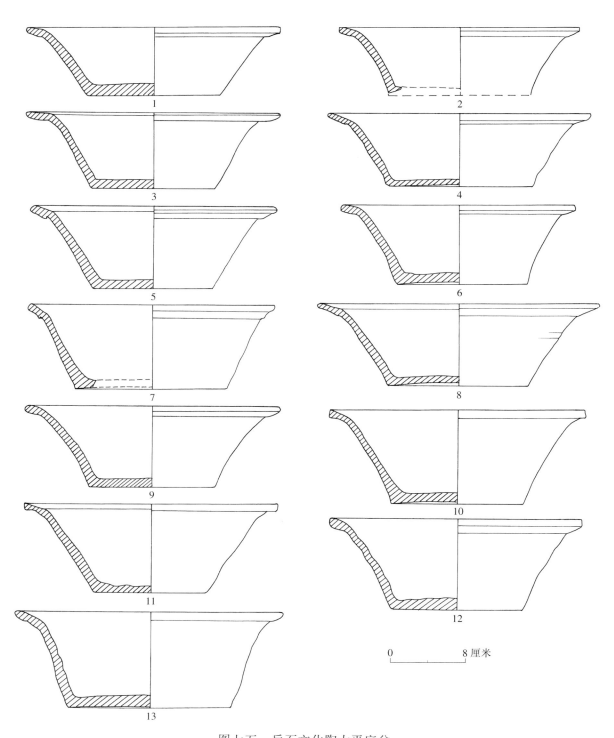

0　　　　　　8 厘米

图七五　岳石文化陶大平底盆

1~4. Ⅰ式（H55：21、H55：24、H55：25、H55：4）　5~9. Ⅱ式（H55：5、H55：22、H55：20、H55：23、H8：3）
10~13. Ⅲ式（H10：3、H15：2、H36：1、H87：1）

五，13）。

鼓腹盆　数量较多。完整与较完整者 21 件。均泥质陶。鼓腹，平底。轮制。分三型。

A 型　18 件。器体宽扁。分三式。

Ⅰ式　2 件。颈与腹交界不明显。侈口，卷沿，圆唇，圆肩外鼓。

H55∶26，灰陶。底缘外凸。口径 21.5、底径 9.1、高 12.6 厘米（图七六，1）。

H55∶50，灰褐陶。底残。口径 20.2、残高 10 厘米（图七六，3）。

Ⅱ式　15 件。颈与腹分界明显。侈口，圆肩外鼓。

H55∶28，灰陶。卷沿，圆唇，平底稍内凹，底缘外凸。肩及腹部饰凹弦纹，腹部弦纹不连续。口径 25、底径 8.4、高 13.2 厘米（图七六，4；彩版六，5）。

H10∶4，灰褐陶。卷沿，圆唇，底缘外凸。腹部饰两周细凹弦纹。口径 27.4、底径 9.4、高 13.8 厘米（图七六，6）。

H87∶14，灰陶。卷沿，圆方唇，平底稍内凹，底缘外凸。口径 24、底径 8、高 12.6 厘米（图七六，5）。

J1∶1，灰陶。卷沿，圆唇，底缘外凸。颈部饰一周凹弦纹。口径 27、底径 9、高 15.4 厘米（图七六，2；彩版六，6）。

H13∶8，灰陶。卷沿，方唇，底残。口径 31.8、残高 11.2 厘米（图七七，1）。

H61∶4，灰陶。卷沿，圆唇，底残。口径 24.8、残高 11.7 厘米（图七七，2）。

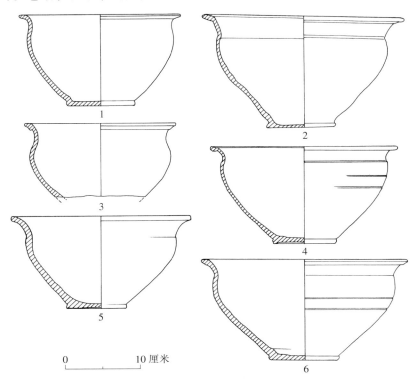

图七六　岳石文化 A 型陶鼓腹盆

1、3. Ⅰ式（H55∶26、H55∶50）　2、4~6. Ⅱ式（J1∶1、H55∶28、H87∶14、H10∶4）

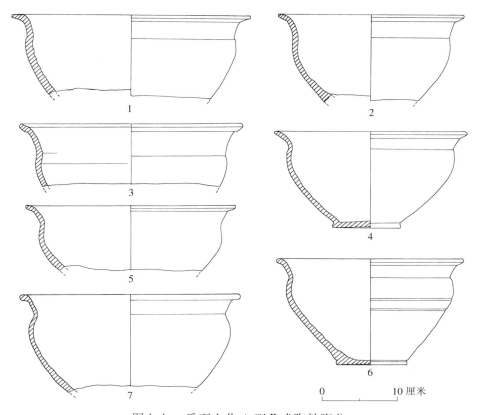

图七七　岳石文化 A 型 II 式陶鼓腹盆
1. H13：8　2. H61：4　3. H87：24　4. H70：1　5. H57：13　6. H16：1　7. H66：1

　　H16：1，红胎灰皮陶。卷沿，圆唇，平底稍内凹，底缘外凸。腹部饰两周凹弦纹。口径 24.8、底径 9.4、高 14.6 厘米（图七七，6）。

　　H66：1，灰陶。卷沿，圆唇，底残。口径 29.3、残高 13.4 厘米（图七七，7）。

　　H70：1，灰陶。卷沿，尖圆唇，平底稍内凹，底缘外凸。口径 25.8、底径 9、高 13.2 厘米（图七七，4）。

　　H87：24，灰陶。卷沿，方唇，底残。口径 29.7、残高 8.6 厘米（图七七，3）。

　　H57：13，红胎灰皮陶。卷沿，方唇，底残。口径 28、残高 8.8 厘米（图七七，5）。

　　H81：1，灰陶。卷沿，圆方唇，底残。口径 26.4、残高 8.3 厘米（图七八，1）。

　　H8：7，灰陶。卷沿，圆唇，底残。腹部饰两周凹弦纹。口径 20、残高 9.5 厘米（图七八，2）。

　　H10：2，灰陶。卷沿，方唇，底残。口径 29.6、残高 13 厘米（图七八，3；彩版七，1）。

　　H9：1，灰陶。卷沿，圆唇，平底稍内凹，底缘外凸。肩、腹部有轮制时留下的抹痕。口径 40、底径 11.4、高 21.6 厘米（图七八，4；彩版七，3）。

　　III 式　1 件。肩不明显。

　　H1：4，灰褐陶。敞口，卷沿，方唇，底缘外凸。口径 23.9、底径 8.2、高 13.3 厘米（图七八，5）。

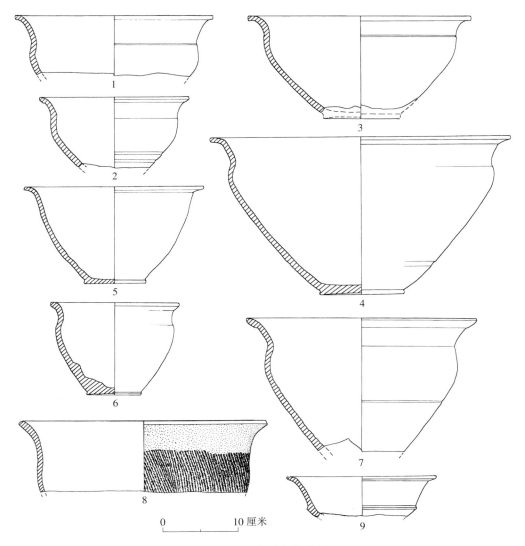

图七八　岳石文化陶器

1～4. A 型Ⅱ式鼓腹盆（H81：1、H8：7、H10：2、H9：1）　5. A 型Ⅲ式鼓腹盆（H1：4）　6. B 型Ⅱ式鼓
腹盆（H55：27）　7. B 型Ⅰ式鼓腹盆（H2：2）　8. C 型鼓腹盆（H77：2）　9. 折腹盆（H55：74）

B 型　2 件。器体较高。分两式。

Ⅰ式　1 件。

H2：2，红胎黄褐皮陶。侈口，斜沿，圆唇，圆肩外鼓，底残。腹部饰一周凹弦纹。口径
30.6、残高 18.4 厘米（图七八，7）。

Ⅱ式　1 件。

H55：27，灰陶。侈口，卷沿，圆唇，有颈，圆肩外鼓，平底稍内凹，底缘外凸。口径 17.2、
底径 7.3、高 12.6 厘米（图七八，6）。

C 型　1 件。

H77：2，灰陶。侈口，卷沿，方唇，肩不明显，底残。腹饰斜行绳纹。口径 32.8、残高 10 厘

米（图七八，8）。

折腹盆 1件。

H55：74，泥质灰陶。敞口，折腹，底残。轮制。口径20、残高5.4厘米（图七八，9）。

盂 10件。均泥质陶。轮制。分两型。

A型 8件。侈口，有颈，圆肩外鼓，鼓腹，平底，底缘外凸。分两式。

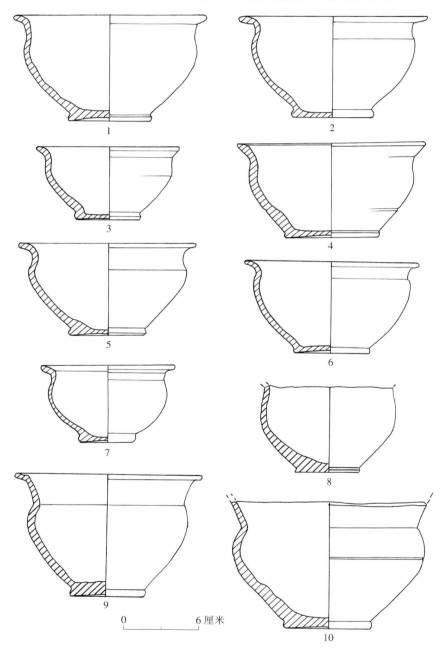

0   6厘米

图七九 岳石文化陶盂

1～6.A型Ⅰ式（H57：4、H23：1、H57：6、H38：1、采集：01、H16：6） 7、8.A型Ⅱ式
（J1：5、H55：29） 9、10.B型（H55：11、H16：2）

I式　6件。平底较大。

H57：4，灰褐陶。卷沿，圆唇，平底稍内凹。口径15.4、底径6.8、高8.6厘米（图七九，1）。

H23：1，灰陶。卷沿，尖圆唇。口径15.2、底径6.5、高8.2厘米（图七九，2；彩版七，2）。

H57：6，灰陶。卷沿，圆唇，平底稍内凹。口径11.4、底径5、高6厘米（图七九，3）。

H38：1，灰陶。卷沿，圆唇，平底稍内凹。口径15、底径7.5、高7.9厘米（图七九，4）。

采集：01，灰陶。卷沿，圆唇，平底稍内凹。口径14、底径6、高7.6厘米（图七九，5）。

H16：6，灰褐陶。卷沿，圆唇，平底稍内凹。口径14、底径6、高7.6厘米（图七九，6；彩版七，4）。

II式　2件。平底较小。

J1：5，灰陶。卷沿，圆唇，平底稍内凹。口径10.8、底径4.4、高6.4厘米（图七九，7）。

H55：29，灰褐陶。口残，平底稍内凹。底径5.1、残高7厘米（图七九，8）。

B型　2件。侈口，长颈，圆肩外鼓，鼓腹，平底稍内凹，底缘外凸。

H55：11，黑灰陶。卷沿，圆方唇。口径15、底径6、高10厘米（图七九，9；彩版七，5）。

H16：2，灰陶。侈口残。底径7、残高10.4厘米（图七九，10）。

碗　4件。均泥质灰陶。形制各不相同。

H55：2，敞口，圆唇，曲腹，平底稍内凹，底缘外凸。口径13、底径4.8、高5.1厘米（图八〇，1）。

H10：1，敞口稍残，斜腹，平底稍内凹，底缘外凸。腹部一周凸棱。底径5.6、残高5.4厘米（图八〇，2）。

H55：35，敞口，腹不规则，平底稍内凹，底缘外凸。手制。口径10.9、底径8、高6.9厘米（图八〇，3；彩版七，6）。

H1：2，子母口近直，圆方唇，浅腹，平底稍内凹。口径12.8、底径5.3、高4.6厘米（图八

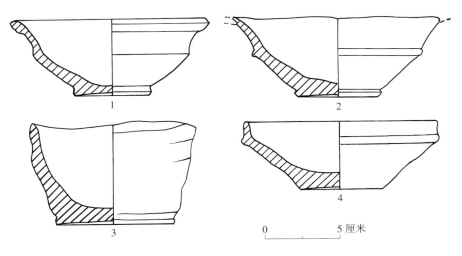

图八〇　岳石文化陶碗
1. H55：2　2. H10：1　3. H55：35　4. H1：2

○，4）。

浅盘豆 出土残片极多，占陶片的比例较大。多泥质灰陶，也见有泥质红胎灰皮陶。器表多经磨光，均轮制。其中多为豆盘或豆柄及圈足，虽然发现数量极多，但极少能拼对成一体的。盘多为绕盘心起一周凸棱者，凸棱位置不一，一般皆有叠唇现象（图八一）。柄多为柱状高柄，圈足为喇叭形。一般柄部饰有一周或数周凹凸弦纹。圈足叠唇现象比较普遍（图八二）。发现完整与较完整者9件。均为泥质灰陶。皆为喇叭形圈足。分两型。

A 型　1件。柱状柄稍矮。

H55：7，柄部饰粗细凸弦纹各一周。口径16.3、足径11.1、高13.2厘米（图八三，1；彩版八，1）。

B 型　8件。柱状高柄。绕盘心起一周凸棱，盘心下凹。分三式。

Ⅰ式　2件。盘内凸棱位于上部。

H55：12，柄部外皮局部脱落，并饰三周凸弦纹。口径18.2、足径15.4、高20.4厘米（图八三，2；彩版八，2）。

J1：6，柄部饰凸凹弦纹各一周。口径19、足径13、高18.7厘米（图八三，3）。

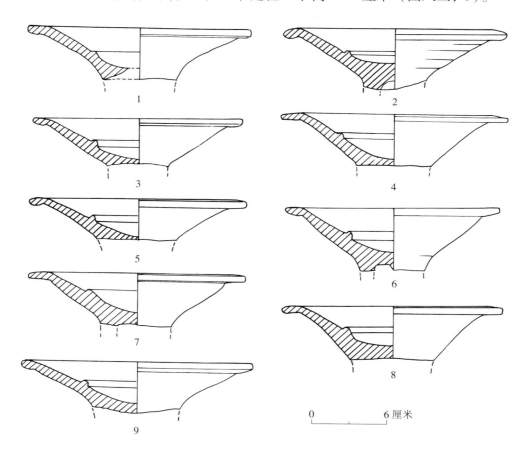

图八一　岳石文化陶浅盘豆豆盘

1. T2709③：1　2. H55：33　3. H41：1　4. H61：5　5. H41：2　6. H8：4　7. H57：8　8. H41：3　9. H16：16

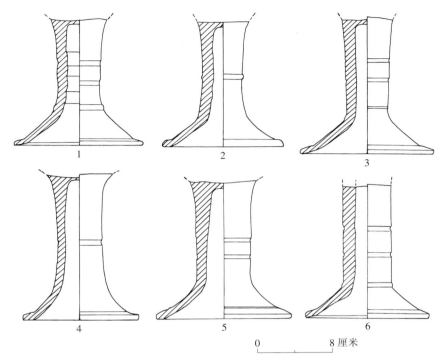

图八二　岳石文化陶浅盘豆豆柄及圈足
1. H57：16　2. H61：11　3. H37：2　4. H13：5　5. H36：7　6. H10：6

Ⅱ式　4 件。盘内凸棱位于中部。

H37：1，柄下部残。口径 17.4、残高 8.4 厘米（图八三，4）。

H55：6，柄部饰两周凹弦纹、一周凸弦纹。口径 17.8、足径 12、高 17.8 厘米（图八三，6）。

H57：5，柄部饰两周凹弦纹、一周凸弦纹。口径 17.4、足径 13.3、高 19.1 厘米（图八三，5；彩版八，3）。

H55：70，柄下部残。口径 18、残高 9.6 厘米（图八四，1）。

Ⅲ式　2 件。盘内凸棱位于下部。柄部饰两周凹弦纹。

H87：4，圈足残。口径 17.5、残高 16.6 厘米（图八四，3）。

H42：1，口径 17.6、足径 13.5、高 19.4 厘米（图八四，2；彩版八，4）。

深盘豆　4 件。均泥质灰陶。皆残。轮制。分三型。

A 型　1 件。

H87：2，口微侈，曲腹，盘上腹近直。口径 13.1、残高 6.6 厘米（图八五，1）。

B 型　2 件。敞口，曲壁，柄残。分两式。

Ⅰ式　1 件。

H55：68，盘上腹较短。口径 19、残高 6.2 厘米（图八五，2）。

Ⅱ式　1 件。

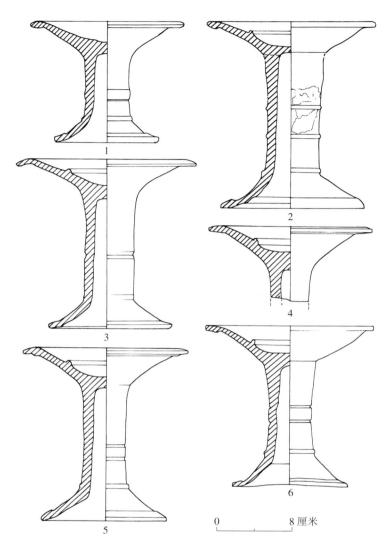

图八三 岳石文化陶浅盘豆

1. A 型（H55：7） 2、3. B 型 I 式（H55：12、J1：6） 4~6. B 型 II 式（H37：1、H57：5、H55：6）

H55：71，盘被挤压变形，盘上腹较长。口径 16.4、残高 7 厘米（图八五，3）。

C 型 1 件。

H55：49，敞口，圆方唇，盘上腹较直。外壁起一周凸棱。口径 17.2、残高 6.3 厘米（图八五，4）。

粗柄豆 2 件。均泥质灰陶。皆残。轮制。

H96：3，浅盘，柱状粗柄较矮。柄下饰一周凸弦纹。残高 10.2 厘米（图八五，5）。

H72：4，盘、底均残，粗柱状柄较高。柄饰两周粗凹弦纹。残高 9 厘米（图八五，6）。

盘 6 件。皆为泥质灰陶。浅盘，绕盘心起一周凸棱。轮制，或直接制成，或利用损坏的浅盘豆加工而成。分两型。

A 型 4 件。底缘外凸。分两式。

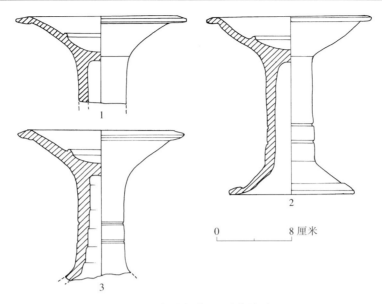

图八四　岳石文化 B 型陶浅盘豆
1. Ⅱ式（H55：70）　　2、3. Ⅲ式（H42：1、H87：4）

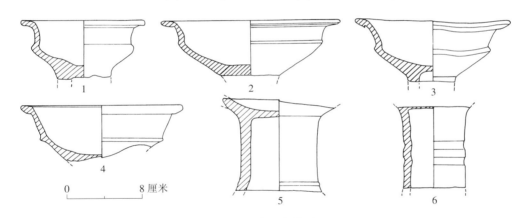

图八五　岳石文化陶豆
1. A 型深盘豆（H87：2）　　2. B 型 Ⅰ 式深盘豆（H55：68）　　3. B 型 Ⅱ 式（H55：71）
4. C 型深盘豆（H55：49）　　5、6. 粗柄豆（H96：3、H72：4）

Ⅰ式　1 件。底缘外凸部分在下缘。

H55：32，平底稍内凹。口径 17.5、底径 6.6、高 4 厘米（图八六，1；彩版八，5）。

Ⅱ式　3 件。底缘外凸部分上移，平底或稍内凹。

H55：15，平底稍内凹。口径 18、底径 6.8、高 4 厘米（图八六，2）。

H55：31，平底稍内凹。口径 18.2、底径 6.9、高 4 厘米（图八六，3；彩版八，6）。

H55：83，平底。口径 18.2、底径 6.5、高 3.6 厘米（图八六，4）。

B 型　2 件。底缘平滑。分两式。

Ⅰ式　1 件。盘心内凸棱位于中部。

Y1：2，平底。口径 17.4、底径 5、高 4.6 厘米（图八六，5）。

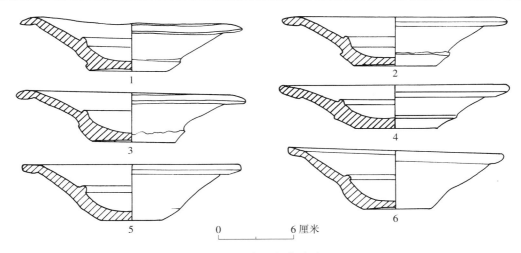

图八六　岳石文化陶盘

1. A 型 I 式（H55：32）　2～4. A 型 II 式（H55：15、H55：31、H55：83）　5. B 型 I 式（Y1：2）
6. B 型 II 式（H61：1）

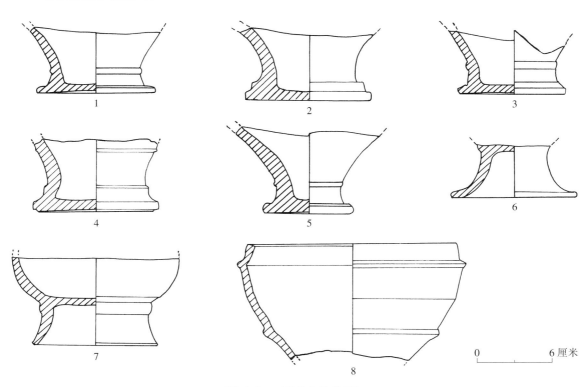

图八七　岳石文化陶器

1、3. A 型 I 式平底尊（H55：63、H55：64）　2、4. A 型 II 式平底尊（Y3：1、H87：35）　5. B 型平底尊
（H55：73）　6、7. 簋（H4：4、T2324①：1）　8. C 型平底尊（H55：53）

II 式　1 件。盘心内凸棱位置偏下。

H61：1，平底稍内凹。口径 17、底径 5.8、高 5 厘米（图八六，6；彩版九，1）。

平底尊　6 件。均为泥质陶。均残。斜腹。轮制。分三型。

A 型　4 件。上部均残。平底较大，底缘外凸。分两式。

Ⅰ式　2件。红胎灰皮陶。平底内凹。下腹饰一周附加堆纹。

H55：63，底径9.4、残高5.4厘米（图八七，1）。

H55：64，底径8.6、残高5.2厘米（图八七，3）。

Ⅱ式　2件。灰陶。

Y3：1，底残。底径10.2、残高5.9厘米（图八七，2）。

H87：35，平底内凹。下腹部饰一周凸棱。底径10、残高6厘米（图八七，4）。

B 型　1件。

H55：73，红胎灰皮陶。上部残，下腹壁显著内曲，平底较小，底缘外凸。底径7.1、残高7.2厘米（图八七，5）。

C 型　1件。

H55：53，灰陶。子母口内敛，腹内曲，底残。腹饰凸棱一周。口径16.8、残高9.5厘米（图八七，8）。

簋　2件。均为泥质陶。上部均残。轮制。

T2324①：1，黑灰陶。鼓腹，平底。圈足上部饰一周附加堆纹。足径9.9、残高7.3厘米（图八七，7）。

H4：4，灰陶。喇叭形圈足。足径10、残高4.4厘米（图八七，6）。

壶　3件。均为泥质灰陶。轮制。

H20：1，喇叭形口，圆唇，弧肩，圆鼓腹，平底稍内凹，底缘外凸。颈肩部各饰一周凸弦纹。口径9.8、底径5.2、高14.8厘米（图八八，1；彩版九，2）。

H8：2，侈口，卷沿，圆方唇，长颈，圆鼓腹，底残。口径11.1、残高10厘米（图八八，3）。

H15：1，器形较小。口微侈，方唇，粗颈，弧肩，鼓腹，平底稍内凹，底缘外凸。口径4.9、底径5.4、高6.4厘米（图八八，2；彩版九，3）。

蘑菇钮器盖　4件，其中完整者1件，不完整者3件。皆泥质灰陶。轮制。分三式。

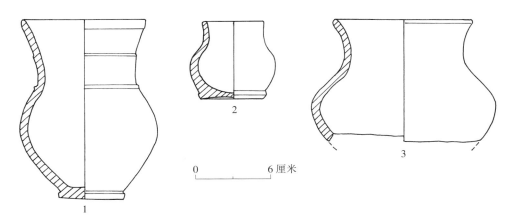

图八八　岳石文化陶壶
1. H20：1　2. H15：1　3. H8：2

Ⅰ式　2件。盖面呈弧状隆起，较平缓，盖身周边棱缘突出，子口较高。

H16：4，捉纽顶面有锥突，子口外缘近口缘处稍外凸。口径18.8、高11.2厘米（图八九，1；彩版九，4）。

H75：2，纽残，子口较直。口径31.4、残高9厘米（图九一，1）。

Ⅱ式　1件。盖面圆隆稍平缓。

H55：69，纽残，子口较矮直。口径18、残高6.2厘米（图八九，2）。

Ⅲ式　1件。盖面斜高。

H70：4，纽残，子口较矮且外斜。口径17、残高5.8厘米（图八九，3）。

盖纽　盖纽数量相当多。均为泥质陶，灰陶者多，红胎灰陶者少，有少量器表呈黑灰色。形状有锥状、纽扣状及圆饼状纽等，有的顶面有凹槽，有的中有一孔，上下串通。器表多经磨光处理（图九〇）。

覆锅式器盖　3件。均为泥质灰陶。捉纽皆残。轮制。

H55：30，盖面隆起，周壁转折明显并有一周凸弦纹。

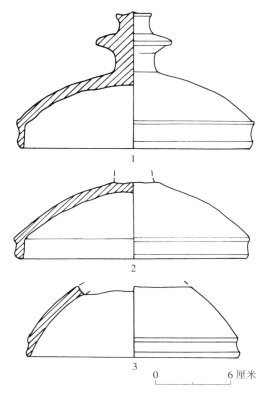

图八九　岳石文化陶蘑菇纽器盖
1. Ⅰ式（H16：4）　2. Ⅱ式（H55：69）
3. Ⅲ式（H70：4）

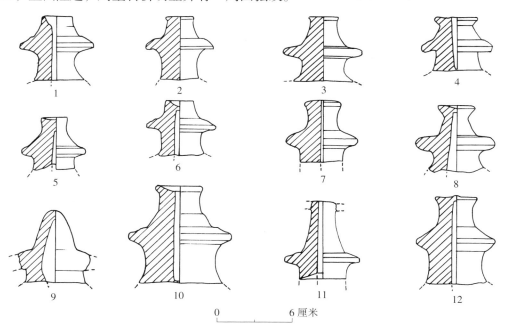

图九〇　岳石文化陶盖纽
1. H16：13　2. H28：1　3. H55：66　4. H55：65　5. H57：12　6. H36：10　7. H72：9　8. H12：4
9. H63：1　10. H72：10　11. H87：36　12. H1：9

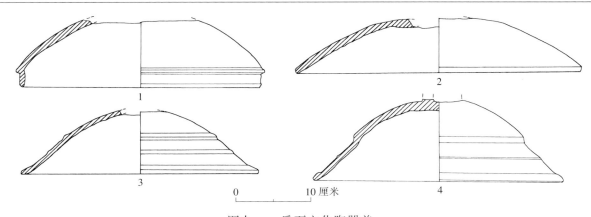

图九一　岳石文化陶器盖

1. Ⅰ式蘑菇纽器盖（H75∶2）　　2~4. 覆锅式器盖（H77∶4、H10∶5、H55∶30）

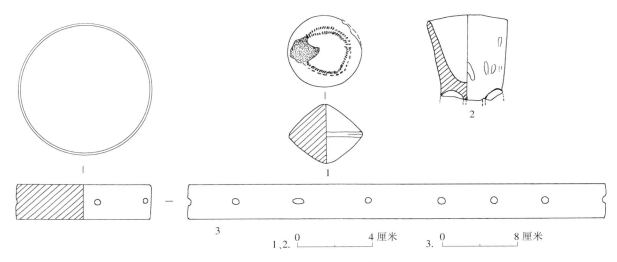

图九二　岳石文化陶器

1. 珠（H6∶1）　　2. 三足杯（H1∶1）　　3. 圆饼（H87∶6）

口径 33、残高 10.9 厘米（图九一，4；彩版九，5）。

　　H10∶5，盖面倾斜而隆起。盖面饰两周凸弦纹。口径 31.6、残高 8.8 厘米（图九一，3）。

　　H77∶4，盖壁呈弧形。器壁内外皆有轮制时的抹压痕迹。口径 38、残高 7.2 厘米（图九一，2）。

　　三足杯　1 件。

　　H1∶1，泥质灰陶。敞口，斜深腹，三足残。器表有抹压痕迹。手制。口径 4.2、残高 4.7 厘米（图九二，2）。

　　珠　1 件。

　　H6∶1，夹砂灰褐陶。近陀螺形。一面饰有两排不规则的小窝。轮制。直径 3.9、高 3.4 厘米（图九二，1；彩版九，7）。

　　圆饼　1 件。

　　H87∶6，夹砂红褐陶。上下两面均平整。周壁均匀分布不太规则的凹窝。轮制。直径 14.2、高 3.8 厘米（图九三，3；彩版九，6）。

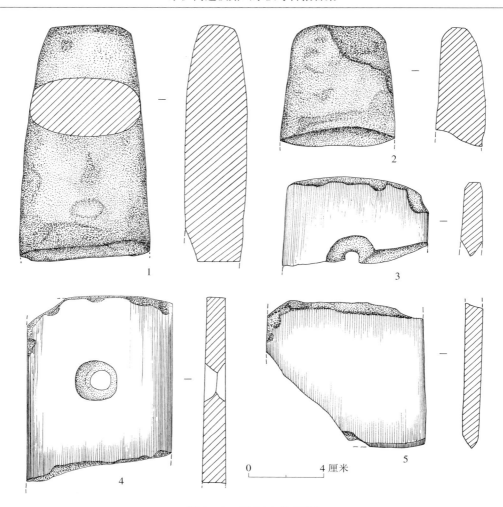

图九三　岳石文化石器
1、2. 斧（H87：5、H87：7）　　3~5. 钺（H55：1、采集：02、H72：1）

2. 石器

碎片较多，但能辨明器形者较少。除少数半成品外，绝大部分经过磨制。穿孔以对面琢钻为主，孔隙较大，多不规整。

斧　2件。刃部皆残。平面近梯形，横断面近椭圆形。琢痕较清晰。

H87：5，残长12.9、宽6.9、厚3.3厘米（图九三，1）。

H87：7，残长6.5、宽6.1、厚2.6厘米（图九三，2）。

钺　3件。皆残。器体扁平，直边。通体磨光。

H55：1，平面呈梯形。近顶部有对钻单孔。残长4.7、宽7.6、厚1.2厘米（图九三，3；彩版一〇，1）。

H72：1，平面呈梯形，双面刃。残长8、宽8.4、厚0.9厘米（图九三，5）。

采集：02，下部残。平面呈长方形。残长10.2、宽7.7、厚1.2厘米（图九三，4；彩版一〇，2）。

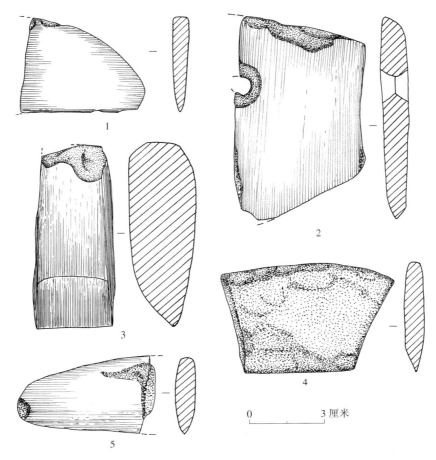

图九四　岳石文化石器

1、2. 刀（H96∶2、H55∶18）　　3. 凿（H96∶1）　　4、5. 镰（H87∶8、H13∶2）

刀　2 件。皆残。

H55∶18，平面呈不规则形，平背，凹边，弧形双面刃。背部有琢钻孔。残长 5.2、宽 8.1、厚 1.1 厘米（图九四，2；彩版一〇，4）。

H96∶2，平面近弓形，弧背，双面直刃。残长 4.8、宽 3.8、厚 0.6 厘米（图九四，1）。

凿　1 件。

H96∶1，平面呈长条形，横断面为方形，单面刃。刃部有崩损痕迹。长 7.6、宽 3.2、厚 2.7 厘米（图九四，3；彩版一〇，3）。

镰　2 件。皆残。平面呈条形。弧背，刃部内凹。

H87∶8，宽身。残长 6.8、宽 4.5、厚 0.8 厘米（图九四，4）。

H13∶2，器身较宽。残长 5.5、宽 3.2、厚 0.8 厘米（图九四，5）。

磨石　3 件。皆残。用细砂岩制成。正背两面均保持砥磨形成的光洁面。

H40∶1，残长 10.3、宽 9、厚 6.2 厘米（图九五，3）。

H55∶14，残长 11.5、宽 10.5、厚 3 厘米（图九五，1）。

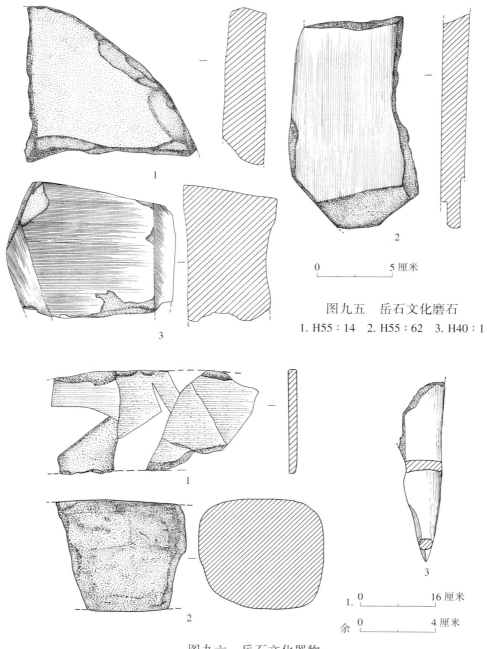

图九五　岳石文化磨石
1. H55：14　2. H55：62　3. H40：1

图九六　岳石文化器物
1. 条形石器（H13：1）　2. 柱形石器（H55：13）　3. 骨锥（H16：7）

H55：62，残长 14、宽 8.1、厚 1.7 厘米（图九五，2）。

柱形器　1 件。

H55：13，仅存中部。整体呈柱形，横断面近圆角方形。残长 6.7、宽 6、残高 6.6 厘米（图九六，2）。

条形器　1 件。

H13：1，石灰岩质。器形巨大，残碎较甚而仅存中部。整体呈长条形，横断面呈长方形。上、下两面皆经过磨光处理。残长 43.5、宽 23、厚 1.8 厘米（图九六，1）。

3. 骨器

骨锥 1 件。

H16∶7，形状不规整，仅在一端削刻，另一端未作加工，刃部磨光。残长 9.9 厘米（图九六，3；彩版一○，5）。

4. 其他

彭家庄岳石文化灰坑、陶窑等遗迹及文化层中，还发现大量的炭化植物遗存及动物遗存。

据炭化植物遗存的鉴定和统计，各类植物种子可分为农作物和非农作物两大类。农作物包括粟、黍和大豆三种，占种子总数的 81.68%；非农作物包括黍亚科、豆科、藜科、莎草科、葫芦科、苋科、马齿苋属和禾本科的牛筋草。其中农作物中，粟数量最多，其次是黍，大豆最少。通过这些统计，结合遗址出土的杂草种子多为旱田杂草的情况分析，彭家庄遗址植物遗存反映的是以粟、黍为主，另有少量大豆的旱作农业特点[1]。

据动物遗存的鉴定统计，动物种属包括丽蚌、楔蚌、矛蚌、扭蚌、裂嵴蚌等淡水蚌类；猪、狗、绵羊、黄牛、鹿、食肉动物、啮齿动物等陆生种属。从全部动物构成情况来看，以哺乳动物为主，其次为软体动物。哺乳动物中，猪最多，其他为牛、狗、鹿、羊等[2]。

四 商周文化遗存

（一）遗迹

灰坑 2 座，皆分布于 A 区。

H17 位于 T2324、T2224 之间，被一近代沟打破，打破生土。坑口呈圆形，壁外斜呈袋状，平底。口径 2.3、深 1.3 米。填土可分 2 层：第 1 层为深灰褐色粉沙土，含大量水锈，结构疏松，内含少许蚌壳和炭屑，厚 1.22~1.26 米；第 2 层为浅灰色土，结构疏松，内含大量料礓石碎粒，厚 0.04~0.08 米。出土陶片可辨器形有鬲、罐等（图九七；彩版一○，6）。

H18 位于 T2324 中部，被一近代沟打破，打破生土。坑口圆形，弧壁，圜底。口径 1.42、深 0.4 米。坑内填灰褐色粉沙土，结构疏松，内含少量炭屑（图九八）。

（二）遗物

出土遗物皆为陶器，仅修复 2 件。

鬲 1 件。

① 吴文婉、郝导华、靳桂云：《济南彭家庄遗址浮选结果初步分析》，《东方考古》（第 7 集），科学出版社，2010 年。
② 宋艳波、孙波、郝导华：《济南彭家庄遗址动物遗存分析报告》，见本书。

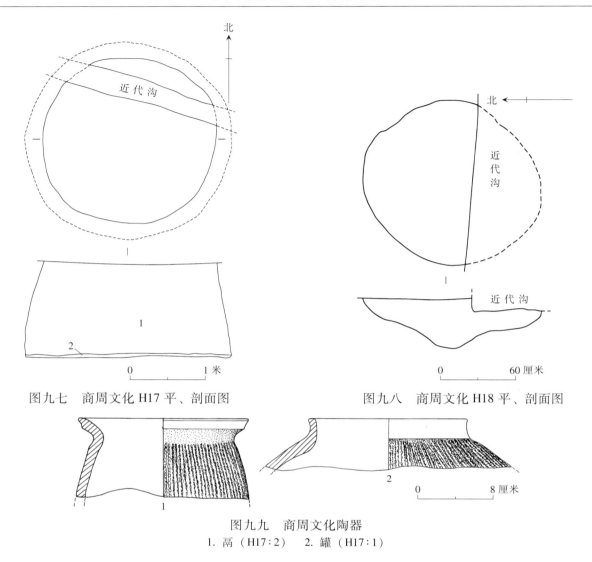

图九七　商周文化 H17 平、剖面图　　　　图九八　商周文化 H18 平、剖面图

图九九　商周文化陶器
1. 鬲（H17：2）　　2. 罐（H17：1）

H17：2，夹砂灰陶。侈口，卷沿，尖圆唇，粗颈。腹饰竖行绳纹，颈部抹光。口径 17.8、残高 8.9 厘米（图九九，1）。

罐　1 件。

H17：1，泥质灰陶。侈口，方唇，短颈稍内曲，鼓腹，底残。颈以下饰竖行绳纹。口径 16.8、残高 5.8 厘米（图九九，2）。

五　结语

彭家庄遗址包含有龙山文化、岳石文化、商周文化等遗存，其中岳石文化遗存最丰富，是近年来岳石文化一次重要的考古发现。

1. 岳石文化遗存概述

岳石文化遗迹有灰坑、灰沟、水井、陶窑、墓葬等，虽然灰坑较多，形制比较复杂，但相关的其他迹象比如房址并没有发现。所以我们发掘的区域可能并非当时聚落的生活区。在五个发掘区内共清理 5 座陶窑，形制基本相同。陶窑附近有的存在大型灰坑，不仅体量巨大，而且形状多不规则，坑底不平，显非一次挖成，填土分层，也经过了长期回填过程。特别是 H55，跨越 6 个探方有余，填充多层草木灰。然而其中几乎没有浮选出农作物或植物种子，可见这些草木灰应该只是焚烧后的燃料遗存。Y4、Y5、Y6 在 H55 南边，有的火门直接对着该坑，双方应该构成对应的组合关系，H55 可能既是 Y6 的工作间也是这些陶窑的垃圾坑。所以，从这些现象来看，此处似为制陶作坊区。

相应线索在遗物中也有所反映。本次发掘收获大量陶豆，特别是 H55、H87 等大型坑，出土陶器器类比较单调，主要是豆，不仅数量巨大，而且可拼对率极低，应该是丢弃的废品。推测这里制陶可能以豆为主，具有专业化的倾向。

墓葬为长方形土坑竖穴墓，呈东西向。为仰身直肢葬，头向东，面向北。该墓无随葬品，但地层关系证明是岳石文化。其形制结构与山东地区史前墓葬大体一致，唯仅见一座，难于深究。

可能与发掘区域有关，生产工具不多，以石器为主、骨器发现很少，未发现蚌器。石器多残，能看出形状的主要有斧、钺、凿、刀、镰等。值得注意的是其中一件大型条形器，石灰岩质，薄体，厚度均匀，惜残，功能不详。

陶器中泥质陶占绝对优势，且一般制作精良，夹砂陶多手制，质地粗糙，陶胎厚重，形制也不规整。有特点的是此处陶鼎多见泥质陶，夹砂陶虽然多见鼎足，但无复原者。

2. 岳石文化遗存分期与年代

彭家庄遗址岳石文化堆积较薄，A、B 两区上部文化层已被破坏，C 区仅有耕土层，D、E 两区虽有 2 层岳石文化层，但第 4 层分布范围较小，第 3 层虽然普遍存在，但在 D 区内也仅分布于中部。现主要依据典型陶器的演变①、灰坑之间的叠压打破及层位关系，选取典型单位和典型器物作为代表，初步将岳石文化遗存分为两期（图一〇〇）。

第一期：以 H1、H6、H16、H96 为代表。代表性陶器主要有 A 型Ⅰ式、B 型鼎，A 型Ⅱ式平底尊，Ⅰ式蘑菇纽器盖，A 型Ⅱ式子母口罐，折腹盆等。

第二期：以 H4、H13、H36、H49、H55、H57、H70、H87 为代表，但 H55、H87 等灰坑亦包含第一期的遗物。代表性陶器主要有 A 型Ⅲ式鼎，B、C 型平底尊，Ⅲ式蘑菇纽器盖，B 型子母口罐，Ⅱ式大平底盆，A、B 型Ⅱ式浅盘豆，甗，A 型Ⅰ式中口罐等。

第一期相当于岳石文化中期，第二期相当于岳石文化晚期。从发展序列上，此二期大致是延续的。

关于彭家庄遗址岳石文化的绝对年代，北京大学加速器质谱实验室、第四纪年代测定实验室分别对 8 个样品进行了测试（附录一）。从树轮校正后的数据分析，如果按每个数据上下限的平均

---

① 栾丰实：《岳石文化的分期和类型》，《海岱地区考古研究》，山东大学出版社，1997 年。

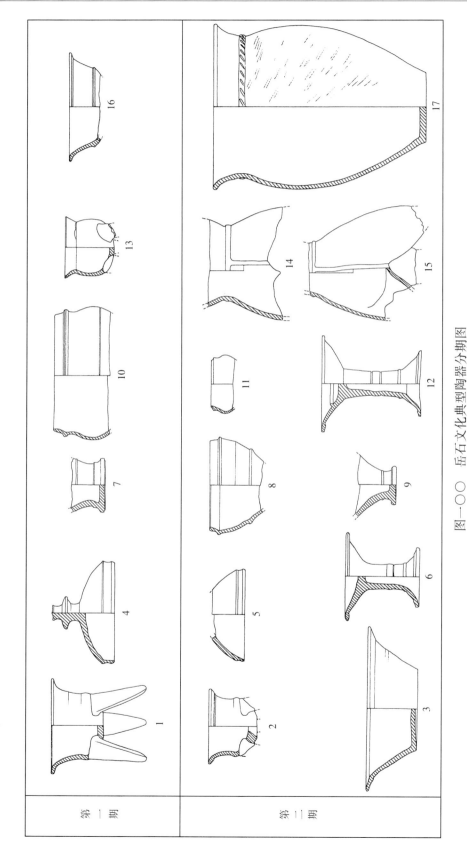

图一〇〇　岳石文化典型陶器分期图

1. A 型 I 式鼎（H1：3）　2. A 型Ⅲ式鼎（H87：32）　3. Ⅱ式大平底盆（H55：23）　4. I 式蘑菇纽器盖（H16：4）　5. Ⅲ式蘑菇纽器盖（H70：4）　6. A 型浅盘豆（H55：7）　7. A 型Ⅱ式平底尊（H87：35）　8. C 型平底尊（H55：53）　9. B 型平底尊（H55：73）　10. A 型Ⅱ式子母口罐（H16：18）　11. B 型子母口罐（H57：9）　12. B 型Ⅱ式浅盘豆（H55：6）　13. B 型鼎（H1：7）　14、15. 瓶（H70：5，H13：3）　16. 折腹盆（H49：1）　17. A 型 I 式中口罐（H55：74）

值计算，全部数据皆落在公元前 1725 ～ 前 1525 年之间，而大部分数据则列入公元前 1670 ～ 前 1550 年之间，这正好处在岳石文化中、晚期的年代范围之内。

3. 岳石文化遗存地方类型

随着资料的积累和研究的深入，岳石文化可分为照格庄、郝家庄、王推官、尹家城、安邱堌堆、土城、万北等类型①。有的学者还认为后两类型可以合并为下庙墩类型②。其中王推官类型主要分布于泰山北侧的鲁西北地区，从水域上主要为古济水及徒骇河、马颊河流域。彭家庄遗址正好位于这一区域内，应属于这一类型。从器物特征上看，彭家庄遗址表现出与王推官类型所具有的共性。例如，与夹砂陶相比，泥质陶占绝对优势，陶器以灰皮陶为多，素面磨光陶占多数，横、竖或斜绳纹较常见，彩绘陶发现较少，泥质鼎多见，浅盘豆、鼓腹盆等数量巨大，有少量的平底尊而不见其他地区出土的圈足尊、舟形器等。其中，出土较多豫北冀南下七垣文化常见的泥质鼎等器物，说明与后者关系密切。特别值得一提的是，彭家庄遗址除具有这些共性外，还有自己鲜明的特征。例如，出土陶盘较多，这一器形或直接制成，或利用损坏的浅盘豆加工而成，该现象在其他岳石文化遗址中未发现。另外，覆锅式器盖体形较大，也少见于其他遗址。

附记：工地领队为孙波，参加发掘及整理的人员有孙波、李曰训、李鲁滕、李胜利、王桂萍、王站琴、张子晓、韩辉、李罡、魏恒川、李玉亮、周宽超、张现英、苏凡秋、宋学旺、骆青山、陈孔利、于秀全、杨三军、刘思学、侯光平、吴志顺、李召銮、崔来临、渠志正、魏传刚、王建文、张敬伟、张胜现、邵珠运、邢继春、郝导华等。发掘工作得到了济南市文物局、济南市文物考古研究所、槐荫区政府、段店镇政府、彭家庄、演马庄村委及铁路工程部门的协助，谨致谢忱。

执笔：郝导华　孙　波

　　　李曰训　韩　辉

绘图：王站琴（清绘）

拓片：李胜利

摄影：郝导华　李顺华（器物）

---

① 栾丰实：《岳石文化的分期和类型》，《海岱地区考古研究》，山东大学出版社，1997 年。
② 方辉：《岳石文化区域类型新论》，《海岱地区青铜时代考古》，山东大学出版社，2007 年。

附表 彭家庄遗址灰坑登记表

（长度单位：米）

编号	位置	层位 上	层位 下	形制	口长×宽－深	出土遗物	层位关系	时代	备注
H1	T2111	▲	生土	椭圆形，壁不规整，平底	(1.6～1.9)－1.5	陶鼎AI、B、小罐、鼓腹盆AⅢ、碗、三足杯、盖纽		岳石文化	
H2	T2011	▲	生土	异形，斜壁内收，底不平	3.7－0.4	陶鼓腹盆BI		岳石文化	
H3	T2011	▲	生土	椭圆形，斜壁，底由东向西下倾	1.55－0.5			岳石文化	
H4	T2011	▲	生土	椭圆形，直壁，平底	(2.16～2.36)－0.6	陶中口罐AI、AⅡ、BI、簋		岳石文化	
H6	T2214	▲	生土	异形，弧壁，底近平	2.4－0.42	陶大口罐、子母口罐AI、珠		岳石文化	
H7	T2013	▲	生土	异形，斜壁，底不平	0.96－0.3			岳石文化	
H8	T2111	▲	生土	椭圆形，壁稍斜，平底	(2.4～3.05)－1.5	陶鼎C、大平底盆AⅡ、壶、豆盘		岳石文化	
H9	T2013	▲	生土	椭圆形，直壁，平底	(1.7～3.2)－0.7	陶鼓腹盆AⅡ		岳石文化	
H10	T2112	▲	生土	椭圆形，弧壁，圆底	(1.85～2.45)－0.7	陶大平底盆Ⅲ、鼓腹盆AⅡ2、碗、覆锅式器盖、豆柄及圈足	△→H16	岳石文化	
H13	T2212	▲	生土	圆形，斜壁，平底	2.78－1.7	陶瓶、中口罐AⅡ、球腹罐B、鼓腹盆AⅡ、盖纽、豆柄及圈足；石镰、条形石器		岳石文化	
H15	T2112	▲	生土	异形，斜壁，平底	2.04－0.88	陶小口罐AI、大平底盆Ⅲ、壶	△→H24	岳石文化	
H16	T2112	▲	生土	异形，斜壁内收，底不平	5.7－1.47	陶鼎AⅡ、中口罐AI、子母口罐AI、鼓腹盆AⅡ、磨菇纽器盖、盏AI、盖纽、豆盘；骨锥	H10→△	岳石文化	
H17	T2324	▲	生土	圆形，壁向外斜，平底	2.3－1.3	陶鬲、罐		商周	

续附表

编号	位置	层位上	层位下	形制	口长×宽–深	出土遗物	层位关系	时代	备注
H18	T2324	▲	生土	圆形，弧壁，圜底	1.42 – 0.4			商周	
H19	T2324	▲	生土	圆形，斜壁，平底	1.7 – 0.6	陶圈足盒、直口罐	H25→△	龙山文化	
H20	T2324	▲	生土	异形，直壁，平底	1.1 – 0.3	陶壶	△→H21	岳石文化	
H21	T2324	▲	生土	圆形，直壁，平底	2.2 – 0.8	陶鬲、盂、子母口罐	H20→△	龙山文化	
H22	T2011	▲	生土	异形，斜壁，平底	2.3 – 0.44			岳石文化	
H23	T2116	▲	生土	椭圆形，壁近直，平底	(1.5～2.3) – 1	陶中口罐 AⅡ、盂 AⅠ		岳石文化	
H24	T2113	▲	生土	异形，上壁近直，下有台阶，下壁呈弧形，圜底	2.6 – 0.98	陶球腹罐 AⅠ	H15→△	岳石文化	
H25	T2324	▲	生土	异形，直壁，平底	1.74 – 0.6	陶双耳罐、扁腹罐、碗	△→H19	龙山文化	
H26	T2807	②	③	圆形，弧壁，圜底	1.8 – 0.55			岳石文化	
H27	T2807	②	③	异形，弧壁，圜底	2.3 – 0.6		△→H79	岳石文化	
H28	T2806	②	③	异形，斜壁，平底	0.78 – 0.38	陶盖纽		岳石文化	
H29	T2511	①	生土	椭圆形，弧壁，圜底	1.68 – 0.3		△→H34→H35	岳石文化	
H30	T2511	①	生土	圆形，弧壁，圜底	3.4 – 0.45			岳石文化	
H31	T2807	②	③	异形，弧壁，平底	1.6 – 0.2		△→H50, △→H66	岳石文化	
H32	T2809	②	生土	异形，弧壁，底不平	2.5 – 0.33		△→H88	岳石文化	
H33	T2511	①	生土	椭圆形，弧壁，圜底	(1.05～2.15) – 0.43			岳石文化	
H34	T2511	①	生土	椭圆形，弧壁，底不平	2.84 – 0.36		H29→△→H35	岳石文化	
H35	T2511	①	生土	长方形，弧壁，圜底	1.24×1.16 – 0.8		H29→H34→△	岳石文化	
H36	T2512	①	生土	椭圆形，除南部上壁弧形外，其他直壁，平底	2.8 – 1.6	陶中口罐 AⅡ、大平底盆皿、盖纽、鼎足2、豆柄及圈足	△→H45, △→H70	岳石文化	

续附表

编号	位置	层位 上	层位 下	形制	口长×宽-深	出土遗物	层位关系	时代	备注
H37	T2709	③	生土	圆形、弧壁、平底	2.6-0.34	陶浅盘豆BⅡ	H42→△→H72 H42→△→H38→H82→H96	岳石文化	
H38	T2709	③	生土	长方形、弧壁、圜底	4.1×2.5-0.45	陶盂AⅠ	H37→△→H82→H96 △→H60 △→H91	岳石文化	
H39	T2807	②	③	梯形、斜壁、平底	1.7×(0.4~0.84)-0.3		△→H50→H58	岳石文化	
H40	T2807	②	③	异形、斜壁、平底	2.2-0.4	磨石	△→H41→H64	岳石文化	
H41	T2807	②	③	异形、上部弧壁、下部直壁、平底	2.02-0.9	陶豆盘3	H40→△→H64	岳石文化	
H42	T2709	②	③	异形、斜壁、底不平	3.5-0.82	陶浅盘豆BⅢ	△→H37→H72	岳石文化	
H43	T2806	③	生土	圆形、弧壁、圜底	0.8-0.3			岳石文化	
H44	T2511	①	生土	圆形、弧壁、圜底	1.8-0.9			岳石文化	
H45	T2512	①	生土	异形、弧壁、底不平	3-1.16		H36→△	岳石文化	
H46	T2806	③	生土	圆形、弧壁、平底	1.2-0.3		△→H53	岳石文化	
H47	T2806	③	生土	圆形、斜壁、平底	1.25-0.34		△→H53 △→G1	岳石文化	
H48	T2511	①	生土	椭圆形、弧壁、圜底	1.4-0.43		△→H57	岳石文化	
H49	T2512	①	生土	椭圆形、斜壁有台阶、平底	2.1-0.6	陶中口罐AⅠ	H80→△→H93 △→H87	岳石文化	
H50	T2807	②	③	椭圆形、直壁、平底	2.2-1		H39→△→H58 H31→△	岳石文化	
H52	T2809	③	生土	异形、弧壁、平底	2.7-0.28		△→H59 △→H60	岳石文化	叠压H60

续附表

编号	位置	层位上	层位下	形制	口长×宽-深	出土遗物	层位关系	时代	备注
H53	T2806	③	生土	圆形、斜壁、平底	2.5-0.3		H47→△ H46→△	岳石文化	
H54	T3006	③	生土	圆形、壁外斜、平底	2-2.2		△→H71	岳石文化	
H55	T3005	③	生土	异形、壁不规整、底不平、壁及底有凹坑	18.5-1.9	陶中口罐 A I 3、A Ⅲ、E、小口罐 A I、A Ⅱ、B Ⅱ、球腹罐 A I 2、B I、子母口罐 A I、A I 2、敛口瓮、大平底盆 A I 4、Ⅱ、鼓腹盆 A I 2、A Ⅱ、B Ⅱ、折腹盆、盂 A Ⅱ、B、碗 2、浅盘豆 A、B I、B Ⅱ 2、深盘豆 B I、B Ⅱ、C、盘 A I、A Ⅱ 3、平底尊 A I 2、B、C、蘑菇纽器盖 Ⅱ、覆锅式器盖、鼎足 3、罐底 3、豆盘、盖纽 2；石钺、石刀、磨石 2、柱形石器	H71→△ H81→△ H97→△ △→Y6 H78→H99→△ △→Y4	岳石文化	
H56	T2511	①	生土	椭圆形、弧壁、圆底	1.6-0.3		H48→△	岳石文化	
H57	T2511	①	生土	椭圆形、弧壁、平底	(1.92~2.4)-1.88	陶中口罐 A I、C、子母口罐 A I 2、盂 A I、C、鼓腹盆 A Ⅱ、鼎足 2、浅盘豆 B Ⅱ、盖纽、豆盘、豆柄及圈足	H80→△	岳石文化	
H58	T2807	②	③	长方形、直壁、平底	1.7×1.14-0.85		H39→H50→△	岳石文化	
H59	T2809	②	生土	椭圆形、弧壁、大圆底	(1.3~1.5)-0.43		H52→△	岳石文化	
H60	T2809	③	生土	异形、弧壁、底近平	1.4-0.34		H38→△ H52→△	岳石文化	破 H52 叠压

续附表

编号	位置	层位 上	层位 下	形制	口长×宽-深	出土遗物	层位关系	时代	备注
H61	T2511	①	H87	椭圆形，斜壁，平底	2.26-0.84	陶中口罐AⅠ，鼓腹盆AⅡ，盘BⅡ，豆盘，豆柄及圈足	△→H94→H87	岳石文化	
H62	T2512	①	生土	圆形，弧壁，圆底	1.36-0.3			岳石文化	
H63	T3005	③	生土	梯形，近直壁，东部平底，西部底不平	2.12×(1.6~2.1)-0.8	陶盖纽	△→H76	岳石文化	
H64	T2807	②	③	异形，西部斜壁，东部直壁，平底	1.4-0.45		H40→H41→△	岳石文化	
H65	T2807	②	③	异形，直壁，平底	1.1-0.54			岳石文化	
H66	T2807	②	③	圆形，斜壁，平底	1.5-1	陶球腹罐AⅡ，鼓腹盆AⅡ	H31→△→H79	岳石文化	
H67	T2809	②	生土	椭圆形，弧壁，圆底	1.68-0.33		△→H90	岳石文化	
H68	T2709	②	④	圆形，弧壁，圆底	1.86-0.4		△→H69→H73	岳石文化	
H69	T2709	②	④	圆形，弧壁，平底	2-0.35		H68→△→H73	岳石文化	
H70	T2512	①	生土	异形，斜壁，斜底	3.3-0.86	陶甗、中口罐AⅠ，鼓腹盆AⅡ，磨菇纽器盖Ⅲ	H77→△ H36→△	岳石文化	
H71	T3006	③	生土	异形，弧壁，底不平	3.2-0.48		H54→△→H55	岳石文化	
H72	T2709	③	生土	异形，弧壁，底不平	8.6-1	陶中口罐AⅡ，BⅡ，小口罐BⅠ，粗柄豆，盖纽2，罐底；石钺	H42→H37→△ H88→△ △→H91 △→H92	岳石文化	
H73	T2709	②	④	异形，弧壁，底较平	1.4-0.75		H68→H69→△	岳石文化	
H74	T2807	③	④	圆形，弧壁，圆底	2.4-0.39		M1→△	岳石文化	
H75	T2906	③	生土	圆形，斜壁，平底	2.3-0.65			岳石文化	
H76	T3005	③	生土	椭圆形，弧壁，圆底	(1.4~2.5)-0.7	陶磨菇纽器盖Ⅰ	H63→△	岳石文化	

续附表

编号	位置	层位 上	层位 下	形制	口长×宽‐深	出土遗物	层位关系	时代	备注
H77	T2512	①	生土	圆形、斜壁、平底	2.4‐1.2	陶异形罐，鼓腹盆 C，覆钵式器盖	△→H70　△→H84→H89→H85	岳石文化	
H78	T3005	③	生土	椭圆形、直壁、平底	(0.88~1.26)‐0.42		△→H99→H55	岳石文化	
H79	T2807	②	③	圆形、斜壁、平底	1.6‐0.3		H66→△　H27→△	岳石文化	
H80	T2511	①	生土	椭圆形、斜壁、平底	(2.1~2.8)‐1.1		△→H57　△→H49→H93　△→H49→H87	岳石文化	
H81	T3006	③	生土	长方形、直壁、平底	1.9×0.8‐0.55	陶鼓腹盆 A Ⅱ	△→H55	岳石文化	
H82	T2709	③	生土	异形、斜壁、平底	3.77‐0.66		H37→H38→△→H96→G3	岳石文化	
H83	T2709	②	生土	椭圆形、直壁、平底	1.7‐1.1		H96→△→G3	岳石文化	
H84	T2512	①	生土	圆形、弧壁外斜、圆底	1.2‐0.78		H77→△→H89→H85	岳石文化	
H85	T2512北扩部分	①	生土	椭圆形、弧壁、圆底	1.06‐0.72		H77→H84→H89→△	岳石文化	
H86	T2512	①	生土	圆形、弧壁、圆底	0.9‐0.3			岳石文化	
H87	T2511	①	生土	异形、壁不规整、底不平、底部偏东有一回坑	9.5‐1.48	陶鼎 A Ⅲ、中口罐 A Ⅱ、B Ⅲ、D、小口罐 B Ⅲ、浅盘豆 B Ⅲ、深盘豆 A、平底尊 A Ⅱ、球腹罐 B Ⅱ、C、敛口罐、大平底盆 Ⅲ、鼓腹盆 A Ⅱ 2、圆饼、盖纽、盖组；石斧 2、石镰	H61→H94→△　H80→H49→△	岳石文化	
H88	T2809	②	生土	异形、弧壁、平底	2.4‐0.86		H32→△→H72	岳石文化	

续附表

编号	位置	层位 上	层位 下	形制	口长×宽-深	出土遗物	层位关系	时代	备注
H89	T2512 北扩部分	①	生土	异形，斜壁，平底	0.64-1.1		H77→H84→△→H85	岳石文化	
H90	T2809	②	生土	异形，弧壁，圆底	1.35-0.15		H67→△	岳石文化	
H91	T2709	③	生土	椭圆形，斜壁，底由东向西下斜	(1.3~2.2)-0.3		H38→△ H72→△	岳石文化	
H92	T2809	②	生土	圆形，弧壁，平底	2.2-0.75		H72→△	岳石文化	
H93	T2512	①	生土	异形，弧壁，圆底	0.82-0.6		H80→H49→△	岳石文化	
H94	T2511	①	H87	圆形，弧壁，圆底	0.8-0.54		H61→△→H87	岳石文化	
H95	T2807	③	④	圆形，直壁，平底	0.7-0.46		△	岳石文化	
H96	T2709	③	生土	圆形，斜壁，圆底	4.15-1.4	陶鼎AⅡ，粗柄豆；石凿，石刀	H38→H82→△→H83 →G3	岳石文化	
H97	T3005	②	③	椭圆形，弧壁，圆底	1.8-0.5		△→H55	岳石文化	
H99	T2905	③	生土	圆形，斜壁，平底	3-1		H78→△→H55 △→Y5 △→Y4	岳石文化	

说明：（1）"△"代表本灰坑，带圈数字表示文化层，"▲"代表坑上部文化层被破坏。

（2）"编号"栏中，若依序空缺者为空号或被消号。

（3）"位置"栏中，若遗迹跨多个探方则仅列一个。

（4）"深度"栏中，深度为坑口至坑底部的垂直距离，底不平者取其最深值。

（5）"出土遗物"栏中，每一类型遗物的数量，于其后以阿拉伯数字注明，1件的均省略"1"，多于1件者以相应数字示之。

附录一　济南彭家庄遗址岳石文化加速器
质谱（AMS）碳－14 测试报告

北京大学加速器质谱实验室　北京大学第四纪年代测定实验室

测量日期：2011 年 12 月

Lab 编号	样品	样品原编号	碳－14 年代（距今）	树轮校正后年代（公元前）	
				1δ（68.2%）	2δ（95.4%）
BA110916	木炭	H13⑥	3275±20	1610BC（33.9%）1570BC 1560BC（6.6%）　1545BC 1540BC（27.7%）1510BC	1610BC（95.4%）1500BC
BA110917	木炭	H10	3375±20	1690BC（68.2%）1630BC	1740BC（95.4%）1610BC
BA110918	木炭	H4①	3300±25	1615BC（68.2%）1530BC	1640BC（95.4%）1500BC
BA110919	木炭	Y4 工作间	现代碳		
BA110920	木炭	H55⑤	3350±25	1685BC（68.2%）1610BC	1740BC（3.5%）　1710BC 1700BC（78.1%）1600BC 1590BC（13.8%）1530BC
BA110921	木炭	H54	3335±25	1680BC（53.4%）1600BC 1580BC（14.8%）1530BC	1690BC（95.4%）1530BC
BA110922	木炭	H55⑤	3340±25	1690BC（63.7%）1600BC 1570BC（4.5%）　1560BC	1690BC（95.4%）1520BC
BA110923	木炭	Y3 内部	3305±25	1615BC（68.2%）1530BC	1670BC（95.4%）1510BC

说明：所用碳－14 半衰期为 5568 年，BP 为距 1950 年的年代。
树轮校正所用曲线为 IntCal04[①]，所用程序为 OxCal v3.10[②]。

---

① Reimer PJ，MGL Baillie，E Bard，A Bayliss，JW Beck，C Bertrand，PG Blackwell，CE Buck，G Burr，KB Cutler，PE Damon，RL Edwards，RG Fairbanks，M Friedrich，TP Guilderson，KA Hughen，B Kromer，FG McCormac，S Manning，C Bronk Ramsey，RW Reimer，S Remmele，JR Southon，M Stuiver，S Talamo，FW Taylor，J van der Plicht，and CE Weyhenmeyer，2004 Radiocarbon 46：1029 – 1058.

② Christopher Bronk Ramsey 2005，www.rlaha.ox.ac.uk/orau/oxcal.html.

附录二　济南彭家庄遗址动物遗存分析报告[*]

宋艳波[1]　孙波[2]　郝导华[2]

（1. 山东大学考古学系　2. 山东省文物考古研究所）

本次整理的动物遗存共 400 件，时代包含了龙山文化和岳石文化两个时期，以岳石文化时期为主。我们在鉴定的过程中主要参考了山东大学考古学系动物考古实验室的现生动物比较标本，同时也参考了部分文献[①]。

一　龙山文化时期

仅在属于龙山文化时期的 H19 内发现 9 件动物遗存，全部为可鉴定标本，至少可以代表不同种属、不同年龄的 3 个个体。具体情况如下：

1. 软体动物门 Mollusca

1.1　瓣鳃纲 Lamellibranchia

1.1.1　真瓣鳃目 Eulamellibranchia

1.1.1.1　蚌科 Unionidae

1.1.1.1.1　丽蚌属 *Lamprotula*

发现壳 2 件，左右各一件，可能为一个个体，壳体较大，总重 154.2 克。其中左侧保存较好，长 81.62 毫米，高 64.81 毫米。

2. 脊椎动物门 Vertebrata

2.1　哺乳动物纲 Mammalia

2.1.1　偶蹄目 Artiodactyla

2.1.1.1　猪科 Suidae

2.1.1.1.1　猪属 *Sus*

2.1.1.1.1.1　家猪 *Sus scrofa domesticus*

发现材料共 7 件，均为残破的下颌骨及牙齿，总重 505.9 克。包括有：残破的下颌支 4 件，

*　本研究得到国家社科基金青年项目（14CKG003）、国家社科基金重大项目（12&ZD194）共同资助。

① 伊丽莎白·施密德著，李天元译：《动物骨骼图谱》，中国地质大学出版社，1992 年；刘月英等编著：《中国经济动物志——淡水软体动物》，科学出版社，1979 年。

左侧下颌带 $M_1 - M_2$（M_3 未萌出）1 件，右侧下颌带 $C - M_2$（P_4 正萌出）1 件，右侧下颌带 $I_1 - M_2$（P_4 未萌出）1 件。

全部标本至少代表了 2 个 13～18 月龄的个体。

二 岳石文化时期

发现动物遗存共 391 件，分别出自岳石文化时期的灰坑、地层、窑和井中。其中可鉴定标本 283 件，代表了至少 81 个不同种属不同年龄段的个体。已经鉴定出的动物种属包括有：丽蚌、楔蚌、矛蚌、扭蚌、裂嵴蚌等淡水蚌类；猪、狗、绵羊、黄牛、鹿、食肉动物、啮齿动物等陆生哺乳动物。具体情况如下：

1. 软体动物门 Mollusca

发现动物遗存共 135 件，其中可以明确种属的标本有 100 件，种属分别为丽蚌、裂嵴蚌、矛蚌、扭蚌和楔蚌；另有 35 件标本保存状况较差，难以判明种属，以蚌记之。

1.1 瓣鳃纲 Lamellibranchia

1.1.1 真瓣鳃目 Eulamellibranchia

1.1.1.1 蚌科 Unionidae

1.1.1.1.1 丽蚌属 *Lamprotula*

发现标本共 61 件，左侧 22 件，右侧 32 件，残片 7 件，总重 1733.12 克。其中可以进一步判断出有多瘤丽蚌和拟丽蚌这两个种的存在，其数量分别为 6 件和 1 件。保存完整的标本长度测量数据分别为：69.24、52.98、64.34、43.14、71.15、34.62、39.15、52.91、63.92、36.2、46.41、78.5、67.12、47.45、89.27、37.98、55.08、53.79、88.12 毫米。这些标本至少代表了 32 个不同种、不同尺寸的个体。

1.1.1.1.2 楔蚌属 *Cuneopsis*

发现标本共 22 件，左侧 8 件，右侧 10 件，残片 4 件，总重 421.27 克。其中可以进一步判断出有鱼尾楔蚌和圆头楔蚌这两个种的存在，数量分别为 2 件和 4 件。保存完整的标本高度测量数据分别为：31.58、43.37、49.77、34.39、32.5、39.21、45.62、23.92、33.09、40.69、38.96、37.73、32.63、39.46 毫米。这些标本至少代表了 11 个不同种、不同尺寸的个体。

1.1.1.1.3 矛蚌属 *Lanceolaria*

仅发现 1 件标本，为左壳残片，重 16.1 克，代表了 1 个个体。

1.1.1.1.4 扭蚌属 *Arconaia*

发现标本共 9 件，左侧 1 件，右侧 8 件，总重 367.16 克。保存完整的标本高度测量数据分别为：42.09、26.39、50.22、34.29、42.77、42.09 毫米。这些标本至少代表了 8 个不同尺寸的个体。

1.1.1.1.5 裂嵴蚌属 *Schistodesmus*

发现标本共 7 件，左侧 1 件，右侧 5 件，残片 1 件，总重 96.09 克。其中可以进一步判断出有射线裂嵴蚌这个种的存在，数量为 2 件。保存完整的标本高度测量数据分别为：45.37、48.6、33.8、40 毫米。这些标本至少代表了 5 个不同尺寸的个体。

2. 脊椎动物门 Vertebrata

发现标本共 256 件，其中包括 28 件部位种属均不明确的残骨，1 件骨制品，79 件不同体型哺乳动物的肢骨残片、脊椎和肋骨等。

2.1　爬行动物纲 Reptilia

发现材料仅 1 件尺骨残块，具体种属不明，重 1.57 克，至少代表了 1 个个体。

2.2　哺乳动物纲 Mammalia

2.2.1　偶蹄目 Artiodactyla

2.2.1.1　牛科 Bovidae

2.2.1.1.1　黄牛属 *Bos*

发现标本共 2 件，为黄牛的左侧角带头骨残块和残破的角各 1 件，总重 289.76 克。至少代表了 1 个成年雄性个体。

2.2.1.1.2　牛

发现标本共 23 件，总重 1602 克，包括有：左侧尺骨近端 1 件，中间趾骨 1 件，近端趾骨 1 件，右侧跟骨 2 件，左侧肱骨远端 1 件，右侧肱骨远端 1 件，颈椎 1 件，右侧胫骨近端 1 件，右侧胫骨远端 1 件，臼齿残块 1 件，右侧下颌髁突 1 件，右侧髋骨 1 件，右侧髂骨 1 件，右侧坐骨 1 件，肋骨残块 2 件，左侧桡骨近端 1 件，左侧上颌带 $M^1 - M^3$ 残块 1 件，头骨残块 4 件。这些标本至少代表了 2 个成年个体。

我们认为遗址中发现的部分大型哺乳动物肋骨和肢骨残片应该属于牛的遗存；综合牛类遗存的整体情况来看，遗址中出现的牛应该都为黄牛。

2.2.1.1.3　绵羊属 *Ovis*

发现标本仅 1 件，为右侧绵羊角残块，重 44.28 克，至少代表了 1 个成年雄性个体。

2.2.1.1.4　羊

发现标本共 3 件，总重 57.4 克，包括有：左侧髋骨 1 件，臼齿残块 1 件，右侧胫骨远端 1 件。这些标本至少代表了 1 个成年个体。

我们认为遗址中出土的部分中型哺乳动物的肋骨、脊椎和肢骨残片等也应该属于羊的遗存；综合羊类遗存的总体情况来看，遗址中出土的羊应该都为绵羊。

2.2.1.2　猪科 Suidae

2.2.1.2.1　猪属 *Sus*

2.2.1.2.1.1　家猪 *Sus scrofa domesticus*

发现标本共 77 件，总重 2210.88 克。包括有：右侧尺骨近端 2 件，左侧尺骨残块 1 件，右侧肱骨近端 1 件，左侧肱骨近端 1 件，右侧肱骨远端 6 件，左侧肱骨远端 2 件，左侧股骨远端 1 件

（关节脱落），寰椎 2 件，右侧肩胛骨 1 件，右侧胫骨 2 件，臼齿残块 1 件，左侧距骨 2 件，距骨残块 1 件，右侧下颌髁突 1 件，右侧髋骨 1 件，髋骨残块 1 件，肋骨残块 3 件，右侧颞骨 1 件，左侧上颌犬齿 1 件，右侧上颌带 $P^4 - M^1$ 1 件，右侧上颌带 $P^4 - M^3$ 1 件，右侧上颌带 $M^1 - M^2$ 1 件，右侧上颌带 $M^2 - M^3$ 1 件，左侧上颌带 P^4 1 件，左侧上颌带 $P^3 - M^3$ 1 件，头骨残块 6 件，左侧下颌残块 5 件，左侧下颌带 $M_1 - M_3$ 1 件，左侧下颌带 DM_3 1 件，左侧下颌带 $M_1 - M_2$ 2 件，右侧下颌带 $M_1 - M_3$ 1 件，左侧下颌带 M_3 2 件，左侧下颌带 $P_3 - M_2$ 1 件，右侧下颌 $P_4 - M_2$（M_3 未萌出）1 件，左侧下颌带 M_1（M_2 未萌出）1 件，右侧下颌带 $M_1 - M_2$（M_3 未萌出）1 件，右侧下颌带 $M_1 - M_2$ 1 件，左侧下颌带 $DM_3 - M_1$ 1 件，左侧下颌带 $P_4 - M_1$ 1 件，右侧下颌带 DM_3（M_1 未萌出）1 件，右侧下颌带犬齿 1 件，右侧下颌带 DM_3 1 件，左侧下颌带 M_2（M_3 未萌出）1 件，右侧下颌带 $P_4 - M_1$ 1 件，牙齿残块 5 件，腰椎 1 件，掌骨 2 件，枕骨 1 件，左侧下颌带 $M_1 - M_3$ 1 件。这些标本至少代表了 10 个不同年龄段的个体（小于 6 月龄 1 个，6～13 月龄 1 个，13～18 月龄 3 个，18～25 月龄 1 个，大于 25 月龄 4 个）。

我们认为遗址中出土的部分中型哺乳动物的肋骨、脊椎和肢骨残片等应该属于猪的遗存。

2.2.1.3　鹿科 Cervidae

本次发掘所获遗存中并未发现鹿的角，因此不能明确具体的种属，只能依据测量数据将其分为大、中、小三种类型。

2.2.1.3.1　大型鹿

仅发现左侧肩胛骨 1 件，重 64.3 克，至少代表了 1 个个体。

2.2.1.3.2　中型鹿

材料共 8 件，总重 226.73 克。包括有：左侧肱骨残块 1 件，左侧肱骨远端 1 件，右侧肱骨远端 1 件，肩胛骨残块 1 件，颈椎残块 1 件，右侧胫骨近端 1 件，左侧胫骨远端 1 件，左侧桡骨近端 1 件。这些标本至少代表了 2 个成年个体。

我们认为遗址中出土的部分中型哺乳动物的肋骨、脊椎和肢骨残片等应该属于中型鹿的遗存。

2.2.1.3.3　小型鹿

仅发现右侧桡骨近端 1 件，重 9.3 克，至少代表了 1 个个体。

2.2.2　食肉目 Carnivora

2.2.2.1　犬科 Canidae

2.2.2.1.1　犬属 Canis

2.2.2.1.1.1　狗 Canis lupus familiaris

发现标本共 21 件，总重 217.78 克。包括有：头骨残块 8 件，尺骨近端残块 1 件，骶椎残块 1 件，左侧肱骨远端 1 件，右侧肱骨残块 1 件，左侧桡骨近端 1 件，右侧桡骨 1 件，枢椎 1 件，左侧上颌带 M^1 1 件，右侧下颌枝残块 1 件，右侧下颌带 $P_4 - M_1$ 1 件，右侧下颌带 $P_2 - M_2$ 1 件，右侧下颌带 $DI_1 - DP_4$ 1 件，左侧下颌带 $P_3 - P_4$ 1 件。这些标本至少代表了 3 个成年个体。

另外还有 8 件中型食肉动物的掌骨、距骨、肋骨残块等，我们认为可能也属于狗的遗存。

2.2.3　啮齿目 Rodentia

发现标本共 2 件，均为右侧下颌残块，总重 1.22 克，至少代表了 2 个个体。

三　讨论与分析

龙山文化时期的动物遗存数量较少，种属也较简单，在此不做讨论。下文将主要分析岳石文化时期的动物遗存情况及其所反映的先民生活状况。

1. 动物群所代表的环境分析

本次发现的动物遗存所代表的动物种属包括有：丽蚌、楔蚌、矛蚌、扭蚌、裂嵴蚌等淡水蚌类；猪、狗、绵羊、黄牛、鹿、食肉动物、啮齿动物等陆生哺乳动物。其中猪、狗是明确的家养动物，黄牛和绵羊虽然发现数量较少，但根据时代推测也应该为家养动物，因此能够代表野生生存环境的动物种属为各种蚌类和鹿科动物。种属丰富的淡水蚌类遗存表明遗址附近有一定面积的淡水水域，尺寸较大丽蚌的存在说明遗址周围的水域面积较大、水流较缓，且当时的气候要比现在更加温暖一些；大、中、小三种鹿类动物的存在，表明遗址附近有着一定面积的树林（灌木丛），适合这类动物的生存。

2. 动物遗存表面痕迹分析

经过观察，我们发现部分动物遗存表面留有一些痕迹，包括有多种人工痕迹、食肉动物啃咬痕迹和烧痕等。

2.1　人工痕迹

带有人工痕迹的遗存共 9 件，其中 3 件有切割痕，分别为牛的尺骨、近端趾骨和狗的骶椎；1 件有砍砸痕，为牛的胫骨远端；2 件有穿孔，分别为裂嵴蚌和楔蚌壳；3 件有磨痕，均为中型哺乳动物的肢骨残片，从表现出来的特征判断这 3 件带有磨痕的肢骨片可能为制作骨器的半成品或使用后残破废弃的骨器。蚌壳上的穿孔，我们认为可能与先民佩戴此类蚌饰的行为有关；砍砸痕和切割痕的存在我们认为应该与先民肢解动物、获取肉食的行为有关。

2.2　食肉动物咬痕

带有食肉动物咬痕的标本共 15 件，种属包括猪、牛、鹿等，咬痕多分布于长骨的关节端和残破骨片的骨体表面。从咬痕的特征来看，应该是狗这类中型食肉动物留下的痕迹，结合遗址中动物遗存的发现情况，我们认为这是当时先民将食剩的食物丢弃后被狗啃咬的结果，从一个侧面反映了先民饲养狗的行为。

2.3　烧痕

带有烧痕的标本共 9 件，种属包括了猪、羊和狗。从其特征来看，很少发现通体烧黑的情况，多为部分燎黑，可能为烤痕，我们推测可能与先民的取食行为或取料制作骨器的行为有关。

3. 先民的肉食结构分析

从全部动物的数量构成情况来看，以哺乳动物为主，占 61.36%（图一）。哺乳动物的构成情况，从可鉴定标本数来看，是以猪为主的，占 53%，猪、牛、羊和狗等家养动物占 87% 以上（图二）；从最小个体数来看，仍然是以猪为主的，占 44%，猪、牛、羊和狗等家养动物占 70% 以上（图三）；从肉食量[①]来看，还是以猪为主，占 59%，猪、牛、羊和狗等家养动物占 90% 以上（图四）。

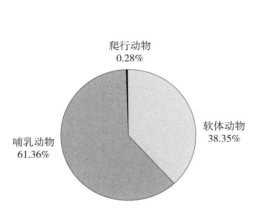

图一　岳石文化时期全部
动物数量分布示意图

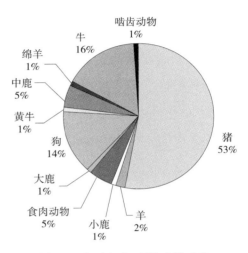

图二　岳石文化时期哺乳动物
可鉴定标本数分布示意图

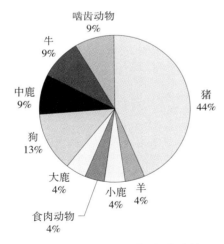

图三　岳石文化时期哺乳动物
最小个体数分布示意图

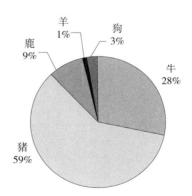

图四　岳石文化时期哺乳动物
肉食量分布示意图

---

① 关于各种哺乳动物肉量的计算参照 Elizabeth J. Reitz and Elizabeth S. Wing：*Zooarchaeology*，Cambridge University Press，1999，P223. White，T. E. 的计算方法。体重数据参考以下文献：《中国猪种》编写组：《中国猪种》（一），上海人民出版社，1976 年；寿振黄：《中国经济动物志》（兽类），科学出版社，1962 年；汤逸人：《绵羊育种及家畜生态——汤逸人畜牧文集》，农业出版社，1982 年；盛和林：《中国鹿类动物》，华东师范大学出版社，1992 年；邱怀：《中国黄牛》，农业出版社，1992 年。幼年个体按照成年个体一半的标准进行统计。

4. 小结

本次整理的动物遗存包含龙山文化和岳石文化两个时期。

从种属上看，龙山文化和岳石文化时期都发现有相似的淡水蚌类，说明遗址附近在这两个时期地貌环境和气候条件并未发生太大的变化，存在一定面积的淡水水域，而且整体的气候条件应比现在温暖一些。

在遗址历经的两个阶段中都有猪的遗存发现。从海岱地区发现的情况来看[1]，龙山文化时期遗址发现的猪已经确定属于家猪，所以尽管材料较少，但是我们认为遗址中两个阶段发现的猪都应该属于家猪。龙山文化时期发现材料较少，很难进行比较分析，单从岳石文化时期的情况来看，家猪在先民的生活中占据非常重要的位置，是先民主要的肉食来源。

从遗址动物群的构成情况我们可以看出，先民们除了以饲养家猪来获取肉食外，也会利用周围的自然资源，狩猎野生哺乳动物，捕捞野生的软体动物来作为肉食的补充。

---

① 张颖：《山东桐林遗址动物骨骼分析》，北京大学本科毕业论文，2006 年；国家文物局考古领队培训班：《兖州西吴寺》之《西吴寺兽骨鉴定报告》，文物出版社，1990 年；中国社科院考古所山东队等：《潍县鲁家口新石器时代遗址》之《山东潍县鲁家口遗址动物遗骸》，《考古学报》1985 年第 3 期；宋艳波、宋嘉莉、何德亮：《山东滕州庄里西龙山文化遗址出土动物遗存分析》，《东方考古》（第 9 集），科学出版社，2012 年。

济南催马庄遗址发掘报告

山东省文物考古研究院

　　催马庄遗址位于济南市市中区党家办事处催马庄村西南，玉符河北岸的高台地上，距济南市区约 9 千米。海拔高度 70～80 米，高出南部河床约 5 米。地理坐标为北纬 36°47′37.9″，东经 118°00′03.6″（图一）。

　　遗址总体表现为山间河谷地貌，东部紧邻山丘，谷地的南、西、北面都是山地。南、西部为玉符河。玉符河垂直侵蚀作用强烈，河道内大部基岩裸露。河谷地带分布着耕地，河谷以上为坡耕地和园地。

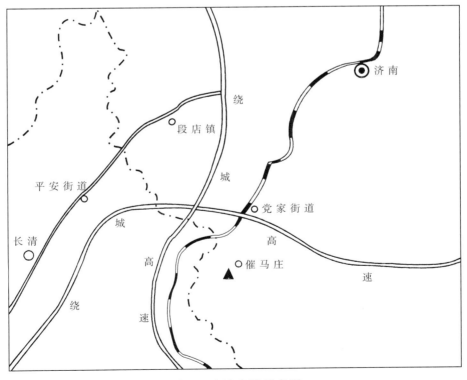

图一　遗址位置示意图

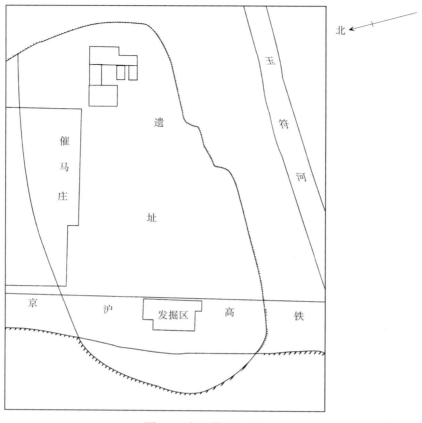

图二　遗址范围示意图

　　遗址是第二次全国文物普查时发现的。2007 年 4 月为配合京沪高速铁路建设工程进行了文物调查和钻探工作。钻探表明，遗址呈椭圆形，东西长 200、南北宽 150 米，面积约 3 万平方米（图二）。文化堆积以周代为主，也有部分新石器时代遗存。遗址中东部保存较好，文化堆积最厚，可达 2 米。遗址北部被村庄占压，村民修建房屋出土过陶器、石器等。西南部被乡间路破坏。

　　2008 年 8～9 月，山东省文物考古研究所①进行了考古发掘。发掘区位于村西南约 200 米、京沪高速铁路路基上，属于遗址的西南部。北、南、西南均为断崖。发掘区西半部受到乡间路取土严重破坏，部分遗迹仅余底部。布探方计 15 个，连同扩方，实际发掘面积 360 平方米（图三；彩版一一）。这次发掘收获以周代遗存为主，遗迹主要有 2 座房屋、11 座墓葬和 60 座灰坑（附表），出土大量陶片及较多石、骨和蚌器等。大汶口文化遗存被周代遗存打破，保留较少。这次发掘的领队为何德亮，发掘人员有何德亮、韩辉、房成来、张敬伟、张学堂、李玉亮。发掘期间得到京沪高速铁路建设部门的大力支持，在此表示感谢。

一　地层堆积

　　发掘区西部被取土破坏，致使东西部高差约 1.1 米。东部文化堆积较薄，埋藏也浅。西部文

---

①　2017 年 9 月更名为山东省文物考古研究院。

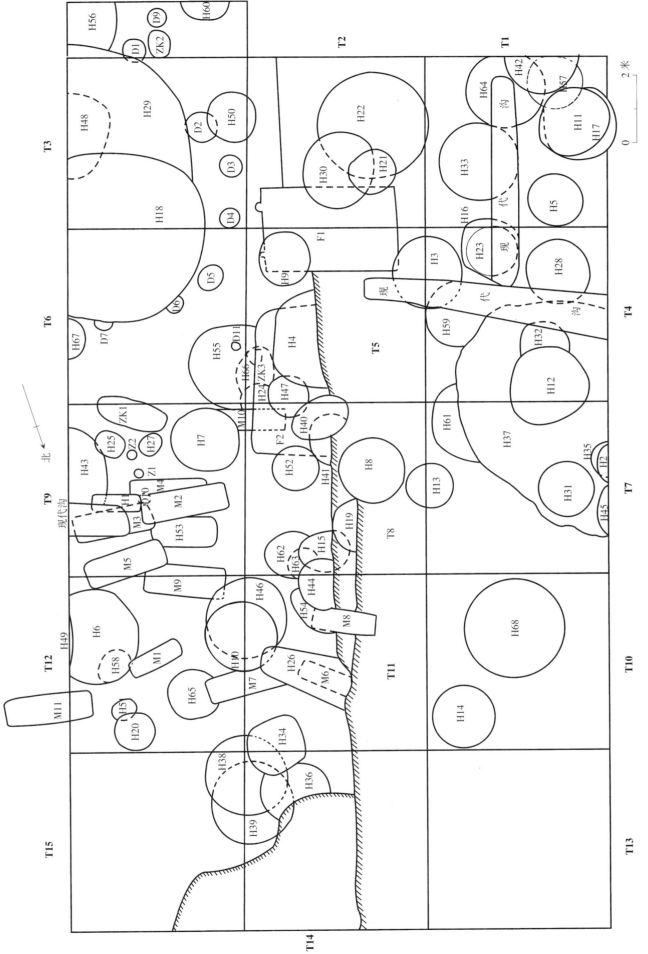

图三 遗迹总平面图

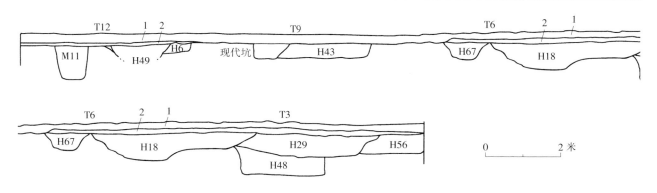

图四　T3、T6、T9、T12 东壁剖面图

化堆积则破坏严重，遗迹仅余底部，包括 T1、T2、T4、T7、T10 全方和 T5、T8、T11 的西部。

根据土质、土色和包含物的不同，将地层分为两层，现以 T3、T6、T9、T12 东壁剖面为例介绍如下（图四）。

第 1 层，耕土层。厚约 0.15～0.28 米。

第 2 层，黄褐色粉沙土，质疏松。厚约 0.05～0.2 米。内含瓷片、砖块等近现代器物残片。大汶口文化和周代遗迹都开口于该层下。

其下为生土。

二　大汶口文化遗存

（一）遗迹

遗迹较少，有灰坑、柱洞、柱坑和灶等。分布相对集中。

1. 柱洞

11 个。分布于发掘区东部。洞口形状有圆形、椭圆形两种，以圆形居多。直径约 0.25～0.75、残深 0.2～0.8 米。填灰褐色粉沙土，质较疏松，内含少量红褐陶片、碎骨、烧土粒、烧土块和炭粒。

D1　位于 T3 西南部。开口于第 2 层下，被 H29 打破。口距地表约 0.3 米。平面近圆形，直壁，底略平。直径约 0.65、深 0.8 米。填灰褐色土，质较疏松，包含少量红褐陶片。出土陶器可辨器形有钵、罐、把手（图五）。

陶钵口沿　2 件。均为泥质褐陶。

D1:2，敛口，折腹。口径 29.2、残高 6 厘米（图五，4）。

D1:1，敛口，圆唇。口径 26、残高 8 厘米（图五，3）。

陶罐口沿　1 件。

D1:4，泥质褐陶。窄沿斜折，圆唇。口径 24.5、残高 5.4 厘米（图五，1）。

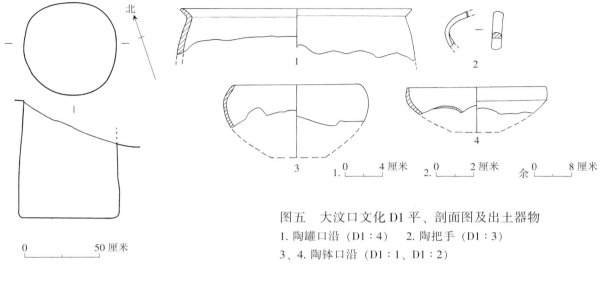

图五　大汶口文化 D1 平、剖面图及出土器物
1. 陶罐口沿（D1∶4）　2. 陶把手（D1∶3）
3、4. 陶钵口沿（D1∶1、D1∶2）

陶把手　1 件。

D1∶3，泥质浅灰陶。残长 2.2 厘米（图五，2）。

D9　位于 T3 东部扩方内。开口于第 2 层下，打破生土。口距地表约 0.3 米。平面呈圆形，直壁，底略平。直径约 0.5、深 0.16 米。填灰褐色粉沙土，内含少量泥质红褐陶片和少量碎骨（图六）。

T3、T6 中 D1～D9 及 ZK2 根据形状和排列情况，推测为一个圆形房屋遗迹残留，被周代遗存破坏严重，残长约 3.4、宽约 2 米。

2. 柱坑

7 处。主要分布于发掘区东部。形制多为内外两重结构，外为坑，内为柱洞。另有 H25、H27、H51、H58 分布于柱坑、柱洞和灶区域，基本呈椭圆形，直壁。平面尺寸多 0.6～2 米。填深

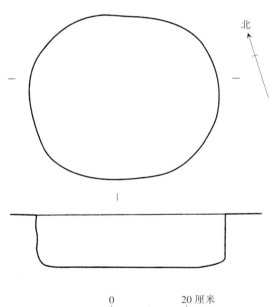

图六　大汶口文化 D9 平、剖面图

灰色粉沙土，较疏松，内含大量红烧土块和较多草木灰、草拌泥。应均与房址相关，推测为柱坑。

ZK1　位于 T9 南部。开口于第 2 层下，打破生土。口距地表约 0.3 米。平面近长方形，长 2、宽 0.8、深 0.08 米。填深灰色土，内含少许碎红褐陶片和较多烧土，结构致密。柱洞位于坑西北部，圆形坑状，直壁，圜底。直径 0.4、深 0.32 米。填灰褐色土，质疏松。内含少量碎陶片（图七）。

H25　位于 T9 东南部，ZK1 的北部，灶坑 Z1、Z2 的南部。开口于第 2 层下，打破 H43。口距地表约 0.3 米。平面近椭圆形，直壁平底，壁面规整，底面东高西低。长径 0.84、短径 0.71、深

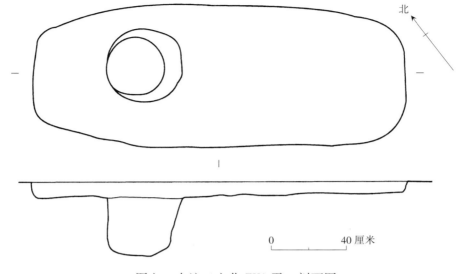

图七　大汶口文化 ZK1 平、剖面图

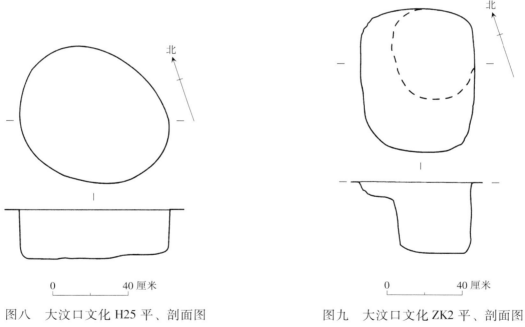

图八　大汶口文化 H25 平、剖面图　　　　　　图九　大汶口文化 ZK2 平、剖面图

0.25～0.28 米。填深灰褐细沙土，质疏松，内含大量红烧土块、较多炭屑及少许草木灰，红烧土似为草拌泥墙体倒塌被烧而成。出土遗物较少（图八；彩版一二，1）。

　　ZK2　位于 T3 南部扩方内。开口于第 2 层下，打破生土。口距地表约 0.3 米。上部呈坑状，平面呈椭圆形，南北长 0.8、东西宽 0.6、深 0.1 米。填灰褐土，较致密；下部为柱洞，圆形，直壁平底。直径 0.5、深 0.3 米。填灰褐色土，土质较疏松。内含少量红褐陶片、碎石块、碎骨、红烧土粒、烧土块等（图九）。

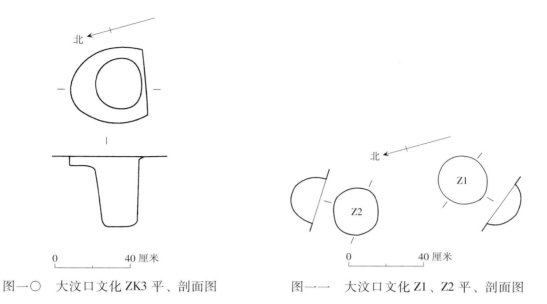

图一〇　大汶口文化 ZK3 平、剖面图　　　图一一　大汶口文化 Z1、Z2 平、剖面图

ZK3　位于 T5 东北部。开口于 H66 下，打破生土。上部为坑状，近圆形，直径 0.46、残深 0.05 米，填灰色土，较致密。内含碎泥质红褐陶片和红烧土块。之下柱洞径 0.2 ~ 0.24、深 0.35 米，填灰土，含少量红烧土颗粒，较疏松（图一〇）。

3. 灶坑

2 处。均位于 T9 中北部。开口于第 2 层下，打破生土。口距地表 0.3 米。平面圆形，浅坑圜底。Z1 口部直径 0.26 ~ 0.27、残深 0.1 米。Z2 口部直径 0.24 ~ 0.26、残深 0.15 米。底部都有厚 0.02 ~ 0.03 米火烧烤面。推测为一个房址的残留灶坑（图一一；彩版一二，3）。

4. 灰坑

4 座。分布于发掘区东中部，被打破严重。

H66　位于 T5 东北部。开口于第 2 层下，被 F2、H24、H47、H55 打破。平面椭圆形，长径 1.34、短径 1.04、残深 0.35 米。填灰色土，较致密。内含碎陶片和红烧土块（图一二，1）。

H43　位于 T9 东部。开口于第 2 层下，被 H1、H25 打破，打破生土。口距地表 0.2 米。平面椭圆形，斜壁平底，壁面较规整。口部长径 2.2、短径 1.08 米，底部长径 2、短径 0.95 米，残深 0.4 米。填深灰色土，较疏松，内含较多草木灰，出土遗物有碎陶片、砺石。填土内可见大量大块烧土，烧土表面平坦，留有木板痕迹，应为建筑垃圾（图一二，2）。

（二）遗物

大汶口文化遗物数量少，种类不多。仅见陶钵、罐口、鼎足等，周代遗迹中也出土一些大汶口文化陶器残片。

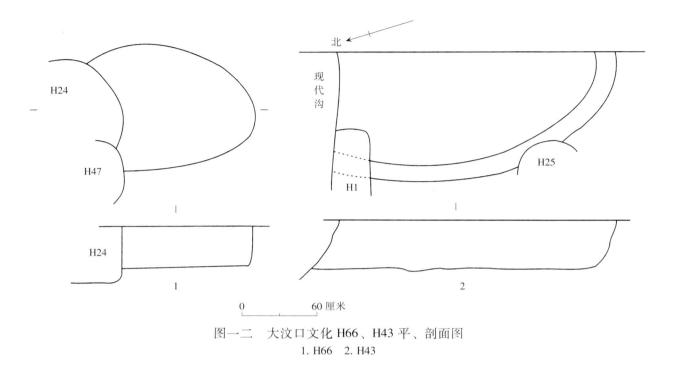

图一二　大汶口文化 H66、H43 平、剖面图
1. H66　2. H43

陶钵口沿　1 件。

H37 采：01，泥质褐陶。敛口，圆唇，扁鼓腹，下腹斜收。口径 30、腹径 35.2、残高 8 厘米（图一三，1）。

陶罐口沿　1 件。

F2 采：01，泥质褐陶。矮沿斜折，圆唇，鼓腹。口径 19.2、残高 6 厘米（图一三，2）。

陶鼎足　7 件。均泥质陶。大多呈柱状。

H37 采：04，浅灰褐陶。扁圆锥状，下部残。饰戳刺纹。残高 7.2 厘米（图一三，3）。

H10 采：01，褐陶。下部残。足根外突。残高 6.2 厘米（图一三，4）。

H37 采：05，褐陶。下部残。足根外突。残高 8.4 厘米（图一三，5）。

H37 采：07，褐陶。近圆锥足，较矮。残高 5.6 厘米（图一三，6）。

H37 采：06，灰陶。铲状足。残高 5 厘米（图一三，7）。

H10 采：02，褐陶。下部残。上部凸起一乳丁。残高 5.2 厘米（图一三，8）。

H37 采：03，褐陶。圆柱状。残高 7.4 厘米（图一三，9）。

H37 采：02，上部柱状，下部向外弯曲。正面饰泥条，上面为戳刺纹。残高 5.4 厘米（图一三，10）。

三　周代遗存

遗迹主要有灰坑、房址和墓葬等。灰坑占遗迹总数的 82% 强，遍布整个发掘区；房址 2 座，均为半地穴式小型房屋，位于发掘区南部。墓葬 11 座，小型竖穴土坑墓，集中分布于发掘区北

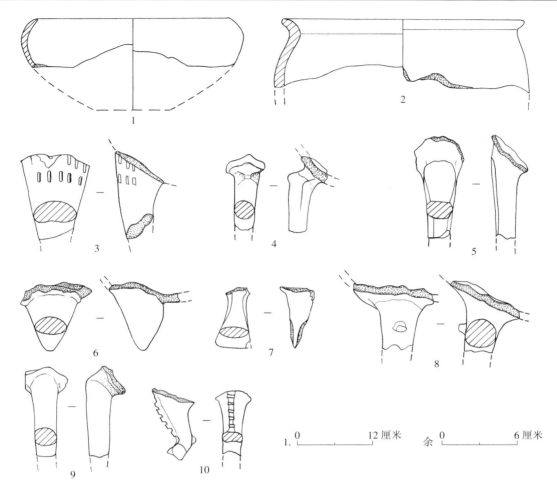

图一三　大汶口文化陶器

1. 陶钵口沿（H37 采：01）　2. 陶罐口沿（F2 采：01）　3～10. 陶鼎足（H37 采：04、H10 采：01、H37 采：05、H37 采：07、H37 采：06、H10 采：02、H37 采：03、H37 采：02）

部，排列有一定规律。M2、M3、M5 各随葬 1 件陶鬲。

遗址生产工具有农具和手工工具，为石、骨、角、蚌器。器形可见鹿角锄、石斧、石锛、蚌镰、蚌刀、纺轮等。

陶器占遗物的大宗，多为残片，完整者较少，集中于 H18、H37、H28 等少量灰坑内。陶质分泥质和夹砂两大类。泥质陶占多数，器形有罐、盆、豆、簋、盉、罍等。余为夹砂陶，器类主要是鬲和甗，也有少量罐。多数陶器颜色斑驳不纯，泥质陶以灰陶为主，灰褐陶、红褐陶较少，也有少量黑皮陶。夹砂陶以灰褐较多，灰陶和红褐陶次之。

纹饰以绳纹最为流行，其中中绳纹最多，也有粗绳纹和细绳纹，多饰在鬲、甗、罐、盆、甑上。鬲、甗通体饰绳纹，口沿、颈部抹光。豆、簋、盉常素面，有的经磨光处理。素面罐和盆基本为小型器，数量较少。弦纹一是饰于鬲、盆、罐腹上，用手绕器体抹一周而成，不甚规整；二是饰于簋的上腹部、罐的肩部，凹槽圆滑、较深。数量一至四条不等。附加堆纹在鬲、盆、甗的上腹部和罐的肩部较为常见，用泥条绕器体黏附一周，再用捆绳的棍滚压成链条状，呈波浪起伏

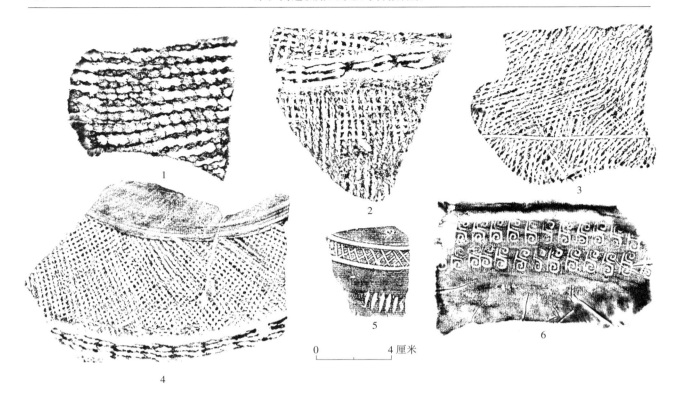

图一四　周代陶器纹饰拓片

1～4. 绳纹（H18②：67、H18②：66、H61：1、H18③：39）　5. 刻划纹（H34：4）　6. 回形纹（采：05）

式。多数泥条较窄，泥条上滚压绳纹数约三四条。凸棱为绕器体一周的窄条形凸起，见于豆柄和盂颈部。此外还有云雷印纹、三角划纹等装饰（图一四）。

制法以手制为主，较多器物表面有轮修痕迹。鬲、盆等器物口沿内外常见竹片等物刮削处理痕迹。鬲实足根后附加在足上，内部用泥块填充，手指按压黏结。

1. 灰坑

60 座。形状比较规整，多为圆形和椭圆形，另有长方形或梯形、不规则形。壁有直壁、斜壁，其中斜壁常见外斜如袋状。底大部平整。个别坑底有柱洞。口径一般 1～2.5 米，最大的直径在 4 米以上，深度大多为 0.3～1 米，有的深达 1.8 米左右。

（1）圆形灰坑

45 座。

H3　位于 T4、T5 内。开口于第 1 层下，被现代沟打破，打破 F1、H59。距地表 0.2 米，上部被破坏严重。直壁，平底。口径 2.3、存深 0.26 米。填浅灰细沙土，内含少量陶片、烧土、兽骨。出土陶器可辨器形为豆（图一五）。

豆柄　1 件。

H3：1，泥质灰陶。豆盘及圈足均残。直柄。饰凹弦纹。残高 6.8 厘米（图一五，1）。

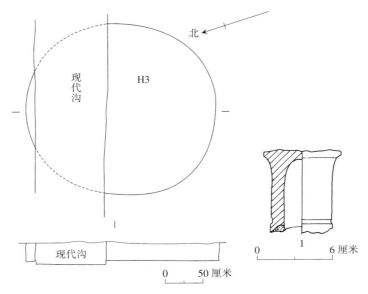

图一五　周代 H3 平、剖面图及出土器物
1. 陶豆柄（H3∶1）

H5　位于 T1 内。开口于第 1 层下。距地表 0.2 米，上部被破坏严重。直壁，平底。口径 2.2、存深 0.35 米。填灰褐色土，内含少许烧土粒和炭屑。出土陶器可辨器形为盆、甑、罐、豆、簋（图一六）。

陶盆　1 件。

H5∶1，泥质黑皮陶。敞口，卷沿，方唇，斜腹，底残。素面。口径 20.8、残高 12.1 厘米（图一六，7）。

陶甑　1 件。

H5∶3，泥质红褐陶。敞口，斜沿，方唇，深腹，下腹斜收。底部残，可见镂孔。沿下及腹部饰粗绳纹，上腹饰一周附加堆纹，下腹部抹光。口径 36.4、高 22.4 厘米（图一六，5）。

陶罐口沿　2 件。均泥质灰褐陶。

H5∶9，卷沿，方唇，束颈，溜肩。沿面一周凹槽，肩部饰中绳纹。口径 20.6、残高 7.4 厘米（图一六，1）。

H5∶2，近直口，斜方唇，圆肩。肩部饰中绳纹。口径 16、残高 3.6 厘米（图一六，3）。

陶豆　2 件。残存豆盘、豆柄各 1 件。均泥质灰陶。

H5∶4，豆盘。深盘，折壁。柄残。口径 17、残高 6.2 厘米（图一六，6）。

H5∶5，豆柄。圈足外撇，呈喇叭状。柄部有凸棱痕迹。足径 12.4、残高 4.4 厘米（图一六，8）。

陶簋口沿　2 件。均泥质磨光灰皮陶。平折沿。

H5∶11，方圆唇，腹略鼓，下腹斜收。颈部饰三周弦纹。口径 26、残高 12 厘米（图一六，2）。

H5∶12，圆唇，斜腹，下腹略折。腹部饰两道凹弦纹。口径 22.3、残高 5 厘米（图一六，4）。

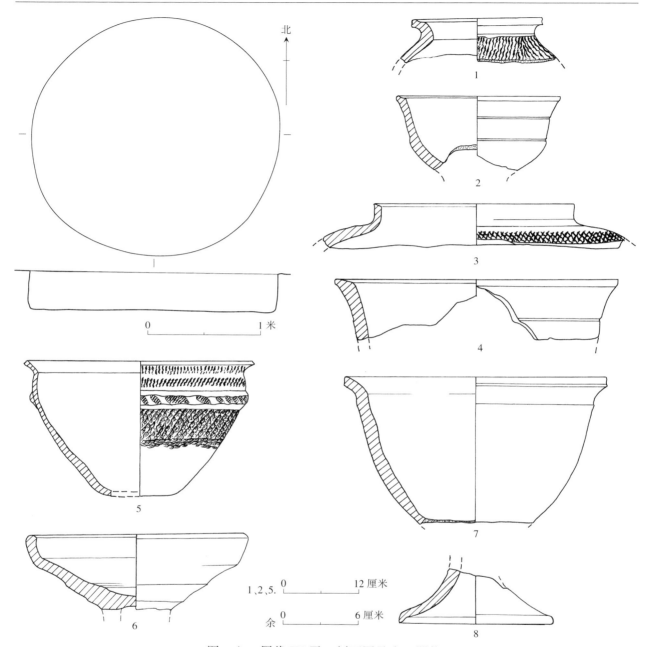

图一六　周代 H5 平、剖面图及出土器物

1、3. 陶罐口沿（H5：9、H5：2）　　2、4. 陶簋口沿（H5：11、H5：12）　　5. 陶甗（H5：3）　　6、8. 陶豆（H5：4、H5：5）　　7. 陶盆（H5：1）

　　H6　位于 T12 东北部。开口于第 2 层下，被 H49、M1 打破，打破 H58。口距地表 0.3 米。斜壁圜底，壁面不规整。口径 2.7、残深 0.25 米。填深灰色细沙土，质疏松，内含草木灰、石块及少量烧土、兽骨。出土陶罐和骨锥（图一七）。

　　陶罐　3 件。可复原 1 件，口沿 2 件。均泥质灰陶。

　　H6：6，卷沿，方唇，唇外缘稍凸，圆肩。口沿、颈部抹光，肩部饰粗绳纹。口径 20、残高 6 厘米（图一七，1）。

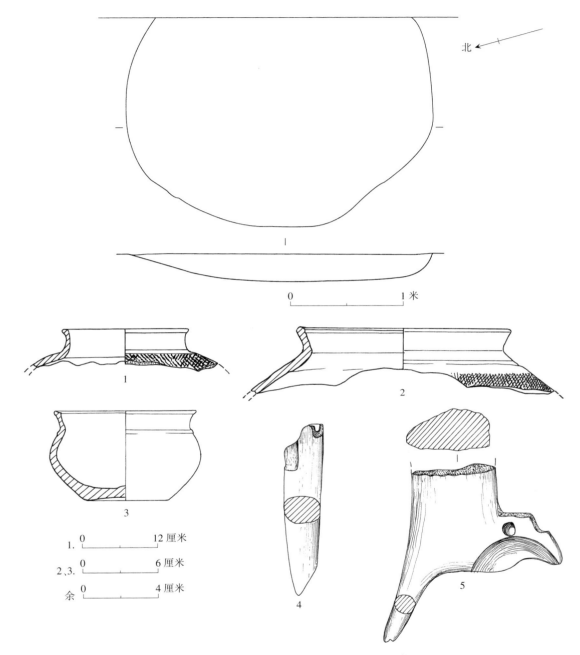

图一七　周代 H6 平、剖面图及出土器物
1~3. 陶罐（H6：6、H6：7、H6：1）　4、5. 骨锥（H6：3、H6：4）

　　H6：7，侈口。斜折沿，圆方唇，弧肩。肩部饰细绳纹，上部抹光。口径 17、残高 5 厘米（图一七，2）。

　　H6：1，方唇，唇面内凹，圆肩外鼓，下腹斜收，平底微凹。颈腹相接处饰一周凸弦纹。口径 11.2、底径 6.6、高 7.4 厘米（图一七，3）。

　　骨锥　2 件。

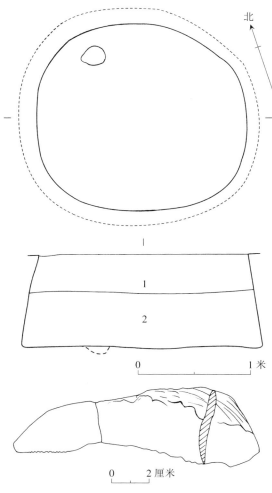

图一八　周代 H7 平、剖面图及出土器物
1. 蚌镰（H7:1）

H6:3，截面圆形。长 9.3、宽 1.9 厘米（图一七，4）。

H6:4，保留动物骨关节较多，并钻有一孔。一侧磨光。长 9.5、柄部宽 4.5 厘米（图一七，5；彩版一九，3）。

H7　位于 T9 西部。开口于第 2 层下，打破 M10。口距地表 0.3 米。斜壁，袋状，底不平。壁面规整，有工具修整痕迹。口径 1.8～1.86、底径 1.98～2.12、深 0.86 米。在西北部有一圆形圜底柱洞，直径 0.18、深 0.07 米。填土可分 2 层：第 1 层灰色粉沙土，质疏松，出土有陶、石、骨、蚌器等遗物，其中出土陶器可辨器形有鬲、罐、盆等；第 2 层灰色粉沙土，掺较多黄土块，较致密。出土一些陶片和 1 件蚌镰（图一八；彩版一二，2）。

蚌镰　1 件。

H7:1，体窄长，弧背曲刃，有胡，刃端有锯齿。长 13、宽 4.2 厘米（图一八，1；彩版一七，1）。

H9　位于 T5 东南部。开口于第 2 层下，打破 F1。口距地表约 0.3 米。直壁，底不平。口径 1.55、底径 1.14、深 0.16 米。填灰色粉沙土，土质疏松，内含少量红烧土粒、灰烬。出土陶器可辨器形有盆、罍（图一九）。

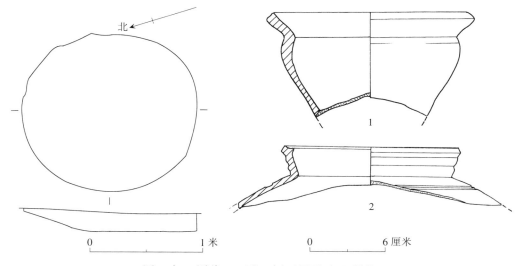

图一九　周代 H9 平、剖面图及出土器物
1. 陶盆口沿（H9:2）　2. 陶罍口沿（H9:3）

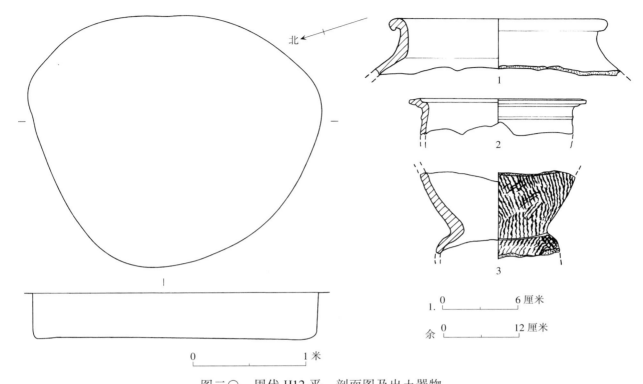

图二〇　周代 H12 平、剖面图及出土器物
1. 陶罐口沿（H12：1）　2. 陶盂（H12：2）　3. 陶甗腰（H12：5）

陶盆口沿　1 件。

H9：2，泥质黑皮陶。敛口，宽斜沿，方唇，束颈，斜腹内收，底残。口径 16.4、残高 8.6 厘米（图一九，1）。

陶罍口沿　1 件。

H9：3，泥质灰陶。斜折沿，方唇，沿面上部内凹并向里凸出，广肩。口沿、肩部各饰两道凹弦纹。口径 14.4、残高 4.8 厘米（图一九，2）。

H12　位于 T7 中部。开口于第 1 层下，打破 H32、H37。口距地表约 0.2 米。平面近圆形，直壁，平底。口径约 2.6、深 0.4 米。填深灰褐色粉沙土，质疏松，内含少许红烧土粒、炭屑。出土陶器可辨器形有甗、盂、罐（图二〇）。

陶甗腰　1 件。

H12：5，夹砂灰褐陶。甑部弧腹内收，束腰，鬲腹外弧。饰中绳纹。残高 14 厘米（图二〇，3）。

陶盂　1 件。

H12：2，泥质灰皮陶。直口，折沿，沿面内凹，圆唇，唇外缘下垂，有折棱，腹微鼓。器表磨光，颈部饰一周凸棱。口径 28、残高 6 厘米（图二〇，2）。

陶罐口沿　1 件。

H12：1，泥质灰陶。卷沿，矮颈。口径 17.1、残高 4.6 厘米（图二〇，1）。

H22　位于 T2 南部。开口于第 1 层下，被 H21、H30 打破，打破生土。口距地表约 0.2 米。

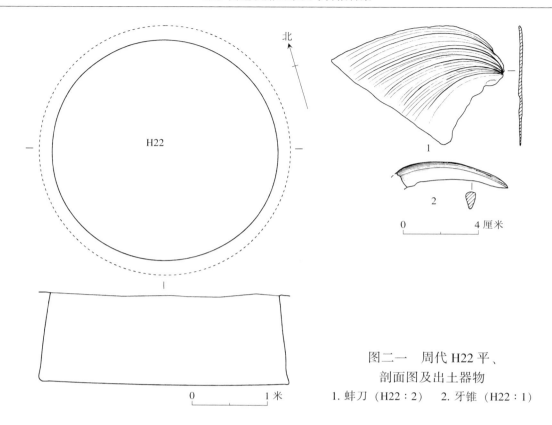

图二一　周代 H22 平、
剖面图及出土器物
1. 蚌刀（H22：2）　2. 牙锥（H22：1）

口径 3.02、底径 3.3、深 1.24 米。斜直壁，袋状坑，壁面现脱落斑驳，底面平整，中间略凹。填浅灰褐色粉沙土，质松软，内含少许烧土、炭屑。遗物有陶片、石块、骨角、蚌壳等，可辨器形有牙锥、蚌刀（图二一）。

　　牙锥　1 件。

　　H22：1，兽牙磨制而成。残长 5.8 厘米（图二一，2；彩版一九，4）。

　　蚌刀　1 件。

　　H22：2，残。扇形，弧刃。残长 9、宽 6.5 厘米（图二一，1；彩版一七，2）。

　　H28　位于 T4 西南部。开口于第 1 层下，打破 H37。口距地表 0.2 米。斜壁，平底，袋状。口径 1.8、底径 1.94、深 0.7 米。填灰色粉沙土，较致密，内含较多烧土、少量炭屑。出土遗物有大量陶片和较多石块，少量骨角、蚌壳等。其中陶器可辨器形有鬲、盆、罐、豆（图二二；表一）。

　　陶鬲　1 件。

　　H28：1，夹砂灰褐陶。卷沿，方唇，唇面内凹，束颈，瘪裆较低。饰细绳纹，上腹部饰一周凹弦纹。口径 22、残高 20 厘米（图二二，6）。

　　陶罐　2 件。均泥质陶，1 件残缺口部，1 件仅余口沿和肩部。

　　H28：3，红褐陶。仅余口及肩部。卷沿，方唇，溜肩。肩部饰中绳纹，中部饰一周弦纹。口径约 18、残高 10 厘米（图二二，2）。

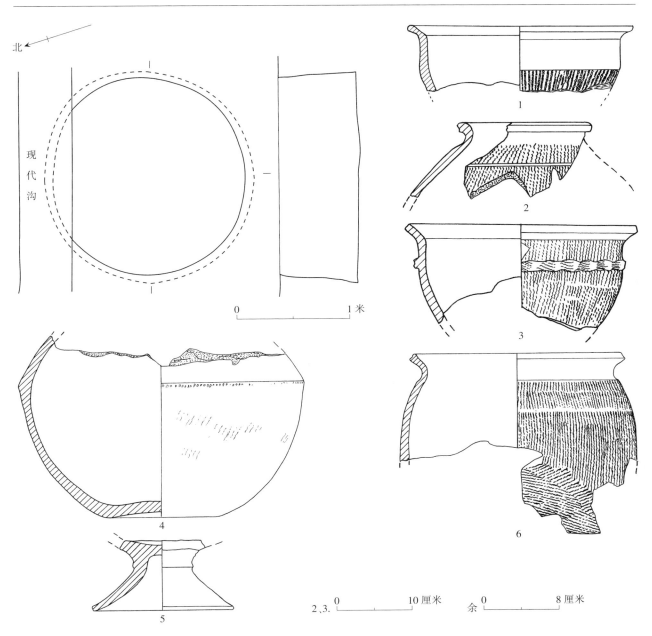

图二二　周代 H28 平、剖面图及出土器物
1、3. 陶盆（H28：5、H28：6）　2、4. 陶罐（H28：3、H28：2）　5. 陶豆柄（H28：7）　6. 陶鬲（H28：1）

表一　周代 H28 陶片数量统计表

纹饰 ＼ 陶质 陶色	泥质					夹砂				总计	百分比（％）
	灰	灰褐	红褐	黑皮	合计	灰	灰褐	红褐	合计		
素面	12		10	5	27	7	14		21	48	22
粗绳纹			1		1	2	9	6	17	18	8.2

陶质 纹饰 \ 陶色	泥质					夹砂				总计	百分比（%）
	灰	灰褐	红褐	黑皮	合计	灰	灰褐	红褐	合计		
中绳纹	42	21	12		75	10	27		37	112	51
细绳纹							1		1	1	0.5
交错绳纹	10	5	12		27					27	12.3
弦纹	3		1		4	2			2	6	2.7
戳刺纹											
附加堆纹	3		3		6					6	2.7
凸棱纹	2				2					2	0.9
合计	72	26	39	5	142	21	51	6	78	220	
百分比（%）	32.7	11.8	17.7	2.3		9.5	23.2	2.7			100
	64.5					35.5					

H28：2，灰陶。口部残。溜折肩，下腹斜收，平底内凹。肩部素面，与腹部交界处饰一周戳刺纹；其下饰中绳纹，大部绳纹脱落。底径12、残高18.5厘米（图二二，4）。

陶盆　2件。均泥质陶，下腹部及底残。

H28：5，灰陶。敞口，斜折沿，圆方唇，折腹。腹部饰竖绳纹。口径24、残高7厘米（图二二，1）。

H28：6，红陶。敞口，斜沿，方唇，弧腹。上腹部饰一周附加堆纹，腹部饰中绳纹。口径30、残高14厘米（图二二，3）。

陶豆柄　1件。

H28：7，泥质灰陶。豆盘残缺。圈足外撇，呈喇叭状。柄上部饰一周凸棱。足径15、残高8厘米（图二二，5）。

H33　位于T1东部。开口于第1层下，被现代沟打破。斜壁，袋状。口径2.16、底径2.44、深1米。壁面较光滑，经加工，涂抹有较厚的泥层，底面规整，稍凹。填灰褐色粉沙土，较致密，内含烧土、木炭。出土有较多陶片及少量石、蚌壳、兽骨等。可辨器形有陶鬲、蚌刀和石凿（图二三；彩版一二，4）。

陶鬲　1件。

H33：1，夹砂红褐陶。斜折沿，方唇，束颈，略瘪裆，最大径居上腹。饰中绳纹，颈部抹光，中腹饰一周凹弦纹。口径18.2、高16.3厘米（图二三，1；彩版一六，1）。

蚌刀　1件。

H33：2，长方体，直刃。长8、宽5.5厘米（图二三，3；彩版一七，2）。

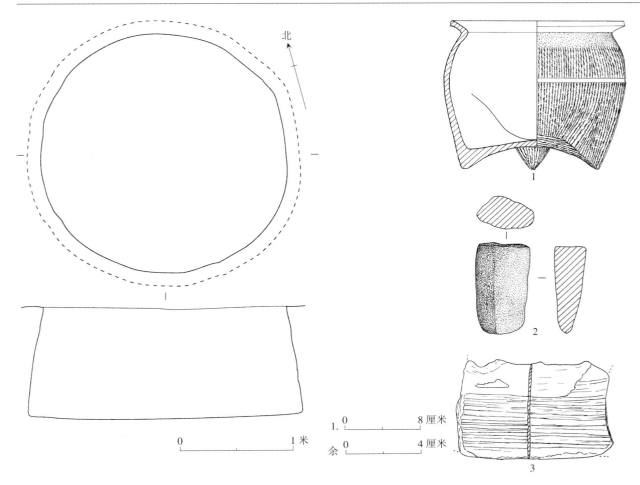

图二三　周代 H33 平、剖面图及出土器物
1. 陶鬲（H33：1）　2. 石凿（H33：3）　3. 蚌刀（H33：2）

石凿　1件。

H33：3，长方体，顶端残。弧刃。磨光。长5、宽2.9厘米（图二三，2；彩版一八，1）。

H38　位于T14、T15内。开口于第2层下，被H34、H36打破，打破H39。口距地表0.3米。斜壁，袋状坑。壁面规整，底面较平坦。口径2.24、底径2.35、深0.55米。填深灰色粉沙土，质疏松。内含大量草木灰、炭屑，较少烧土。遗物有陶片、鹿角、石器、蚌器、蚌壳等，其中可辨器形有陶鬲、陶罐、骨簪、角锥、蚌刀、蚌镰（图二四）。

陶鬲　1件。

H38：9，夹砂灰陶。仅余口、腹部。宽斜沿，方唇，唇面内凹，微卷，弧腹，最大径在中腹部。口沿外缘指压凹沟一周，沿下饰一周附加堆纹，腹饰粗绳纹。口、颈部抹光。口径32、残高21厘米（图二四，2）。

陶罐口沿　1件。

H38：10，泥质灰陶。直口，唇沿内侧一周凹槽，方唇，矮领。领部饰一周凸棱，肩部饰中绳纹。口径19.2、残高5.5厘米（图二四，1）。

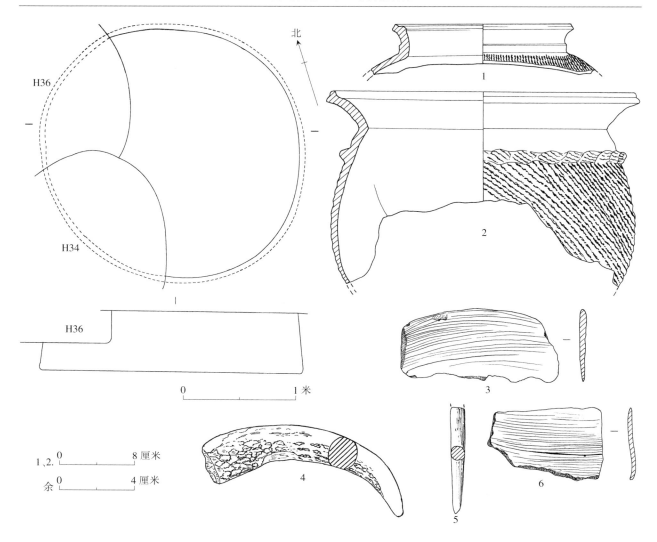

图二四　周代 H38 平、剖面图及出土器物

1. 陶罐口沿（H38:10）　2. 陶鬲（H38:9）　3. 蚌镰（H38:8）　4. 角锥（H38:7）　5. 骨簪（H38:2）
6. 蚌刀（H38:4）

骨簪　1件。

H38:2，顶部残。截面呈圆形。残长 5.9 厘米（图二四，5）。

角锥　1件。

H38:7，利用鹿角磨制而成，锋部打磨光滑。长 11 厘米（图二四，4）。

蚌刀　1件。

H38:4，长方体。长 6.1、宽 4 厘米（图二四，6；彩版一七，2）。

蚌镰　1件。

H38:8，头部残。弧背直刃。残长 8.3、宽 4 厘米（图二四，3；彩版一七，1）。

H39　位于 T14、T15 内，开口于第 2 层下，被 H38 打破，打破生土。西北部被取土破坏。口距地表约 0.3 米。斜直壁，袋状，壁面规整，底较平整，稍有起伏。口径 2.25、底径 2.47、深

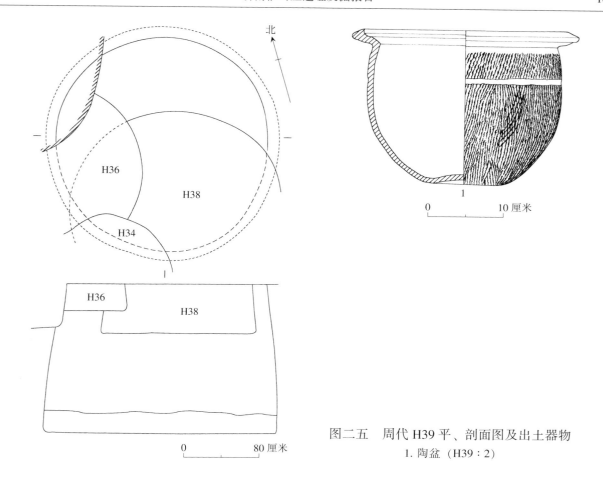

图二五　周代 H39 平、剖面图及出土器物
1. 陶盆（H39：2）

1.65 米。壁有加工痕迹，宽 0.1、长 0.2 米，呈弧形。填土分 2 层：第 1 层浅灰色粉沙土，质疏松。厚约 1.4 米，内含较多草木灰、炭屑；第 2 层灰色粉沙土，掺黄土块，较致密。厚约 0.25 米。出土较多陶片、兽骨、石块等。陶器可辨器形为盆（图二五；彩版一三，1）。

陶盆　1 件。

H39：2，泥质黑皮陶。斜折沿，沿面内凹，圆唇，弧腹，平底内凹。上腹部饰一周弦纹，腹部饰粗绳纹。口径 27、底径 10、高 21.2 厘米（图二五，1）。

（2）椭圆形灰坑

10 座。

H30　位于 T2 东北部。开口于第 1 层下，被 H21 打破，打破 F1。直壁，平底。长径 2.2、短径 2.02、残深 0.52 米。填灰褐色土，内含少量烧土、炭屑及少量蚌壳、石块。出土陶器可辨器形为簋（图二六；彩版一三，2）。

陶簋圈足　3 件。均泥质磨光灰陶。

H30：1，粗圈足外撇。饰一周凹弦纹。足径 11.4、残高 6 厘米（图二六，1）。

H30：3，矮圈足。饰一周凸棱。残高 4.8 厘米（图二六，2）。

H30：2，圈足饰一周凸棱。残高 5.2 厘米（图二六，3）。

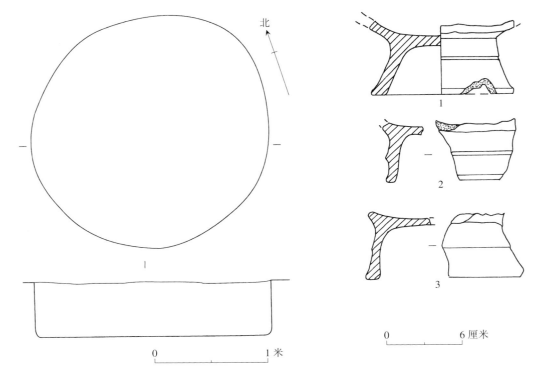

图二六　周代 H30 平、剖面图及出土器物
1~3. 陶簋圈足（H30:1、H30:3、H30:2）

　　H34　位于 T11 东北部。开口于第 2 层下，打破 H36。口距地表约 0.3 米。斜壁，平底，袋状。坑口长径 1.6、短径 1.5 米，坑底长径 1.64、短径 1.54 米，深 0.5 米。填浅灰色土，内含较多草木灰、烧土、炭屑。出土遗物有陶片、石块、骨角器、蚌壳等。可辨器形有陶豆（图二七）。

　　H37　位于 T4、T7 内。开口于第 1 层下，被 H2、H12、H28、H31、H32、H35、H45 打破，打破 H59、H61。口距地表约 0.2 米。大部分位于发掘区内。斜壁，底面不平。坑口长径 6.2、短径 4.4 米，坑底长径 5.3、短径 4 米，深 1.44 米。填土分 3 层：第 1 层灰褐色粉沙黏土，较致密，厚 0.9 米。含较多烧土、少量炭屑。遗物有较多陶片、少量石块、骨角、蚌壳等；第 2 层深灰色粉沙黏土，较疏松，厚 0.12~0.64 米。内含较多红烧土粒、草木灰。出土少量陶片、

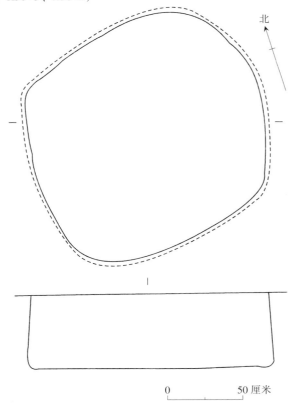

图二七　周代 H34 平、剖面图

石、骨、角、蚌壳等遗物；第 3 层灰色粉沙黏土，较致密，厚 0.8 米。内含大量烧土、黄土块。出土遗物有陶片、石、骨、角器及蚌壳等。灰坑内出土陶器可辨器形有鬲、甗、罐、豆、簋。另有骨锥、骨匕、石斧（图二八；表二、三；彩版一三，3）。

表二 周代 H37 陶片数量统计表

纹饰＼陶质陶色	泥质					夹砂				总计	百分比（％）
	灰	灰褐	红褐	黑皮	合计	灰	灰褐	红褐	合计		
素面	55			14	69	3	2		5	74	13.6
粗绳纹	13				13	8	5	1	14	27	5.0
中绳纹	175		9		184	47	88	5	140	324	59.6
细绳纹	23				23	2	3	1	6	29	5.3
交错绳纹	56		2		58					58	10.7
弦纹	12	1	1	6	20					20	3.7
附加堆纹	9				9					9	1.7
凸棱纹	3				3					3	0.6
总计	346	1	12	20	379	60	98	7	165	544	
百分比（％）	63.6	0.2	2.2	3.7		11.0	18.0	1.3		100	
	69.7					30.3					

表三 周代 H37 器形统计表

器形＼陶质陶色		夹砂				泥质					总计	百分比（％）
		灰	灰褐	红褐	合计	灰	灰褐	红褐	黑皮陶	合计		
鬲	口沿		25	13	38						38	22.5
	足		30	14	34						34	20.1
甗	口沿		2	2	4						4	2.4
	腰		7		7						7	4.1
罐	口沿					37	14			51	51	30.2
	底					16	3			19	19	11.2
盆						4	4			8	8	4.7
豆柄							1			1	1	0.6
簋	口沿								7	7	7	4.1
总计		64	19	83		57	22		7	86	169	
百分比（％）		37.9	11.2			33.7	13.0		4.1		100	
		49.1				50.9						

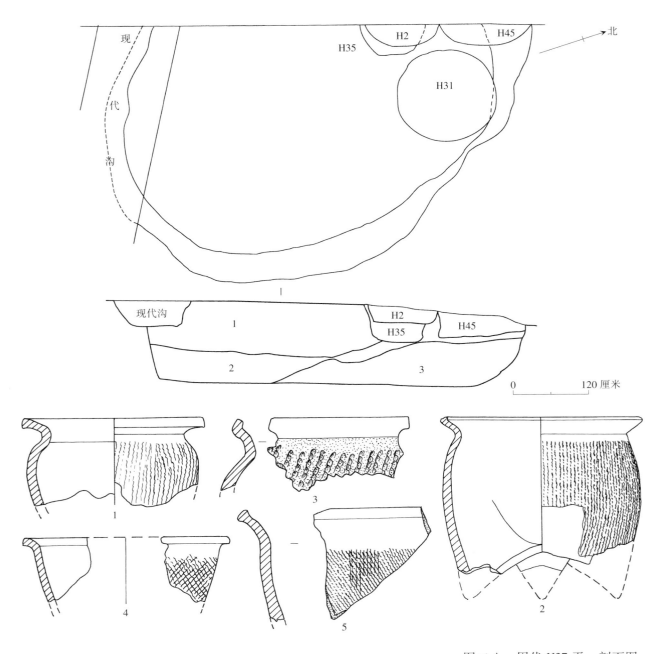

图二八　周代 H37 平、剖面图

1~3、16~18. 陶鬲（H37：14、H37：12、H37：13、H37：26、H37：25、H37：27）　4~7. 陶甗（H37：17、H37：19、
H37：7）　15. 陶豆柄（H37：11）　19. 骨匕（H37：10）

陶鬲　6件。均夹砂陶。口、腹部3件，足3件。足部均饰粗绳纹。

H37：14，红褐陶。卷沿，方唇，束颈，瘪裆较高。饰细绳纹。口径14.4、残高7.4厘米（图
二八，1）。

H37：12，灰褐陶。斜沿，沿面内凹，方唇，束颈，瘪裆较高。颈部抹光，腹饰细绳纹。口径
16、残高13厘米（图二八，2）。

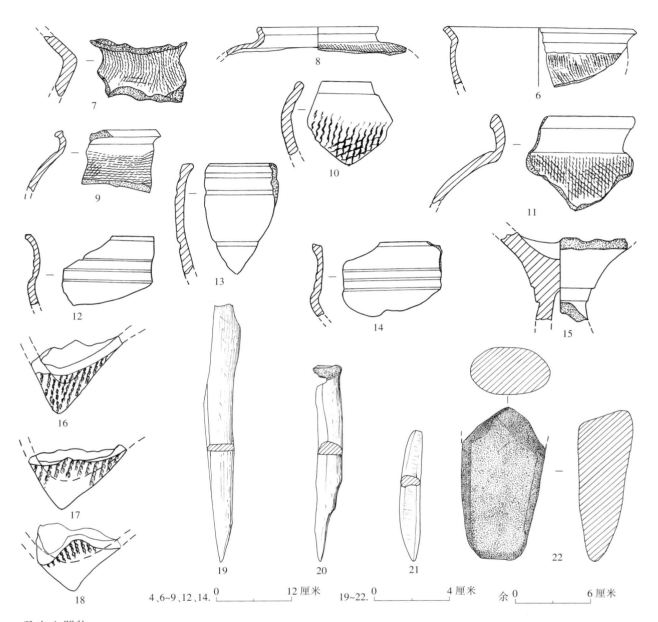

4、6~9、12、14. |0_____12厘米   19~22. |0_____4厘米   余 |0_____6厘米

及出土器物

H37:18、H37:20)　8~11. 陶罐口沿（H37:29、H37:15、H37:21、H37:16）　12~14. 陶簋口沿（H37:6、H37:28、20、21. 骨锥（H37:3、H37:4）　22. 石斧（H37:2）

H37:13，灰褐陶。卷沿，方唇，唇面内凹，外侧抹光有棱，束颈，弧腹。颈部抹光，腹饰粗绳纹。残高6厘米（图二八，3）。

H37:26，灰褐陶。裆较高，高实心足根。残高7厘米（图二八，16）。

H37:25，灰陶。袋足，足尖抹光，稍内收。残高5厘米（图二八，17）。

H37:27，灰陶。袋足，足尖抹光。残高5厘米（图二八，18）。

陶鬲　4件，其中口沿3件，腰部1件。均夹砂灰褐陶。

H37：17，敞口，斜沿，方唇，唇下缘微凸起，弧腹。腹部饰细绳纹。口径32.8、残高10.4厘米（图二八，4）。

H37：18，侈口，方唇，束颈，弧腹。口沿抹光，腹饰细绳纹。口径31、残高9.6厘米（图二八，6）。

H37：19，敞口，卷沿，沿面稍内凹，方唇，斜腹。口沿抹光，腹部饰粗绳纹。残高9厘米（图二八，5）。

H37：20，腰部残片。束腰，夹角较小。饰中绳纹。残高10厘米（图二八，7）。

陶罐口沿　4件。均泥质陶。

H37：15，灰陶。斜沿稍卷，方唇，弧肩。口部抹光，肩部饰横向细绳纹。残高10厘米（图二八，9）。

H37：29，灰褐陶。沿稍卷，圆唇，矮领，圆肩。口部抹光，肩部饰细绳纹。口径19、残高4.8厘米（图二八，8）。

H37：21，灰陶。敛口，圆方唇，弧腹，下腹斜收。上腹部抹光，下腹饰中绳纹。残高7厘米（图二八，10）。

H37：16，灰褐陶。卷沿，方圆唇，弧肩。口部抹光，肩部饰中绳纹。残高7.8厘米（图二八，11）。

陶豆柄　1件。

H37：11，泥质灰陶。盘及圈足残。圈足外撇，呈喇叭状。凸棱位于盘下部。残高6.8厘米（图二八，15）。

陶簋口沿　3件。均泥质磨光黑皮陶。颈、腹部饰三周弦纹。

H37：6，敞口，平折沿，方唇，鼓腹。残高11.6厘米（图二八，12）。

H37：28，敛口，方唇，弧腹。残高9厘米（图二八，13）。

H37：7，敞口，平折沿，尖圆唇，鼓腹。残高12.4厘米（图二八，14）。

骨锥　2件。

H37：3，利用带骨关节的兽骨制成，截面呈半圆形。长10.7、宽1.2厘米（图二八，20；彩版一九，4）。

H37：4，扁圆体。长7.2、宽1厘米（图二八，21）。

骨匕　1件。

H37：10，由骨片加工而成。正面磨光。长14、宽1.5厘米（图二八，19；彩版一九，1）。

石斧　1件。

H37：2，顶部残。正面呈梯形，刃部较窄，弧刃。残长8.3、宽4.1厘米（图二八，22；彩版一八，2）。

（3）长方形或梯形灰坑

4座。

　　H26　位于 T11 中部，西部因取土被破坏。开口于第 2 层下，打破 H10、M7、H46。口距地表约 0.26 米。平面近梯形，斜壁，底不平。口部长 2.5、宽 0.7～1.5 米，底部长 1.48、宽 0.8 米，深 0.66 米。填灰黏土，较疏松，内含大量草木灰、少量红烧土粒。出土遗物有陶片、兽骨、蚌壳等。陶器可辨器形有鬲和盆（图二九）。

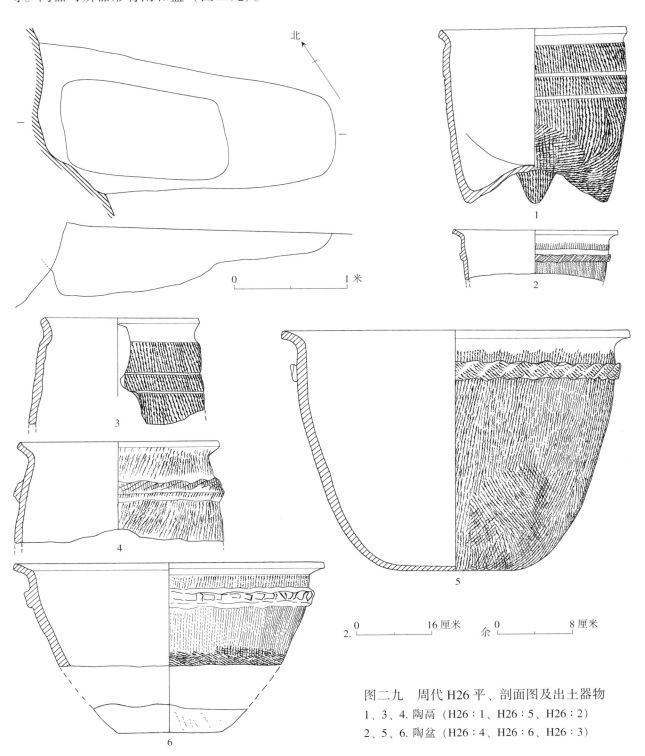

图二九　周代 H26 平、剖面图及出土器物
1、3、4. 陶鬲（H26：1、H26：5、H26：2）
2、5、6. 陶盆（H26：4、H26：6、H26：3）

陶鬲　3件，可复原1件，其余为口沿。均夹砂陶。

H26：1，灰陶。近直口，斜沿稍卷，方唇，深直腹，弧裆较低。饰中绳纹，上腹部饰两周凹弦纹。口径20、高19.4厘米（图二九，1）。

H26：5，灰陶。卷沿，方唇，腹斜直。饰中绳纹，腹部饰两周凹弦纹。口径16.8、残高11.8厘米（图二九，3）。

H26：2，器表灰色，红褐胎。卷沿，方唇，斜腹。饰粗绳纹，上腹部饰一周附加堆纹。口径21.3、残高11厘米（图二九，4）。

陶盆　3件，可复原1件，其余为口沿及腹部。均泥质陶。口沿下饰附加堆纹。

H26：4，红褐陶。敞口，斜折沿稍宽，方唇。腹部饰中绳纹。口径35、残高11.2厘米（图二九，2）。

H26：6，红褐陶。敞口，斜沿稍卷，方唇，深腹斜直，平底。腹部饰较凌乱中绳纹。口径37、底径15、高26.3厘米（图二九，5）。

H26：3，灰陶。敞口，窄斜折沿，方唇，弧腹，下腹斜收成小平底。上腹饰竖绳纹，下腹饰斜绳纹。口径33、残高11.2厘米（图二九，6）。

H53　位于T9西南部。开口于第2层下，被M2、M3、M5打破。口距地表约0.3米。斜壁平底，壁面较规整。口长1.82、宽0.9米，底长1.63、宽0.82米，深0.3米。填黄花土，较致密，内含少量烧土、炭屑，出土少量陶片（图三〇）。

（4）不规则形灰坑

1座。

H18　位于T3、T6内。开口于第2层下，打破D6、D7、H29、H48。口距地表约0.3米。口部平面近圆形，北壁直，南壁斜坡状，下部为圆形坑，北壁陡直，南壁斜直，底不平。口南北长4.77、东西宽3.8、底径1.9、深1.8米。填土有3层：第1层灰褐色粉沙土，夹杂黄色硬土块，内含较多草木灰、炭屑，结构疏松，坡状堆积，最厚0.75米。出土陶罐、盆、豆、簋、甗的残片及石块、骨器、蚌壳等；第2层深灰褐色粉沙土，含大量草木灰，较疏松。坡状堆积，最厚约0.55米。遗物有大量陶罐、盆、豆、鬲、甗残片及碎骨、蚌壳等，可辨器形有骨锥、骨匕、骨

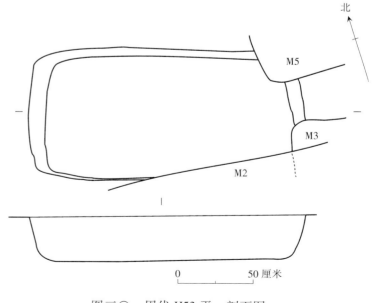

图三〇　周代H53平、剖面图

镞、牙锥、骨簪、蚌刀、蚌镰、石纺轮、鹿角器等；第3层灰褐色粉沙土，夹黄色硬土块，厚约0.7米。灰坑出土陶器可辨器形有鬲、甗、盆、罐、瓮、豆、簋。另出土有圆陶片，骨锥、簪、匕、镞，牙锥，蚌刀、镰和石纺轮（图三一；表四、五；彩版一三，4）。

陶鬲　17件，其中复原完整器2件，口沿9件，足部6件。均夹砂陶。

H18②：17，红褐陶。斜沿略卷，方唇，唇下缘凸起，束颈，瘪裆较高。饰中绳纹，上腹部饰一周附加堆纹。口径28.5、高24.4厘米（图三二，1）。

H18③：36，灰褐陶。敞口，方唇，最大径在中腹，下腹内收，裆部较高。饰中绳纹，沿下饰一周附加堆纹。口径34、高28厘米（图三二，2）。

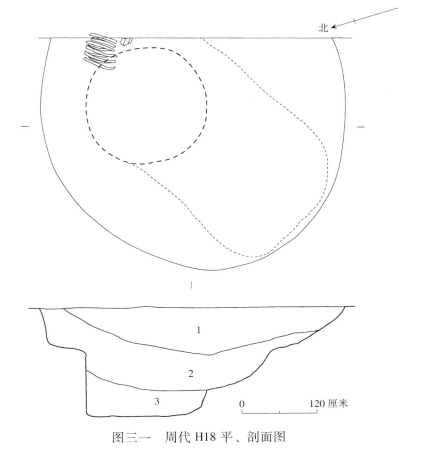

图三一　周代H18平、剖面图

表四　周代H18陶片陶质、陶色、纹饰统计表

纹饰 \ 陶质·陶色	夹砂					泥质				总计	百分比（％）
	灰	灰褐	红褐	黑皮	合计	灰	灰褐	红褐	合计		
素面	83	21		15	119	7	14		21	140	8.5
粗绳纹		4	5		9	2	9	6	17	26	1.6
中绳纹	383	30	4	13	430	160	127	37	324	754	45.6
细绳纹	22	13			35	11	2	1	14	49	3.0
交错绳纹	487	67			554		1		1	555	33.6
弦纹	27	11		11	49					49	3.0
戳刺纹	1				1	1			1	2	0.1
附加堆纹	65	1	1		67	4	2	1	7	74	4.5
凸棱纹	1	1		1	3					3	0.2
总计	1069	148	10	40	1267	185	155	45	385	1652	
百分比（％）	64.7	9.0	0.6	2.4		11.2	9.4	2.7			100
	76.7					23.3					

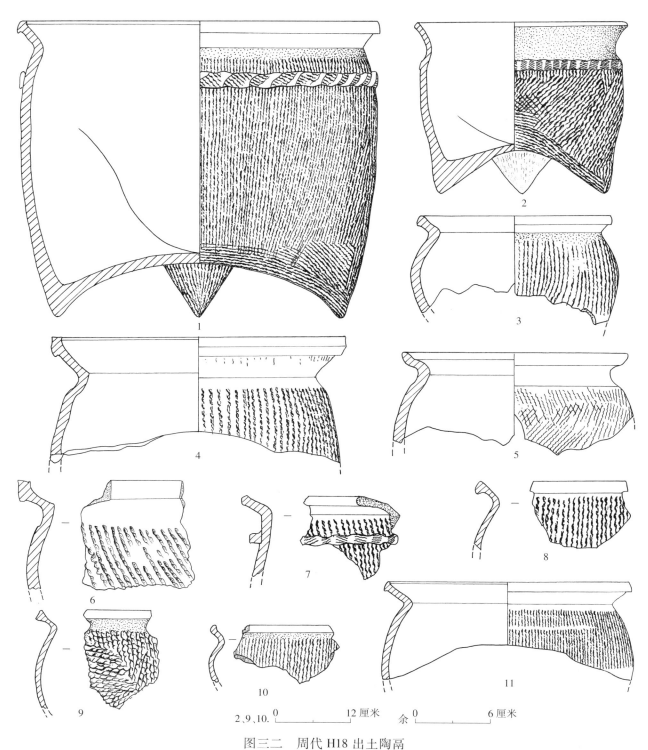

2、9、10. 0 _____ 12 厘米   余 0 _____ 6 厘米

图三二 周代 H18 出土陶鬲

1. H18②：17 2. H18③：36 3. H18③：9 4. H18②：24 5. H18③：22 6. H18②：42 7. H18③：20 8. H18②：49
9. H18②：46 10. H18③：13 11. H18②：29

表五　周代 H18 器形统计表

器形	陶质／陶色	夹砂				泥质					总计	百分比（%）
		灰	灰褐	红褐	合计	灰	灰褐	红褐	黑皮陶	合计		
鬲	口沿	26	13	39							39	22.0
	足	30	4	34							34	19.2
甗	口沿	2	2	4							4	2.3
	腰	7	1	8							8	4.5
罐	口沿					37	14			51	51	28.8
	底	2	1	3		16	3			19	22	12.4
盆						4	4			8	8	4.5
豆	盘											
	柄					3	1			4	4	2.3
簋	口沿								7	7	7	4.0
总计		67	21	88		60	22		7	89	177	
百分比（%）		37.9	11.9			33.9	12.4		4.0			100
		49.7				50.3						

　　H18③：9，灰褐陶。斜沿，方唇，束颈，瘪裆较高。饰细绳纹。口径 15.6、残高 9 厘米（图三二，3）。

　　H18③：22，灰褐陶。盘口，斜沿，沿面内凹，圆唇，束颈。口沿及颈部抹光。腹部饰细绳纹。口径 18、残高 8.6 厘米（图三二，5）。

　　H18②：24，红褐陶。宽斜沿，沿面内凹，方唇，唇下缘凸成棱，弧腹。口沿及颈部抹光，腹部饰粗绳纹。有烧灼痕迹。口径 23.4、残高 10.4 厘米（图三二，4）。

　　H18②：42，红褐陶。宽斜沿，沿面内凹，方唇，唇下缘凸成棱，弧腹。颈部抹光，腹部饰粗绳纹。残高 9 厘米（图三二，6）。

　　H18③：20，灰褐陶。斜沿微卷，沿面微凹，方唇。口沿下部饰一周附加堆纹，饰中绳纹。残高 6.8 厘米（图三二，7）。

　　H18②：46，红褐陶。斜沿，方唇，唇下缘略凸起，弧腹，瘪裆较高。饰粗绳纹。残高 16 厘米（图三二，9）。

　　H18②：29，红褐陶。斜沿，方唇，唇下缘凸起，束颈，鼓腹。上腹部饰两周凹弦纹。口径 19.6、残高 8 厘米（图三二，11）。

　　H18②：49，红褐陶。卷沿，方唇，唇下缘凸起。饰中绳纹。残高 5.6 厘米（图三二，8）。

　　H18③：13，红褐陶。盘口，斜沿，沿面内凹，圆方唇，束颈。饰细绳纹。残高 9.6 厘米（图三二，10）。

H18③：38，红褐陶。裆较高，实足根。饰中绳纹。足尖外部泥片剥落。残高8.4厘米（图三三，1）。

H18②：36，红褐陶。裆较高，实足根。饰粗绳纹。残高9厘米（图三三，2）。

H18②：56，红褐陶。裆较高。饰中绳纹。残高6厘米（图三三，3）。

H18③：18，灰褐陶。袋足。饰粗绳纹。残高6厘米（图三三，4）。

H18②：39，灰褐陶。饰中绳纹。残高9.5厘米（图三三，5）。

H18②：55，红褐陶。裆较高，实足根。饰粗绳纹。残高10厘米（图三三，6）。

陶甗　4件，其中腰部1件，口沿3件。均夹砂陶。

H18③：2，红褐陶。折沿较宽，沿面内凹，方圆唇，弧腹。饰中绳纹，口沿下饰一周附加堆纹。残高7厘米（图三三，7）。

H18②：64，灰褐陶。斜沿，沿面内凹，方唇。口沿外侧绳纹抹光，口沿下饰一周附加堆纹，

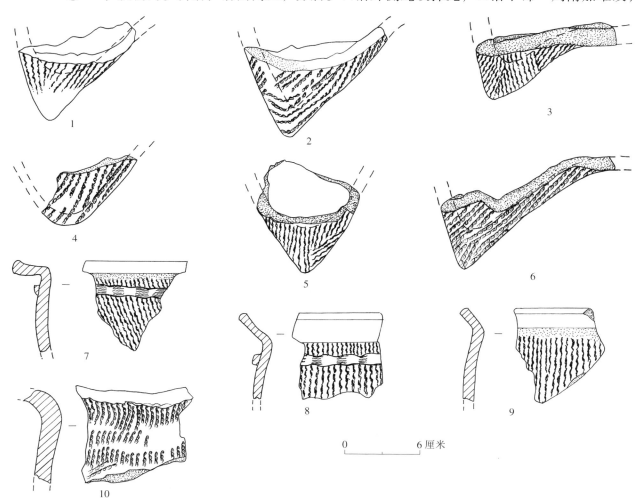

图三三　周代H18出土陶器

1～6. 鬲（H18③：38、H18②：36、H18②：56、H18③：18、H18②：39、H18②：55）　7～10. 甗（H18③：2、H18②：64、H18②：65、H18②：58）

腹部饰中绳纹。残高 7 厘米（图三三，8）。

H18②:65，红褐陶。斜沿，方唇。腹部饰中绳纹。残高 7.6 厘米（图三三，9）。

H18②:58，红褐陶。内侧圆弧，无箅挡。饰中绳纹。残高 8 厘米（图三三，10）。

陶盆　5 件。均为泥质陶。残留口沿及腹部。

H18②:25，灰褐陶。斜折沿，沿下有指压浅沟，圆唇，弧腹。口沿下饰一周弦纹，为手指抹光而成，饰粗绳纹。口径 32、残高 11.2 厘米（图三四，1）。

H18③:5，灰陶。直口，宽折沿，方圆唇，折腹，下腹残。上腹部抹光，下部饰竖绳纹。口径 30、残高 16 厘米（图三四，2）。

H18②:28，黑皮陶。宽折沿较高，方圆唇，折腹不明显。素面。口径 14.6、残高 8.6 厘米（图三四，3）。

H18②:52，灰陶。斜折沿，沿面内凹，方唇，弧腹。口沿下饰三道凹弦纹，中腹部饰一周凹弦纹，下腹饰竖绳纹。口径 15.2、残高 7.8 厘米（图三四，4）。

H18③:3，褐陶。斜沿，沿下有指压浅沟，方唇，斜腹。沿下饰附加堆纹，腹饰中绳纹。口

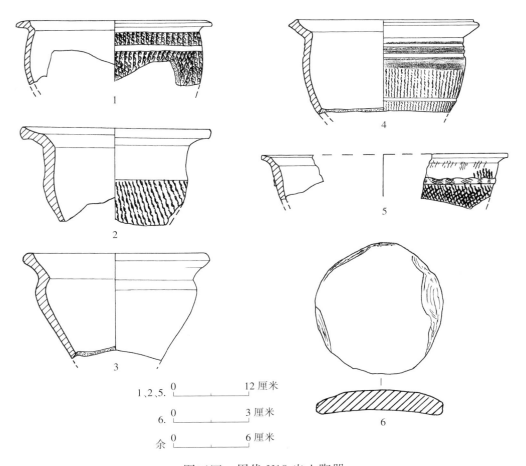

1、2、5. ├─0───────12 厘米─┤

6. ├─0─────3 厘米─┤

余 ├─0─────6 厘米─┤

图三四　周代 H18 出土陶器

1~5. 盆（H18②:25、H18③:5、H18②:28、H18②:52、H18③:3）　6. 圆陶片（H18②:16）

径39、残高9厘米（图三四，5）。

陶罐　15件。除H18②：61仅底部残缺外，其他口沿9件、罐底4件，另素面敛口罐1件。多为泥质陶。

H18③：1，泥质灰陶。直口，方唇，圆肩。肩部饰细绳纹，附加一周附加堆纹。口径17.6、残高10厘米（图三五，12）。

H18②：26，泥质灰褐陶。小口，卷沿，方圆唇，溜肩。肩部饰中绳纹，肩下部饰一周附加堆纹。口径18.5、残高8.8厘米（图三五，10）。

H18②：51，泥质灰褐陶。斜沿，方圆唇。口沿抹光，肩部饰中绳纹。口径18、残高11厘米（图三五，13）。

H18②：30，泥质灰陶。卷沿，方唇，唇面微凹。口颈部抹光，肩部饰细绳纹。口径21、残高5.4厘米（图三五，11）。

H18②：66，泥质灰陶。直口，方唇，圆折肩，深腹，底残。腹部饰中绳纹。口径23、残高39.6厘米（图三五，14）。

H18②：31，泥质灰褐陶。平沿，尖圆唇，内外缘凸起，领较高。沿面一周凸棱，肩部饰粗绳纹，饰一周凹弦纹。口径20、残高6.8厘米（图三五，1）。

H18③：23，泥质灰陶。近直口，尖圆唇。肩部饰交错细绳纹。口径17、残高5厘米（图三五，2）。

H18②：37，泥质灰褐陶。斜折沿，圆方唇。肩部饰细绳纹。口径14、残高4.2厘米（图三五，3）。

H18②：61，泥质灰陶。方唇，唇内外缘凸起，矮领。肩部饰粗绳纹。残高6.6厘米（图三五，4）。

H18②：34，泥质灰陶。敛口，圆方唇，弧腹。颈部饰一周弦纹，外壁有刮削形成的弦纹。口径14、残高4.2厘米（图三五，5）。

H18②：43，泥质灰褐陶。小平底。腹部饰中绳纹，底部饰交错绳纹。底径10.4、残高4.8厘米（图三五，6）。

H18②：44，泥质灰褐陶。平底，稍内凹。饰细绳纹。底径12、残高5.2厘米（图三五，7）。

H18②：33，夹砂灰褐陶。厚大。残高4.6厘米（图三五，8）。

H18③：37，泥质灰褐陶。平底微内凹。下腹部饰横绳纹，底部饰交错绳纹。底径13、残高5.4厘米（图三五，9）。

陶瓮口沿　1件。

H18②：27，泥质灰褐陶。厚度较大。近直口，三角沿，沿面稍凸起，沿内侧内收，尖圆唇，领外侧一周凸棱，器身饰粗绳纹，附加一周凹弦纹。口径33、残高8.5厘米（图三六，1）。

陶豆　2件。均泥质陶。残存豆盘和圈足。

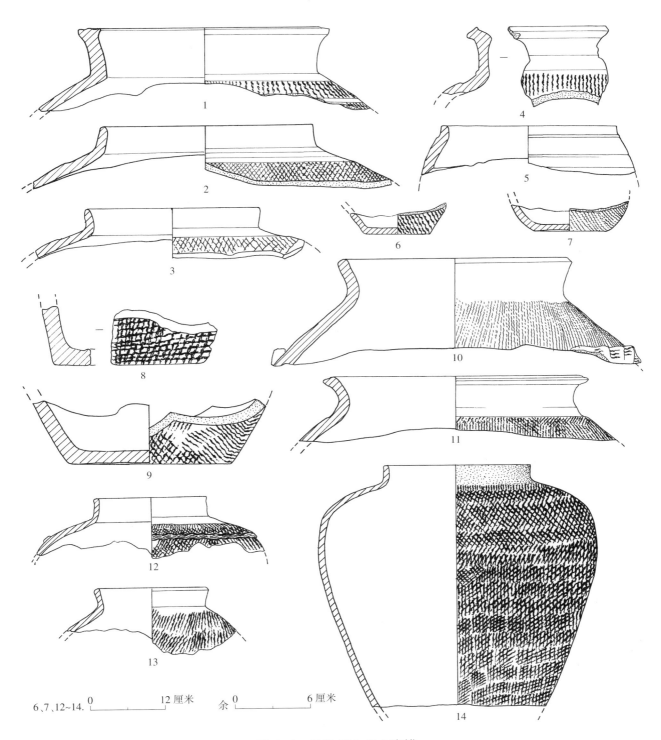

图三五　周代 H18 出土陶罐

1. H18②:31　2. H18③:23　3. H18②:37　4. H18②:61　5. H18②:34　6. H18②:43　7. H18②:44　8. H18②:33
9. H18③:37　10. H18②:26　11. H18②:30　12. H18③:1　13. H18②:51　14. H18②:66

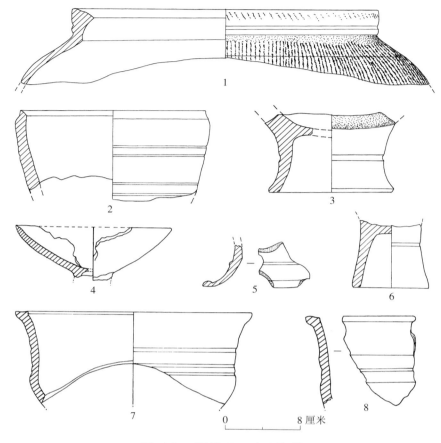

图三六　周代 H18 出土陶器

1. 瓮口沿（H18②：27）　　2、7、8. 簋（H18③：11、H18③：8、H18③：29）
3、6. 圈足（H18③：4、H18②：45）　　4、5. 豆（H18③：32、H18②：40）

　　H18③：32，红褐陶。豆盘。尖圆唇，弧壁，深盘。口径 16.8、残高 6 厘米（图三六，4）。

　　H18②：40，灰陶。豆柄。圈足外撇，呈喇叭状，圈足下缘一周凸起。柄中部饰一周凸棱。残高 5 厘米（图三六，5）。

　　陶簋　5 件。均为泥质磨光黑皮陶。仅存口沿和圈足。

　　H18③：29，敞口，平折沿，方唇，鼓腹。腹部饰三周弦纹。残高 10 厘米（图三六，8）。

　　H18③：8，敞口，平折沿，方唇，鼓腹。颈部饰三周弦纹。口径 25.6、残高 10.2 厘米（图三六，7）。

　　H18③：11，敞口，尖圆唇，深腹。腹部饰四周弦纹。口径 20、残高 10 厘米（图三六，2）。

　　陶圈足　2 件。

　　H18③：4，圈足粗大，圈足稍外撇。饰一周凹弦纹。足径 13.6、残高 9 厘米（图三六，3）。

　　H18②：45，高圈足。饰一周凹弦纹。足径 8、残高 7 厘米（图三六，6）。

　　圆陶片　1 件。

　　H18②：16，体宽平，较厚。直径 5.2 厘米（图三四，6）。

骨锥 3件。

H18②：4，由骨片劈裂而成。截面扁平，锋锐利。长10、宽1.3厘米（图三七，2）。

H18②：3，细长条形，截面扁圆形。长8厘米（图三七，4；彩版一九，4）。

H18②：1，利用兽骨自然面磨出锋端，顶端为骨节。体细长，截面呈扁圆形。长14.4厘米（图三七，5；彩版一九，4）。

H18②：5，由骨片制成。顶部残。细长条形，截面略呈三角形。长6.3、宽0.8厘米（图三七，6）。

骨簪 1件。

H18②：11，通体磨光。细长，截面圆形。长16.5、宽0.8厘米（图三七，1；彩版一九，2）。

骨匕 1件。

H18②：2，由骨片制成。细长条形，扁平，刃部呈三角形。长12.4、宽1.4厘米（图三七，3；彩版一九，1）。

骨镞 2件。

H18②：9，柳叶形，截面扁平。长5.8厘米（图三七，8）。

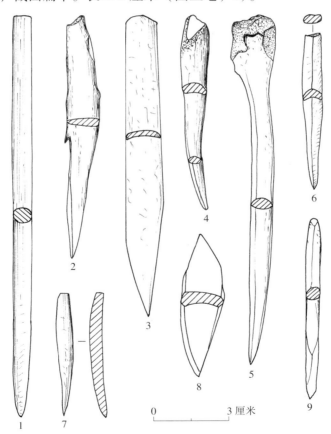

图三七 周代H18出土骨、牙器

1. 骨簪（H18②：11） 2、4～6. 骨锥（H18②：4、H18②：3、H18②：1、H18②：5） 3. 骨匕（H18②：2） 7. 牙锥（H18②：10） 8、9. 骨镞（H18②：9、H18②：7）

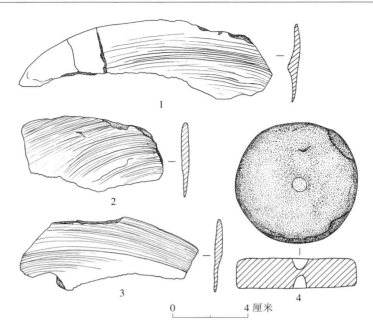

图三八　周代 H18 出土蚌、石器
1~3. 蚌镰（H18②：13、H18②：23、H18②：12）　4. 石纺轮（H18②：15）

H18②：7，细长条形，截面呈圆形。长 7.3 厘米（图三七，9）。

牙锥　1 件。

H18②：10，长 5 厘米（图三七，7）。

蚌镰　3 件。体窄长，弧背曲刃。

H18②：13，有胡，刃部有锯齿。长 13.2、宽 3.7 厘米（图三八，1；彩版一七，1）。

H18②：23，长方形。长 7.1、宽 4.2 厘米（图三八，2）。

H18②：12，刃部有锯齿。长 9.4、宽 4 厘米（图三八，3；彩版一七，1）。

石纺轮　1 件。

H18②：15，体扁平，较厚，中心一对钻圆孔，未钻透。直径 6.3、厚 1.6 厘米（图三八，4；彩版一八，3）。

（5）其他灰坑出土及采集遗物

一些灰坑被打破严重，出土有少量陶、骨、蚌器，其中陶器可辨器形有鬲、甗、盆、甑、罐、豆、簋，另有骨锥、匕，蚌刀、镰及石纺轮。在催马庄村西部采集有陶盆、罐、豆。

陶鬲足　17 件。均夹砂红褐陶。

H11：2，足较阔。饰中绳纹。残高 5.2 厘米（图三九，1）。

H32：2，实足根较高。饰细绳纹。残高 6.8 厘米（图三九，2）。

陶甗　22 件，其中口部 13 件，腰部 8 件。均夹砂陶。

H44：1，灰褐陶。敛口，斜折沿，方唇，弧腹。饰细绳纹。残高 8.8 厘米（图三九，3）。

H44：2，灰褐陶。敛口，平折沿，方唇，唇面一周凹沟，弧腹。残高 6.4 厘米（图三九，4）。

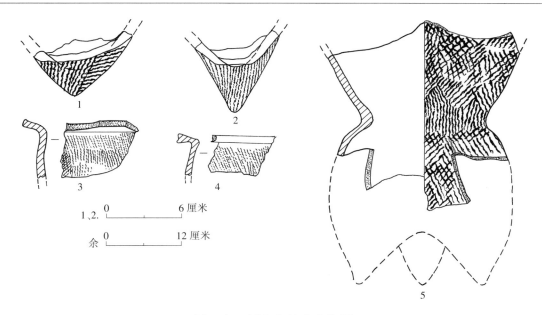

图三九　周代灰坑出土陶器
1、2. 鬲足（H11:2、H32:2）　3~5. 甗（H44:1、H44:2、H29:2）

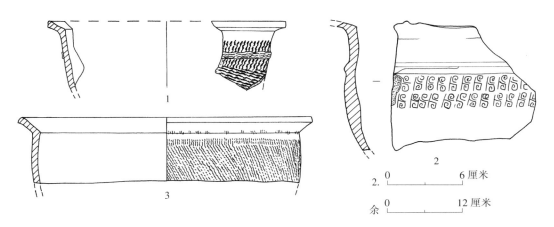

图四〇　周代灰坑出土、采集陶器
1、2. 盆口沿（H17:1、采:05）　3. 甑（H59:1）

H29:2，红褐陶。腰部束腰，夹角较小，鬲部瘪裆较高。饰交错粗绳纹。残高 31 厘米（图三九，5）。

H59:1，灰陶。斜折沿，方唇，弧腹。腹部饰绳纹。口径 46、残高 10.8 厘米（图四〇，3）。

陶盆口沿　9 件。均泥质灰褐陶。

H17:1，斜沿较宽，沿面稍凹，方唇，腹较直。口沿下饰竖绳纹，上腹饰附加堆纹，中腹饰横绳纹。口径 38、残高 11.4 厘米（图四〇，1）。

采:05，斜折沿，上腹较直，下腹斜收。上腹部饰一周凸棱，之下饰两周云雷纹。残高 11 厘米（图四〇，2）。

陶甑　1 件。

H32：1，泥质灰皮陶。敞口，圆方唇，深腹，平底。口沿抹光，腹部饰细绳纹，底部有两个半圆形镂孔。口径30.3、底径14.2、高23.4厘米（图四一）。

陶罐　21件，其中采集完整器1件，口沿8件，底12件。均泥质灰陶。

采：01，折沿，外沿斜平，内沿斜折，尖圆唇，束颈，溜折肩，弧腹，下腹内收，小平底微内凹。通体素面。口径16、底径9.6、高21厘米（图四二，1；彩版一六，2）。

H35：1，卷沿，沿面内凹，方唇，唇面内凹，斜腹。腹部饰中绳纹。口径20.8、残高7.8厘米（图四二，4）。

H14：1，平底微内凹。腹饰细绳纹，底饰交错绳纹。底径12、残高6.6厘米（图四二，2）。

H40：1，平底。饰粗绳纹。底径6.8、残高4.6厘米（图四二，3）。

陶豆　8件，其中采集完整器1件，豆柄2件；灰坑出土豆盘2件，豆柄3件。均泥质陶。

采：02，磨光灰褐陶。口微敛，方唇，盘较深，粗柄，高圈足。口径14.5、足径8.5、高17.5厘米（图四三，4）。

采：03，灰陶。残缺盘部。矮圈足外撇。足径10.4、残高10.8厘米（图四三，1）。

采：04，灰陶。直柄，盘及圈足残。残高8.6厘米（图四三，2）。

H34：3，灰陶。残缺盘部。凸棱居柄上部，圈足稍外撇。底径6、残高7.4厘米（图四三，3）。

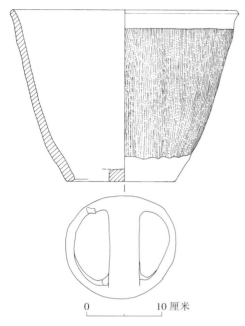

图四一　周代灰坑出土陶甑（H32：1）

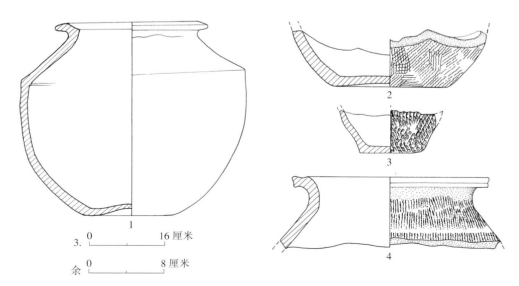

图四二　周代灰坑出土、采集陶罐
1. 采：01　2. H14：1　3. H40：1　4. H35：1

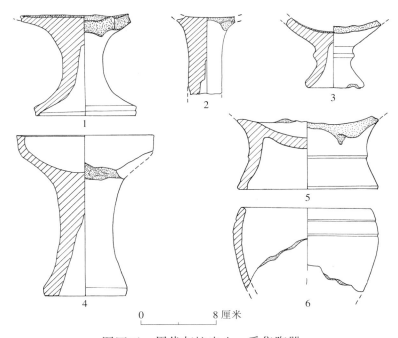

图四三　周代灰坑出土、采集陶器
1~4. 豆（采：03、采：04、H34：3、采：02）　5、6. 簋（H48：1、H36：1）

陶簋　14件，其中口沿9件，足5件。均泥质灰皮陶。

H48：1，矮圈足，粗大厚重。饰一周凹弦纹。足径14.9、残高7.8厘米（图四三，5）。

H36：1，敛口，方唇，腹部斜直内收。口部饰两周弦纹。口径13.6、残高9厘米（图四三，6）。

骨锥　3件。

H60：1，将动物肢骨一端磨尖，顶端保留骨的原状。体形较大，形体修长，上端扁平，尖部锋利。磨制精致，侧面有切割痕迹。长18.5、最宽处宽3.9厘米（图四四，1；彩版一九，4）。

H42：2，锐部残。横断面呈梯形。残长8.2、宽1.1厘米（图四四，3）。

H29：1，利用兽骨自然面磨出锋锐。截面扁平。长9.5、宽1.3厘米（图四四，2）。

骨匕　1件。

H42：1，上部残。长条，扁平，头部有刃。磨光。残长7.8、宽1.2厘米（图四四，4）。

蚌刀　2件。

H56：1，体窄长，有刃。残长6.2、宽2厘米（图四四，7；彩版一七，1）。

H41：1，长方形，弧刃。长12.6、宽7厘米（图四四，6；彩版一七，2）。

蚌镰　1件。

H59：1，体窄长，弧背曲刃，有胡。长12.7、宽2.5厘米（图四四，8）。

石纺轮　1件。

H46：1，体厚，扁平。中心对钻一孔。直径5.2、厚1.6厘米（图四四，5；彩版一八，4）。

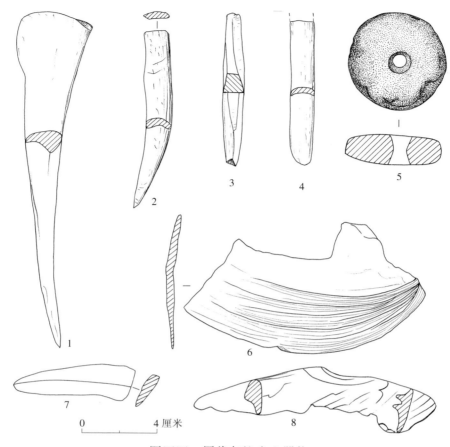

图四四　周代灰坑出土器物

1～3. 骨锥（H60：1、H29：1、H42：2）　4. 骨匕（H42：1）　5. 石纺轮（H46：1）
6、7. 蚌刀（H41：1、H56：1）　8. 蚌镰（H59：1）

2. 房址

2座。均位于遗址西部，保存较差。半地穴式。

F1　位于T2东北部，T5西南部。开口于第2层下，被H3、H9、H21、H30打破，又打破生土。距地表0.3米。中西部残破严重，仅余地穴部分。平面长方形，方向为17°。东西长3.7、南北宽2.4米，面积约9平方米。现存深度0.9米。房屋南部为门道，呈斜坡状，被H30、H22打破，宽度不明。东壁保存较好，南壁及西壁基本不存。柱洞残存3个，其中北壁1个，东壁2个。大部分包含在墙壁内。柱洞直径0.14～0.16米。地面经活动踩踏，坚硬平整。灶位于房址东北角，由灶台、灶门、灶塘、烟囱组成，结构完整，造型美观。灶台近方形，长约0.6、宽约0.5、残高0.2米。烟道残高0.9、直径0.12米。在灶台的南侧有一坑，一半掏挖在东壁墙体内，横剖面呈椭圆形。平底，平面近椭圆形，长径0.75、短径0.68、高0.8米，积草木灰厚约0.09米，底部烧烤硬面厚0.02～0.04米。房内东南角有一近圆形坑，径约0.3、高约0.26米，无烧灼痕迹，功能不明。房址内出土有骨锥、骨匕、砺石、石锛及蟹爪、鱼骨、兽骨等（图四五；彩版一四，1、2）。

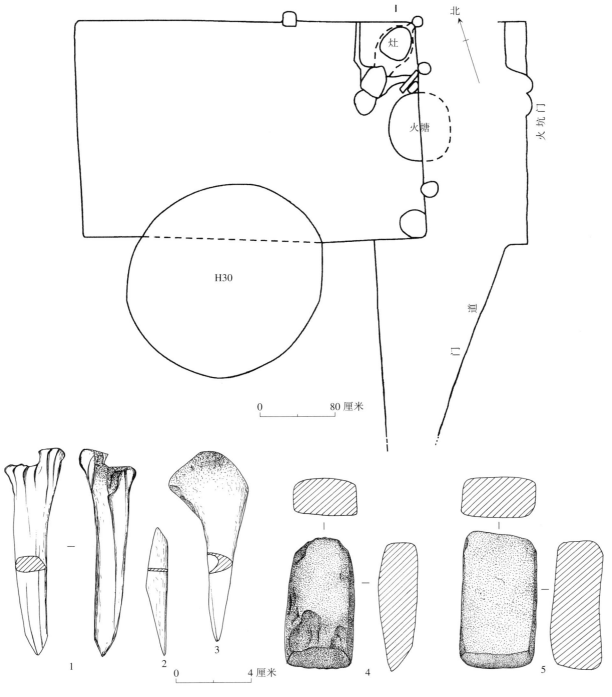

图四五　周代 F1 平、剖面图及出土器物
1、3. 骨锥（F1:2、F1:3）　2. 骨匕（F1:5）　4. 石锛（F1:1）　5. 砺石（F1:8）

骨锥　2件。

F1:2，体形稍长，上部保留骨节，锐部削尖。长11.3、宽1.8厘米（图四五，1；彩版一九，3）。

F1:3，将动物肢骨一端磨尖，顶端保留骨的原状。体形较大。柄部宽扁，圆弧状，尖部磨制锋利。长 10.3、中部宽 1.4 厘米（图四五，3；彩版一九，3）。

骨匕　1 件。

F1：5，由骨片制成。锐部呈三角形。长 7、宽 1.1 厘米（图四五，2）。

石锛　1 件。

F1：1，磨制。平面呈梯形，弧刃。顶端和刃端有使用疤痕。长 7、宽 3.3、厚 2 厘米（图四五，4；彩版一八，5）。

砺石　1 件。

F1：8，长方形，两侧有磨凹痕。长 7.5、宽 4、厚 2.5 厘米（图四五，5；彩版一八，6）。

F2　位于 T5 东北、T8 东南部，仅存东半部的底部。开口于第 2 层下，被 H4、H40、H41、H47、H52 打破，打破 H55、H66、H24、M10 和生土。平面呈圆角长方形，方向 11°。南北长约 4.2、东西残宽 2.2、存深约 0.26 米。东北角有灶坑，呈椭圆形，东西长 0.38、南北宽 0.22、残深 0.08 米。底部和壁烧结面厚约 0.03 米。灶周边经过抹平处理，有烧灼痕迹，推测为灶台，呈方形，边 0.74 米。房址南部有一柱洞，圆形，径约 0.26、深 0.3 米。底部有周代绳纹陶片。出土陶器可辨器形有盆、罐，另有骨锥、石斧各 1 件（图四六；彩版一四，3）。

陶盆口沿　1 件。

F2：1，泥质灰陶。卷沿，方唇。上腹部饰一周附加堆纹，腹部饰中绳纹。口径 44.4、残高 8 厘米（图四六，1）。

陶罐　1 件。

F2：4，泥质灰褐陶。深弧腹，平底微内凹。腹部饰中绳纹。底径 19.6、残高 41 厘米（图四六，2）。

石斧　1 件。

F2：2，长条形，上部呈椭圆形，弧刃。刃部有使用疤痕。长 12.3、宽 7.6、厚 5.2 厘米（图四六，3）。

3. 墓葬

11 座。均为土坑竖穴墓，单人葬。多数不随葬器物，仅有 M2、M3、M5 各随葬 1 件陶鬲。

M1　位于 T12 中部。开口于第 2 层下，打破 H6。方向 79°。墓口距地表 0.25 米。圆角长方形土坑竖穴墓，长 1.5、宽 0.55、深 0.2 米。直壁，地面较平整。填浅灰色粉沙土，较疏松。稍呈侧身直肢葬，面向左，右上肢屈在体上，左上肢在下，下肢直伸。无随葬品（图四七；彩版一四，4）。

M2　位于 T9 中部。开口于第 2 层下，被 H1 打破。方向 277°。墓口距地表约 0.3 米。长方形土坑竖穴墓，长 2.3、宽 0.8、深 0.55 米。直壁平底。填深灰褐土，较疏松。葬具为长方形木棺，可见盖、底、侧、挡板残痕，长 1.7、宽 0.4、残高 0.25 米。仰身直肢葬，面向右，上身稍右侧，

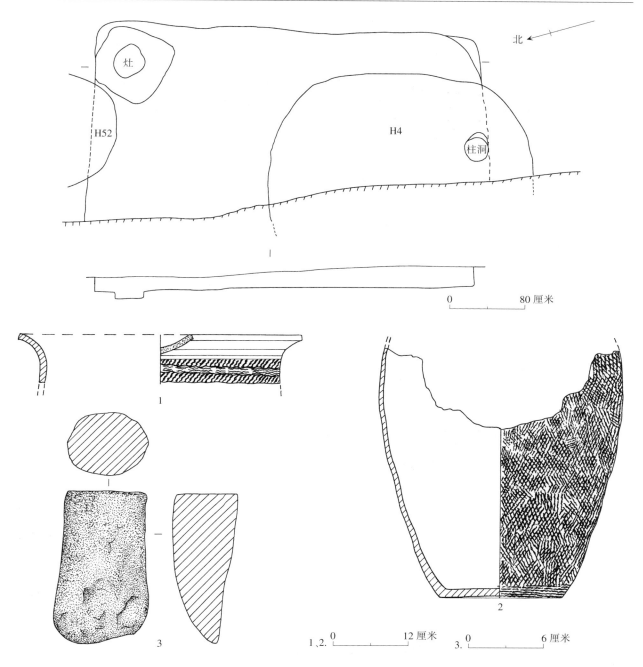

图四六　周代 F2 平、剖面图及出土器物

1. 陶盆口沿（F2:1）　2. 陶罐（F2:4）　3. 石斧（F2:2）

上肢稍屈，置于盆骨部，下肢直伸。随葬陶鬲 1 件及海贝若干（图四八；彩版一五，1）。

　　陶鬲　1 件。

　　M2:1，夹砂灰褐陶。盘口，斜沿，沿面内凹，方唇，束颈，最大径在上腹部，下腹内收，瘪裆，实尖足。饰中绳纹。口径 17.3、高 14.3 厘米（图四八，1；彩版一六，3）。

　　M3　位于 T9 东北部。开口于第 2 层下，被 H1、M2 打破，又打破 M4。方向 96°。墓口距地

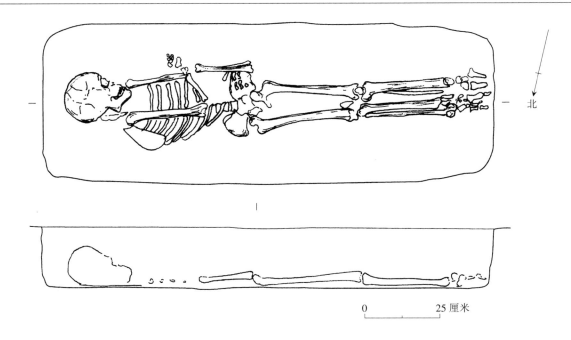

0   25 厘米

北

图四七 周代 M1 平、剖面图

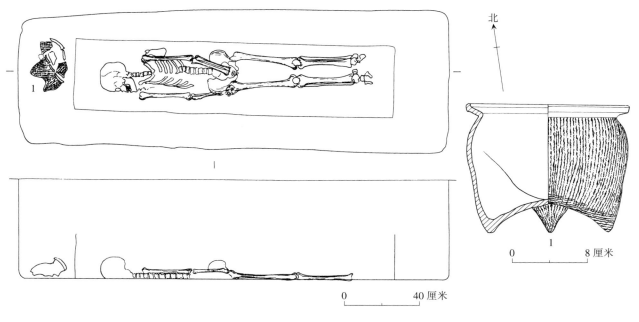

北

0   40 厘米

0   8 厘米

图四八 周代 M2 平、剖面图及出土器物
1. 陶鬲

表 0.3 米。长方形土坑竖穴墓，长 2.2、宽 0.68、深 1.05 米。葬具为长方形木棺，棺盖、底、侧、挡板有残痕，长 2、宽 0.4、高 0.25 米。填土为较致密经夯打的花土。仰身直肢葬，面向左，上肢两手置于盆骨上，两腿伸直并拢。成年，性别不明。随葬陶鬲 1 件，置于头部右侧（图四九；彩版一五，2）。

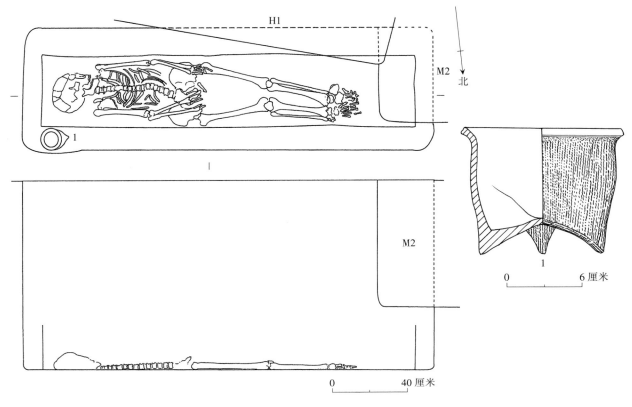

图四九　周代 M3 平、剖面图及出土器物
1. 陶鬲

鬲　1 件。

M3：1，夹砂灰褐陶。卷沿，方唇，外缘稍凸起，腹较直，瘪裆较低。足部内收，足尖稍外撇。饰细绳纹。有烟熏痕迹。口径 12.9、高 10.5 厘米（图四九，1；彩版一六，4）。

M4　位于 T9 中部。开口于第 2 层下，被 H1、M2、M3 打破。方向 106°。墓口距地表 0.3 米。长方形土坑竖穴墓，长 2.1、宽 0.8、深 1.1 米。墓室长 1.92、宽 0.58、高 0.5 米。有生土二层台，台宽 0.08～0.14、高 0.5 米。填土为较致密经夯打的灰褐花土。迁葬墓，骨架堆放于墓室东半部，面向右，大腿骨在底部，小腿骨在上面，摆放较凌乱。无随葬品（图五〇）。

M5　位于 T9 东北部。开口于第 2 层下，打破 H53、M9。方向 88°。墓口距地表 0.3 米。圆角长方形竖穴土坑墓，长 2.3、宽 0.8、深 0.65 米。葬具为长方形木棺，盖、底、侧、挡板留有残痕。长 1.83、宽 0.45、高 0.25 米。填灰色花土，土质较密，稍夯打。侧身屈肢葬，面向左，左上肢较直，右上肢置在体上稍屈。性别不明。随葬陶鬲 1 件，置于头部（图五一；彩版一五，3）。

陶鬲　1 件。

M5：1，夹砂红褐陶。略呈盘口，斜沿稍平，沿面内凹，方圆唇，束颈，瘪裆，实足根。口径 16.5、高 13.7 厘米（图五一，1；彩版一六，5）。

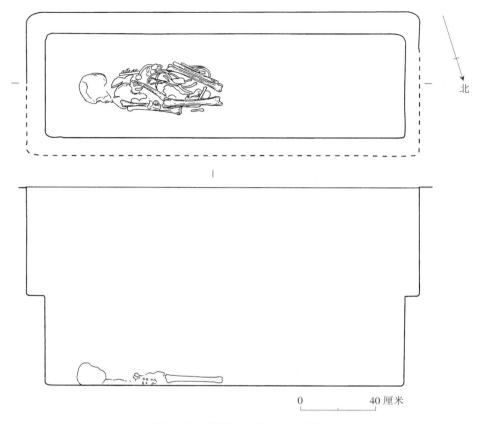

图五○　周代 M4 平、剖面图

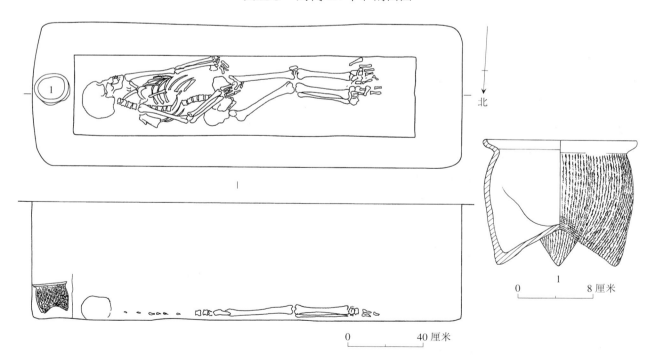

图五一　周代 M5 平、剖面图及出土器物
1. 陶鬲

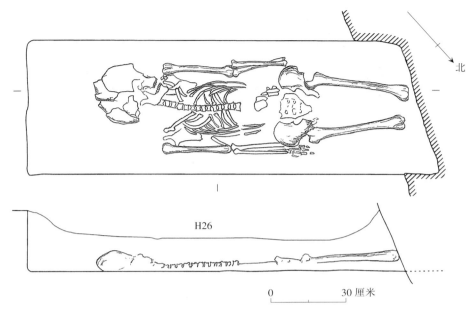

图五二　周代 M6 平、剖面图

M6　位于 T11 中部。开口于第 2 层下，被 H26 打破。方向 130°。墓口距地表 0.85 米。西端被取土破坏。长方形土坑竖穴墓，残长 1.63、宽 0.55、残深 0.25 米。填土为较致密经夯打的灰花土。仰身直肢葬，面向左，下肢胫骨被破坏。无随葬品（图五二；彩版一五，4）。

M7　位于 T11、T12 内。开口于第 2 层下，被 H10、H26 打破，打破 H65。方向 272°。墓口距地表 0.3 米。长方形土坑竖穴墓，残长 2、宽 0.75、残深 0.25 米。填较疏松灰褐花土。仰身直肢葬，头部被破坏掉。性别不明，未见随葬品（图五三）。

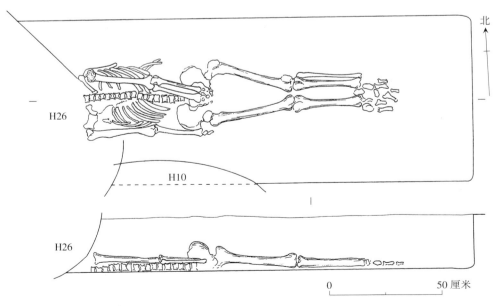

图五三　周代 M7 平、剖面图

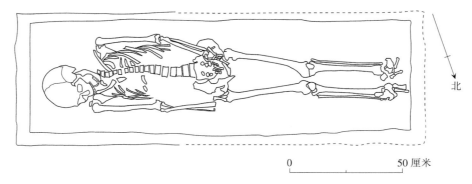

图五四　周代 M8 平面图

M8　位于 T11 中部。开口于第 2 层下,被 H44、H54 打破。方向 110°。西端被取土破坏。墓口距地表 0.3 米。长方形竖穴土坑墓,长 1.8、宽 0.6、残深 1 米。生土二层台宽 0.2 ~ 0.6、高 0.4 米。填松软灰褐花土。仰身直肢葬,头向东,面向右,双手置于腹部。无随葬品(图五四)。

M9　位于 T9、T12 内。开口于第 2 层下,被 H46、M5 打破。方向 113°。墓口距地表 0.3 米。长方形土坑竖穴墓,长 2.2、宽 0.86、深 1.1 米。生土二层台宽 0.12 ~ 0.16、高 0.5 米。填土为较致密经夯打的灰褐花土。仰身直肢葬,面向左。男性(?)成年。无随葬品(图五五)。

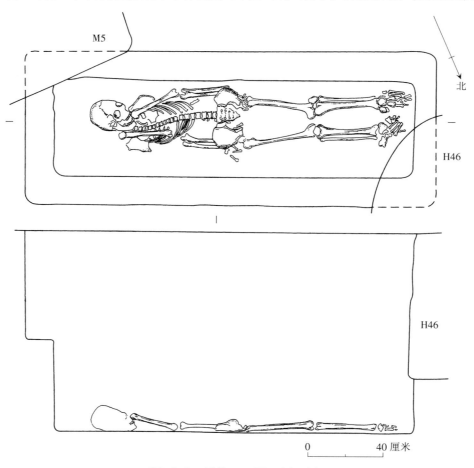

图五五　周代 M9 平、剖面图

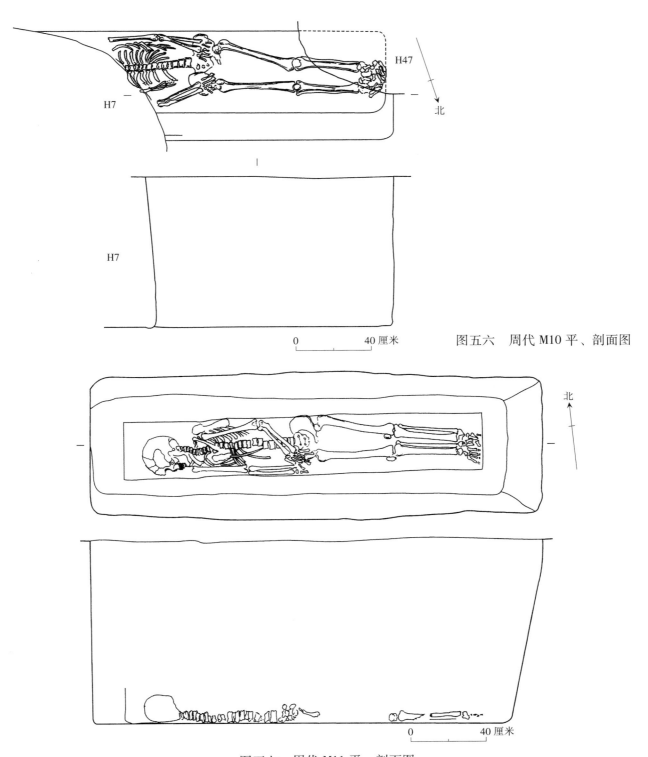

0　　　　40 厘米

图五六　周代 M10 平、剖面图

0　　　　40 厘米

图五七　周代 M11 平、剖面图

M10　位于 T8、T9 内。开口于第 2 层下，被 H7、H47、F2 打破，打破 H24。方向 107°。墓口距地表 0.3 米。长方形土坑竖穴墓，长 1.8、宽 0.6、深 0.85 米。北侧有生土二层台，宽 0.15、高0.4米。填土为较致密灰褐花土，内含少量陶片、石块、烧土块、炭屑。仰身直肢葬，头部无，两臂收于盆骨上，下肢伸直。未见随葬品（图五六）。

M11　位于T12东部。开口于第2层下。方向281°。墓口距地表0.3米。长方形土坑竖穴墓，长2.4、宽0.76~0.83、深1米。葬具为长方形木棺，盖、底、侧、挡板均见灰痕。长1.9、宽0.32、残高0.2米。填土为较致密经夯打灰褐花土，内含少量石块、烧土粒、炭屑，较多陶片。骨骼保存完整，稍侧身直肢，面向右，左上肢在上，右下肢较低在下，左小臂弯曲至右手处，两手并拢，脊柱稍扭曲，两下肢较直。无随葬品（图五七）。

四　结语

（一）大汶口文化遗存

大汶口时期遗存较少，且残破严重，遗迹仅见有灰坑、房址柱洞及柱坑。陶钵、罐口沿、鼎足等遗物，均由灰坑、柱洞出土或采集。钵、罐多泥质褐陶。钵敛口、圆唇，罐斜折沿或卷沿，沿较窄。罐口沿F2采：01与野店[①]M35：22口沿近似，钵口沿D1：1、2和H37采：01与野店M48：8、M22：19口沿相像，应为大汶口中期。圆柱形鼎足仅存在于大汶口早期阶段。看来该遗址大汶口文化的年代由早期延续至中期阶段。

（二）周代文化遗存

周代遗存较为丰富。房址2座，均为半地穴式小型房屋。其中F1保存较好，保留灶、火塘、门道等。灰坑数量众多，就用途来说，绝大部分为垃圾坑，从最初功能分析，一些灰坑形制规整、底面平整光滑，个别底部还有柱洞，比如H7、H22、H30、H38、H39等，应为储粮储物的窖穴。窖穴在发掘区内三五成组，存在一定布局。遗址植物遗存分析显示[②]，H18检测出有少量炭化植物种子，包括粟、黍、黍亚科、1粒葫芦种子，还有粟、黍的颖壳植硅体，推测是堆放谷物加工副产品如谷物脱粒后颖壳等的垃圾坑。H33发现1354粒炭化种子，可能是一个储存粟类谷物的窖穴，由此佐证了这类规整灰坑的功能。

遗址中遗迹打破关系较少，仅有7组对分期提供线索，为H18→H29→H48；H28→H37；H12→H32→H37；H30→F1；H34→H36→H38→H39；H40→F2→M10；H45→H37。参照陶鬲、盆、豆、罐、簋的演变规律，初步认为出土遗物较多的典型单位中，H18、H37、H48年代最早，M2、M5、H5、H6、H26、H28、H34、H38、H39、F2次之，然后是H17、H30、H33、H40和H3、H12、H56组。

鬲均夹砂饰绳纹，多数高宽相若。口沿由斜沿到盘口再到平折沿，瘪裆渐低。H18②：17、

---

①　山东省博物馆、山东省文物考古研究所：《邹县野店》，文物出版社，1985年。

②　吴文婉、韩辉、靳桂云：《济南催马庄遗址植物遗存分析》，《东方考古》（第7集），科学出版社，2010年。

H37：12 同张家坡西周墓地① M398：4，H18③：36 与宁家埠② M2：2 接近。M2：1、M5：1 与鲁故城③ H20（下）：2、西吴寺遗址④ H437：1 形制相近，H33：1 与张家坡西周墓地 M358：1 近似。小型鬲 M3：1 与王府遗址⑤ H225：4、马安遗址⑥ H144：1 雷同。

盆多为窄沿，弧腹，下腹内收，演变规律为斜沿渐平，下腹内收愈甚。H39：2 与鲁故城 H24：2 口沿相仿，H26：6 这一类绳纹盆数量较多，对应王府遗址 C 型 II 式盆（H103：10）。簋均敞口、鼓腹，H37：6 等同宁家埠遗址 H65：1 基本一致。

上述典型遗物对比，可知该遗址时代主要为西周中期偏早到西周晚期。此外，盂口沿（H12：2）与西吴寺遗址（M12：2）类似；豆（采：03）与西吴寺（H4007：3）相同，年代应进入春秋早期。

遗址文化特征与中原周文化具有较大一致性。弧裆鬲主流风格来自于中原地区，豆、罐等器类极为相似，与鲁南周文化相同点也较多。催马庄遗址仅见绳纹鬲，且形式多与西吴寺居址内 A 型相近。豆、罐大同小异。与济南周边王府、唐冶⑦、宁家埠、马安、王推官庄、仙人台⑧等，同样具有文化因素的多样性。除中原周文化因素外，还可以看出商文化的影响，如鬲（H18②：24、H37：13、H38：9）等应具有商代遗风。另外，盆（H5：1）等与王府遗址（H151：2）酷似，罐（H18②：34）形制同王府遗址（H234：6），豆（采：02）高粗柄，磨光灰皮陶，属土著文化因素。

总之，催马庄遗址的考古发掘，对研究济南地区周代文化的面貌特征具有重要的学术价值。

附记： 本次发掘领队为何德亮，参加发掘人员有何德亮、韩辉、房成来、张学堂、李玉亮。发掘期间得到京沪高速铁路建设部门的大力支持。本文初稿完成后，孙波、何德亮老师给予细致审阅，并提出修改意见，一并感谢！

执笔：韩 辉

绘图：王站琴 许 珊

房成来 邢继春

摄影：何德亮（工地）

韩 辉（器物）

① 中国社会科学院考古研究所：《张家坡西周墓地》，中国大百科全书出版社，1999 年。

② 山东省文物考古研究所：《济南宁家埠遗址发掘报告》，《济南高级公路章丘工段考古发掘报告集》，齐鲁书社，1993 年。

③ 山东省文物考古研究所、山东省博物馆、济宁地区文物组、曲阜文管会：《曲阜鲁国故城》，齐鲁书社，1982 年。

④ 国家文物局领队培训班：《兖州西吴寺》，文物出版社，1990 年。

⑤ 山东省文物考古研究所：《山东省济南王府遗址发掘报告》，《山东省高速公路考古报告集》，科学出版社，1997 年。

⑥ 济南市考古研究所：《山东章丘马安遗址的发掘》，《东方考古》（第 5 集），科学出版社，2008 年。

⑦ 济南市考古研究所：《济南市唐冶遗址考古发掘报告》，《海岱考古》（第六辑），科学出版社，2013 年。

⑧ 山东大学考古系：《山东长清仙人台周代墓地》，《考古》1998 年第 9 期。

附表　催马庄遗址灰坑登记表　　　　　　　　（长度单位：米）

编号	位置	层位 上	层位 下	形制	口×底－深	出土遗物	年代	备注
H1	T9	②下	M2	长方形，直壁，底不平	(0.5~1)×(0.5~1)－0.2	陶鬲口沿	周代	
H2	T7	①下	H35	圆形，斜壁，平底	1.65×0.6－0.4		周代	
H3	T5	①下	F1	圆形，直壁，平底	2.3×2.3－0.26	陶豆柄	周代	
H4	T5	②下	H47	近圆形，斜壁，平底	(1.8~2.78)×(1.1~1.64)－0.3		周代	
H5	T1	①下	生土	圆形，直壁，平底	2.2×2.2－0.35	陶盆，甗，罐口沿2，豆2，簋口沿2	周代	
H6	T12	M1	H58	近圆形，斜壁，圜底	2.7×1.9－0.25	陶罐3；骨锥2	周代	
H7	T9	②下	M10	近圆形，斜壁，底不平	(1.8~1.86)×(1.98~2.12)－0.86	蚌镰	周代	
H8	T8	②下	生土	圆形，斜壁，平底	1.85×1.9－0.8	陶鬲口沿，瓮口沿，盆口沿	周代	
H9	T5	②下	F1	圆形，直壁，底不平	1.55×1.14－0.16	陶盆口沿，罍口沿	周代	
H10	T12	H26	M7	圆形，斜壁，平底	1.95×1.98－0.4	陶豆柄，罐口沿	周代	
H11	T1	①下	H17	椭圆形，直壁，平底	(1.82~2.24)×(1.82~2.24)－0.24	陶鬲足，罐底2；骨簪	周代	
H12	T7	①下	H37	近圆形，直壁，平底	2.6×2.6－0.4	陶甗腰，盂，罐口沿	周代	
H13	T8	①下	生土	圆形，直壁，平底	1.3×1.3－0.24	陶鬲足	周代	
H14	T10	①下	生土	圆形，直壁，平底	1.78×1.78－0.1	陶鬲口沿，鬲足，甗口沿，罐底	周代	
H15	T8	H44	H62	椭圆形，直壁，平底	1.40×1－0.2	陶鬲口沿，簋口沿2	周代	
H16	T4	①下	H23	椭圆形，斜壁，底不平	(1.2~1.4)×1－0.4	陶盆口沿，豆圈足	周代	
H17	T1	H11	H57	圆形，直壁，平底	2.12×2.16－0.6	陶鬲足，甗腰，盆口沿，罐口沿	周代	
H18	T6	②下	H29	圆形，斜壁，底不平	(3.8~4.77)×1.9－1.8	陶鬲17，甗4，盆5，罐15，瓮口沿，豆2，簋5，圈足2，圆陶片；骨锥3，骨簪，骨匕，骨镞2；牙锥；蚌镰3；石纺轮	周代	
H19	T8	②下	H15	圆形，直壁，平底	1.5×1.5－0.54	陶豆柄	周代	

编号	位置	层位		形制	口×底－深	出土遗物	年代	备注
		上	下					
H20	T12	②下	H51	圆形，直壁，平底	1.05×1.02－0.15		周代	
H21	T2	②下	H22	椭圆形，剖面勺形	(1.3～1.44) －0.22		周代	
H22	T2	H30	生土	圆形，斜壁，平底	3.02×3.3－1.24	牙锥；蚌刀	周代	
H23	T4	H16	生土	圆形，直壁，平底	1.4×1.4－0.1		周代	
H24	T5	H55	H66	圆形，直壁，平底	0.7×0.7－0.46		大汶口文化	
H25	T9	②下	H43	近椭圆形，直壁，平底	(0.71～0.84) × (0.71～0.84) －0.28		大汶口文化	柱坑
H26	T11	M7	H10	近梯形，斜壁，底不平	(2.5～1.5) × (0.8～1.48) －0.66	陶鬲3，盆3	周代	
H27	T9	②下	生土	椭圆形，斜壁，平底	(0.54～0.68) × (0.47～0.61) －0.3		大汶口文化	柱坑
H28	T4	①下	H37	圆形，斜壁，平底	1.8×1.94－0.7	陶鬲，罐2，盆2，豆柄	周代	
H29	T3	H18	H48	近圆形，斜壁，平底	(3.45～3.9) × (3～3.25) －0.6	陶甗腰；骨锥	周代	
H30	T2	H21	F1	椭圆形，直壁，平底	(2.02～2.2) × (2.02～2.2) －0.52	陶簋圈足3	周代	
H31	T7	②	H37	圆形，直壁，平底	(1.5～1.6) ×1.6－0.5	陶鬲口沿；鹿角	周代	
H32	T7	H12	H37	圆形，直壁，平底	1.18×1.18－0.3	陶鬲口沿7，鬲足6，甗口沿9，甗腰4，瓿，罐底3，豆盘2，簋圈足	周代	
H33	T1	①下	生土	圆形，斜壁，平底	2.16×2.44－1	陶鬲；蚌刀；石凿	周代	
H34	T11	②下	H36	椭圆形，斜壁，平底	(1.5～1.6) × (1.54～1.64) －0.5	陶豆	周代	
H35	T7	H2	H37	圆形，直壁，平底	2.6×2.5－0.6	陶鬲口沿7，鬲足5，甗口沿2，甗腰2，罐口沿3，罐底4，敛口罐口沿，簋口沿，簋圈足2，鼎足2	周代	
H36	T11	H34	H38	圆形，直壁，平底	1.92×1.92－0.3	陶簋1	周代	
H37	T4、T7	H45	H61	椭圆形，斜壁，底不平	(4.4～6.2) × (4～5.3) －1.44	陶鬲6，甗4，罐口沿4，豆柄，簋口沿3；骨锥2，骨匕；石斧	周代	

编号	位置	层位		形制	口×底－深	出土遗物	年代	备注
		上	下					
H38	T11、T15	H36	H39	圆形，斜壁，平底	2.24×2.35－0.55	陶鬲，罐口沿；骨簪，角锥；蚌刀，蚌镰	周代	
H39	T11、T15	H38	生土	圆形，斜壁，平底	2.25×2.47－1.65	陶盆	周代	
H40	T8	②下	H41	椭圆形，直壁，平底	1.14×1.3－0.24	陶盆口沿2，罐底	周代	
H41	T8	H40	生土	圆形，直壁，平底	1.24×1.24－0.42	蚌刀	周代	
H42	T1	①下	H57	圆形，斜壁，平底	2.12×2.4－1.16	陶罐口沿；骨锥，骨匕	周代	
H43	T9	H25	生土	椭圆形，斜壁，平底	（1.08～2.2）×（0.95～2）－0.4	砺石，残石器	大汶口文化	
H44	T11	②下	M8	圆形，直壁，平底	1.36×1.36－0.4	陶甗口沿3，鬲足，盆口沿	周代	
H45	T7	①下	H37	圆形，斜壁，平底	1×1－0.4	陶簋口沿2	周代	
H46	T12	H10	M9	椭圆形，斜壁，平底	（2.2～2.3）×（2.34～2.44）－0.8	陶鬲口沿2，鬲裆，罐口沿；石纺轮	周代	
H47	T5	H4	F2	圆形，斜壁，平底	1.2×1.32－0.77	陶鬲口沿，甗口沿，鬲足，罐底，豆柄	周代	
H48	T3	H29	生土	圆形，斜壁，平底	2.4×2.2－0.74	陶鬲足，甗腰，罐口沿，罐底，簋圈足	周代	
H49	T12	②下	H6	圆形，斜壁	1.4（口部）		周代	未发掘到底
H50	T3	②下	D2	圆形，直壁，平底	1.3×1.3－0.3		周代	
H51	T12	H20	生土	椭圆形，斜壁，底不平	0.7×0.7－0.3		大汶口文化	柱坑
H52	T8	②下	F2	圆形，直壁，平底	1.32×1.32－0.44	陶鬲口沿，罐口沿	周代	
H53	T9	M3	生土	长方形，斜壁，平底	（0.9～1.82）×（0.82～1.63）－0.3	陶鬲口沿	周代	
H54	T11	H44	M8	椭圆形，直壁，平底	（0.54～1.68）×（0.54～1.68）－0.34	陶鬲口沿，簋圈足	周代	
H55	T6	F2	H66	圆形，斜壁，平底	2.46×2－0.3	陶钵口沿7，罐口沿2	大汶口文化	
H56	T3	H29	生土	圆形，斜壁，平底	1.36×1.16－0.5	陶簋口沿2；蚌刀	周代	扩方
H57	T1	H42	H64	圆形，斜壁，平底	1.62×1.84－0.66		周代	

编号	位置	层位		形制	口×底－深	出土遗物	年代	备注
		上	下					
H58	T12	H6	生土	椭圆形，斜壁，底不平	（0.8～1.2）×（0.58～0.82）－0.56		大汶口文化	柱坑
H59	T4	H37	生土	圆形，直壁，平底	1.88×1.88－0.45	陶甗口沿；蚌镰	周代	
H60	T3	②下	生土	圆形，直壁，平底	1.35×1.35－0.46	陶盆口沿；骨锥	周代	
H61	T4	H37	生土	圆形，斜壁，底不平	2.15×2.15－0.36	陶盆口沿	周代	
H62	T8	H15	H63	圆形，直壁，平底	1.29×1.29－0.26		周代	
H63	T8	H62	生土	圆形，直壁，平底	0.94×0.94－0.36		周代	
H64	T1	H57	生土	圆形，斜壁，平底	2.2×2.4－0.2	陶甗腰，盆口沿；牙齿	周代	
H65	T12	M7	生土	圆形，直壁，平底	1.4×1.4－0.35	鹿角	周代	
H66	T5	H55	生土	椭圆形，直壁，平底	（1.04～1.34）×（1.04～1.34）－0.35		大汶口文化	
H67	T6	②下	生土	圆形，斜壁，底不平	1.2×0.7－0.5		周代	
H68	T10	①下	生土	圆形，直壁，平底	2.5×2.5－0.2	陶簋口沿	周代	

说明："出土遗物"栏内1件者仅写器物名称。

滕州寨山汉墓发掘报告

山东省文物考古研究院

枣 庄 市 文 物 局

枣 庄 市 博 物 馆

　　墓地位于滕州市柴胡店镇南辛村东北约 1.5 千米的寨山上，西南距镇驻地约 4 千米，薛河由寨山北绕到村西向西南流过，北部与北辛文化遗址隔薛河相望，东邻泰沂山系的余脉，犹如一条长龙向东北连绵起伏不断，墓群坐落于山西面的缓坡上（图一；彩版二〇，1）。

　　北京至上海的高速铁路从墓群中部由西南向东北穿过，为配合该建设工程，山东省文物考古

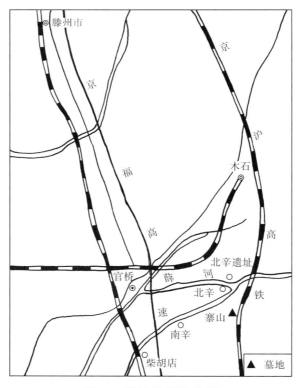

图一　墓地位置示意图

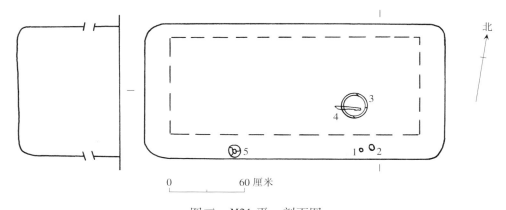

图三　M21 平、剖面图
1、2. 金属车軎　3. 鎏金铜饰件　4. 铁环首刀　5. 釉陶壶

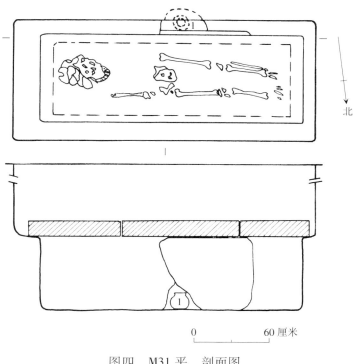

图四　M31 平、剖面图
1. 陶罐

M153　位于发掘区北部，南邻 M150。方向 90°。墓口距地表 0.4 米，墓圹长 2.02、宽 0.7、深 0.9 米。葬具、人骨已腐朽，东端仅存部分肢骨。随葬品放置在室内东端，仅陶罐 1 件（图五）。

M119　位于发掘区南部，北与 M76、东与 M22、南与 M31、西与 M7 为邻。方向 105°。墓口距地表 0.5 米，墓圹长 2.2、宽 1、深 2.2 米。墓口 1.4 米下为岩圹，底部四周有岩石二层台，宽 0.1~0.2、高 0.8 米，其上用两块石板封口，石板厚 0.14 米。木棺已腐朽，痕迹明显，长 2、宽 0.6 米，高度不清。人骨腐朽严重，葬式不详。随葬品陶罐 1 件放置在室内中部的北侧（图六；彩版二〇，3）。

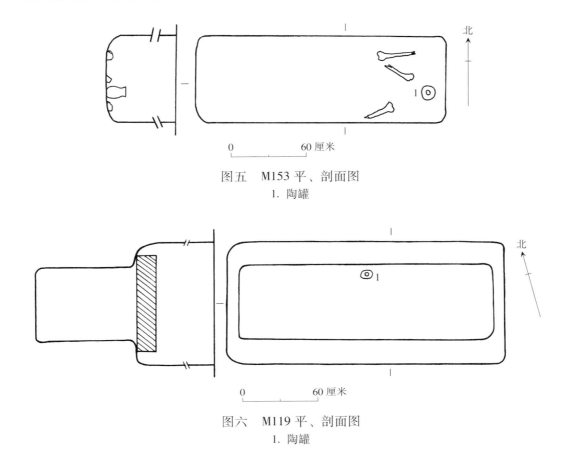

图五   M153 平、剖面图
1. 陶罐

图六   M119 平、剖面图
1. 陶罐

2. 双棺墓

1 座。

M55 位于发掘区北部，北邻 M46、M40，南邻 M156。方向 120°。墓口距地表 0.56 米，墓圹长 2.2、宽 2、深 2.76 米。底部两侧留有二层台，中间留有隔墙，分为南北两室。二层台面北侧宽 0.2、高 0.42 米，南侧宽 0.2、高 0.6 米，中间隔墙宽 0.22、高 0.63 米，其上用石板封口。北室长 2.2、宽 0.66、深 0.42~0.64 米；木棺已腐朽，痕迹长 2、宽 0.54 米，高度不清，人骨保存较完整，为屈肢侧面。南室长 2.2、宽 0.64、深 0.62 米；木棺已腐朽，朽痕长 2、宽 0.6 米，高度不清，人骨保存较完整，为仰身直肢，面向上。随葬品放置在死者的头前部和一侧，铜五铢 5 枚（图七；彩版二一，1）。

（二）石椁与土坑竖穴墓

3 座。墓口位于表土层下，均为长方形，左置石椁右为土坑。石椁由侧板、挡板、盖板和底板构成，有的无底板，以岩石替代，内置木棺；土坑仅靠石椁的右侧，向外掏挖洞，有的石椁的底部和土坑的底部不在一平面上。墓内填土为黄褐色，夹杂较多碎石块，有的经夯打，土质较硬。

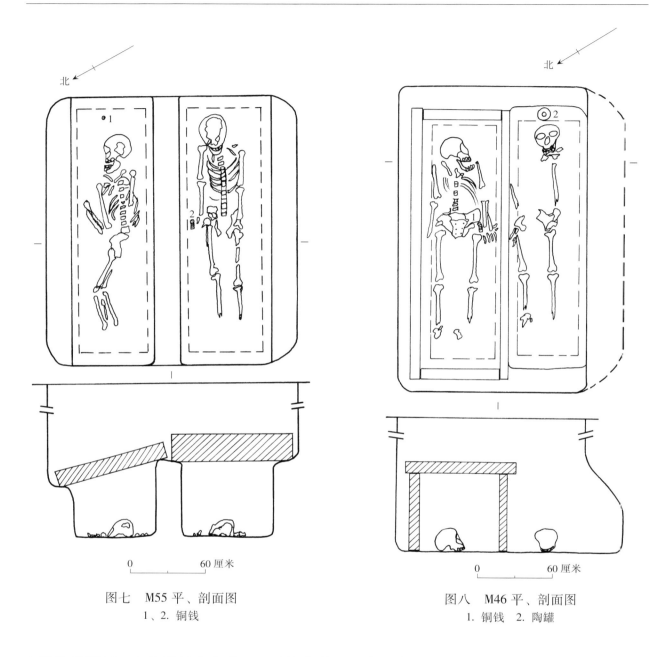

图七　M55 平、剖面图
1、2. 铜钱

图八　M46 平、剖面图
1. 铜钱　2. 陶罐

木棺均已腐朽，有的腐朽痕迹明显。石椁内的人骨多已腐朽，土坑内的人骨保存较完整，为仰身直肢。墓向东南向的 2 座，西南向 1 座。随葬器物放置在室内或两端，少的 1 件，多者10 余件。

　　M46　位于发掘区北部，东南邻 M40、M55，北邻 M45。方向 118°。墓口距地表 0.5 米，墓圹长 2.5、宽 1.5、深 1.5 米。北为石椁墓，由侧板、挡板和盖板构成，无底板，以岩石代替，长2.2、宽 0.78、高 0.74 米；南为土坑墓，底部向外掏挖 0.3 米的洞，壁呈弧形，长 2.14、上口宽0.62、底宽 0.92、高 0.7 米。木棺均已腐朽，石椁内的木棺灰痕，长 1.9、宽 0.52 米，高度不清；土坑墓的木棺腐朽灰痕长 1.92、宽 0.5 米，高度不清。人骨保存基本完整，均为仰身直肢，石椁内的人骨为侧面。随葬品石椁墓的木棺内出土铜五铢 20 枚；木棺墓死者头前部放置陶罐 1 件（图八；彩版二一，2）。

M114 位于发掘区中西部，南与 M113、东与 M151、北与 M115 和 M116 为邻。方向 177°。墓口距地表 0.51～0.65 米，墓圹长 2.84、宽 1.5、深 3.18～3.38 米，墓口 1.4 米以下为岩圹。东为石椁，西为木棺，底部不在一平面上，土坑墓低于石椁墓 0.2 米。石椁墓由底板、侧板、挡板和盖板构成，长 2.6、宽 0.82、高 0.78 米；土坑墓底部的西侧向外掏挖 0.32 米，顶呈斜坡状，东侧与石椁墓并列一块石板，长度与石椁墓侧板相等，上部平放一块石板。长 2.64～2.82、宽 0.7、高 0.88 米。石椁墓被盗，葬具、人骨腐朽无存；土坑墓棺腐朽，痕迹明显，长 2、宽 0.5 米，高度不清，人骨保存基本完整，为仰身直肢。随葬品放置在棺内及棺外的两端和一侧，计有陶鼎 1、罐 3、壶 3、钵 1、器盖 1 件，铜五铢 10 件，石珌 1 件（图九）。

（三）石椁墓

198 座。墓口均位于表土层下，皆为长方形或方形，口略大于底，较浅的墓在生土层上做圹，较深的墓穿过生土在岩石上做圹。填土为黄褐土夹杂较多碎石块，部分墓葬填土经夯打，夯层清晰，厚 0.1～0.2 米，土质坚硬。根据同一墓葬内的石椁数量，可分为单室石椁、双室石椁、三室石椁和四室石椁墓四种。石椁内均置有大小、厚薄不等的木棺。在石椁四壁的内侧，有的刻有常青树、飞鸟、穿璧、铺首衔环、三角形等几何画像图案。为使石椁牢固，大多在侧板或挡板的接合处榫卯相扣。有的石椁的上面覆盖两层盖板，下层放置 2～3 块、厚 0.05～0.06 米，嵌入侧板内侧上端的凹槽内，面与石椁沿平，再在上面加盖 0.2～0.3 米厚的盖板。

1. 单石椁墓

95 座。墓口一般长 2.5～3、宽 0.74～1.28、深 1.36～6.8 米。石椁由底板、侧板、挡板和盖板构成。有的无底板，以夯土或岩石代替，有的为双层盖板，下层较薄，嵌入两侧板上端内侧的凹槽内，面与石椁沿平，上层盖板较厚。多数石椁侧板的两端与挡板接合处榫卯相扣。石椁长 2～3、宽 0.6～1.1、高 0.5～1.18 米，内置木棺。椁板多为素面，部分刻有菱形纹、斜线对角纹、穿璧纹、铺首衔环、常青树等图案。木棺多已腐朽，有的木棺腐朽痕迹明显。人骨多数已腐朽，有的保存较完整，仰身直肢；有的仅存头骨或肢骨。方向 0°～180°。随葬品陶器有的放置在石椁外的一端、一侧，还有的放置在石椁内。随葬品铜钱、铜镜、玉璧、铁刀、铁剑等放置在棺内，有的墓葬没有随葬品，可能与被盗有关。

M15 位于发掘区南部，西北与 M2、北与 M16、东北与 M172、M180、东与 M178 为邻。方向 96°。墓口距地表 0.34 米，墓圹长 2.7、宽 1.1、深 2.16 米。石椁由侧板、挡板和盖板构成，无底板，以岩石代替。石椁长 2.52、宽 0.86、高 0.8 米。木棺已腐朽，痕迹长 2.12、宽 0.56 米，高度不清。人骨保存基本完整，仰身直肢侧面。随葬品放置在死者的右侧，有陶盒 1、罐 2 件（图一〇）。

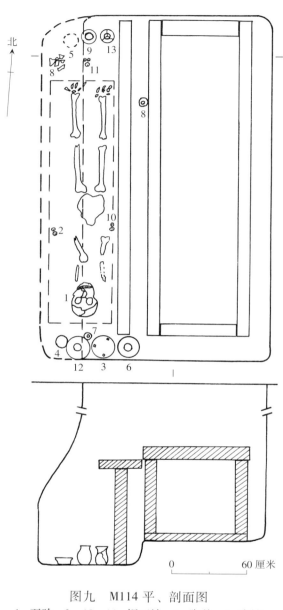

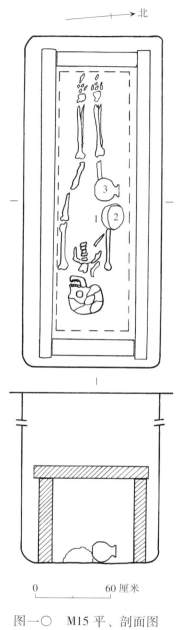

图九　M114 平、剖面图
1. 石琀　2、10、11. 铜五铢　3. 陶鼎　4. 陶钵
5. 陶器盖　6、12、13. 陶壶　7~9. 陶罐

图一〇　M15 平、剖面图
1. 陶盒　2、3. 陶罐

　　M18　位于发掘区中部偏东，北与 M137、南与 M9 为邻。方向 90°。墓口距地表 0.5 米，墓圹平面呈刀形，长 1.7~3.12、宽 1.08~1.9、深 2.48 米。内置单石椁带耳室，分别由底板、侧板、挡板、横梁、盖板和封门石构成。石椁长 2.86、宽 0.9、高 1.02~1.3 米。耳室位于石椁南侧的东端，隔墙板留有过道，长 1.48、宽 0.8、高 1.02~1.3 米。耳室封门石内侧刻垂帐纹框，中间刻铺首衔环，西挡板内侧刻斜线对角纹，中间有一璧纹；石椁西挡板内侧四周刻垂帐纹框，中间刻十字穿璧纹。木棺、人骨均已腐朽，随葬品放置在石椁的中部，有釉陶罐 2 件（图一一；彩版二一，3、4）。

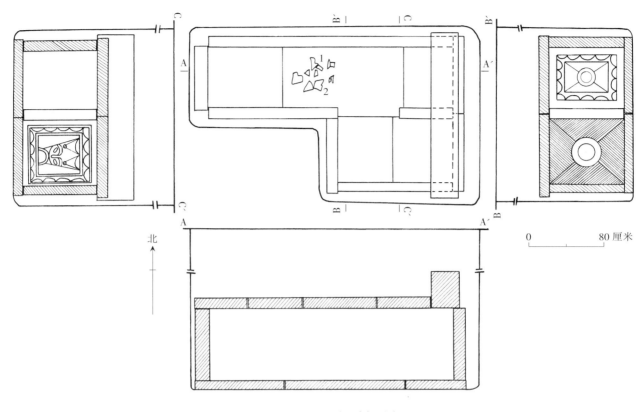

图一一　M18 平、剖面图
1、2. 釉陶罐

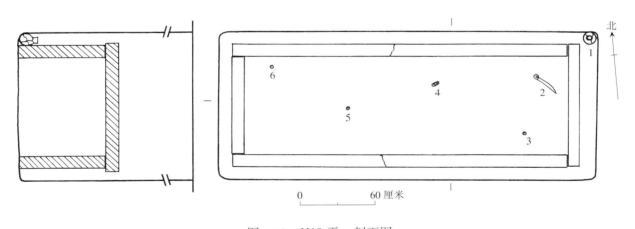

图一二　M19 平、剖面图
1. 陶罐　2. 铁环首刀　3 ~ 6. 铜钱

　　M19　位于墓群南部，西与 M86、北与 M20 为邻。墓口位于表土层下。方向 95°。墓口距地表 0.5 米，墓圹长 3.06、宽 1.24、深 1.6 米。石椁由侧板、挡板和盖板构成，无底板，以夯土代替。石椁长 2.78、宽 1.02、高 0.8 米。木棺已腐朽。人骨腐朽严重，葬式不详。随葬品放置在石椁内和石椁外的一端，有陶罐 1，铜半两 1、五铢 13、货泉 1，铁环首刀 1 件（图一二）。

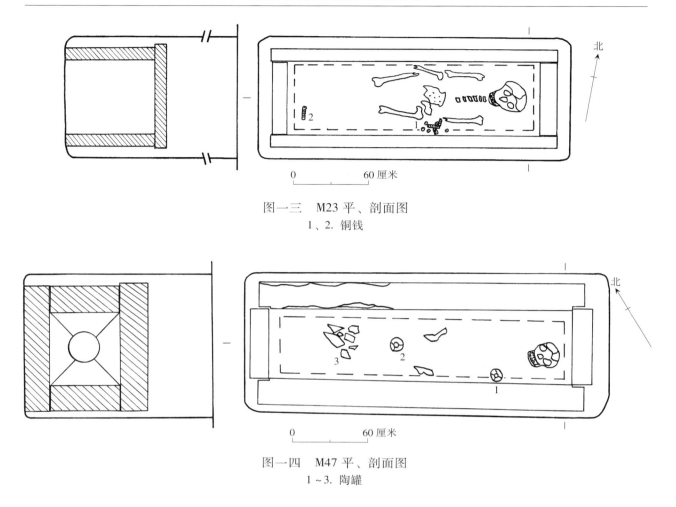

图一三　M23 平、剖面图
1、2. 铜钱

图一四　M47 平、剖面图
1~3. 陶罐

　　M23　位于发掘区南部,东与 M20、南与 M86、北与 M22 为邻。方向 80°。墓口距地表 0.5 米,墓圹长 2.48、宽 0.98、深 1.8 米。石椁由侧板、挡板和盖板构成,无底板,以夯土代替,长 2.3、宽 0.8、高 0.8 米。木棺已腐朽,仅存灰痕,长 1.9、宽 0.53 米,高度不清;人骨下部腐朽严重,仰身直肢,面向上。随葬品放置在棺内,有铜五铢 49 枚(图一三)。

　　M47　位于发掘区北部,东与 M39、南与 M155、北与 M156 为邻。墓口位于表土层下。方向 120°。墓口距地表 0.52 米,墓圹长 2.9、宽 1.18、深 1.48 米。内置单石椁,由底板、侧板、挡板和盖板构成,两侧板两端的内侧与挡板接合处榫卯相扣,石板较厚,加工精致。石椁长 2.72、宽 1.02、高 0.98 米。东挡板内侧刻十字穿璧纹。木棺已腐朽,仅存灰痕,长 2.26、宽 0.46 米,高度不清。人骨已腐朽,东端仅存头骨。随葬品放置在室内,有陶罐 3 件(图一四)。

　　M49　位于发掘区东北部,北与 M51、南与 M38、西与 M155 为邻。墓口位于表土层下。方向 110°。墓口距地表 0.5 米,墓圹呈长方形,口大于底,长 2.72、宽 1.24、深 3.22 米,墓口 2.2 米以下为岩圹。石椁由侧板、挡板和盖板构成,无底板,以岩石替代。南侧板石略薄于北侧板石,内侧均有加工时刻的竖道纹,盖板较厚。石椁长 2.52、宽 0.92、高 1.02 米。木棺、人骨均已腐朽,尺寸、葬式不详。该墓早期被盗,随葬品仅存铜五铢 1 枚(图一五)。

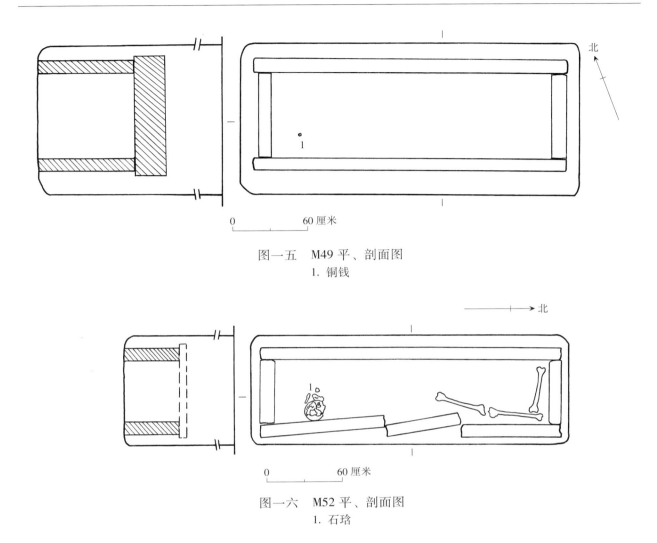

图一五　M49 平、剖面图
1. 铜钱

图一六　M52 平、剖面图
1. 石玲

　　M52　位于发掘区北部，东与 M56、东南与 M157 为邻。墓口位于表土层下。方向 180°。墓口距地表 0.34 米，墓圹为长方形，长 2.54、宽 0.92、深 2.1 米。石椁由侧板、挡板、盖板构成，无底板，以岩石替代。石椁长 2.42、宽 0.74、高 0.5 米。墓葬早期被盗，铁路部门施工时将盖板石破坏。木棺已腐朽，人骨被扰乱，仅存头骨和凌乱肢骨，在头骨处出土石玲 1 件（图一六）。

　　M57　位于发掘区北部，西北与 M52、东北与 M56、南与 M219 为邻。方向 5°。墓口距地表 0.48 米，墓圹为长方形，长 2.76、宽 1.1、深 2 米。内置单石椁，由侧板、挡板和盖板构成，无底板，以岩石替代。石椁长 2.32、宽 0.8、高 0.8 米。木棺已腐朽，痕迹长 1.9、宽 0.5 米，高度不详。人骨保存基本完整，仰身直肢侧面，头向北（图一七）。

　　M60　位于发掘区中部，东北部与 M68、南部与 M83、西部与 M32、北部与 M84 为邻。方向 104°。墓口距地表 0.44 米，墓圹长 3.24、宽 1.08、深 2.1 米。石椁由底板、侧板、挡板和盖板构成。石椁长 2.86、宽 0.86、高 1.18 米。木棺、人骨已腐朽。室内随葬品铜五铢 9 枚，石椁外的东端随葬陶罐 1 件（图一八）。

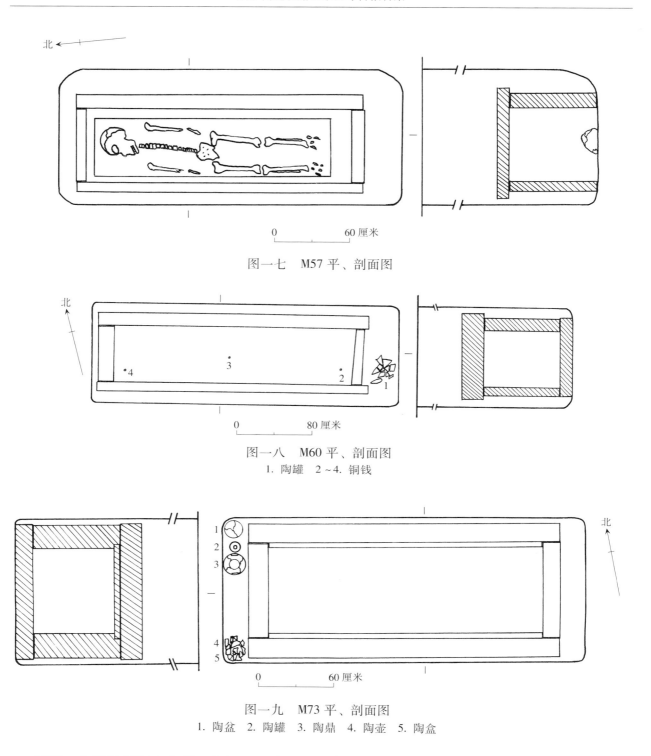

北 ←

0 60厘米

图一七 M57 平、剖面图

北

•4   •3   •2   1

0 80厘米

图一八 M60 平、剖面图
1. 陶罐 2~4. 铜钱

1
2
3

4
5

北 ↑

0 60厘米

图一九 M73 平、剖面图
1. 陶盆 2. 陶罐 3. 陶鼎 4. 陶壶 5. 陶盒

　　M73　位于发掘区中南部，东与 M14 和 M75、南与 M7 和 M120、西与 M72 为邻。方向 100°。墓口距地表 0.3 米，墓圹长 2.9、宽 1.18、深 2.5 米。内置单石椁，较规整，加工精细，由底板、侧板、挡板和双层盖板构成，下层盖板较薄，嵌入侧板上端内侧的凹槽内，面与椁沿平，上层盖板较厚，侧板两端与挡板接合处榫卯相扣。石椁长 2.46、宽 1.1、高 1 米。该墓早年被盗，盖板石被砸开，椁室内的随葬品被盗一空。木棺、人骨已腐朽，尺寸、葬式不详。随葬品陶器放置在石椁外的西端，有陶鼎1、盒1、壶1、罐1、盆1件（图一九）。

M76 位于发掘区南部，东与M22、南与M119、西与M7、北与M14为邻。墓口位于表土层下。方向82°。墓口距地表0.3～0.68米，墓圹长2.86、宽1.5、深1.55米。石椁由侧板、挡板和

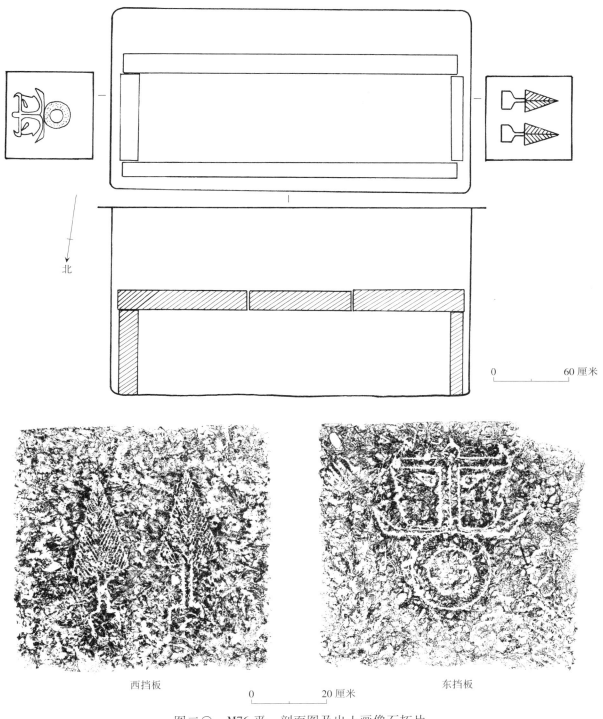

西挡板   0   20厘米   东挡板

图二〇 M76平、剖面图及出土画像石拓片

盖板构成，无底板，以夯土代替。石椁长 2.76、宽 1.02、高 0.88 米。墓葬早期被盗，葬具、人骨被扰乱，且均已腐朽，尺寸、葬式不清，随葬品被洗劫一空。出土画像石 2 块，东、西挡板。石面未经加工，比较粗糙，无边框。东挡板高 0.7、宽 0.72、厚 0.16 米。主题图案为铺首衔环，铺首头戴"山"字形冠，浓眉大眼，面颊两侧胡须上翘，宽直鼻梁，其下衔一环。西挡板高 0.7、宽 0.72、厚 0.1 米。主题图案为并列栽在梯形方墩上的两棵常青树（图二〇）。

M77　位于发掘区南部，东与 M175、南与 M16、西与 M1 和 M3 为邻。方向 181°。墓口距地表 0.44～0.53 米，墓圹长 2.66、宽 1.15、深 1.52 米。石椁由侧板、挡板和盖板构成，无底板，以夯土代替。石椁长 2.52、宽 1、高 0.9 米。两侧板内侧两端刻斜线对角纹，中间刻平行竖道纹，北挡板的内侧刻斜线对角穿璧图案。早期被盗，木棺、人骨腐朽严重，情况不清。随葬品放置在室内，有铜五铢 14 枚、铁剑鞘前端铜饰铋 1 件（图二一）。

M80　位于发掘区南部，北与 M35、西与 M70、东南与 M204 为邻。方向 105°。墓口距地表深 0.5 米，墓圹长 2.6、宽 1.18、深 1.66 米。石椁由侧板、挡板和双层盖板构成，无底板，以夯土代替，侧板与挡板接合处榫卯相扣。下层盖板较薄，嵌入两侧板上端内侧的凹槽内，面与椁沿平，上层盖板较厚。石椁长 2.4、宽 0.78、高 0.8 米。墓葬早期被盗，木棺、人骨情况不清。石椁外的南侧有一用石板构成的器物箱，长 0.42、宽 0.32、高 0.52 米，内置陶罐 1 件（图二二）。

M107　位于发掘区中部，北与 M105、南与 M109、东与 M88 为邻。墓口位于表土层下。方向 100°。墓口距地表 0.5 米，墓圹长 2.72、宽 1.14、深 2.52 米。石椁由侧板、挡板和盖板构成，无底板，以岩石代替。石椁长 2.52、宽 0.96、高 0.82 米。该墓早期被盗，盖板石被砸去一角，室内

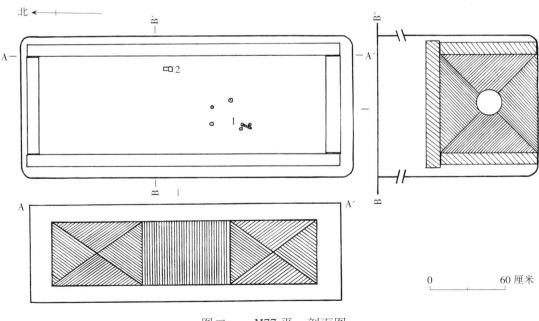

图二一　M77 平、剖面图
1. 铜钱　2. 铜铋

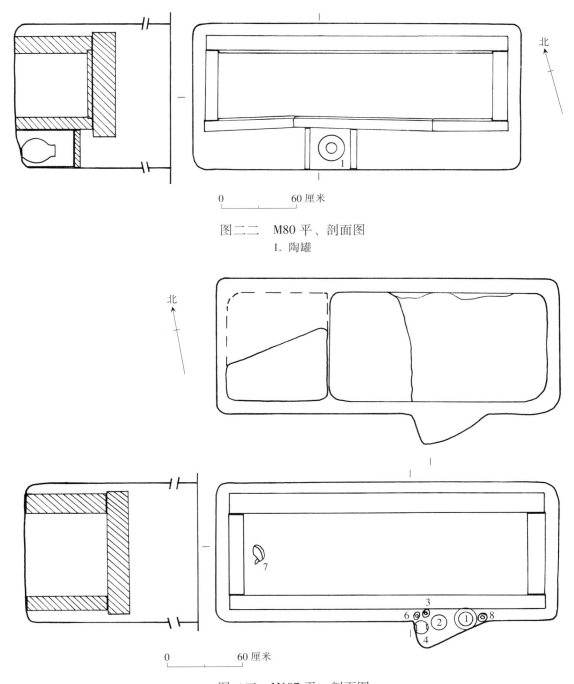

0   60 厘米

图二二　M80 平、剖面图
1. 陶罐

图二三　M107 平、剖面图
1. 陶盒　2. 陶盆　3、6、8. 陶罐　4. 陶鼎　5. 陶壶（2 号下）　7. 陶器盖

随葬品仅存 1 件残陶器盖。木棺、人骨已腐朽。椁室外的南侧有一三角形壁龛，长 0.6、宽 0.32、高 0.64 米，内放置随葬品陶器有鼎 1、盒 1、壶 1、盆 1、罐 3 件（图二三；彩版二二，1）。

　　M111　位于发掘区中西部，东北部与 M118、东南部与 M112、南部与 M106、西北部与 M154、北部与 M113 为邻。墓口位于表土层下。方向 90°。墓葬被铁路部门先期施工时破坏，墓口距地表

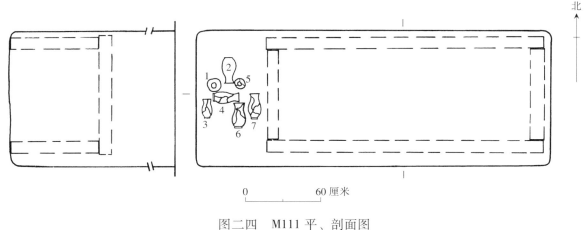

图二四　M111 平、剖面图
1. 陶罐　2 ~ 6. 原始瓷壶　7. 釉陶壶

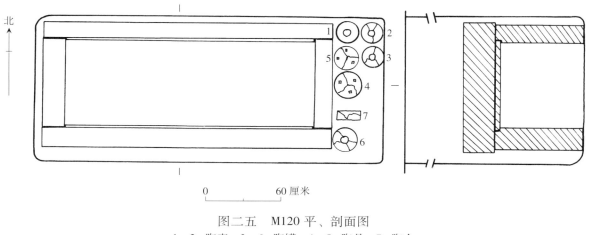

图二五　M120 平、剖面图
1、2. 陶壶　3、6. 陶罐　4、5. 陶鼎　7. 陶仓

0.5 米。墓圹长 2.82、宽 1.12、深 2.42 米。石椁由侧板、挡板和盖板构成，无底板，以岩石代替。石椁长 2.2、宽 0.95、高 0.8 米。木棺、人骨已腐朽。陶器、原始瓷器放置在室外的一端，有釉陶壶 1、陶罐 1、原始瓷壶 5 件（图二四）。

　　M120　位于发掘区南部，东与 M7、南与 M71、北与 M72 和 M73 为邻。被 M72 打破。方向 90°。墓口距地表 0.48 米，墓圹长 2.76、宽 1.2、深 3.44 米，墓口 1.8 米下为岩圹。石椁由侧板、挡板和盖板构成，无底板，以岩石代替。盖板为双层，下层较薄，嵌入两侧板上端内侧的凹槽内，面与椁沿平，上层盖板较厚，两侧板的两端与挡板接合处榫卯相扣。石椁长 2.3、宽 1.04、高 0.95 米。该墓早期被盗，盖板的一端被砸开，石椁内随葬品被盗走，木棺、人骨已腐朽。随葬品放置在椁外东端，计有陶鼎 2、壶 2、罐 2 件、仓 1 件（图二五）。

　　M125　位于发掘区中西部，东南与 M126、南与 M124、北与 M128 为邻。方向 105°。墓口距地表 0.3 米，墓圹长 2.78、宽 1.4、深 2.32 米。内置单石椁，由底板、侧板、挡板和双层盖板构成。椁板加工精细，结构严谨，两侧板两端的内侧与挡板接合处榫卯相扣，下层盖板较薄，嵌入

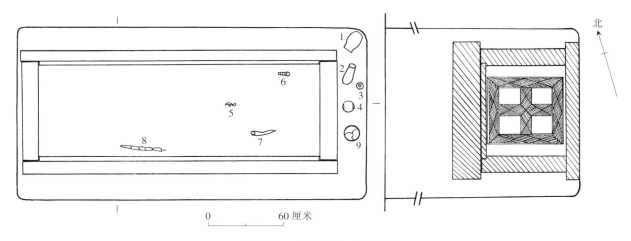

图二六　M125 平、剖面图

1、3. 陶罐　2. 陶壶　4. 陶鼎　5. 铜带钩　6. 铜钱　7. 铁环首刀　8. 铁剑　9. 陶器盖

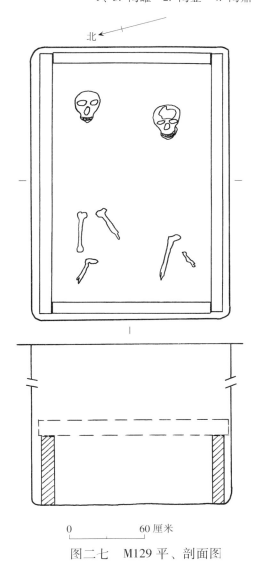

0　　　　　　60 厘米

图二七　M129 平、剖面图

两侧板内侧上端的凹槽内，面与椁沿平，上层盖板较厚。石椁长 2.5、宽 1.02、高 1.02 米。东、西挡板的内侧均刻一"田"字形框，框面阴线刻菱形纹。早期被盗，椁室内严重扰乱。有木棺朽痕，人骨腐朽严重，情况不清。随葬品放置在室内和室外的东端，计有陶鼎 1、陶壶 1、陶器盖 1、罐 2 件，铜大泉五十 9 枚、带钩 1 件，残铁剑 1、残铁环首刀 1 件（图二六）。

M129　位于发掘区中西部，北与 M135、南与 M128、东南与 M127 为邻。方向 105°。墓口距地表 0.4～0.6 米，墓圹长 2.24、宽 1.58、深 2.12 米。内置单石椁，由侧板、挡板、盖板构成，无底板，以岩石替代。石椁长 2.16、宽 1.46、高 0.7 米。被盗，椁室内被扰乱，双木棺已朽，人骨仅存头骨和凌乱的下肢骨，头朝东，面向上，葬式不详（图二七）。

M144　位于发掘区中西部，北与 M142 和 M145、南与 M134 为邻。墓口位于表土层下，方向 100°。墓口距地表 0.5 米，墓圹平面呈梯形，长 2.62、宽 1.16～1.32、深 2.22 米，墓口 1.2 米以下为岩圹。内置单石椁，靠近北部，由侧板、挡板、盖板构成，无底板，以岩石代替。石椁长 2.22、宽 0.66、高 0.68 米。在石椁外的东端有一用三块立石板和一块石盖板砌成的箱，长 0.36、宽 0.26、高 0.56 米，可能是器物箱，没有随葬

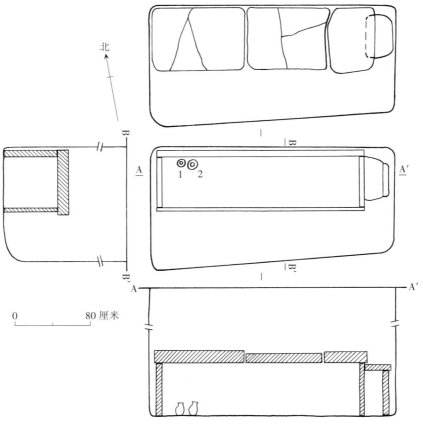

图二八　M144 平、剖面图
1、2. 陶罐

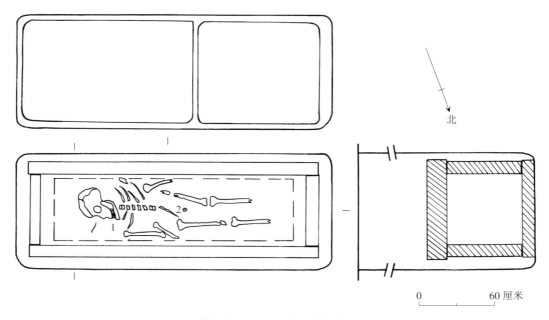

图二九　M149 平、剖面图
1. 石玲　2. 铜钱

品。此墓早期被盗，西部盖板石被砸开。木棺、人骨已不存在。在椁室内的西部放置有陶罐 2 件（图二八）。

M149 位于发掘区中西部，西与 M163、北与 M150 为邻。打破 M147。墓口位于表土层下。方向 110°。墓口距地表 0.52 米，墓圹长 2.5、宽 0.96、深 2.38 米。内置单石椁，由底板、侧板、挡板和盖板构成。石椁长 2.32、宽 0.78、高 0.86 米。木棺已腐朽，痕迹长 1.9、宽 0.5 米，高度不清，人骨保存基本完整，为仰身直肢侧面。室内出土铜五铢 1、石玲 1 件（图二九）。

M162 位于发掘区北部，北与 M64 和 M164、南与 M165 为邻。墓口位于表土层下。方向 115°。墓口距地表 0.4 米，墓圹为长方形，长 2.48、宽 1.12、深 2.74 米。内置单石椁，由侧板、挡板、盖板构成，无底板，以岩石替代。石椁长 2.32、宽 0.86、高 0.74 米。墓葬早期被盗，木棺、人骨已不存在。石椁内的西部出土陶罐 1 件（图三〇）。

M164 位于发掘区北部，南与 M162、西与 M64、北与 M161 为邻。方向 110°。西部的填土被铁路部门先期施工时挖去，石椁的西部被破坏。墓口距地表 0.54 米，墓圹长 2.64、宽 1、深 3.2 米，墓口 1.38 米以下为岩圹。石椁由侧板、挡板和盖板构成，无底板，以岩石代替。石椁长 2.46、宽 0.82、高 0.68 米。两侧板的内侧刻有相同图案，四周刻菱形纹框，两端刻斜线对角穿璧纹，中间刻斜线对角纹。木棺已腐朽。人骨仅存头骨、盆骨和下肢骨，为仰身直肢，面向上。随葬品放置在室内，有铜五铢 1 枚（图三一）。

M167 位于发掘区北部，北与 M165、南与 M168 为邻。方向 113°。墓口距地表 0.5 米，墓圹长 2.76、宽 1.08、深 3.56 米，墓口 2 米以下为岩圹。石椁由侧板、挡板、双层盖板构成，无底板，以岩石替代。椁室加工精细，侧板两端的内侧与挡板接合处榫卯相扣，下层盖板较薄，嵌入两侧板内侧上端的凹槽内，面与椁沿平，上面又盖一厚盖板。石椁长 2.4、宽 0.9、高 1.06 米。墓葬早期被盗，盖板中部被砸开，随葬品被盗。木棺、人骨腐朽无存，尺寸、葬式不清（图三二）。

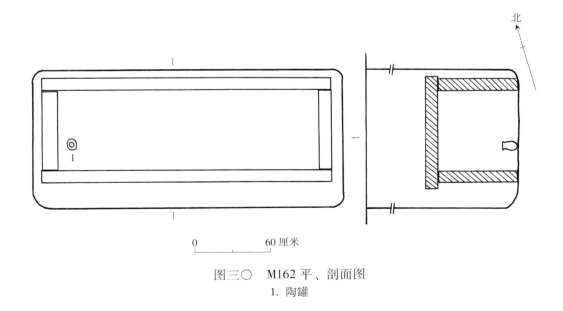

图三〇　M162 平、剖面图
1. 陶罐

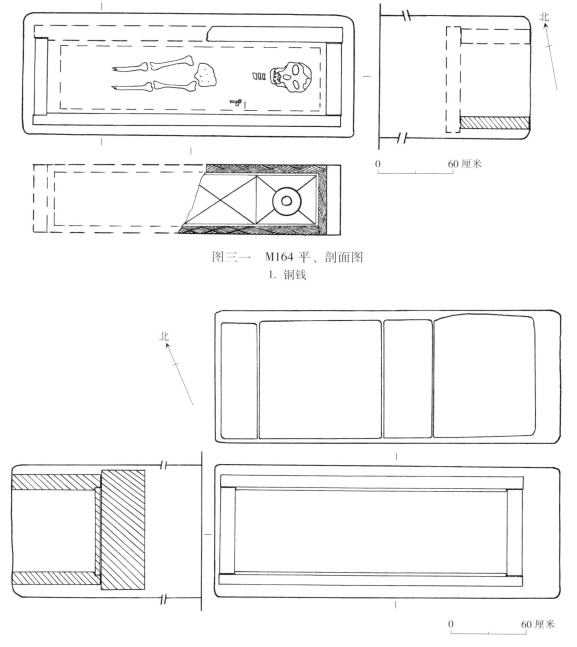

图三一　M164 平、剖面图
1. 铜钱

图三二　M167 平、剖面图

　　M171　位于发掘区北部，西与 M169 和 M170 为邻。方向 200°。墓口距地表 0.5 米，墓圹长 2.42、宽 1.02、深 2.74 米。内置单石椁，由侧板、挡板和盖板构成，无底板，以岩石代替。石椁长 2.22、宽 0.8、高 0.74 米。木棺已腐朽，痕迹长 1.9、宽 0.5 米，高度不清。人骨保存基本完整，为仰身直肢，面向上。随葬品放置在室内，计有陶罐 2、铜五铢 5、铁剑 1、铁铜 1 件（图三三）。

　　M183　位于发掘区南部，东北与 M181、东与 M182、北与 M172 为邻。方向 186°。墓口位于表土层下，距地表 0.32～0.5 米，墓圹长 2.56、宽 0.98、深 3.82 米，墓口 1.88 米以下为岩圹。

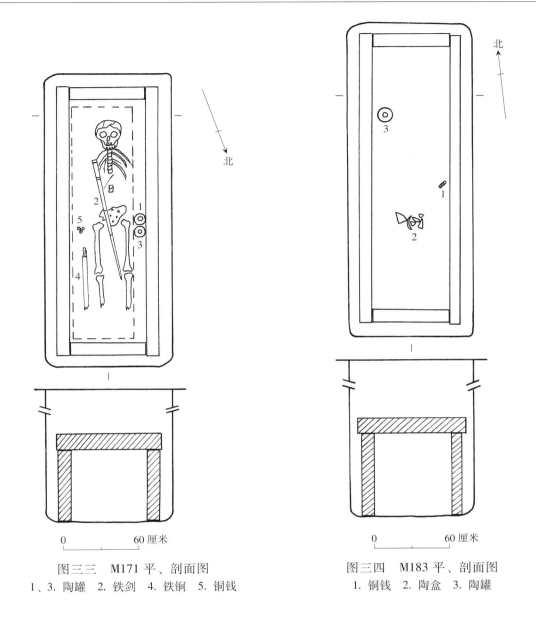

图三三　M171 平、剖面图
1、3. 陶罐　2. 铁剑　4. 铁锏　5. 铜钱

图三四　M183 平、剖面图
1. 铜钱　2. 陶盒　3. 陶罐

石椁由侧板、挡板和盖板构成，无底板，以岩石代替。石椁长 2.38、宽 0.8、高 0.84 米。木棺、人骨已腐朽，情况不清。随葬品放置在室内，有陶盒 1、罐 1 件，铜五铢 12 枚（图三四）。

2. 双石椁墓

88 座。墓口位于表土层下，皆为长方形，一般长 2.3～3、宽 1.78～2.2、深 1.2～3.66 米。填土为黄褐土夹杂较多的碎石块，有的经夯打，夯层厚 0.2～0.3 米。石椁有的相连，由底板、侧板、中间隔墙板和盖板构成，有的无底板，较浅的以夯土代替，较深的以岩石代替。部分盖板为双层，下层较薄，嵌入两侧板上端内侧的凹槽内，面与椁沿平，上层盖板较厚。石椁侧板的两端与挡板接合处有的榫卯相扣。有的两石椁并列，一般长 2～3、宽 1.66～2.02、高 0.9～1.2 米。墓葬方向正向的 6 座，其余接近南北向或东西向。有的侧板或挡板的内侧刻有铺首衔环、对角斜线穿璧、菱形、阙、楼阁、人物、鸟、车马出行、狩猎、庖厨等图案。石椁内的木棺均已腐朽，有的仅见灰痕。人骨多已腐朽，部分仅存头骨和凌乱肢骨等。随葬品主要放置在室内、两椁室之间的空隙内、室外的一端或一侧，有的没有随葬品，少者 1 件，多者 18 件。

　　M9　位于发掘区南部，西南与 M5、M9、西与 M5、北与 M18 为邻。方向 95°。上部的填土部分被先期施工时挖去，墓口距地表 0.5 米，墓圹长 3.13、宽 2.4、深 2.4 米。内置双石椁相连，由底板、侧板、中间隔墙板、挡板和盖板构成。石椁长 2.52、宽 2.1、高 1.16 米。隔墙板的中下部有一边长 0.26 米的通道。南石椁侧板的内侧四周刻斜线纹框，框内东端刻斜线璧纹，中间刻竖线纹，西端刻斜线对角纹。两石椁均被盗扰，木棺、人骨情况不清。随葬品放置在室内，计有釉陶壶 2，铜五铢 60、货泉 1、鎏金铜饰件 2，铁环首刀 1、镢 2 件（图三五；彩版二二，2）。

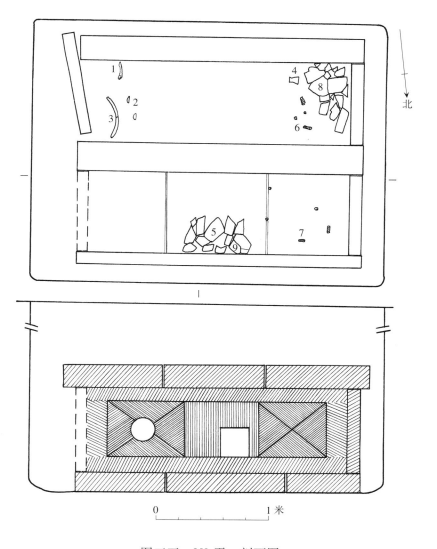

图三五　M9 平、剖面图
1. 铁环首刀　2、3. 鎏金铜饰件　4、5. 铁镢　6、7. 铜钱　8、9. 釉陶壶

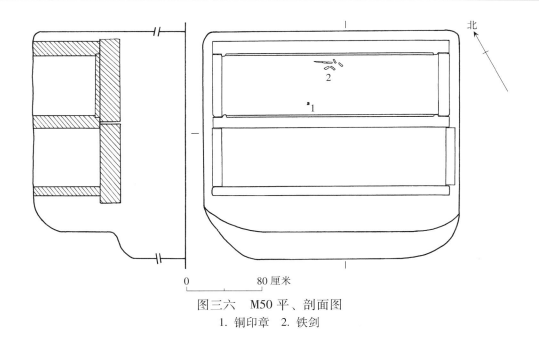

图三六　M50 平、剖面图
1. 铜印章　2. 铁剑

M50　位于发掘区北部，北与 M48、南与 M42、西与 M216 为邻。方向 118°。墓口距地表 0.5 米，墓圹长 2.72、宽 2.52、深 3.14 米，南壁与盖板平齐处留有一台。两石椁相连，由两块侧板、一块隔墙板、四块挡板和盖板构成，无底板，以岩石替代。石椁长 2.5～2.58、宽 1.7、高 0.92～0.94 米。北椁室加工精制，侧板、中间隔墙板的两端与挡板接合处榫卯相扣，双层盖板，下层盖板较薄，嵌入侧板、中间隔墙板上端的凹槽内，面与椁沿平，上层盖板较厚。墓葬早期被盗，葬具、人骨已腐朽，尺寸、葬式不详。南石椁内的随葬品被盗走，北石椁内中部仅存铜印章和残铁剑各 1 件（图三六）。

M56　位于发掘区北部，西与 M52、西南与 M57 为邻。方向 120°。墓口距地表 0.5 米。墓圹长 2.86、宽 2.34、深 3.2 米，墓口 2 米以下为岩圹。内置两石椁并列，中间留有空隙。分别由底板、侧板、

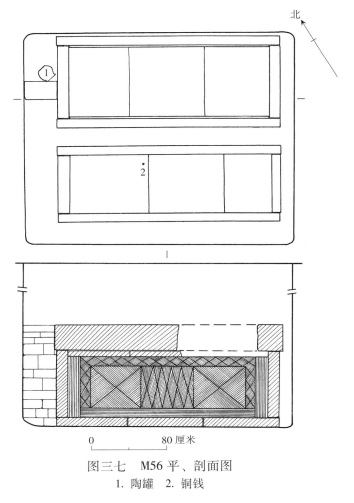

图三七　M56 平、剖面图
1. 陶罐　2. 铜钱

挡板和盖构成。北石椁加工精致，为双层盖板，下层盖板较薄，厚 0.06 米，嵌入两侧板内侧上端的凹槽内，面与椁沿平，上层盖板较厚，厚 0.28 米，侧板内侧的两端与挡板接合处榫卯相扣。北石椁长 2.36、宽 1.02、高 1.1 米。两侧板的内侧刻双框，外框左、右、下刻平行直线纹，内框上、左、右刻菱形纹，框内两端刻斜线对角纹，中间刻菱形纹；两挡板的内侧刻平行直线纹框，框内上刻菱形纹，下刻斜线对角纹。南石椁为素面，长 2.36、宽 0.84、高 1.16 米。两石椁盖板石均被砸开，椁室内被盗扰，木棺、人骨情况不清。南石椁内仅存铜五铢 1 枚。在北石椁外的西端有一用石块垒砌的长方形器物箱，长 0.76、宽 0.36、高 1.12 米，内放置陶罐 1 件（图三七）。

　　M63　位于发掘区北部，西与 M54、北与 M42 为邻。东南部打破 M166。方向 120°。墓口距地表 0.5 米，墓圹长 2.82、宽 2、深 2.84 米。内置两石椁并列，中间留有空隙，分别由底板、侧板、挡板和盖板构成。南石椁为双层盖板，下层盖板较薄，嵌入两侧板内侧上端凹槽内，面与椁沿平，侧板两端的内侧与挡板接合处榫卯相扣。南石椁长 2.16、宽 0.9、高 0.96 米，北石椁长 2.34、宽 0.84、高 0.92 米。两石椁盖板石中部被砸开，椁室内被扰乱，木棺腐朽严重，北石椁内东端仅存头骨。随葬品放置在室内和南室外的西端，计有陶鼎 1、盒 1、壶 1、盘 1、罐 3 件，铜五铢 62 枚（图三八；彩版二二，3）。

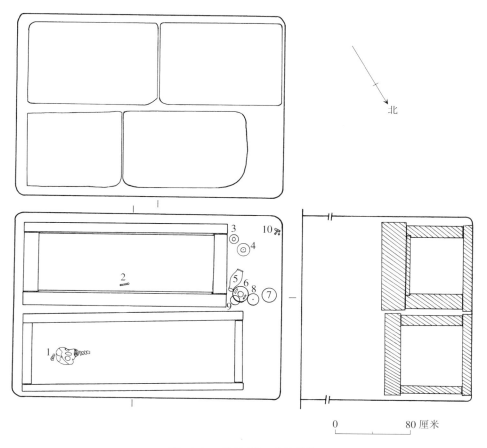

图三八　M63 平、剖面图
1、2、10. 铜钱　3、4、8. 陶罐　5. 陶壶　6. 陶鼎　7. 陶盒　9. 陶盘

　　M64　位于发掘区北部，东与 M164、南与 M162、西与 M59、北与 M161 为邻。方向 115°。墓口距地表 0.3 米，墓圹长 3.02、宽 2.5、深 3.56 米。墓口 2 米以下为岩圹。内置两石椁相连，由底板、侧板、中间隔墙板、挡板和盖板构成。两椁室较规整，加工精细，结构严谨，侧板的两端与挡板接合处榫卯相扣，盖板均为双层，下层盖板较薄，嵌入侧板和中间隔墙板上端的凹槽内，面与椁沿平，上层盖板较厚。石椁长 2.51、宽 1.84、高 1.07 米。木棺、人骨腐朽严重，情况不清。随葬品铜钱、铁剑放置在室内，陶器放置在北石椁外的西端，计有陶罐 1、器盖 1 件，铜五铢 37 枚，铁剑 1 件（图三九）。

　　M66　位于发掘区南部，东与 M31、南与 M67 和 M69、西与 M68、北与 M71 为邻。方向 96°。墓口距地表 0.5 米，墓圹长 2.94、宽 2.26、深 3.1 米。墓口 1.6 米以下为岩圹。内置两石椁南北并列，较规整，加工精细，形制、结构相同，分别由底板、侧板、挡板和双层盖板构成，侧板与

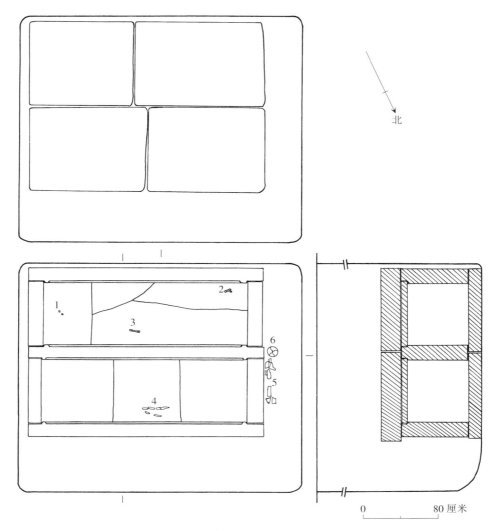

图三九　M64 平、剖面图

1～3. 铜钱　4. 铁剑　5. 陶罐　6. 陶器盖

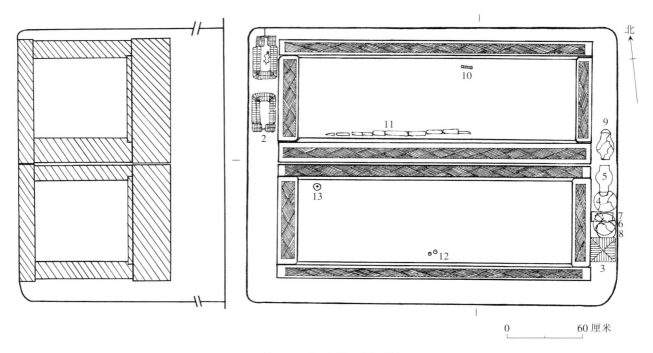

图四〇　M66 平、剖面图

1、2. 陶猪圈　3. 陶楼　4、6. 陶盒　5、9. 陶壶　7. 陶灶　8. 陶鼎　10、12. 铜钱　11. 铁剑　13. 铜镜

挡板接合处榫卯相扣，下层盖板较薄，嵌入两侧板内侧上端凹槽内，面与椁沿平，上层盖板较厚。石椁沿面刻斜线菱形纹，四壁内侧四周刻竖线纹。南石椁长 2.5、宽 0.96、高 1.2 米，北石椁长 2.5、宽 1、高 1.2 米。木棺、人骨均已腐朽，情况不清。随葬品放置在室内和室外的两端，计有陶鼎 1、盒 2、壶 2、楼 1、灶 1、猪圈 2 件，铜五铢 14、镜 1 件，铁剑 1 件（图四〇；彩版二二，4）。

M68　位于发掘区南部，东与 M66、西南与 M83、西北与 M60、北与 M72 和 M82 为邻。方向 100°。墓口距地表 0.5 米，墓圹长 2.98、宽 2.06、深 2.3 米。墓口 0.9 米以下为岩圹。内置两椁室相连，由侧板、中间隔墙板、挡板和盖板构成，无底板，以岩石代替，两侧板和盖板较厚，皆为素面。石椁长 2.52～2.62、宽 1.86、高 1 米。两石椁早期被盗扰，铁路部门前期施工时且又遭到破坏，葬具、人骨不详。随葬品放置在室内和南石椁外的东端，计有陶壶 1、盆 1、罐 2 件，铜五铢 6 枚，铁剑 1、环首刀 1 件（图四一）。

M79　位于发掘区南部，东与 M5、南与 M73、西与 M85、北与 M91 为邻。方向 95°。墓口距地表 0.52 米，墓圹长 2.92、宽 1.88、深 1.62 米。内置两石椁相连，北石椁石板较厚，南石椁石板较薄，两石椁由侧板、中间隔墙板和盖板构成，无底板，以岩石替代。石椁长 2.52、宽 1.66、高 0.86 米。早期均被盗，盖板石被砸开，椁室内扰乱严重。木棺、人骨不清。随葬品陶器放置在北石椁外的西端、南石椁的西南角，计有陶鼎 1、盒 1、壶 1、罐 1、盆 1 件（图四二）。

M88　位于发掘区南部，东与 M27、南与 M110、西与 M107、北与 M104 为邻。方向 94°。墓

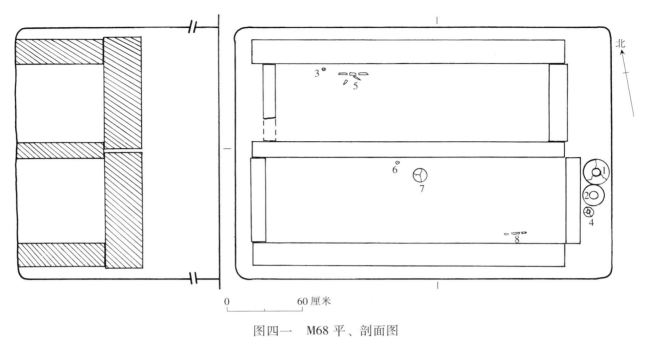

图四一　M68 平、剖面图

1、4. 陶罐　2. 陶壶　3、6. 铜钱　5. 铁剑　7. 陶盆　8. 铁环首刀

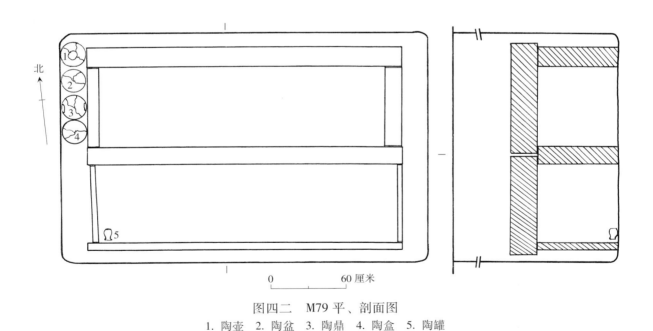

图四二　M79 平、剖面图

1. 陶壶　2. 陶盆　3. 陶鼎　4. 陶盒　5. 陶罐

口距地表 0.46～0.56 米，墓圹长 2.92、宽 2.3、深 2.24～2.5 米。两石椁并列，中间留有缝隙，底部不在一平面上，南石椁低于北石椁 0.26 米，分别由侧板、挡板和盖板构成，均无底板，以岩石替代。南石椁长 2.56、宽 0.92、高 0.92 米，北石椁长 2.6、宽 1.02、高 0.94 米。墓葬被盗严重，清理时东部盖板被砸开，木棺、人骨情况不清。北石椁内出土陶盒 1 件。北石椁出土画像石 2 块，东、西挡板。石面未经加工，较粗糙，均无边框。东挡板高 0.74、宽 0.74、厚 0.14 米。主题

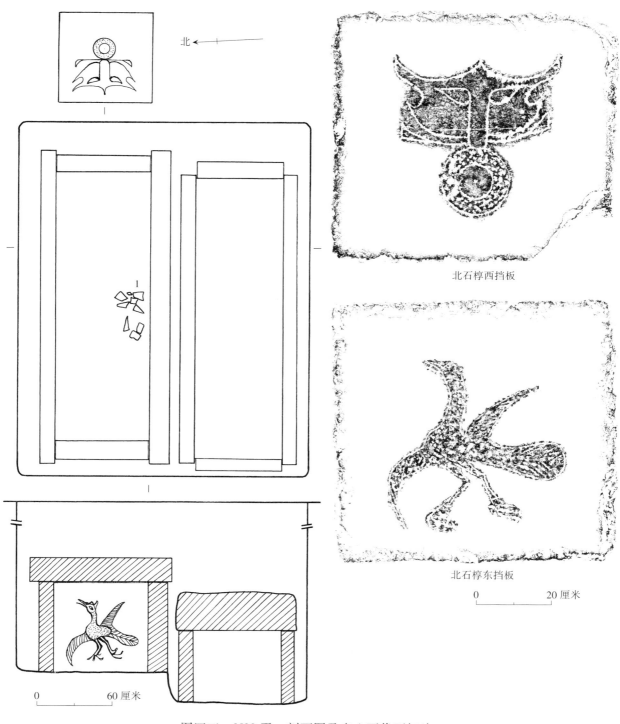

北石椁西挡板

北石椁东挡板

0 _____ 20 厘米

0 _____ 60 厘米

北

图四三　M88 平、剖面图及出土画像石拓片
1. 陶盒

图案为一只展翅欲飞的鸟。西挡板高0.74、宽0.74、厚0.14米。主题图案为铺首衔环，铺首头戴宽边"山"字形冠，两侧上翘，中间呈三角形，面部两只杏仁形眼睛，面颊两侧胡须上翘，竖直鼻梁，下衔一环（图四三）。

M93 位于发掘区南部，东与M91、南与M85、西与M90、北与M98为邻。方向95°。墓口距地表0.54米，墓圹长2.9、宽2.3、深2.6米，墓口1.36米以下为岩圹。内置两椁室并列，中间留有空隙，分别由底板、侧板、挡板和双层盖板构成，均为素面，加工精细，结构严谨。盖板下层较薄，厚0.04米，嵌入两侧板上端内侧凹槽内，面与椁沿平，上层盖板较厚，厚0.3米，侧板两端的内侧与挡板接合处榫卯相扣。北石椁长2.52、宽1.02、高1.16米，南石椁长2.52、宽1、高1.16米。两石椁东部的盖板被盗墓者砸开，木棺、人骨情况不清。随葬品铜钱、铁剑、玉璧等放置在室内，陶器放置在两石椁外的西端，计有陶鼎3、盒3、罐3、壶2、匜1、器盖1件，铜五铢41枚，铁剑1件，玉璧1件（图四四；彩版二三，1）。

M99 位于发掘区中部，北与M139、东与M137、南与M5、西南与M97为邻。方向95°。墓口距地表0.5米，墓圹为长方形，长2.98、宽1.9、深2.42米。内置两石椁相连，由两块侧板、一块中间隔墙板、四块挡板和盖板构成，无底板，以岩石替代。石椁长2.52、宽1.7、高0.9米。盖板石被盗墓者砸开，椁内盗扰严重，葬具、人骨不清。随葬品在南石椁东南角仅存铜五铢，陶器陈放在南椁室外的西端，计有陶鼎1、壶1、罐1件，铜五铢17枚（图四五）。

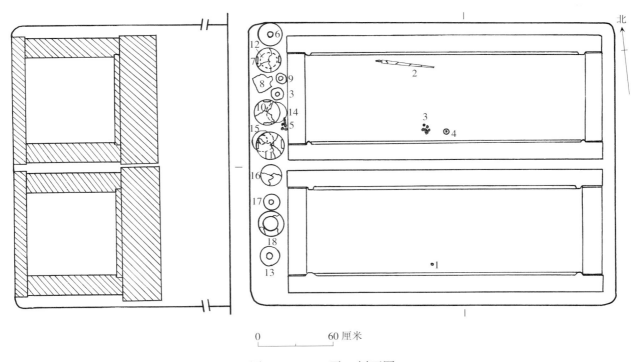

图四四 M93 平、剖面图

1、3、5. 铜钱　2. 铁剑　4. 玉璧　6、15. 陶壶　7、10、11. 陶鼎　8. 陶匜　9、13、17. 陶罐　12、14、18. 陶盒　16. 陶器盖

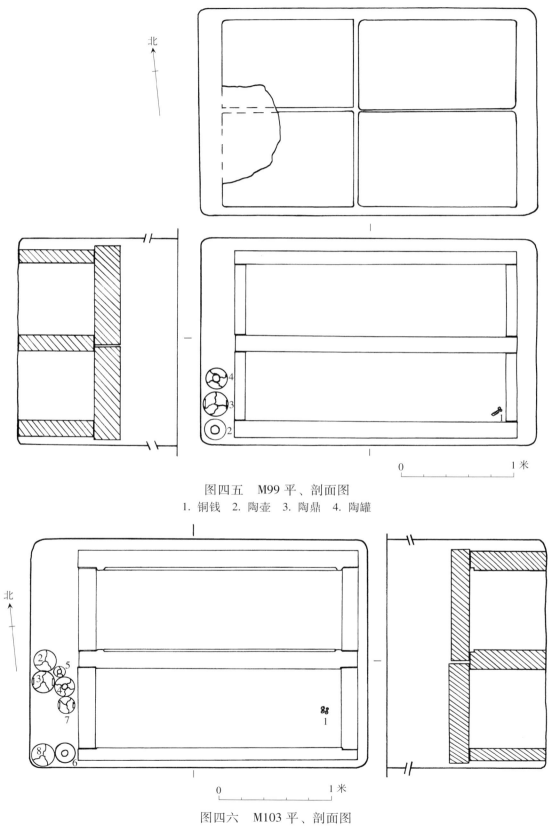

图四五　M99 平、剖面图
1. 铜钱　2. 陶壶　3. 陶鼎　4. 陶罐

图四六　M103 平、剖面图
1. 铜钱　2、8. 陶盒　3、7. 陶鼎　4. 陶壶　5、6. 陶罐

M103 位于发掘区南部,东与M110、南与M108、西与M96和M109为邻。方向96°。墓口距地表0.56米,墓圹长2.98、宽2.06、深2.36米,墓口1.4米以下为岩圹。内置两石椁相连,椁板加工精致,结构严谨,由侧板、中间隔墙板、挡板和盖板构成,无底板,以岩石替代。侧板、中间隔墙板的两端与挡板接合处榫卯相扣。石椁长2.48、宽1.9、高0.84~0.86米。两石椁均被盗,椁室内被严重扰乱。木棺、人骨已腐朽无存,尺寸、葬式不详。随葬品陶器放置在南石椁外的西端,计有陶鼎2、盒2、壶1、罐2件,南石椁内东端出土铜五铢26枚(图四六)。

M108 位于发掘区南部,东南与M98、西南与M95、西北与M96、东北与M103为邻。方向87°。墓口距地表0.5米,墓圹长2.82、宽2.04、深2.22米。内置两石椁南北并列,中间留有缝隙,分别由侧板、挡板、盖板构成,无底板,以岩石代替。两石椁的西部被前期施工时破坏。北石椁长2.52、宽0.86、高0.92米,南石椁长2.52、宽0.88、高0.87米。木棺、人骨腐朽严重,情况不清。随葬品放置在室内和室外的一端,计有陶鼎1、罐1件,铜半两1、五铢38枚,铁剑1、环首刀1件,石璧1件(图四七)。

M110 位于发掘区南部,东与M28和M139、西南与M103、北与M88为邻。方向92°。墓口距地表0.44~0.6米,墓圹长2.6~2.8、宽2.32、深4.28米,墓口2.2米以下为岩圹。内置两石椁并列,中间留有0.06米的空隙,两端不齐,分别由侧板、挡板和双层盖板构成,无底板,以岩石代替。石椁板加工精致,结构紧密,两侧板两端的内侧与挡板接合处榫卯相扣,两层盖板石,下层较薄,嵌入两侧板内侧上端的凹槽内,面与椁沿平,上层盖板较厚。北石椁长2.46、宽0.98、高0.98米,南石椁长2.5、宽1.02、高1米。此墓被盗,两椁室内被扰乱,木棺、人骨情况不清。随葬品仅存陶器,主要放置在两石椁外的东端,计有陶鼎1、盒1、壶1、罐1、钵1件

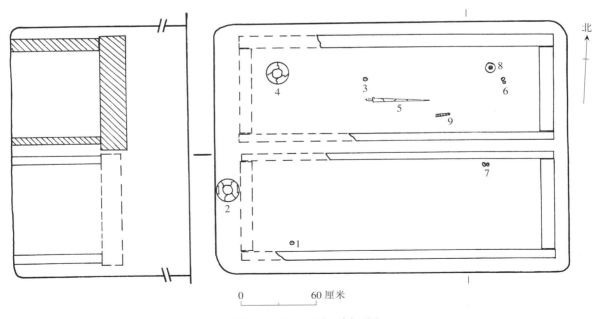

0   60厘米

图四七 M108 平、剖面图

1、3、6、7. 铜钱 2. 陶鼎 4. 陶罐 5. 铁剑 8. 石璧 9. 铁环首刀

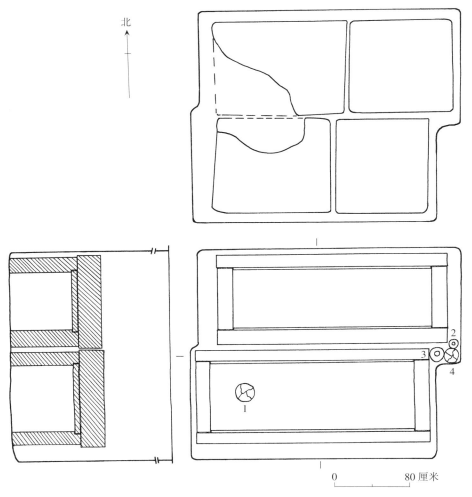

图四八　M110 平、剖面图

1. 陶钵　2. 陶罐　3. 陶壶　4. 陶盒　5. 陶鼎（4 号下）

（图四八；彩版二三，2）。

M115　位于发掘区中部，南与 M152、西与 M116 为邻。方向 104°。墓口距地表 0.5 米，墓圹长 2.64 ~ 2.7、宽 2.52、深 3.4 ~ 4.42 米。内置两石椁并列，底部不在一平面上，北石椁高于南石椁 1 米。两石椁形制、结构相同，分别由底板、侧板、挡板和双层盖板构成，两侧板两端的内侧与挡板接合处榫卯相扣，盖板石下层较薄，嵌入两侧内侧上端的凹槽，面与椁沿平，上层盖板较厚。北石椁长 2.48、宽 1、高 0.92 米，南石椁长 2.48、宽 0.98、高 1.14 米。木棺、人骨均已腐朽。南石椁内有铜半两 5 枚。在南石椁外的南侧，有一圆角长方形坑，上用石板封口，内空。陶器放置在两石椁空隙的东端，计陶鼎 2、盒 1、壶 2、罐 1、匜 1 件。器表均饰有彩绘图案（图四九）。

M118　位于发掘区中部，南与 M112、西与 M113、北与 M152 为邻。方向 175°。墓口距地表 0.45 ~ 0.7 米，墓圹长 2.42、宽 1.92、深 3.14 米。内置双石椁相连，由底板、侧板、中间隔板、

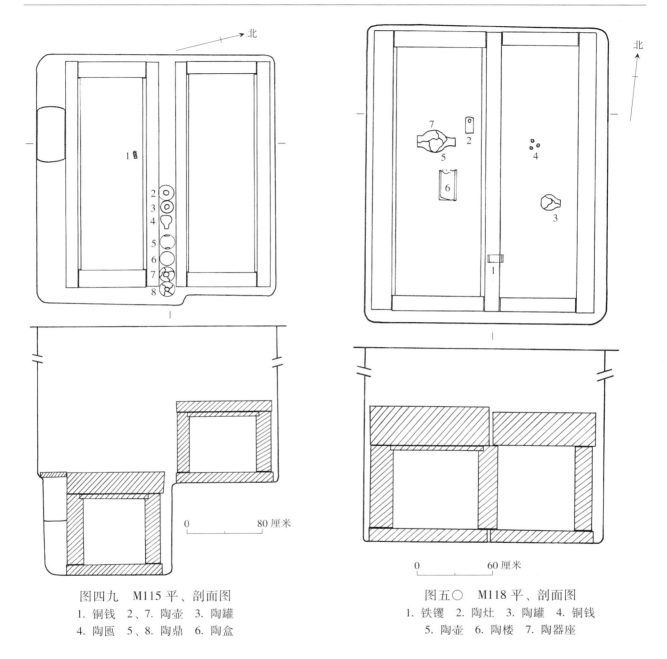

图四九　M115 平、剖面图
1. 铜钱　2、7. 陶壶　3. 陶罐
4. 陶匜　5、8. 陶鼎　6. 陶盒

图五〇　M118 平、剖面图
1. 铁镶　2. 陶灶　3. 陶罐　4. 铜钱
5. 陶壶　6. 陶楼　7. 陶器座

挡板和盖板构成，侧板和中间隔板的两端与挡板接合处榫卯相扣，西石椁为双层盖板，下层较薄，嵌入侧板和中间隔墙板内侧上端的凹槽内，面与椁沿平，上层盖板较厚。石椁长 2.3、宽 1.76、高 1.08～1.12 米。木棺、人骨腐朽严重，情况不清。随葬品放置在室内，东石椁出土有陶罐 1、铜五铢 3 枚，西石椁出土有陶壶 1、灶 1、器座 1、楼 1 件。此外，在中间隔板南端的上部，用 1 件铁镶固定盖板石（图五〇）。

　　M123　位于发掘区中部，东与 M132、南与 M131、北与 M124 为邻。北部被 M124 打破。方向 110°。墓口距地表 0.6 米，墓圹呈长方形，长 2.98、宽 2.24、深 2.9 米，墓口 1.8 米以下为岩圹。内置两石椁相连，由侧板、中间隔墙板、挡板和双层盖板构成，无底板，以岩石代替。石椁板加工规整，侧板和中间隔板的两端与挡板接合处榫卯相扣，盖板石下层较薄，嵌入侧板和中间隔墙板上端的凹槽内，面与椁沿平，上层盖板较厚。石椁长 2.6、宽 1.94、高 0.98 米。墓葬被前期施工时将北石椁上面的填土和墓圹挖去，并早期被盗，东部盖板石被砸开，椁室内被扰乱，木棺、人骨不清。南石椁内的随葬品被盗一空，北石椁内出土有陶罐 1 件，铜大泉五十 8、印章 1 枚，铁环首刀 1，玉璧 1 件（图五一）。

　　M128　位于发掘区西部偏北，北与 M129、东与 M127、南与 M125 为邻。方向 108°。墓口距

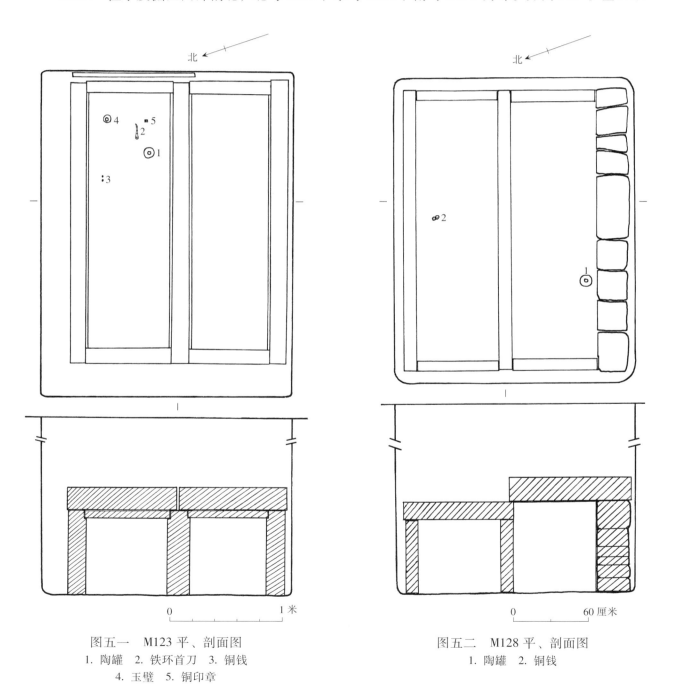

图五一　M123 平、剖面图
1. 陶罐　2. 铁环首刀　3. 铜钱
4. 玉璧　5. 铜印章

图五二　M128 平、剖面图
1. 陶罐　2. 铜钱

地表 0.5 米,墓圹呈长方形,长 2.52、宽 1.92、深 2.32 米。内置两石椁相连,由一块侧板、一块隔墙板、一道用石块垒砌的壁板和四块挡板构成,无底板,以岩石替代。石椁长 2.32、宽 1.8、高 0.74 ~ 0.94 米。南椁室南壁用大小不等的石块垒砌而成,共六层,长度与北侧板和中间隔墙板相等,且高、宽于其他壁板,宽 0.26、高 0.74 米。盖板石被盗墓者砸开,葬具、人骨已无存。北室内随葬品仅存铜五铢 2 枚,南室内陶罐 1 件(图五二)。

　　M130　位于发掘区中西部,西与 M117、北与 M131 为邻。方向 100°。墓口距地表 0.52 米,

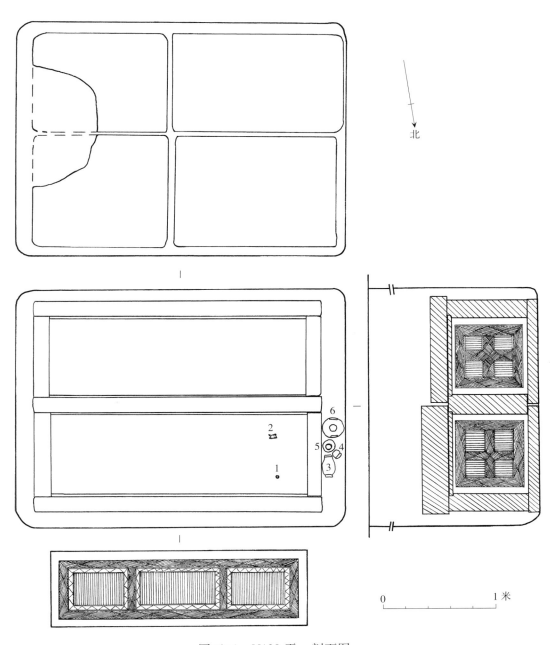

图五三　M130 平、剖面图
1. 铜钱　2. 玉琀　3、5. 陶壶　4. 陶罐　6. 陶鼎

墓圹长 2.9、宽 2.16、深 3.43 米,墓口 2 米以下为岩圹。内置两石椁相连,较规整,由底板、侧板、中间隔墙板、挡板和双层盖板构成。侧板和中间隔墙板的两端与挡板接合处榫卯相扣,盖板下层较薄,嵌入侧板和中间隔墙板上端的凹槽内,面与椁沿平,上层盖板厚。石椁长 2.54、宽 1.92、高 0.96 ~ 1.04 米。侧板内侧、中间隔板的两面,四周刻斜线菱形纹框,框内分三格,每格四周刻三角纹,内刻竖线纹;东端两挡板的内侧刻斜线菱形纹"田"字,四个框内刻竖线纹;西端两挡板的内侧,四周刻斜线菱形纹,内刻竖线纹。墓葬早期被盗,两椁室内被扰乱,木棺、人骨已不存在,情况不清。北石椁内的西端仅存铜五铢 1、大泉五十 3 枚,玉蝉形琀 1 件。随葬品陶器放置在北石椁外的西端,计有鼎 1、壶 2、罐 1 件(图五三;彩版二三,3)。

　　M131　位于发掘区中西部,南与 M130、西与 M122、北与 M123 为邻。方向 105°。墓口

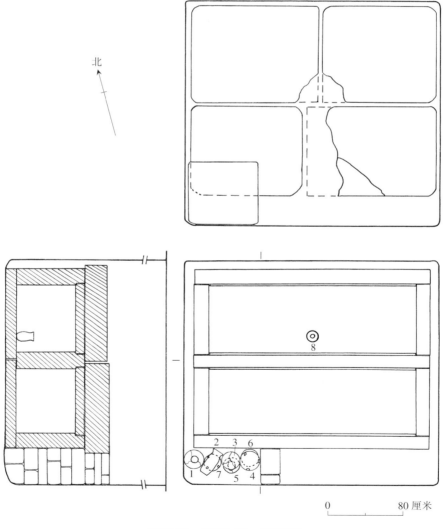

图五四　M131 平、剖面图

1. 陶壶　2. 陶钫　3、6. 陶盒　4、7. 陶鼎　5、8. 陶罐

距地表 0.52 米，墓圹长 2.7、宽 2.46、深 4.6 米，墓口 2.5 米以下为岩圹。内置两石椁相连，由底板、侧板、中间隔墙板、挡板和双层盖板构成。侧板和中间隔墙板的两端与挡板接合处榫卯相扣，盖板下层较薄，厚 0.08 米，嵌入侧板和中间隔墙板上端的凹槽内，面与椁沿平，上层盖板厚 0.24 ~ 0.26 米。石椁长 2.5、宽 1.98、高 1.08 ~ 1.1 米。盖板石被早期盗墓者砸开，椁室内被扰乱，木棺、人骨情况不清。北石椁内仅存 1 件陶罐。在南石椁外的西端有一用石块垒砌的器物箱，长 1、宽 0.4、高 1.1 米，内置陶鼎 2、盒 2、钫 1、壶 1、罐 1 件（图五四）。

M136 位于发掘区中东部，东与 M6、西与 M140 和 M141、北与 M24 为邻。方向 100°。墓口距地表 0.5 米，墓圹长 3、宽 2.5、深 3.74 米，墓口 2.5 米以下为岩圹。内置两石椁南北并列，中间略有空隙，分别由侧板、挡板、双层盖板构成，无底板，以岩石替代。两侧板两端的内侧与挡板接合处榫卯相扣，盖板石下层较薄，嵌入两侧板上端内侧的凹槽内，面与椁沿平，上层盖板较厚。两石椁形制相同，加工精细，结构严密，南、北石椁均长 2.6、宽 1.04、高 0.92 ~ 0.94 米。墓葬早期被盗，盖板石被砸开，两椁室被盗扰乱，木棺、人骨情况不清。北石椁内仅存铜五铢 9 枚、残铁环首刀 1 件。随葬陶器放置在南石椁外的西端，计有鼎 2、盒 1、壶 2、罐 2 件。南石椁出土画像石 4 块。挡板 2 块、侧板 2 块。南侧板长 2.6、宽 0.72、厚 0.4 米。画面四周有框，框内有两竖向隔带，把画面分为三格，每格四周刻斜线菱形纹框。左格分上、下两层：下层左侧刻一灶，一人烧火，一人忙厨，右上方挂肉和一条鱼，右侧一人手持杵在往臼里捣东西，迎面一人手持物似与持杵者交谈；上层左二人席地而坐，迎面对饮，右一人甩长袖跳舞，一人抚琴伴奏。中格右刻两辆马车，车上一人驾驭一人乘坐，前面有三护卫，二人持矛，一人持弓，左有一人躬身手持物迎接，右上方有展翅飞翔的凤鸟。左格为二人身披铠甲，手持长兵器在习武，上方刻一"子"字。北侧板尺寸与南侧板相同。分三格，左格左侧上方刻五只飞翔的鸟，下刻三只鹿和三头野猪在奔跑，右上方二人拉弓射鸟、猪和鹿，一鸟中箭，右下方二人手持张开的网在捕鸟；中格刻两层楼阁，下层左刻一车，右刻一马正在吃草，中间有二人抬一壶酒欲上二楼，随后紧跟二人手托装满菜肴的盘；上层两侧各刻一阙，左阙旁一人手持物躬身迎接，楼阁内中间二人跪坐迎面饮酒，左一人抚琴，右一人甩长袖跳舞，一人抚琴；右格为二层楼阁，下层左侧有一鸟首人身，手持物呈跪坐状，中间刻一似虎顺楼梯上爬，一马首人身手持物呈跪坐状，右侧刻一鸟首蛇身；上层左一人头戴冠端坐于几后，几前迎面一人手持面扇跪坐，右侧刻一扁雀，嘴衔一物和玉兔捣药；楼阁顶部的两端各刻一鸟。东挡板长 0.74、宽 0.72、厚 0.16 米。画面刻斜线菱形纹"田"字格，把画面分为上下两层、四格，上层两格均为铺首衔环图案。铺首头戴宽边山字形冠，两侧上翘，中间呈三角形，面部两只杏仁形眼睛，面颊两侧胡须上翘，竖直鼻梁，其下衔一环。下层两格，左格刻一拴着的马在食草，右格为一辆马车，一人似在整理车具。西挡板尺寸与东挡板相同，四周刻斜线菱形纹框，框内刻并列两重檐阙，每阙的外侧各有一人手持物躬身站立，内有二人骑马手持兵器，一层阙檐上蹲一人手持兵器，二层檐上的两端各立一鸟（图五五）。

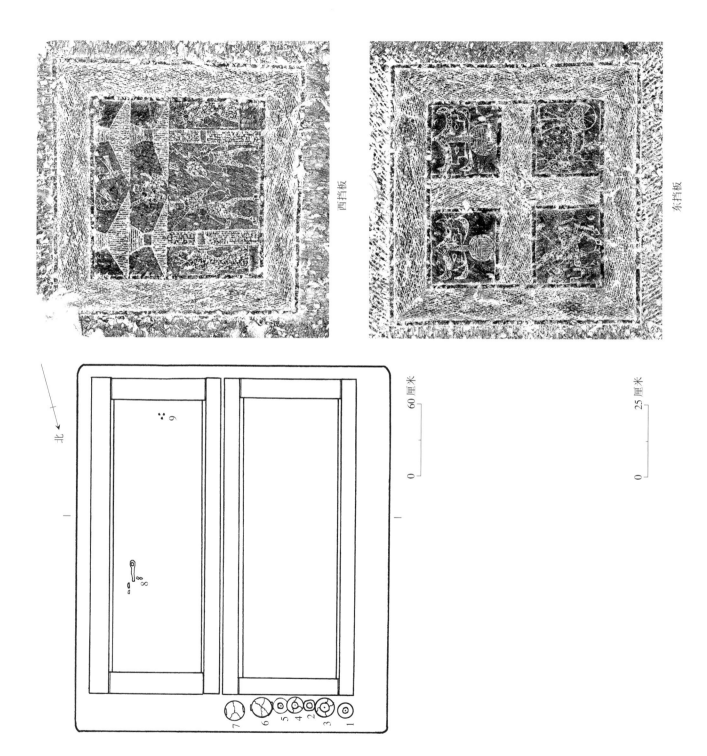

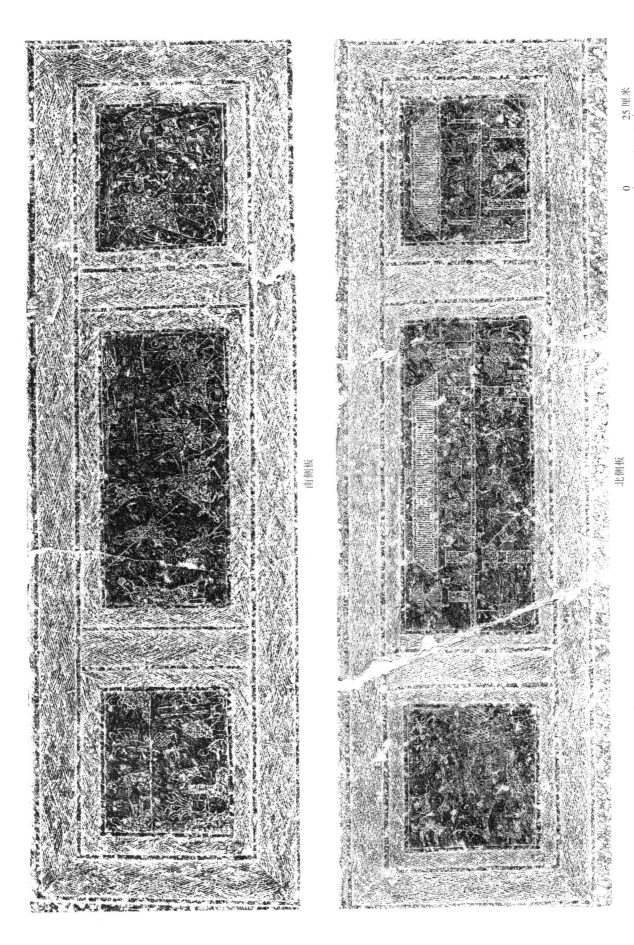

南侧板

北侧板

图五五　M136 平面图及出土画像石拓片

1、3. 陶壶　2、5. 陶罐　4. 陶盒　6、7. 陶鼎　8. 铁环首刀　9. 铜钱

0　　25 厘米

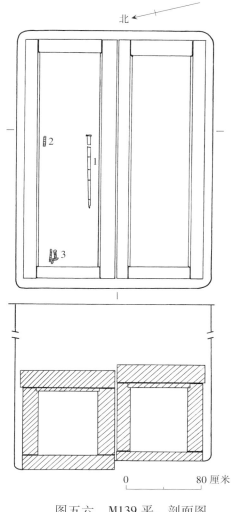

图五六　M139 平、剖面图
1. 铁剑　2、3. 铜钱

M139　位于发掘区中部，南与 M99、西与 M110、北与 M28 和 M141 为邻。方向 102°。墓口距地表 0.5 米，墓圹长 2.8、宽 2.08、深 3.52～3.62 米，墓口 1.8 米以下为岩圹。内置两石椁南北并列，中间稍留有缝隙，分别由底板、侧板、挡板、双层盖板构成。侧板和挡板接合处均为榫卯相扣，下层盖板较薄，嵌入两侧板上端内侧的凹槽内，面与椁沿平，上层较厚。两石椁底板不在一个平面上，北石椁比南石椁深 0.1 米。北石椁长 2.62、宽 0.98、高 1.1 米，南石椁长 2.6、宽 0.92、高 1.06 米。室内的木棺、人骨均已腐朽。北石椁内的随葬品有铜五铢 120、大泉五十 1 枚，残铁剑 1 件（图五六）。

M147　位于发掘区北部，南与 M148、西与 M163、北与 M149 为邻。被 M149 打破。方向 106°。墓口距地表 0.5 米，墓圹长 2.7、宽 1.84、深 2.34 米。内置两石椁相连，由侧板、中间隔墙板、挡板和盖板构成，无底板，以岩石替代。石椁长 2.52、宽 1.7、高 0.82～0.84 米。墓葬早期被盗，盖板石中部被砸开，石椁内被扰乱，木棺、人骨情况不清。随葬品放置在室内，计有陶壶 1、罐 6 件，铜五铢 26 枚（图五七）。

M151　位于发掘区中部，南与 M118、西与 M114、北与 M115 为邻。方向 90°。打破 M152。西部的填土及石椁被施工时破坏。从残存情况，墓口位于表土层下。墓口距地表 0.5 米，墓圹长 2.88、宽 1.86、深 2.4 米。内置两石椁相连，由侧板、中间隔墙板、挡板和盖板构成，无底板，以岩石替代。石椁长 2.22、宽 1.68、高 0.9 米。由于被破坏严重，木棺、人骨已不存在，情况不清。随葬陶器放置在两石椁外的东端，计有鼎 2、盒 1、壶 2、盘 1、仓 3、楼 1、磨 1、猪圈 1 件（图五八）。

M160　位于发掘区北部，北与 M159 为邻。方向 105°。墓口距地表 0.5 米，墓圹长 2.52、宽 2.12、深 3.52 米，墓口 2.5 米以下为岩圹。内置两石椁相连，由侧板、中间隔墙板、挡板和盖板构成，无底板，以岩石替代。南石椁为双层盖板，下层盖板较薄，嵌入侧板内侧上端的凹槽内，面与椁沿平，上层盖板较厚。椁室长 2.22、宽 1.74、高 0.9～0.92 米。墓葬早期被盗严重，两石椁的西部盖板被砸开，椁内的木棺、人骨及随葬品已不存在。在南石椁外的南侧，有一用石块垒砌的长方形器物箱，长 0.64、宽 0.3、高 0.9 米，内放置陶鼎 1、盒 1、壶 1、罐 1、盘 1 件（图五九）。

M168　位于发掘区东北部，北与 M167、西南与 M169 为邻。方向 115°。墓口距地表 0.3 米，

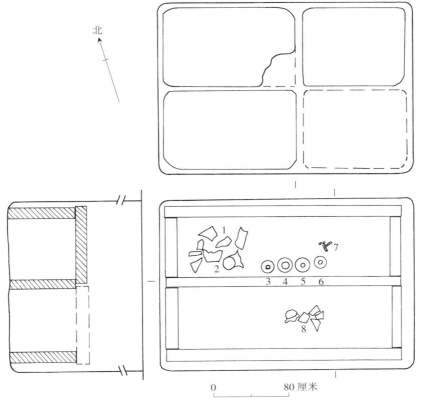

图五七　M147 平、剖面图
1～5、8. 陶罐　6. 陶壶　7. 铜钱

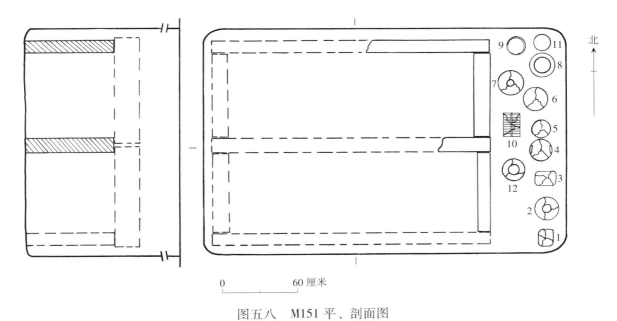

图五八　M151 平、剖面图
1. 陶楼　2、7. 陶壶　3、9、11. 陶仓　4、5. 陶鼎　6. 陶盘　8. 陶磨　10. 陶猪圈　12. 陶盒

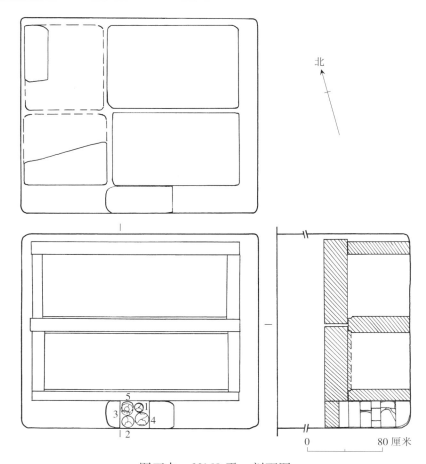

图五九　M160 平、剖面图
1. 陶盘　2. 陶盒　3. 陶壶　4. 陶鼎　5. 陶罐

墓圹长 2.56、宽 1.8、深 3.3 米，墓口 2.86 米以下为岩圹。内置两石椁相连，由侧板、中间隔墙板、挡板和盖板构成，无底板，以岩石替代。北石椁为双层盖板，下层盖板较薄，嵌入侧板内侧上端的凹槽内，面与椁沿平，上层盖板较厚，南石椁东挡板用石块垒砌，南侧板和西挡板用岩石二层替代。椁室长 2.3～2.4、宽 1.62、高 0.8～0.83 米。被盗严重，葬具、人骨不清。南椁室内出土随葬品有陶罐 2 件、铜五铢 46 枚（图六〇）。

M179　位于发掘区东北部，北与 M170、南与 M196 为邻。方向 110°。墓口距地表 0.5 米，墓圹长 2.72、宽 2.08、深 2.16 米。内置两石椁相连，由底板、侧板、中间隔墙板和盖板构成。椁室长 2.5、宽 1.8、高 0.98 米。北椁室东挡板内侧四周阴线刻菱形框，内刻两棵常青树，以竖线纹衬底。葬具、人骨均已腐朽。北石椁内出土陶罐 2 件（图六一）。

M186　位于发掘区南部，西南与 M204、西北与 M203、北与 M202 为邻。方向 106°。墓口距地表 0.5 米，墓圹长 2.96、宽 2.2、深 3.26 米。内置两石椁并列，底部四周留有岩石二层台，一端被施工时破坏，二层台宽 0.38、高 0.4 米，台上用石块垒砌，中间用两块并列石板隔开，分为左右两椁室，上面用石板封口。南石椁残长 2.7、宽 0.98、高 1.14 米；北石椁长 2.7、宽 1、高 1.12 米。墓葬早期被盗，盖板石被砸开，两石椁内的木棺已腐朽，痕迹明显，

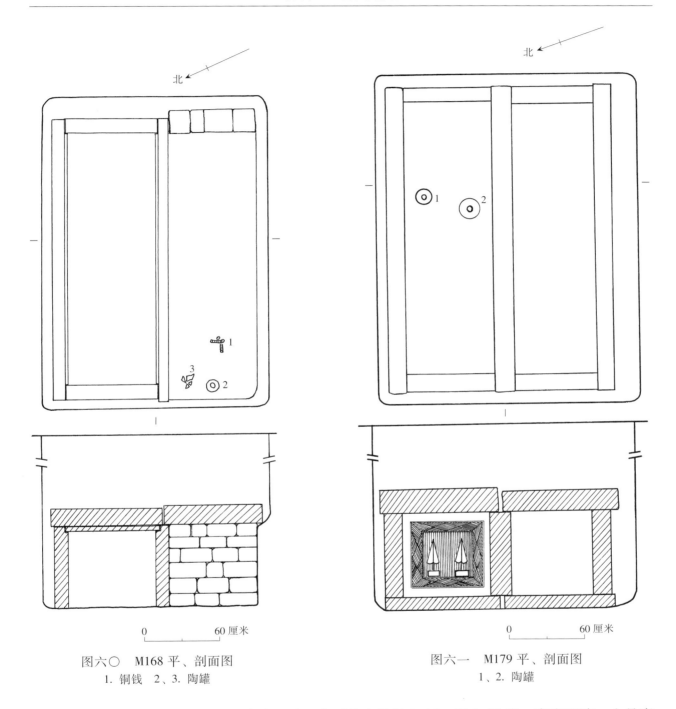

图六〇　M168 平、剖面图
1. 铜钱　2、3. 陶罐

图六一　M179 平、剖面图
1、2. 陶罐

南石椁木棺长 2.26、宽 0.63 米，高度不清；北石椁木棺长 2.26、宽 0.62 米，高度不清。人骨腐朽严重，葬式不详。随葬品放置在室内，有陶罐 2 件（图六二）。

M207　位于发掘区南部，南与 M209、北与 M205 为邻。方向 180°。墓口距地表 0.56～0.7米，墓圹长 2.92、宽 2.12、深 3.42 米，墓口 2 米以下为岩圹。内置两椁室相连，由侧板、中间隔板、挡板和盖板构成，无底板，以岩石代替。东石椁侧板的两端与挡板接合处榫卯相扣，双层盖板，下层盖板较薄，嵌入侧板内侧上端的凹槽内，面与椁沿平，上层盖板较厚。石椁长 2.62、宽

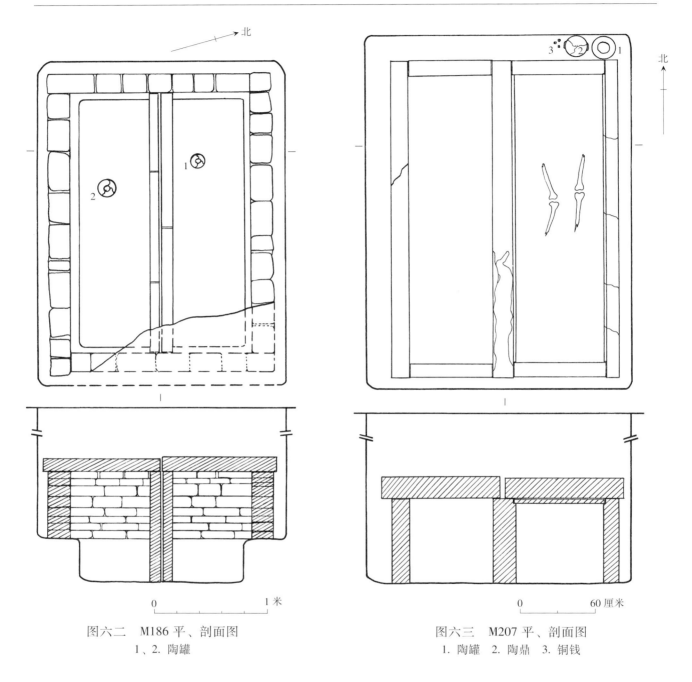

图六二　M186 平、剖面图
1、2. 陶罐

图六三　M207 平、剖面图
1. 陶罐　2. 陶鼎　3. 铜钱

1.8、高 0.87～0.9 米。被盗扰。室内的随葬品被盗空，木棺情况不清，东石椁内仅存下肢骨。随葬品放置在东石椁外的北端，计有陶鼎 1、罐 1 件，铜五铢 3 枚（图六三）。

　　M209　位于发掘区南部，东与 M208、南与 M201、西与 M181 和 M187、北与 M207 为邻。方向 196°。墓口距地表 0.56～0.78 米，墓圹长 2.78、宽 2.1、深 5.85 米，墓口 3 米以下为岩圹。内置两石椁并列，由侧板、挡板和盖板构成，无底板，以岩石替代。东石椁为双层盖板，下层较薄，嵌入两侧板上端内侧的凹槽内，面与椁沿平，上层盖板较厚。东石椁长 2.46、宽 0.98、高 0.9 米，西石椁长 2.46、宽 0.94、高 0.84 米。此墓早期被盗，北部盖板被砸开，室内随葬品被盗一空，木

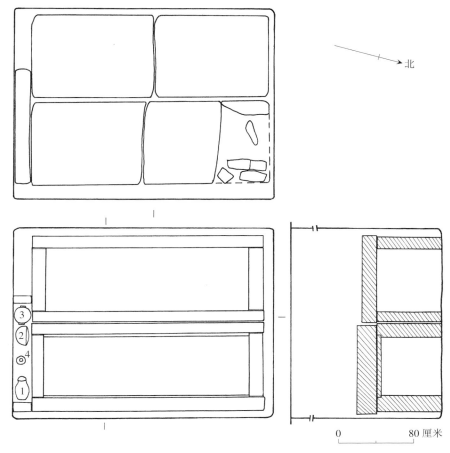

图六四　M209 平、剖面图
1. 陶壶　2. 陶盒　3. 陶鼎　4. 陶罐

棺、人骨已不存在，情况不详。在两石椁外的南端，有用石块垒砌的器物箱，长 1.28、宽 0.2、高 0.68 米，内放置陶鼎 1、盒 1、壶 1、罐 1 件（图六四）。

　　M210　位于发掘区南部，北与 M208、西与 M201 为邻。墓口位于表土层下。方向 188°。墓口距地表 0.5 米，墓圹长 2.86、宽 2.12、深 5.96～6.08 米。内置两石椁并列，底部不在一个平面上，西椁室高于东椁室 0.14 米，西椁室由侧板、挡板、双层盖板构成，无底板，以岩石替代，长 2.56、宽 1.08、高 0.94 米，东椁室为单层盖板，长 2.56、宽 0.86、高 0.64 米。两椁室内的葬具、人骨已朽。西石椁内出土石璧 1、残玉璜 1 件，东椁室内的南端出土陶罐 1 件（图六五）。

　　M211　位于发掘区中东部，南与 M213 为邻。墓口位于表土层下。方向 6°。墓口距地表 0.5～0.8 米，墓圹长 2.58～2.7、宽 2.02、深 2.48～2.58 米。内置两石椁并列，中间留有空隙，分别由底板、侧板、挡板、盖板构成，西椁室无底板，以岩石替代，两椁室底部不在一个平面上，东椁室高于西椁室 0.1 米，西椁室短于东椁室。东椁室长 2.4、宽 0.8、高 0.8 米，西椁室长 2.04、宽 0.8、高 0.6 米。葬具、人骨均已腐朽。东石椁内出土铜五铢 3 枚，西椁室内出土铁环首刀 1 件、金属帽 1 件。西椁室外的北端有陶罐 1 件（图六六）。

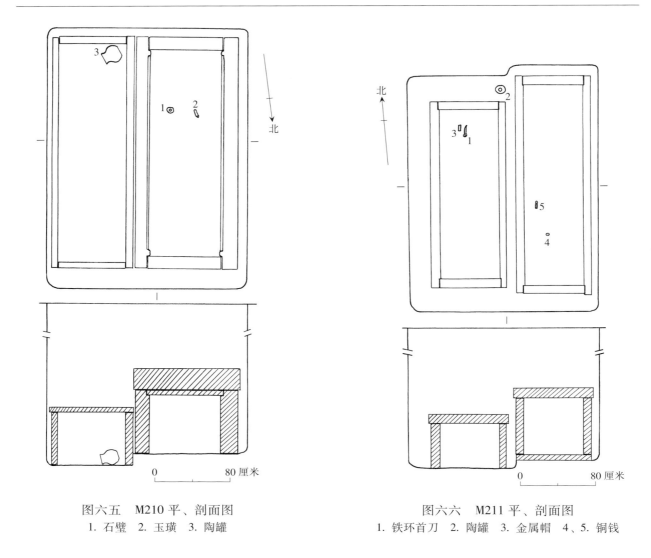

图六五　M210 平、剖面图
1. 石璧　2. 玉璜　3. 陶罐

图六六　M211 平、剖面图
1. 铁环首刀　2. 陶罐　3. 金属帽　4、5. 铜钱

　　M213　位于发掘区中东部，北与 M211 为邻。方向 100°。墓口距地表 0.4 米，墓圹长 2.72、宽 2.2、深 3.88 米。内置两石椁并列，中间留有空隙，分别由侧板、挡板、双层盖板构成，无底板，以岩石替代。南椁室长 2.3、宽 0.92、高 0.88 米，北椁室长 2.3、宽 0.98、高 0.86 米。两椁室内的葬具、人骨已朽。北石椁内外共出土铜五铢 29 枚，椁室外的西端随葬陶罐 2 件（图六七）。

3. 三石椁墓

　　14 座。墓口均位于表土层下，椁室有三室相连、三室并列及两室相连、一室并列，有的为双层盖板，下层较薄，嵌入侧板上端内侧的凹槽内，面与椁沿平，上面再盖一层厚的盖板，有的椁板加工精细，侧板与挡板接合处榫卯相扣。较浅的墓在生土层上做圹，较深的墓在生土和岩石上做圹，填土为黄褐色，夹杂较多的碎石块，大多经夯打，每层厚 0.2 ~ 0.3 米。墓葬多数早期被盗，葬具均已腐朽，人骨绝大部分已腐朽，个别保存较好。随葬品主要放置在室内或室外的一端，

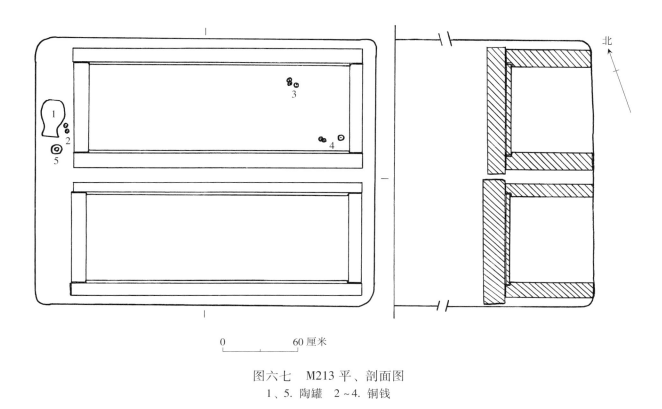

0　　　　　60 厘米

图六七　M213 平、剖面图
1、5. 陶罐　2~4. 铜钱

最多的 10 余件。

　　M41　位于发掘区北部，东与 M38 和 M48、西南与 M44、北与 M155 为邻。方向 125°。墓口距地表 0.26~0.58 米，墓圹长 2.68、宽 2.84、深 2.8~2.9 米。内置三石椁，其中南石椁与中石椁相连，北石椁并列，南石椁底部低于中石椁，由侧板、隔墙板、挡板、底板和盖板构成，南石椁无底板，以岩石替代。北石椁为双层盖板，下层盖板较薄，嵌入两侧板内侧上端的凹槽内，面与椁沿平，上层盖板较厚，侧板的两端与挡板接合处榫卯相扣。石椁长皆为 2.5、宽 2.6、高 0.8~1.1 米。三椁室内的木棺均已腐朽，仅存棺灰痕，长均为 2 米，南、中石椁内的木棺灰痕迹宽 0.6 米，北石椁内的灰痕迹宽 0.7 米。南石椁和中石椁内仅部分肢骨或头骨，北椁室人骨保存基本完整，仰身直肢侧面。随葬品放置在室内，计有陶壶 1、陶罐 4、器盖 2，铜半两 1、五铢 76 枚，石玲 2 枚（图六八）。

　　M42　位于发掘区北部，南与 M63、西与 M43、北与 M50 为邻。方向 108°。墓口距地表 0.27~0.52 米，墓圹长 2.74、宽 2.7、深 2.68 米。内置三石椁相连，由侧板、中间隔墙板、挡板和盖板构成，无底板，以岩石替代。石椁长 2.4、宽 2.52、高 0.88 米。该墓早期被盗，盖板石被砸开，中石椁西挡板被移动，木棺、人骨均已无存，情况不清。随葬品放置在室内和北石椁外的西端，计有陶鼎 1、盒 1、器盖 1 件、罐 3 件，铜五铢 1 枚（图六九；彩版二四，1）。

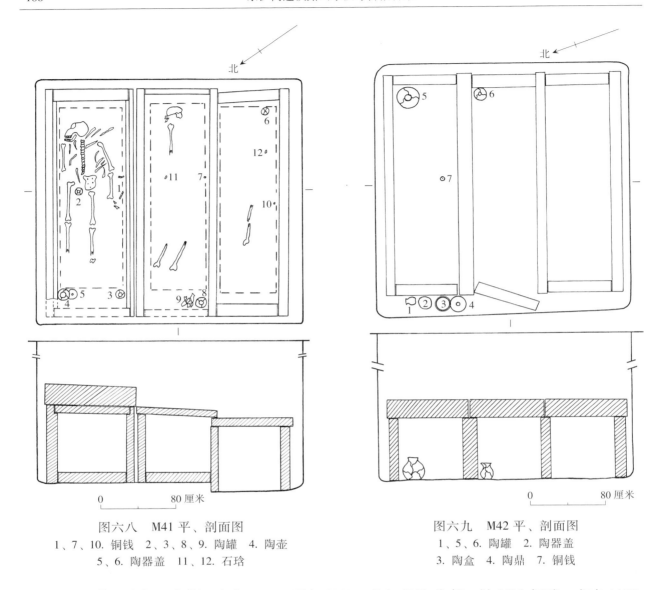

图六八　M41 平、剖面图
1、7、10. 铜钱　2、3、8、9. 陶罐　4. 陶壶
5、6. 陶器盖　11、12. 石玲

图六九　M42 平、剖面图
1、5、6. 陶罐　2. 陶器盖
3. 陶盒　4. 陶鼎　7. 铜钱

M48　位于发掘区北部，南与 M50、西与 M41、北与 M49 为邻。被 M38 打破。方向 112°。墓口距地表 0.5 米，墓圹长 2.56、宽 2.67、深 2.62～2.66 米，墓口 1.8 米以下为岩圹。内置三石椁相连，由侧板、隔墙板、挡板和盖板构成，无底板，以岩石代替。三石椁长 2.4～2.46、宽 2.38、高 0.7～0.76 米。早期被盗，盖板被砸开，椁室内均被扰乱，木棺、人骨已不存在，情况不清。随葬品放置在室内，北石椁内仅存陶罐 1 件，中石椁内出土铜五铢 8 枚（图七〇；彩版二四，3）。

M82　位于发掘区南部，东与 M72、南与 M60 和 M68、西与 M84、北与 M87 为邻。方向 86°。墓口距地表 0.5 米，墓圹长 2.74、宽 3.08、深 2.2 米。内置椁三石椁相连，由侧板、中间隔墙板、挡板和盖板构成，无底板，以岩石替代。三椁室较规整，侧板和中间隔墙板的两端与挡板接合处榫卯相扣，北石椁和中石椁为双层盖板，盖板石的下层较薄，嵌入侧板和隔墙板上端的凹槽内，面与椁沿平，上层盖板较厚。三石椁长 2.52、宽 2.82、高 0.98～1.04 米。墓葬早期被盗，盖

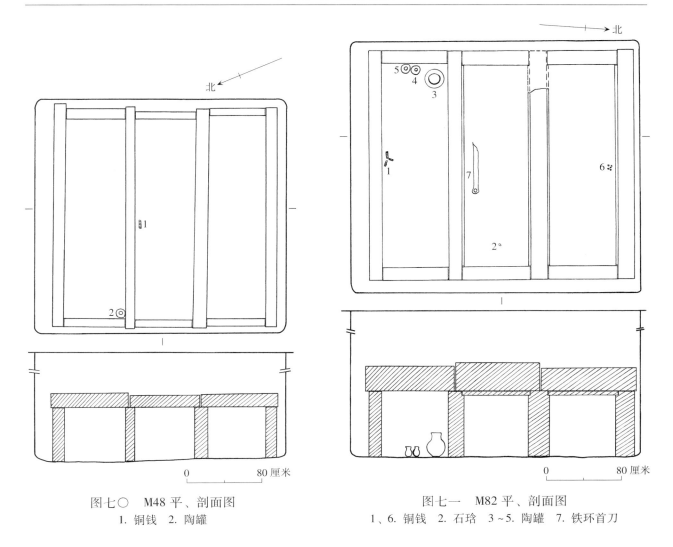

图七〇　M48 平、剖面图
1. 铜钱　2. 陶罐

图七一　M82 平、剖面图
1、6. 铜钱　2. 石琀　3～5. 陶罐　7. 铁环首刀

板被砸开，木棺、人骨均已无存，情况不清。随葬器物放置在室内，计有陶罐 3、铜五铢 85、铁环首刀 1、石琀 1 件（图七一）。

M113　位于发掘区中西部，东与 M118、南与 M111、西与 M154、北与 M114 为邻。方向 6°。石椁以上的土被前期施工时挖去，现存墓口长 2.9、宽 2.92、深 3.1 米。内置三石椁相连，由侧板、中间隔墙板、挡板、底板和盖板构成。东石椁为双层盖板，下层盖板较薄，嵌入侧板与隔墙板上端内侧的凹槽内，面与椁沿平，上层盖板较厚，侧板、隔板的两端与挡板接合处榫卯相扣。三石椁长 2.72、宽 2.7、高 0.98～1 米。此墓早年被盗，盖板石的一端被砸开，葬具、人骨已腐朽，情况不清。东石椁内出土铜五铢 1；西石椁内出土残铁剑 1 件。随葬品陶器放置在西石椁外的南端，有鼎 1、壶 1、罐 2 件（图七二）。

M117　位于发掘区中西部，东与 M130、北与 M121 为邻。墓口距地表 0.5 米。方向 107°。墓圹长 2.74～2.78、宽 2.98、深 2.4 米，墓口 1.2 米以下为岩圹。内置三石椁，其中南石椁为并列，由侧板、挡板、盖板构成，无底板，以岩石替代，盖板为双层，下层较薄，嵌入两侧板内侧上端

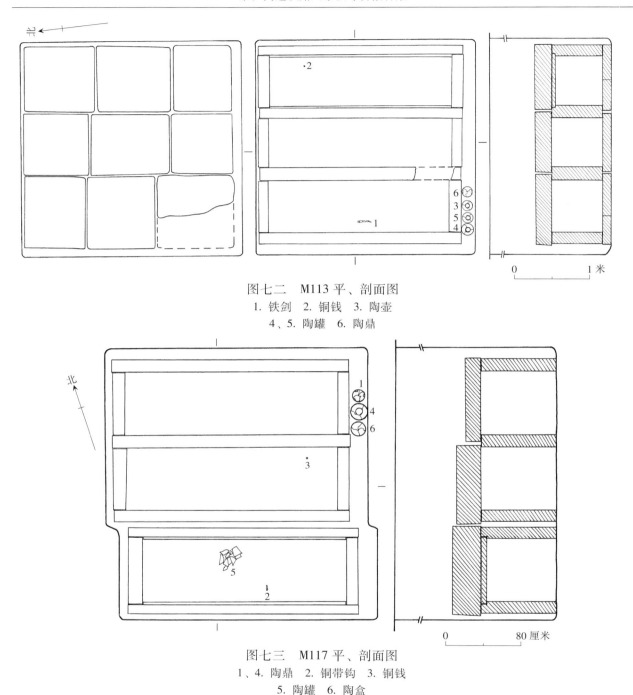

图七二　M113 平、剖面图
1. 铁剑　2. 铜钱　3. 陶壶
4、5. 陶罐　6. 陶鼎

图七三　M117 平、剖面图
1、4. 陶鼎　2. 铜带钩　3. 铜钱
5. 陶罐　6. 陶盒

的凹槽，面与椁沿平，上层盖板较厚，侧板的两端与挡板接合处榫卯相扣；北石椁与中石椁相连，由侧板、中间隔墙板、挡板和盖板构成，无底板，以岩石替代。南石椁长 2.44、宽 0.94、高 1.12 米，中石椁和北石椁长 2.5、宽 1.78、高 0.96～1.06 米。墓葬早期均被盗，椁内被扰乱，木棺、人骨情况不清。南石椁内的随葬品仅存陶罐 1、铜带钩 1 件；中石椁内出土铜五铢 1 枚。在北石椁外的东端随葬陶器有鼎 2、盒 1 件（图七三）。

M142　位于发掘区西部偏北，北与 M143、南与 M144、西与 M145 和 M148 为邻。方向 100°。

墓口距地表 0.5 米，墓圹长 2.2~2.48、宽 2.58、深 3.8~3.9 米。内置三石椁相连，从形制、结构判断，为两次建造，南石椁和中石椁属一次建成，椁底在一个平面上，北石椁为后建，底部高于并短于南两石椁，盖板石的一侧压在中石椁的盖板石上。三石椁由侧板、中间隔墙板、挡板和盖板构成，均无底板，以岩石替代，长 2~2.32、宽 2.44、高 0.79~0.96 米。墓葬早期被盗，木棺、人骨均已腐朽。南侧室内出土铜大泉五十 5、小泉直一 1 枚（图七四）。

M154 位于发掘区中西部，东与 M113、东南与 M111 为邻。方向 0°。墓口距地表 0.4~0.78 米，墓圹长 2.48、宽 3、深 3.06~3.14 米，墓口 1.04 米以下为岩圹。内置三石椁相连，由底板、侧板、中间隔墙板、挡板和盖板构成，其中中石椁和东石椁无底板，以岩石代替，两端挡板均为一整石板，中间隔墙与挡板接合处榫卯相扣。三石椁长 2.32、宽 2.7、高 1~1.12 米。该墓早期被盗，西石椁和中石椁西部盖板被砸开，南石椁的隔板也被砸开一洞。室内的木棺、人骨已无存，情况不清。中石椁和东石椁内的随葬品有铜五铢 2、铜大泉五十 20、铜帽钉 1、玉璧 1 件（图七五）

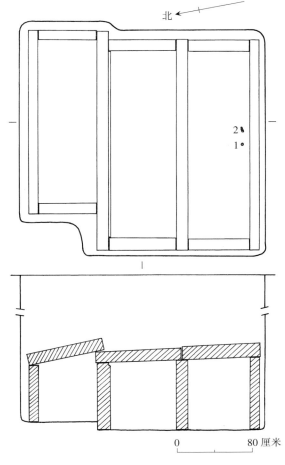

图七四 M142 平、剖面图
1、2. 铜钱

M197 位于发掘区东北部，西南部与 M195、西北部与 M194 为邻。方向 108°。墓口距地表 0.46~0.6 米，墓圹长 3.26、宽 2.96、深 3.12 米，墓口 2.5 米以下为岩圹。内置三石椁南北并列，两端不齐，石椁与石椁之间留有空隙，分别由侧板、挡板、盖板构成，均无底板，以岩石替代。北石椁为双层盖板，下层盖板较薄，嵌入两侧板内侧上端的凹槽内，面与椁沿平，上层盖板较厚，侧板两端的内侧与挡板接合处榫卯相扣。北石椁长 2.62、宽 0.92、高 0.9 米，中石椁长 2.6、宽 0.88、高 0.9 米，南石椁长 2.62、宽 0.74、高 0.88 米。此墓早期被盗，三石椁的盖板均被砸开，椁内被扰乱，随葬品被盗一空，木棺、人骨已不存在，情况不清。随葬陶器放置在北石椁与中石椁外的西端，计有陶鼎 1、盒 1、壶 1、罐 2 件（图七六）。

4. 四石椁墓

1 座。

M22 位于发掘区南部，南与 M23、西与 M76 和 M119 为邻。东部被 M21 打破。方向 81°。墓

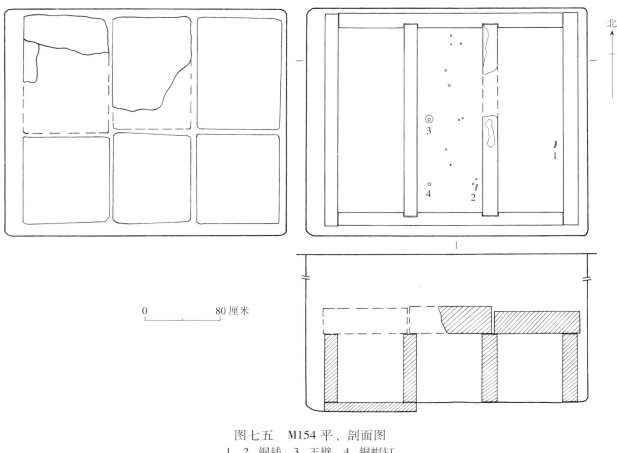

图七五　M154 平、剖面图

1、2. 铜钱　3. 玉璧　4. 铜帽钉

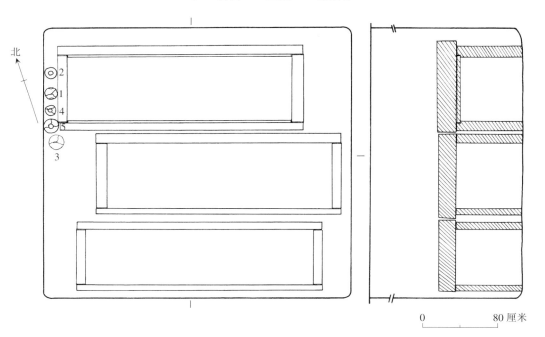

图七六　M197 平、剖面图

1. 陶鼎　2、5. 陶罐　3. 陶盒　4. 陶壶

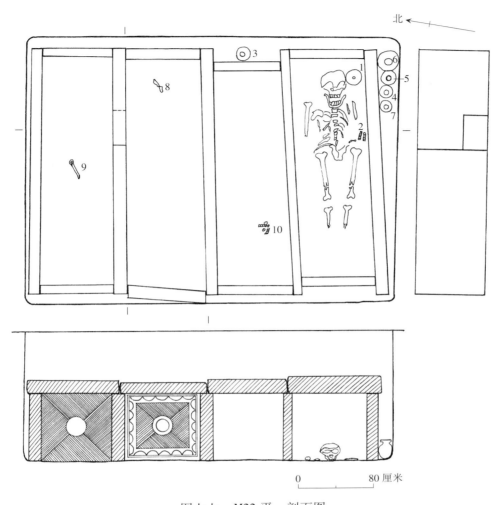

图七七　M22 平、剖面图

1. 铜镜　2、10. 铜钱　3. 陶壶　4、5、7. 釉陶壶　6. 陶罐　8. 铜镊子　9. 铁环首形器

口距地表 0.5 米，墓圹长 2.92、宽 3.92～3.96、深 1.4 米。内置四石椁相连，由侧板、隔墙板、挡板和盖板构成，均无底板，以夯土代替。石椁通长 2.7、宽 3.66～3.82、高 0.86～0.92 米。北侧两石椁中间隔墙板的下端有一长方形通道。北两室东挡板内侧均刻有画像图案，其中偏南室挡板内侧刻垂帐纹框，内刻斜线对角纹，中间有一璧纹；北室挡板刻斜线对角纹，中间有一璧纹。北三石椁早期被盗，盖板均被砸开，木棺、人骨已不存在，情况不清，随葬品仅存铁环首形器 1、铜镊子 1、铜五铢 15 枚；南石椁木棺已腐朽，尺寸不详，人骨保存较完整，仰身直肢，面向上。室内随葬品有铜镜 1、铜五铢 20 枚。随葬品陶器放置在室外的一端和一侧，计有釉陶壶 3、陶壶 1、陶罐 1 件（图七七；彩版二四，2）。

（四）石室墓

6 座。依据墓葬形制结构，可分为中型石室墓和小型石室墓两种。

1. 中型石室墓

1 座。

M8　位于发掘区中东部，东与 M65、南与 M6、西与 M24、M136 和 M138 为邻。方向 281°。墓室以上的土被前期施工时挖去，后室部分被破坏。墓口距地表 0.5 米，墓圹呈"甲"字形，东端有长方形斜坡墓道，前端被破坏。墓圹残长 4.14、宽 2.98、深 2.9 米，墓道残长 1.52、宽 1.88～2.1、最深处 2.9 米。墓室由前室和后室两部分组成，长 3.56、宽 2～2.4、高 1.04～1.76 米。前室高于后室，由底板、两侧板、前后横梁构成。前横梁的两端压在两侧板的缺口处，中间

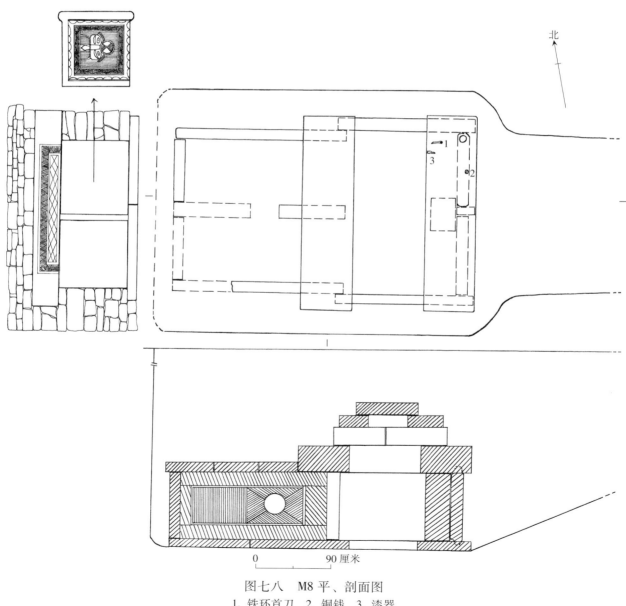

图七八　M8 平、剖面图
1. 铁环首刀　2. 铜钱　3. 漆器

用一长方形立柱支撑，把前室分为两个门，直通墓道，左侧的门用一块石板封堵，右侧为一石门，门轴上端插入横梁的门窝内，下端插入底石的门窝内，门可以来回活动，两横梁的上方用八块三角形石板错落二层收拢成叠涩藻井，藻井口上再覆盖方形石板，墓门的两侧及横梁的上部用石块垒砌；后室与前室相连，低于前室，为双室，两侧板和中间隔墙板的前端支撑前室的后横梁，隔墙板的中部留有通道，末端各用一挡板挡上，上有盖板，下有底板。前横梁的外侧上、左、右刻三角纹，内刻菱形纹；墓门石外侧四周刻斜线纹，内刻垂幛纹和菱形纹框，框内刻铺首衔环图案；后室两侧板的内侧刻相同图案，四周为斜线纹框，一端刻竖线平行纹，另一端刻斜线纹，中间刻一璧纹，四周刻斜线对角。该墓被盗严重，木棺、人骨已不存在，情况不清。随葬品前室仅存铜五铢5、残铁环首刀1、残漆器1件（图七八；彩版二五）。

2. 小型石室墓

5座。均为长方形平顶，墓口位于表土层下，墓圹一般长1.64～3.1、宽1.59～2.94、深1.66～2.9米。墓室结构有的四周用石块垒砌，一面留有长方形门，外用石板封堵，下有底板，上有盖板；有的由底板、侧板、挡板、盖板、横梁和门构成；有的横梁的外侧刻有垂帐纹、菱形纹和常青树，横梁一端的下部和底石的上部刻有门窝，门轴插入，门可以来回活动，门上刻有斜线纹、垂幛纹、十字穿璧纹和铺首衔环等。墓室一般长1.36～2.9、宽1.3～2.68、高0.9～1.98米。

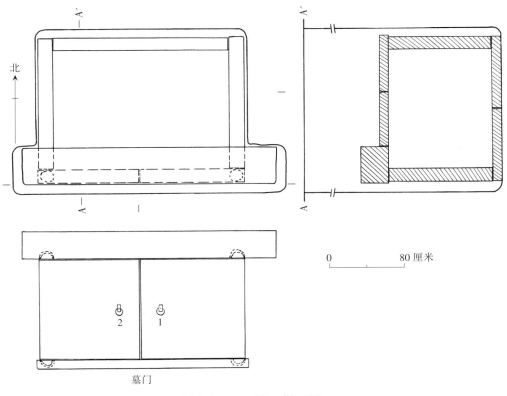

图七九　M3平、剖面图
1、2. 铁环

墓葬方向正向的 1 座，其余为接近东西向或南北向。清理时底部没有发现葬具和人骨腐朽的痕迹，随葬品放置在室内，有的没有，多者 14 件。

　　M3　位于发掘区南部，北与 M1、南与 M2、东与 M16 为邻。方向 180°。墓口距地表深 0.4

图八〇　M17 平面图及出土画像石

1~7. 釉陶壶　8. 陶仓　9. 陶井　10. 陶磨　11、14. 陶猪圈　12. 陶灶　13. 铁叉

米，墓圹呈倒"T"字形，长1.8、宽2.25～2.9、深2.1米。墓室由底板、左右侧板、后挡板、门、横梁、盖板构成。长1.6、宽1.24～2.7、高1.3～1.5米。横梁为长条形石板，压在两侧板的前端，两端的下面各有一圆形门窝，与底板上面的门窝上下相对应，门轴插入，门为双扇，可以来回活动，每扇门上有一铁鼻衔一铁环。为使墓室整体牢固，在横梁和盖板的前端用不规整石板垒砌一层。清理时未发现葬具、人骨和随葬品（图七九）。

M17 位于发掘区南部偏东，南部与M21为邻。方向91°。墓口距地表0.24～0.4米，墓圹长1.55、宽1.47、深1.19米。墓室由底板、侧板、挡板、横梁、门、盖板构成。长1.35、宽1.35～1.37、高0.85～0.99米。横梁的下部中间有一立石支撑，分为两门，一侧用石板封堵，另一侧为两扇门，横梁的下部和底石的上部各刻有两门窝，两扇门轴插入，门可以来回活动（彩版二六，1）。墓室内未发现葬具和人骨腐朽痕迹，随葬品有釉陶壶7，陶仓1、井1、磨1、灶1、猪圈2件，铁叉1件（彩版二六，2）。出土画像石3块，门楣石、墓门石、墓门左侧封门石。门楣石长1.3、宽0.45、厚0.23米。两端各刻一棵常青树，树间有框，框内左、右、上刻斜线纹，下刻垂帐纹，中间刻斜线菱形纹。墓门高0.69、宽0.76、厚0.07米。四周刻斜线纹，内刻双框，外框为垂帐纹，内框为斜线菱形纹，中间刻斜线对角纹，内有一璧图案。墓门左侧封门，高0.7、宽0.5、厚0.07米。刻十字穿璧纹，间饰斜线对角纹（图八〇）。

M20 位于发掘区南部偏东，南与M19、西与M23、北与M30为邻。方向90°。墓口距地表0.3米，墓圹呈长方形，长1.64、宽1.6、深1.64米。墓室由侧板、挡板、横梁、门、盖板构成，门下面有底板，墓室长1.46、宽1.3～1.38、高0.96～1.04米。横梁下的南端和底板上的南端各

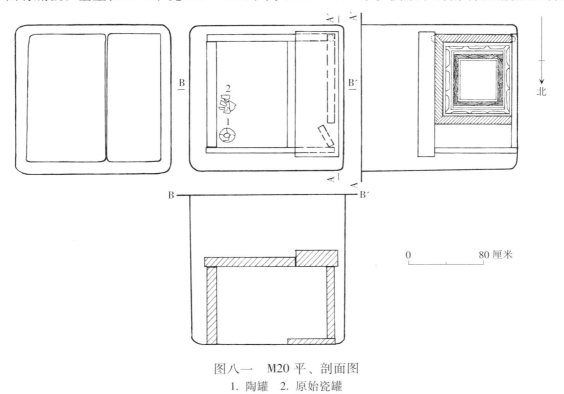

图八一 M20平、剖面图
1. 陶罐 2. 原始瓷罐

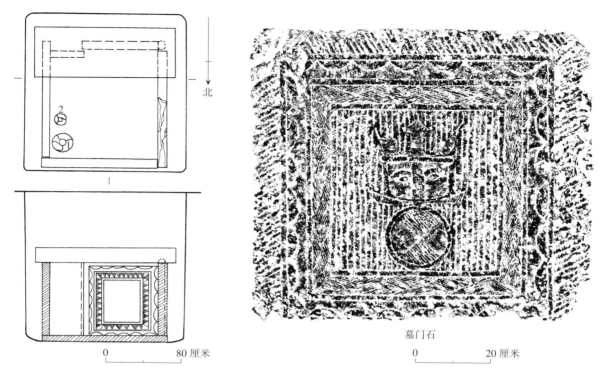

图八二　M30 平、剖面图及出土画像石拓片
1. 釉陶罐　2. 陶罐

刻有一圆形门窝，门轴插入，西侧用石板封堵。墓室内未发现葬具和人骨痕迹，随葬器物放置在东部，有原始瓷罐1、陶罐1件。出土画像石1块，为墓门石。宽0.98、高0.8、厚0.08米。画面刻双框，外框为垂帐纹，内框为斜线菱形纹（图八一）。

M30　位于发掘区南部偏东，南与 M20、西北与 M17、M21 和 M22 为邻。方向2°。上部的土被铁路部门前期施工时挖去，现存墓口长 1.74、宽 1.7、残深 1.66 米。墓室由底板、侧板、挡板、横梁和门构成，墓室长 1.56、宽 1.32～1.48、高 1.04 米。横梁下的一侧为墓门，上部的门轴插入横梁的门窝内，下端的门轴插入底板的门窝内，门可以来回活动。另一侧用一块石板封堵。清理时未发现葬具和人骨腐朽痕迹，随葬品放置在室内一角，有釉陶罐1、陶罐1件。出土画像石1块，为墓门石，高0.8、宽0.88、厚0.1米。画面刻双框，外框内刻垂帐纹，内框内刻斜线菱形纹，中间刻一铺首衔环图案。铺首头戴"山"字形冠，浓眉大眼，面颊两侧胡须上翘，竖直鼻梁，其下衔一环（图八二）。

二　遗　物

219座墓葬，出土器物1600余件（枚），按质料分为陶器、釉陶器、原始瓷器、铜器、铁器、玉器、石器、其他金属器等。

1. 陶器

291件。以泥质灰陶为主，泥质红陶、泥质褐陶和夹砂陶较少，个别为泥质黑皮陶。少量陶器由于烧制火候较低，陶质疏松，极易破碎。

　　陶器普遍采用快轮拉坯成型，如盒、壶、罐等，鼎的制法则两种方法结合使用，器体拉坯成型，耳、足等附件模制，再与器体黏附。而仓、灶、猪圈等模型明器则主要手制，即用手直接捏出组件，然后粘合。器体成型后，表面普遍进行修整，从遗留的修整痕迹判断，多数在轮上完成，多以用片或刀状工具刮、抹、削等，有的用手捏或抹，如器物的口沿内外常见手抹痕，鼎、罐、壶等的底部多遗留有片状或长条形的刮削痕，盒和小型罐的底部常见一周窄带状刮削痕，许多器物表面光滑，应是在轮上用光滑硬物压磨出来的。

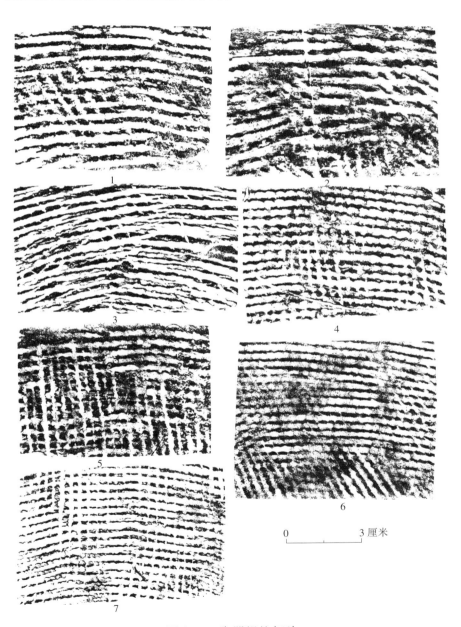

图八三　陶器绳纹拓片
1. M200：2　2. M120：3　3. M22：6　4. M172：1　5. M122：2　6. M120：6　7. M114：8

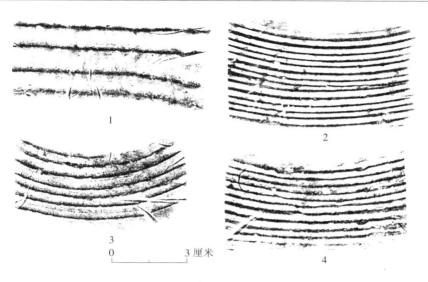

图八四　陶器凸弦纹拓片
1. M119:1　2. M20:1　3. M17:4　4. M21:6

陶器大部分为素面，所见纹饰有绳纹、弦纹、戳印纹、刻划纹、波浪纹、叶脉纹、方格纹等。绳纹主要拍印于罐的腹下部或底部，多横向排列，有的纵横交错（图八三）。弦纹饰于壶的肩、腹部（图八四），戳印纹（图八五，2）、刻划纹（图八五，1、3、5、6）、波浪纹（图八五，4）、方格纹（图八六，2、3）主要见于壶、罐的腹、底或颈部等。叶脉纹主要饰于罐、壶的系部（图八六，1）。彩绘主要常见于器物的盖、沿、耳、腹、足等部位。彩绘色彩有红、白等色，主要在白陶衣底上绘红彩，有的颜色鲜红，有的暗红，还有在素面底上绘单色白彩或红彩，或红、白两色结合使用；常见以圆圈纹、卷云纹、弦纹带等纹样构成的图案，或仅一种纹样构图，有的通体着白衣无图案。主要器形有鼎、壶、盒、匜、盘、钵等，大多彩绘保存较差，图案脱落不清。器类有鼎、盒、钫、壶、匜、罐、盘、钵、盆、器座、器盖、磨、楼、井、仓、灶、猪圈等。

鼎　44件。弧形顶盖，盖顶有的近平，有的微内凹。子母口，子口有高矮之别，内侧凸棱有明显和不明显之分，长方形附耳，蹄形足。为使模制的耳、足与器身粘接牢固，往往在器身粘接处刻划数道方向不一的凹槽。鼎耳、足与鼎体粘接时多留有切割、捏抹痕。根据盖、腹、耳等部位的差异，可分为四型。

A型　11件。均为泥质陶，以灰陶为主，少量红陶或褐陶。覆钵形盖，敛口，鼓腹。分两亚型。

Aa型　10件。根据口沿、耳和足的不同，分四式。

Ⅰ式　2件。形制、大小、彩绘图案相同。弧形盖，沿内敛，方唇微内凹。器甚敛口，圆唇上翘，沿面较平，内侧凸棱明显，上腹部近直，耳下部有一周折棱，下腹部内收，圜底，三蹄足略高，长方形附耳，耳孔穿透。通体饰白陶衣，绘有红彩图案。盖顶饰卷云纹，近沿处饰一周带状纹，器口下及耳两侧饰带状纹。顶盖有轮修刮削痕，器底部有块状刮削痕。

M115:5，泥质灰陶。口径10.5、通高13.6厘米（图八七，1；彩版二七，1）。

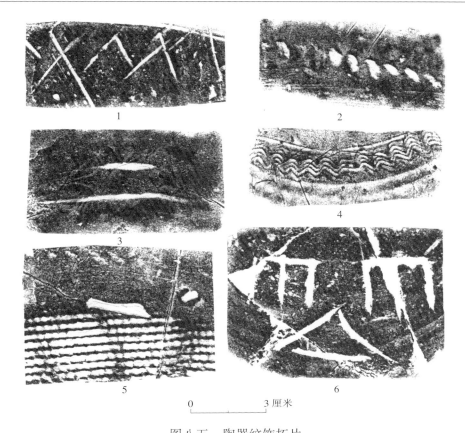

图八五　陶器纹饰拓片

1、3、5、6. 刻划纹（M20∶1、M22∶3、M120∶6、M207∶1）　2. 戳印纹（M120∶1）　4. 波浪纹（M114∶4）

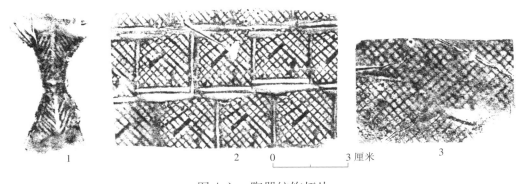

图八六　陶器纹饰拓片

1. 叶脉纹（M30∶1）　2、3. 方格纹（M30∶1、M18∶2）

Ⅱ式　1件。

M160∶4，泥质褐陶。盖顶缓平，口沿外凸内敛，子口沿面有一周凹槽。器敛口，圆唇，内侧凸棱明显，浅弧腹，三蹄形足略高，圜底，长方形附耳微曲外撇，两耳孔上部穿透。通体饰白陶衣，器口下、附耳两侧绘红彩带纹。盖顶有快轮整修刮痕，底部有片状刮痕。口径12、通高12厘米（图八七，2；彩版二七，2）。

Ⅲ式　4件。敛口，深弧腹，三蹄足，圜底。

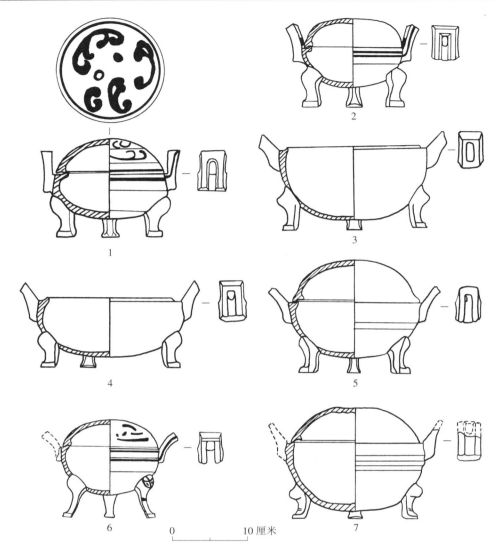

图八七　陶鼎

1. Aa 型 I 式（M115∶5）　　2. Aa 型 II 式（M160∶4）　　3、4. Aa 型 III 式（M207∶2、M73∶3）
5. Aa 型 IV 式（M108∶2）　　6. Ab 型（M63∶6）　　7. Ba 型 I 式（M131∶4）

M207∶2，泥质灰陶。盖缺失。口微敛，沿面近平，圆唇，内凸棱不明显，深弧腹，上腹稍直，下腹内收，圜底，三蹄足较矮，长方形附耳外撇。底部有快轮修整刮痕，足有刀削痕。口径 17.6、高 13.2 厘米（图八七，3）。

M73∶3，泥质灰陶夹少量细砂。盖缺失。敛口，沿面微内斜，圆唇，有一周凹痕，内凸棱不明显，深鼓腹，下腹内收，圜底，矮蹄足，缺失一耳。耳模制后经刮削修整，腹下部及底有数周快轮修整刮痕。口径 16.4、高 12 厘米（图八七，4）。

IV 式　3 件。盖的沿面内凹，子口沿面较宽，微内凹，长方形附耳外撇，两耳孔未透，深弧腹，三蹄足较矮，圜底近平。

M108∶2，盖泥质褐陶夹少量细砂，器泥质红陶。覆钵形盖。深弧腹，圜底近平，蹄形足。盖通饰黑陶衣。盖、腹下部及底有数周轮修刮削痕。口径15、通高15.2厘米（图八七，5）。

Ab型　1件。

M63:6，泥质褐陶。器形瘦小。弧形顶盖。子口微敛，圆唇上翘，沿面内斜，深弧腹，三蹄形高足，根部肥硕，下部较细外撇，长方形附耳微曲外撇，两耳上部穿透。通体饰白衣，大部分脱落。盖、口沿下、耳及足均饰红彩图案，大部分脱落，已模糊不清。盖面有数周轮修刮削痕，器底有块状刮削痕。口径11.2、通高13.6厘米（图八七，6；彩版二七，3）。

B型　33件。上腹部近直，圜底。分两亚型。

Ba型　24件。大口，深弧腹。分三式。

Ⅰ式　10件。盖顶部内凹或近平，子口沿面内倾，内侧凸棱不明显，长方形附耳外撇。

M131:4，泥质灰陶。弧形盖顶内凹。子口微敛，沿面内倾，圆唇，深弧腹，圜底，三蹄足较矮，根部肥硕外凸，耳残一，缺失一。通体饰白衣，大部分脱落。盖面、器腹及底部有轮修刮削痕。口径16、通高15.6厘米（图八七，7）。

M93:7，夹细砂灰陶。盖顶部内凹。子口略内敛，沿面内斜，尖圆唇上翘，深弧腹，圜底近平，蹄足较矮，长方形附耳外撇，两耳孔上部穿透。通体饰白衣，绘红彩，盖饰卷云纹，大部分脱落，器腹上部饰两周带状纹。盖面、器腹部有轮修刮削痕，器底部有块状刮削痕。内有兽骨。口径18.4、通高16.8厘米（图八八，2；彩版二七，4）。

M107:4，泥质灰陶夹少量细砂。覆钵形盖。子口微内敛，圆唇，深弧腹，圜底，三蹄足较矮，长方形附耳外撇，两耳孔未穿透。盖、器腹部有快轮修整刮削凹痕。口径16、通高16厘米（图八八，1）。

Ⅱ式　9件。盖顶部弧形或内凹，子口沿面微内斜，有一周凹槽，内侧凸棱不明显，长方形附耳外撇，三蹄形足较矮。

M99:3，泥质灰陶夹少量细砂。覆钵形盖。子口微内敛，沿面微内斜，尖唇，深弧腹下内收，圜底，三蹄足，足根肥硕外凸，长方形附耳外撇，两耳孔上部穿透。盖饰凹弦纹。腹下部有快轮修整刮削痕，足部亦有刀具纵向刮削痕。口径16、通高17厘米（图八八，3）。

M103:3，泥质灰陶。覆钵形盖。子口微内敛，沿面有一周凹槽，圆唇，深弧腹，上腹近直，圜底，三蹄形足根部肥硕外凸，长方形附耳外撇，耳孔未穿透。口径16、通高16.4厘米（图八八，4；彩版二七，5）。

Ⅲ式　5件。覆钵形盖，深弧腹，长方形附耳。

M151:4，泥质褐陶夹少量细砂。盖顶弧形。敛子口，沿内斜，圆唇，深弧腹，圜底，三蹄足外撇，足根部肥硕外凸，长方形附耳外撇，两耳孔上部穿透。盖下部、器腹上部有快轮修整刮削凹痕，盖顶、器底有整修时刮削片状痕。口径15.6、通高15.6厘米（图八八，5）。

M103:7，泥质灰陶。覆钵形盖。子口微敛，沿面内斜，有一周凹槽，上腹部近直，圜底，三蹄足稍高稍外撇，附耳外撇，两耳孔未透。盖、器腹部有快轮修整刮削凹痕。口径14.4、通高15.6厘米（图八八，6）。

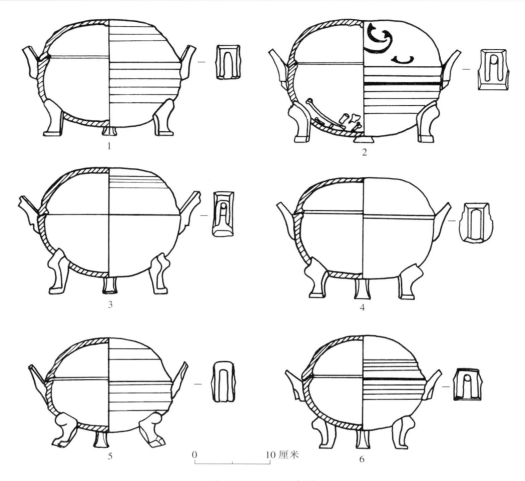

0   10 厘米

图八八　Ba 型陶鼎
1、2. Ⅰ式（M107：4、M93：7）　3、4. Ⅱ式（M99：3、M103：3）　5、6. Ⅲ式（M151：4、M103：7）

Bb 型　9 件。弧形顶盖或盖顶近平，深弧腹，圜底，三蹄足，长方形附耳。分三式。

Ⅰ式　1 件。

M66：8，泥质红褐陶夹少量细砂。半球形盖。子口内敛，沿面有一周凹槽，圆唇，上部残，深弧腹，圜底，三蹄足较矮，根部肥硕外凸，两对称长方形小附耳外撇。盖、器腹部有快轮修整刮削凹痕，盖顶、器底部有刮削片状痕。口径 16.5、通高 20.8 厘米（图八九，1）。

Ⅱ式　4 件。盖顶弧形或缓平，弧腹，圜底，三蹄足，长方形附耳。

M114：3，泥质灰陶夹少量细砂。盖顶缓平。敛子口，沿面内斜，圆唇，深弧腹，圜底，三蹄足外撇，长方形附耳外撇，两耳孔未穿透。盖、器腹部有快轮修整刮削凹痕。口径 15.6、通高 16 厘米（图八九，2）。

M136：6，盖顶缓平。子口内敛，圆唇，弧腹略浅，圜底，三蹄足，根部扁宽外凸，足尖内收，长方形附耳外撇，两耳孔未穿透。盖、器腹部有快轮修整刮削凹痕。口径 14、通高 14 厘米（图八九，3）。

Ⅲ式　4 件。覆钵形盖，长方形附耳，深弧腹，圜底，三蹄足。

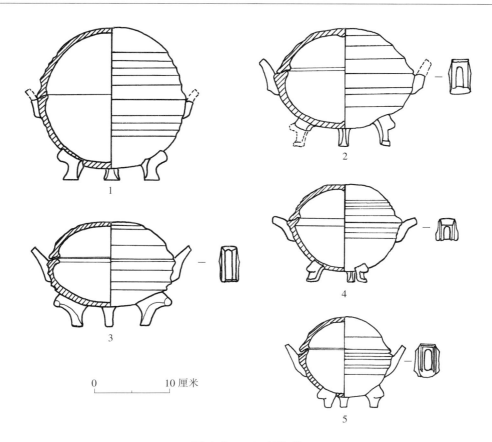

图八九　Bb 型陶鼎
1. Ⅰ式（M66:8）　2、3.Ⅱ式（M114:3、M136:6）　4、5.Ⅲ式（M122:1、M125:4）

M122:1，泥质灰陶。盖顶近平。子口内敛，沿面内斜，圆唇，弧腹近直，圜底，三矮蹄足下移外撇，附耳弯曲外撇。盖、器腹部有快轮修整刮削凹痕，盖顶、器底有刮削片状痕。口径 12、通高 13.2 厘米（图八九，4；彩版二七，6）。

M125:4，泥质褐陶夹少量细砂。弧形顶。子口微敛，沿面有一周凹槽，圆唇，弧腹，圜底，三矮足下移，根部肥硕外凸，长方形附耳外撇，两耳孔未透。盖、器腹部有快轮修整刮削凹痕。口径 10.2、通高 12 厘米（图八九，5）。

盒　32 件。均为泥质陶，以灰陶为主，个别为红陶。有盖。子母口。根据盖、腹壁、底不同，分两型。

A 型　14 件。弧鼓腹微曲，腹下部内收成平底。分两亚型。

Aa 型　4 件。覆钵形盖，小平底。分三式。

Ⅰ式　1 件。

M115:6，泥质灰陶。弧形盖，盖口内敛，子口沿面较平，内侧凸棱明显。敛口，圆唇，弧鼓腹稍曲，腹下部内收成平底。盖面绘有红彩卷云纹，盖沿、器口沿绘红彩带状纹，腹中部饰凹弦纹一周。口径 14.4、底径 6.2、通高 11.2 厘米（图九〇，1；彩版二八，1）。

Ⅱ式　2 件。子口沿面微倾或略凹，内侧凸棱与沿面弧连。

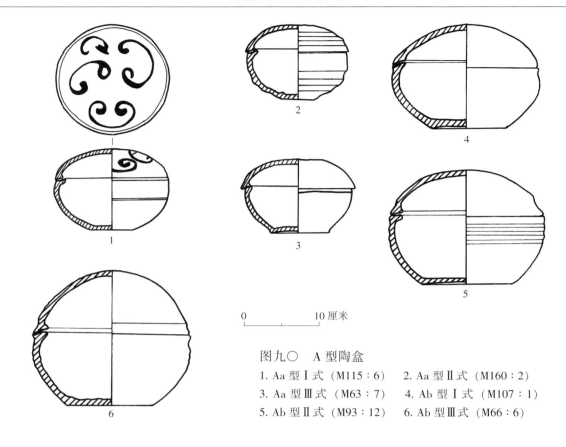

图九〇　A 型陶盒
1. Aa 型Ⅰ式（M115∶6）　2. Aa 型Ⅱ式（M160∶2）
3. Aa 型Ⅲ式（M63∶7）　4. Ab 型Ⅰ式（M107∶1）
5. Ab 型Ⅱ式（M93∶12）　6. Ab 型Ⅲ式（M66∶6）

　　M160∶2，泥质灰陶。盖顶缓平，沿内敛，子口沿面微内凹，内侧有凸棱。敛口，圆唇，弧腹下内收，平底较小。盖、器腹下部各饰四周凹弦纹。口径 12、底径 4.8、通高 10 厘米（图九〇，2）。

　　Ⅲ式　1 件。

　　M63∶7，泥质褐陶。盖大于器口，盖顶缓平微内凹，沿内敛，子口沿面近平，内侧有明显的凸棱。敛口，圆唇，微弧腹下内收，平底微内凹。盖绘红彩图案，已脱落，器口沿下饰一周红彩带状纹。口径 14、底径 7.6、通高 10 厘米（图九〇，3；彩版二八，2）。

　　Ab 型　10 件。弧形顶盖，深弧腹。分三式。

　　Ⅰ式　3 件。盖顶缓平或隆起，弧腹，平底。

　　M107∶1，泥质灰陶夹少量细砂。盖较矮，沿较宽微内凹，子口沿面外凸稍内斜。敛口，圆唇，上腹弧鼓，腹下部内收近直，大平底微内凹。口径 16.4、底径 9.6、通高 14.2 厘米（图九〇，4）。

　　Ⅱ式　4 件。覆钵形盖，深弧腹，平底。

　　M93∶12，泥质褐陶。弧形盖，斜沿内敛，外凸。子口内敛，沿面微内凹，圆唇，深弧腹，大平底微内凹。器腹上部饰三周凹弦纹。口径 17.6、底径 12、通高 15.5 厘米（图九〇，5）。

　　Ⅲ式　3 件。盖较高，深弧腹，大平底。

　　M66∶6，泥质红陶夹少量细砂。弧形盖顶部隆起，斜宽沿微内凹。子口内敛，圆唇，沿面内倾外凸，上腹稍弧，下腹部内收近直，大平底。盖口沿上部、器口沿下部各饰一周凹弦纹。口径 16.8、底径 11.6、通高 18.5 厘米（图九〇，6；彩版二八，3）。

B 型　18 件。盖顶弧形或近平，腹微弧，平底。分两亚型。

Ba 型　9 件。深腹。分三式。

Ⅰ 式　4 件。弧形盖，深弧腹。

M151：12，泥质红陶。盖顶隆起，沿面较宽，内敛外凸微内凹。子口沿面稍内倾，敛口，圆唇，深腹稍弧，下腹部内收，平底。盖口沿上部饰一周凹弦纹，器腹中部饰三周凹弦纹。口径 14.4、底径 8、通高 13 厘米（图九一，1）。

Ⅱ 式　4 件。覆盆形盖，深腹，平底。

M42：3，泥质灰陶。盖顶近平。沿内敛外凸微内凹，深腹微曲，平底。盖口沿上部饰一周凹弦纹，器腹部饰两周凹弦纹。口径 16、底径 9.6、通高 14.4 厘米（图九一，2）。

Ⅲ 式　1 件。

M117：6，泥质灰陶。盖缺失。敛口，沿面外凸，圆唇，微内斜，腹微弧，平底。腹上部饰四周凹弦纹。口径 13.2、底径 8、高 7.2 厘米（图九一，3）。

Bb 型　9 件。覆钵形盖，平底。分三式。

Ⅰ 式　3 件。弧形盖，腹壁上部近直，深腹。

M131：3，泥质灰陶。盖口沿内敛外凸微内凹。子口较大，内敛，沿面略内凹，圆唇，腹中部转折，下腹部内收近直，平底微内凹。盖、器腹部有快轮修整刮削凹痕。口径 16、底径 9.5、通高 14 厘米（图九一，4；彩版二八，4）。

Ⅱ 式　5 件。圆弧顶盖，深弧腹。

M103：2，泥质灰陶。盖口沿内敛外凸微内凹。子口内敛，沿面外倾略内凹，圆唇，圆弧腹，平底。口径 15.6、底径 8.5、通高 14 厘米（图九一，5；彩版二八，5）。

Ⅲ 式　1 件。

M209：2，泥质红陶。盖顶近平，沿口内敛，沿面稍内凹。子口内敛，圆唇，沿面外凸微内凹，扁弧腹，大平底微内凹。器口沿下部饰一周凹弦纹。口径 16、底径 12.5、通高 12.5 厘米

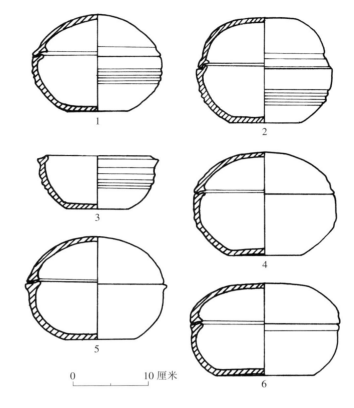

0　　　　　　10 厘米

图九一　B 型陶盒
1. Ba 型 Ⅰ 式（M151：12）　2. Ba 型 Ⅱ 式（M42：3）　3. Ba 型 Ⅲ 式（M117：6）　4. Bb 型 Ⅰ 式（M131：3）　5. Bb 型 Ⅱ 式（M103：2）　6. Bb 型 Ⅲ 式（M209：2）

（图九一，6；彩版二八，6）。

钫 1件。

M131:2，泥质灰陶。圆形盖，顶较平，平沿，方唇。器方口，微侈，四角圆抹，平沿，方唇，短颈，弧鼓腹，最大腹径偏下，假圈足。盖顶有修整刮削痕。口边长8.8、底边长10.4、通高24.4厘米（图九二，1；彩版二九，1）。

壶 47件。根据口、底部的不同，分四型。

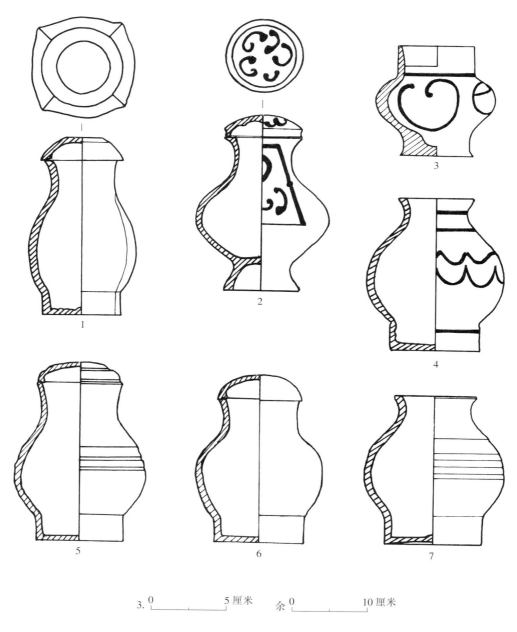

3. 0 ____ 5厘米   余 0 ____ 10厘米

图九二　陶钫、壶

1. 钫（M131:2）　2.A型壶（M115:2）　3.Ba型Ⅰ式壶（M115:3）　4~7.Ba型Ⅱ式壶（M93:6、M107:5、M131:1、M93:15）

A 型 1 件。

M115：2，泥质灰陶。弧形盖，折沿，圆唇。器侈口，平沿，沿面略内凹，束颈，折腹，最大腹径居中部，平底，喇叭圈足。通体饰白陶衣，盖、颈及腹部绘红彩卷云纹图案。口径9.9、腹径17.6、足径10、通高24厘米（图九二，2；彩版二九，2）。

B 型 44 件。依底部的不同，分两亚型。

Ba 型 30 件。分三式。

Ⅰ式 1 件。

M115：3，泥质灰陶。明器小壶。侈口，圆唇，高领，扁鼓腹，最大腹径居中部，假圈足外侈，平底外凸。领下部一周窄彩带，腹部绘红彩卷云纹。口径5.2、腹径8、底径4.8、高7.4厘米（图九二，3；彩版二九，3）。

Ⅱ式 18 件。假圈足较直。

M131：1，泥质灰陶。弧形盖，盖口沿内敛略内凹。器侈口，圆唇，束颈，鼓腹，最大腹径偏下，高圈足，平底。盖顶有刮削痕。口径10.8、腹径17.2、底径12、通高22.8厘米（图九二，6）。

M107：5，泥质灰陶。覆钵形盖，盖沿内敛，沿面较平，圆唇。器侈口，方唇，束颈，鼓腹，最大腹径偏下，高圈足，平底。盖上饰一周凹弦纹，器腹上部饰三周凹弦纹。口径11.2、腹径17.2、底径11.6、通高24.4厘米（图九二，5）。

M93：6，泥质灰陶夹少量细砂。侈口，方唇，短束颈，鼓腹，最大腹径居中，高圈足，平底。通体饰黑陶衣，颈、肩、足部各绘一条红彩带纹，腹部绘红彩波曲纹。口径10.3、腹径18、底径12、高20.8厘米（图九二，4）。

M93：15，泥质灰陶。侈口，圆唇，短束颈，鼓腹，最大腹径居中，圈足较高，平底微内凹。上腹部饰五周凸弦纹。口径10.8、腹径18.4、底径12.8、高20厘米（图九二，7）。

Ⅲ式 11 件。假圈足外侈。

M63：5，泥质灰陶。弧形盖，盖顶微内凹，沿内敛，沿面微凹。器侈口，方唇，沿面有一周凹槽，束颈，鼓腹，最大腹径居中，假圈足较高微外侈，平底。盖顶、器颈及腹上部绘有红彩图案。口径10.8、腹径15.2、底径10.8、通高22.4厘米（图九三，1；彩版二九，4）。

M120：1，泥质灰陶。侈口，圆唇，束颈，鼓腹，最大腹径居中部，假圈足较高，平底。沿下、颈和腹上部饰弦纹，腹下部饰戳印纹。口径11.2、腹径18、底径11.2、高22厘米（图九三，2；彩版二九，5）。

M209：1，泥质褐陶夹少量细砂。覆钵形浅盖，盖内有一周凸棱，方唇。器侈口，圆唇，短束颈，鼓腹略偏，最大腹径居中，假圈足微内弧稍矮，平底。器腹部及假圈足有刮削修整痕。口径10.4、腹径17.2、底径11.2、通高22厘米（图九三，3）。

Bb 型 14 件。侈口，平底。分三式。

Ⅰ式 4 件。侈口或沿面内敛有一周凹槽。

M160：3，泥质灰陶。盖顶尖隆，沿面微内凹，方唇。器侈口，沿面有一周凹槽，束颈，折

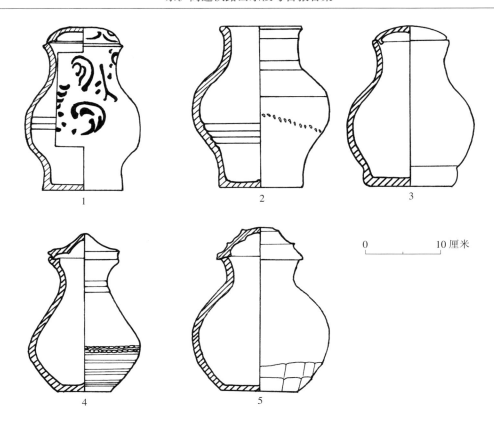

图九三　B 型陶壶
1～3. Ba 型Ⅲ式（M63:5、M120:1、M209:1）　4、5. Bb 型Ⅰ式（M160:3、M68:2）

腹，最大腹径偏下，平底。颈、下腹部饰弦纹，腹中部饰戳印纹。口径 9.5、腹径 14.8、底径 7、通高 21.5 厘米（图九三，4；彩版二九，6）。

　　M68:2，泥质灰陶。盖顶隆起，宽沿微内凹。器侈口，方唇，短束颈，圆鼓腹，最大腹径偏下，平底。盖面饰弦纹。近底部有两周竖向刮削痕。口径 10.5、腹径 18、底径 10、通高 22.4 厘米（图九三，5）。

　　Ⅱ式　5 件。大敞口，束颈，腹下部近斜直内收。

　　M126:3，泥质灰陶。喇叭形口，圆唇，束颈，弧鼓腹，最大腹径居中，平底。素面。口径 10、腹径 14、底径 9、高 17 厘米（图九四，1）。

　　M136:1，泥质灰陶夹少量细砂。斜沿，沿面微凹，方唇，束颈，弧鼓腹，最大腹径居中部，平底。腹部有快轮修整刮抹痕，近底部有刮削痕。口径 9.6、腹径 13.2、底径 8.5、高 16.5 厘米（图九四，2）。

　　M130:5，泥质灰陶。侈口，斜沿，方唇，束颈，鼓腹，最大腹径居中，平底。素面。口径 10、腹径 14.5、底径 8.8、高 17.2 厘米（图九四，3）。

　　Ⅲ式　5 件。罐形壶。

　　M114:5，泥质褐陶。侈口，方唇，短束颈，弧鼓腹，最大腹径居中，平底。素面。口径 9.6、

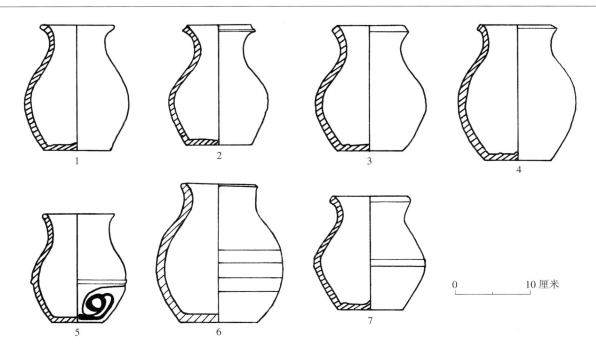

图九四 Bb 型陶壶
1~3. Ⅱ式（M126:3、M136:1、M130:5） 4~7. Ⅲ式（M114:5、M125:2、M41:4、M147:6）

腹径 15.6、底径 8.8、高 18.4 厘米（图九四，4）。

M147:6，泥质灰陶。侈口，斜沿，方唇，短束颈，鼓腹，最大腹径居中，平底。腹中部有一周快轮修整刮削痕。口径 10.6、腹径 14.6、底径 8.5、高 15.5 厘米（图九四，7）。

M125:2，泥质灰陶。侈口，圆唇，短束颈，弧鼓腹，最大腹径居中，平底。腹中部饰一周凸弦纹，下腹部绘红、黑彩图案。口径 9.2、腹径 12.4、底径 6.8、高 14.8 厘米（图九四，5）。

M41:4，泥质褐陶。口微侈，短颈微束，圆唇，弧鼓腹，最大腹径居中，平底。腹部饰四周凹弦纹。口径 10、腹径 16.8、底径 10.4、高 18.8 厘米（图九四，6）。

C 型 1 件。

M194:2，泥质灰陶。侈口，方唇，束颈，鼓腹，最大腹径偏上部，假圈足略高，下部内收，平底，肩部附对称的半环形纽。下腹部、圈足各有一周竖向刀具刮削痕。口径 4.9、腹径 10、底径 4.8、高 10 厘米（图九五，1）。

D 型 1 件。

M22:3，泥质灰陶。盘口微侈，圆唇，短束颈，鼓腹，最大腹径居上部，下腹部内收，大平底。口沿外部饰四周凸弦纹，腹部刻划有"二"字。腹部表面有片状工具刮抹痕，近底

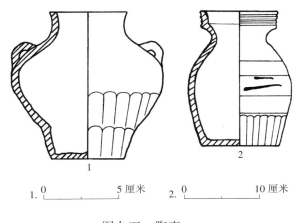

图九五 陶壶
1. C 型（M194:2） 2. D 型（M22:3）

部有一周刮削痕。口径10、腹径13.8、底径10.4、高18.4厘米（图九五，2）。

罐　132件。根据器体，分为大、中、小三类。

大型罐　18件。分两亚型。

A型　3件。根据口沿的不同，分三式。

Ⅰ式　1件。

M207：1，泥质灰陶。侈口，卷沿，方唇，唇面有一周凹槽，短束颈，溜肩，扁鼓腹，最大腹径略偏下，下腹部内收，大平底。口径14、腹径28.7、底径17.5、高23.6厘米（图九六，1）。

Ⅱ式　1件。

M147：1，泥质灰陶。侈口，平折沿，方唇，短束颈，广肩，弧鼓腹，最大腹径偏上，下腹部内收，大平底。肩及腹部有快修整刮削痕。口径14.4、腹径27.6、底径17.2、高23.6厘米（图九六，2）。

Ⅲ式　1件。

M120：6，泥质灰陶。侈口，卷沿，尖圆唇，短束颈，扁圆腹，最大腹径居中部，下腹部内收

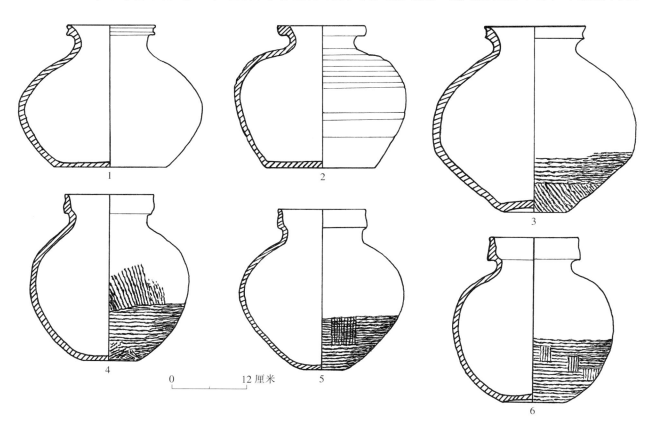

图九六　大型陶罐

1. A型Ⅰ式（M207：1）　　2. A型Ⅱ式（M147：1）　　3. A型Ⅲ式（M120：6）　　4、5. Ba型Ⅰ式（M120：3、M114：8）
6. Ba型Ⅱ式（M172：1）

近直，小平底内凹。腹上部刮抹光滑，腹下部及底拍印横、斜向中绳纹，局部交错竖绳纹。口径16、腹径32、底径9.6、高30.6厘米（图九六，3）。

B型　15件。盘口罐。分两亚型。

Ba型　14件。微侈口或近直。分三式。

Ⅰ式　2件。盘口微侈或内敛。

M120：3，泥质灰陶。口微侈，圆唇，短束颈，溜肩，弧鼓腹，最大腹径居中，下腹部内收，小平底。腹下部及底拍印有中绳纹。口径14、腹径25、底径8.8、高27.2厘米（图九六，4）。

M114：8，泥质灰陶。口微侈，圆唇，短束颈，广肩，弧鼓腹，最大腹径居中，下腹内收近直，小平底。腹下部及底部拍印中绳纹，局部交错。盘口内有手抹痕，腹上部刮抹光滑。口径14、腹径26、底径7.2、高26.4厘米（图九六，5）。

Ⅱ式　6件。敛口，盘口内壁略弧曲。

M172：1，泥质灰陶。圆唇，短束颈，广肩，圆鼓腹，最大腹径居中，小平底微内凹。腹下部及底部拍印中绳纹，局部交错。口径14.4、腹径25.6、底径9.6、高26.8厘米（图九六，6）。

M200：2，泥质灰陶。圆唇，短束颈，广肩，鼓腹，最大腹径居中，下腹部内收，小平底微内凹。腹下部及底部拍印绳纹，局部交错。口径12.8、腹径24.8、底径8.8、高28厘米（图九七，1）。

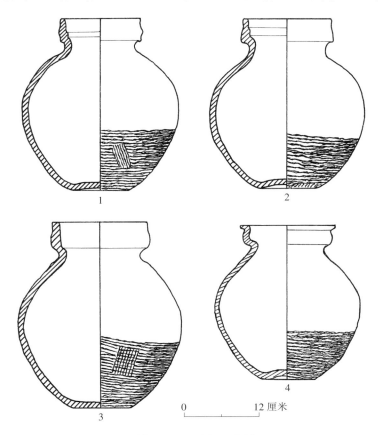

0　　　　　　12厘米

图九七　B型大型陶罐

1. Ba型Ⅱ式（M200：2）　2、3. Ba型Ⅲ式（M147：8、M122：2）　4. Bb型（M22：6）

Ⅲ式　6件。盘口内壁较直或有凸棱。

M147：8，泥质灰陶。盘口内壁弧曲，薄圆唇，束颈，鼓腹，最大腹径偏上，小平底内凹。腹下部及底部拍印中绳纹，局部交错。上腹部刮抹光滑。口径14、腹径24.4、底径9.6、高28厘米（图九七，2）。

M122：2，泥质灰陶。厚圆唇，盘口手抹，内壁较直，束颈，球形腹，最大腹径居中，平底。腹下部及底部拍印中绳纹，局部交错。口径15.2、腹径26、底径9.2、高30.4厘米（图九七，3）。

Bb型　1件。

M22：6，泥质灰陶。敛口，平折沿，沿下有一周凹槽，方唇，盘口内壁弧曲，短束颈，溜肩，鼓腹，最大腹径居中，腹下部内收，小平底内凹。口径15.2、腹径23.2、底径8.4、高25.2厘米（图九七，4）。

中型罐　27件。根据口沿、肩、腹的变化，分五型。

A型　1件。

M31：1，泥质灰陶。侈口，平沿，尖圆唇，短束颈，广肩，圆鼓腹，最大腹径居中，下腹部弧内收，平底。腹中部饰一周凹弦纹。近底部有一周竖向刀削痕。口径12、腹径16.4、底径10、高13.3厘米（图九八，1）。

B型　14件。侈口，卷沿，深弧腹，平底。分两亚型。

Ba型　7件。泥质灰陶。卷沿，方唇，唇缘下垂，鼓腹，平底或微内凹。

M80：1，束颈，广肩，鼓腹，最大腹径居上，下腹部内收，平底。素面。口径11.2、腹径20、底径11.2、高16.8厘米（图九八，2）。

M186：1，短束颈，广肩，鼓腹，最大腹径居中，下腹部内收，平底微内凹。素面。口径

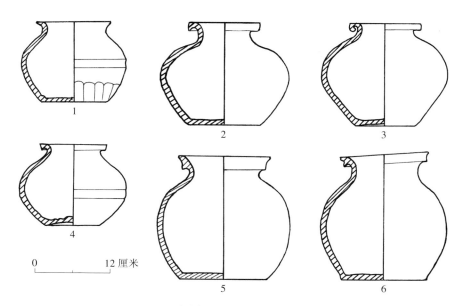

0 ————————— 12厘米

图九八　中型陶罐

1. A型（M31：1）　2～4. Ba型（M80：1、M186：1、M56：1）　5、6. Bb型（M120：4、M19：1）

11.2、腹径 20、底径 9.2、高 16.8 厘米（图九八，3）。

M56：1，短束颈，扁弧腹，最大腹径居中，腹下部内收，平底内凹。腹中部有修整刮削痕。口径 10.6、腹径 16.8、底径 8.4、高 13.2 厘米（图九八，4）。

Bb 型　7 件。泥质灰陶。侈口，折沿，沿面近平，方唇，唇面有一周凹槽。

M120：4，唇缘较宽，短束颈，广肩，深弧腹，最大腹径居中，大平底。素面。口径 14.4、腹径 20.8、底径 13.6、高 20 厘米（图九八，5）。

M19：1，唇缘稍窄，高束颈，溜肩，深鼓腹，最大腹径居中，平底稍外凸。素面。口径 14、腹径 20、底径 13.6、高 20.8 厘米（图九八，6）。

M82：3，唇缘较窄，高束颈，溜肩，扁鼓腹，最大腹径偏下，平底。上腹部饰四周凹弦纹，腹壁内近底部有两周凸弦纹。口径 11.2、腹径 20、底径 12.8、高 16.4 厘米（图九九，1）。

C 型　7 件。泥质灰陶。斜折沿或近平沿，鼓腹，平底。分两式。

Ⅰ式　5 件。折沿，方唇。

M173：2，侈口，薄方唇，短束颈，广肩，鼓腹，最大腹径居中，下腹部内收，大平底。素面。口径 10.4、腹径 20、底径 12.4、高 17.2 厘米（图九九，2）。

M45：2，侈口，方唇，束颈，溜肩，折腹，最大腹径偏下，腹下部内收，平底。素面。口径 10、腹径 15.2、底径 9.6、高 12.8 厘米（图九九，3）。

M209：4，侈口，方唇，短束颈，广肩，弧鼓腹，最大腹径居中，下腹部内收，大平底微内凹。上腹部有四周凹弦纹。口径 12、腹径 22.4、底径 14.4、高 19.2 厘米（图九九，4）。

M176：4，口微侈，厚方唇，溜肩，弧鼓腹，最大腹径居偏上，下腹部内收，平底。下腹部饰一周凹弦纹。口径 10.4、腹径 18.4、底径 10.8、高 16 厘米（图九九，5）。

Ⅱ式　2 件。侈口，方唇，束颈，鼓腹，平底。

M125：1，方唇较厚，短束颈，溜肩，折腹，最大腹径偏上，下腹内收近直，平底。素面。口径 13.2、腹径 22.8、底径 13.6、高 20.8 厘米（图九九，6）。

M176：1，方唇，短束颈，扁鼓腹，最大腹径居中，下腹部内收，平底。上腹部饰两周

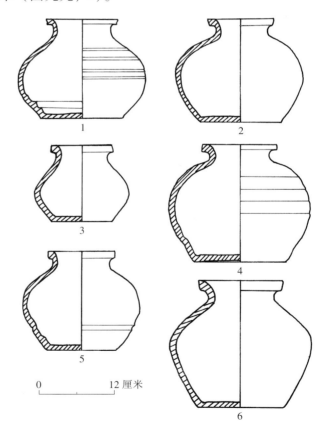

0 _____ 12 厘米

图九九　中型陶罐
1. Bb 型（M82：3）　　2～5. C 型Ⅰ式（M173：2、M45：2、M209：4、M176：4）　　6. C 型Ⅱ式（M125：1）

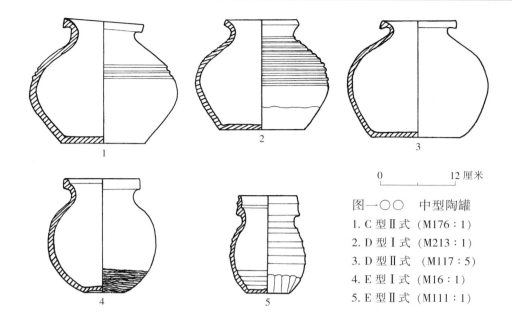

0   12 厘米

图一〇〇 中型陶罐
1. C 型 Ⅱ 式（M176：1）
2. D 型 Ⅰ 式（M213：1）
3. D 型 Ⅱ 式（M117：5）
4. E 型 Ⅰ 式（M16：1）
5. E 型 Ⅱ 式（M111：1）

凹弦纹。口径 12.8、腹径 23.2、底径 13.2、高 20 厘米（图一〇〇，1）。

D 型 2 件。泥质灰陶。侈口，斜方唇，短束颈，鼓腹，平底。分两式。

Ⅰ 式 1 件。

M213：1，溜肩，扁鼓腹，最大腹径居中，下腹部内收，平底。肩及上腹部饰数周凹弦纹，近底处有刀具刮削痕。口径 11.6、腹径 20.8、底径 13.2、高 18 厘米（图一〇〇，2）。

Ⅱ 式 1 件。

M117：5，溜肩，短束颈，圆鼓腹，最大腹径居中，下腹内收，大平底。素面。口径 11.2、腹径 22、底径 14、高 19.2 厘米（图一〇〇，3）。

E 型 3 件。泥质灰陶。盘口罐。分两式。

Ⅰ 式 2 件。

M16：1，盘口较浅，口微侈，圆唇，短束颈，溜肩，弧鼓腹，最大腹径居中，平底微内凹。腹下及底部饰绳纹。口径 12、腹径 17.2、底径 6、高 18.8 厘米（图一〇〇，4）。

Ⅱ 式 1 件。

M111：1，盘口较深，口微侈，圆唇，短束颈，溜肩，瘦长弧鼓腹，最大腹径居中，大平底。口缘饰两周宽凹弦纹，肩及腹部饰六周凹弦纹。近底处有一周竖向刀削痕。口径 9.2、腹径 12、底径 6.8、高 16 厘米（图一〇〇，5）。

小型罐 87 件。侈口，皆为明器。分四型。

A 型 26 件。根据口沿的不同，分两亚型。

Aa 型 14 件。口近直。分两式。

Ⅰ 式 8 件。矮领，扁鼓腹，平底。

M131：5，泥质灰陶。侈口，圆唇，短束颈，广肩，扁鼓腹，最大腹径居中，下腹部内收，小

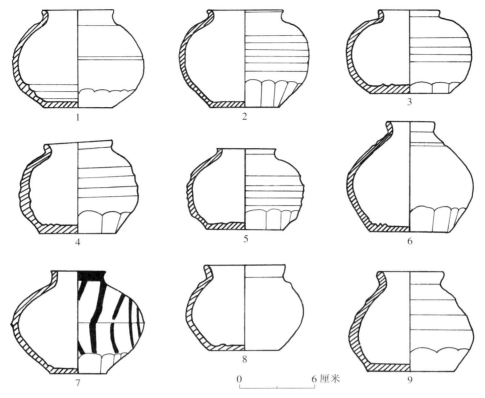

图一〇一　A 型小型陶罐

1～5. Aa 型 I 式（M131：5、M170：3、M179：2、M15：3、M107：8）　　6～8. Aa 型 II 式

（M110：2、M93：17、M211：2）　　9. Ab 型 I 式（M82：5）

平底。肩部有一凸棱，腹中部饰一周凹弦纹，壁内近底处有两周凹弦纹。近底处有一周刀具刮削痕。口径 5.8、腹径 10.4、底径 5.2、高 8 厘米（图一〇一，1）。

M170：3，泥质灰陶。侈口，圆唇，短束颈，广肩，扁鼓腹，最大腹径居中，腹下部内收，平底。腹部有快轮修整按压凹痕，近底部有一周由上至下刀具刮削痕。口径 6、腹径 10.4、底径 5.6、高 8 厘米（图一〇一，2）。

M179：2，泥质灰陶。侈口，圆唇，直领，平肩，扁鼓腹，最大腹径居中，平底。腹部有硬质光滑物按压三周凹弦纹，底内有两周凸弦纹。近底部有刀状工具刮削痕。口径 4.7、腹径 10、底径 6.4、高 6.8 厘米（图一〇一，3）。

M15：3，泥质灰陶。侈口，圆唇，短束颈，溜肩，弧鼓腹，最大腹径居中，平底。腹部有三周瓦棱纹。近底部有一周由上至下的刀具刮削痕。口径 5.4、腹径 9.4、底径 6、高 7.6 厘米（图一〇一，4）。

M107：8，泥质灰陶。口微侈，平沿，方唇，短束颈，扁鼓腹，最大腹径居中，平底。腹中部有四周瓦棱纹。近底处有一周由上至下的刀具刮削痕。口径 4.7、腹径 9.2、底径 6.1、高 6.6 厘米（图一〇一，5）。

II 式　6 件。侈口，短颈近直。

M110∶2，泥质灰陶。侈口近直，圆唇，短束颈，溜肩，鼓腹，最大腹径居中，平底。肩部饰一周凹弦纹，底内有两周弦纹。近底处有一周由上至下的刀具刮削痕。口径4.2、腹径10、底径6.5、高9厘米（图一○一，6）。

M93∶17，泥质灰陶。直口，方唇，溜肩，扁圆鼓腹，最大腹径居中，下腹部内收，小平底。通体饰白陶衣，领及腹部绘红色彩带纹。近底处有一周竖向刀具削痕。口径4.3、腹径10.4、底径4.5、高8.4厘米（图一○一，7）。

M211∶2，泥质灰陶。侈口，圆唇，短束颈，鼓腹，最大腹径居中，平底。肩部有一周瓦棱纹刮削痕。口径6.5、腹径9.4、底径5.5、高7厘米（图一○一，8）。

Ab型　12件。根据领或腹部的不同，分两式。

Ⅰ式　9件。领略高，斜直或近直。

M82∶5，泥质灰陶。侈口，圆唇，短束颈，溜肩，鼓腹下垂，最大腹径偏下，大平底。上腹部有硬质光滑物按压两周宽弦纹。近底处有一周由上至下的刀具刮削痕。口径5.2、腹径9.9、底径7.8、高8.2厘米（图一○一，9）。

M171∶1，泥质灰陶。口近直，圆唇，溜肩，折腹，最大腹径偏下，下腹部斜直内收，平底。肩、上腹部有硬质光滑物按压六周凹痕。近底处有一周由上至下的刃状工具刮削痕。口径5.3、腹径9.7、底径5.6、高9.6厘米（图一○二，1）。

M141∶2，泥质灰陶。侈口，圆唇，束颈，溜肩，扁鼓腹，最大腹径居中，下腹部内收，大平底。腹中部饰一周凸弦纹，腹内壁近底及底部有凸弦纹。近底部有一周刀具刮削痕。口径5.6、腹径10.4、底径7.2、高7.2厘米（图一○二，2）。

Ⅱ式　3件。卷沿，矮领，扁鼓腹。

M168∶2，泥质红陶。口微侈，圆唇，短束颈，扁鼓腹，最大腹径居中，腹下部内收，小平底。近底处有一周由上至下刀具刮削痕。口径5、腹径9、底径4.4、高6.4厘米（图一○二，3）。

M68∶1，泥质灰陶。侈口，圆唇，短束颈，溜肩，鼓腹，最大腹径居中，下腹部内收，小平底。上腹部有硬质光滑物按压两周凹弦纹。近底处有两周由上至下的刀具刮削痕。口径5.1、腹径10.5、底径4.9、高8.5厘米（图一○二，4）。

B型　45件。卷沿，厚圆唇或方唇。分两亚型。

Ba型　18件。领略高，厚圆唇。分两式。

Ⅰ式　11件。扁鼓腹，最大腹径居中。

M47∶2，泥质灰陶。侈口，圆唇，短束颈，扁鼓腹，最大腹径居中，腹下部内收，平底。腹壁内及底部有凸弦纹，下腹部有硬质光滑物按压三周凹弦纹。近底处有一周由上至下的刀具刮削痕。口径6.3、腹径11.3、底径7、高8.8厘米（图一○二，5）。

M91∶2，泥质灰陶。侈口，圆唇，短束颈，扁鼓腹，最大腹径居中，下腹部内收，平底。通体饰黑陶衣，腹壁内近底处有一周凸弦纹。近底处有刃状工具刮削痕。口径5.5、腹径9.4、底径5.3、高7.2厘米（图一○二，6）。

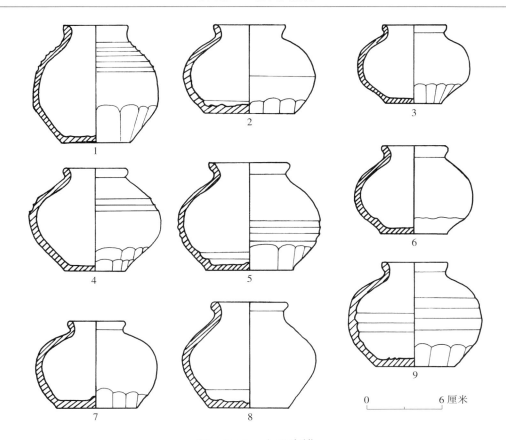

0 ____ 6厘米

图一〇二　小型陶罐

1、2. Ab 型 I 式（M171：1、M141：2）　　3、4. Ab 型 II 式（M168：2、M68：1）　　5~7. Ba 型 I 式
（M47：2、M91：2、M99：4）　　8、9. Ba 型 II 式（M51：1、M173：1）

M99：4，泥质灰陶。侈口，圆唇，短束颈，广肩，扁鼓腹，最大腹径居中，下腹部内收，平底。近底处有一周由上至下的刀具刮削痕。口径4.6、腹径9.6、底径6.4、高7.2厘米（图一〇二，7）。

II 式　7件。厚圆唇。下腹部斜直内收。

M173：1，泥质灰陶。侈口，圆唇，短束颈，圆鼓腹，最大腹径偏下，下腹部内收，平底。腹部有硬质光滑物按压四周凹弦纹，腹壁内近底处及底部有凸弦纹。近底处有一周由上至下的刃状工具刮削痕。口径5.2、腹径10.6、底径6、高8.6厘米（图一〇二，9）。

M51：1，泥质红陶。侈口，圆唇，短束颈，溜肩，鼓腹，最大腹径偏下，下腹部内收，平底。壁内近底处及底有凸弦纹。口径6、腹径10.6、底径6.5、高8.7厘米（图一〇二，8）。

M150：6，泥质灰陶。侈口，圆唇，短束颈，溜肩，扁鼓腹下垂，最大腹径偏下，下腹部内收，平底。通体饰黑陶衣，腹部饰六周凹弦纹，腹壁内近底处及底有凸弦纹。近底处有一周由上至下的刀具刮削痕。口径4.6、腹径10.5、底径6.5、高8厘米（图一〇三，1）。

Bb 型　27件。高领，鼓腹，下腹部近直或弧内收。分两式。

I 式　17件。侈口，卷沿。

M46：2，泥质褐陶。圆唇，短束颈，广肩，扁鼓腹，最大腹径居中，平底。腹部有光滑物按

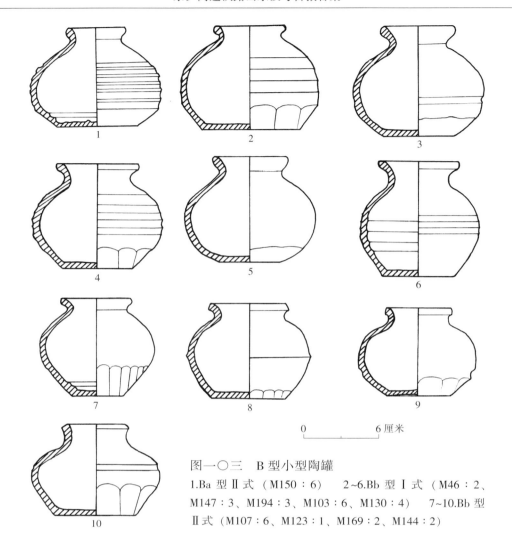

0 　　　　　6 厘米

图一○三　B 型小型陶罐
1.Ba 型 Ⅱ 式（M150：6）　　2~6.Bb 型 Ⅰ 式（M46：2、
M147：3、M194：3、M103：6、M130：4）　　7~10.Bb 型
Ⅱ 式（M107：6、M123：1、M169：2、M144：2）

压三周凹痕。近底处有一周由上至下的刀具刮削痕。口径 5.6、腹径 10.8、底径 8、高 8.4 厘米
（图一○三，2）。

　　M147：3，泥质灰陶。圆唇，束颈，弧鼓腹，最大腹径居中，平底。下腹部有硬质光滑物压划一
周凹弦纹。近底处有刀状工具刮削痕。口径 6、腹径 10.3、底径 5.7、高 9 厘米（图一○三，3）。

　　M194：3，泥质灰陶。圆唇，束颈，广肩，圆鼓腹，最大腹径居中，腹下部内收，平底。腹部
有硬质光滑物按压五周凹痕。近底部有刀状工具刮削痕。口径 6.4、腹径 10.4、底径 5.6、高 8.6
厘米（图一○三，4）。

　　M103：6，泥质褐陶。圆唇，束颈，溜肩，圆鼓腹，最大腹径居中，平底。近底部有刀状工具
刮削痕。口径 6、腹径 10.5、底径 5、高 8.7 厘米（图一○三，5）。

　　M130：4，泥质灰陶。圆唇，束颈，鼓腹，最大腹径居中，腹下部内收，平底。腹壁内有四周
凸弦纹。腹中部有硬质光滑物按压三周凹痕。口径 6.4、腹径 9.6、底径 5.8、高 9.4 厘米（图一
○三，6）。

Ⅱ式 10件。侈口，方唇。

M107∶6，泥质灰陶。方唇，短束颈，溜肩，鼓腹，最大腹径偏上，下腹斜内收，小平底。腹壁内近底处有两周凸弦纹。近底处有一周由上至下的刀具刮削痕。口径5.5、腹径9、底径4、高8厘米（图一〇三，7）。

M123∶1，泥质灰陶。方唇，短束颈，广肩，鼓腹，最大腹径居中，下腹部内收，平底。腹中部有一周凸弦纹。近底处有一周刃状工具刮削痕。口径6.5、腹径9.7、底径6.2、高7.7厘米（图一〇三，8）。

M169∶2，泥质灰陶。方唇，短束颈，广肩，扁鼓腹，最大腹径居中，下腹部内收，平底微内凹。近底处有一周由上至下的刀具刮削痕。口径5.2、腹径9.5、底径5、高7.3厘米（图一〇三，9）。

M144∶2，泥质灰陶。口微侈，斜沿，方唇，束颈，扁鼓腹，最大腹径居中，下腹部内收，平底。上腹部饰一周凹弦纹。近底处有一周由上至下的刀具刮削痕。口径5.4、腹径10.2、底径6.5、高7.6厘米（图一〇三，10）。

C型 4件。卷沿，沿面近平。

M197∶2，泥质红陶。侈口，沿面近平，圆唇，短束颈，溜肩，鼓腹，最大腹径居中，腹下部内收，平底。腹内壁近底及底部有凸弦纹。上腹部有硬质光滑物按压两周凹痕，近底处有一周由上至下的刀具刮削痕。口径5.6、腹径10.2、底径6、高9厘米（图一〇四，1）。

M119∶1，泥质灰陶。侈口，圆唇，短束颈，广肩，扁鼓腹，最大腹径偏上，下腹部内收，平底微内凹。腹下部饰三周凹弦纹，腹壁内下部有四周凸弦纹。口径7.2、腹径12.4、底径6.2、高9.2厘米（图一〇四，2）。

M48∶2，泥质灰陶。侈口，圆唇，短束颈，广肩，扁鼓腹，最大腹径居中，腹下部内收，平底。近底部有一周由上至下的刀具刮削痕。口径5.9、腹径10.3、底径6、高7.4厘米（图一〇四，3）。

D型 12件。平折沿。

M213∶5，泥质灰陶。浅盘式口，方唇，短束颈，溜肩，鼓腹，最大腹径居中，下腹部内收，平底。腹壁内近底处有三周凸弦纹。肩及上腹部有硬质光滑物按压七周凹痕，近底部有一周由上至下的刀具刮削痕。口径6.2、腹径11、底径7.6、高9厘米（图一〇四，4）。

M114∶7，泥质灰陶。口微侈，圆唇，短束颈，溜肩，折腹，下腹部内收，平底，底内部中间凸起。腹下部有两周由上至下的刀具刮削痕。口径6.8、腹径10.7、底径6.3、高7.3厘米（图一〇四，5）。

M63∶8，泥质黄褐陶。近直口，方唇，短束颈，扁鼓腹，最大腹径居中，腹下部内收，平底。通体饰黑陶衣，肩、腹部绘有红彩图案，已脱离。腹下部有两周由上至下的刀具刮削痕。口径6.5、腹径9.8、底径5.5、高7厘米（图一〇四，6）。

M63∶4，泥质灰陶。侈口，方唇，束颈，圆鼓腹，最大腹径居中，平底。肩及上腹部饰五周凹弦纹。口径7.6、腹径11.6、底径6.6、高9.4厘米（图一〇四，7）。

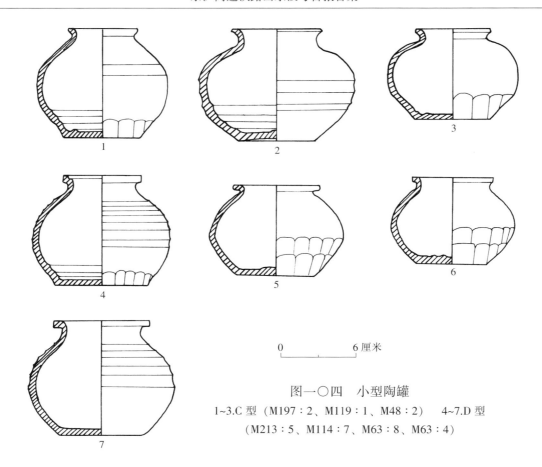

图一〇四　小型陶罐

1~3.C 型（M197：2、M119：1、M48：2）　4~7.D 型
（M213：5、M114：7、M63：8、M63：4）

匜　2件。依口部形状，分两式。

Ⅰ式　1件。

M115：4，泥质灰陶。器口平面呈圆角长方形，一侧有半喇叭形流，微上翘，敛口，圆方唇，弧腹，下腹壁斜直内收，小平底。通体饰白陶衣，器内侧由底向上绘三周同心红彩，彩带间饰四个卷云纹图案，流内饰数条红彩带纹。近底处有一周刮削痕。口长 13.4、宽 12、高 5.2 厘米（图一〇五，1；彩版三〇，1）。

Ⅱ式　1件。

M93：8，泥质灰陶。器呈圆角近方形，一侧有半圆形短流上翘，口微敛，圆唇，鼓腹，下腹内收，平底。底内中部绘红彩涡纹。口长 16、宽 15.8、高 6.8 厘米（图一〇五，2；彩版三〇，2）。

盘　3件。均泥质陶。分三式。

Ⅰ式　1件。

M160：1，泥质红褐陶。直口，宽折沿，沿面微内斜，方唇微内凹，折腹，上腹部较直，下腹部弧内收，圜底近平。通体饰黑陶衣，腹壁内有三周凸弦纹。口径 14、高 3.6 厘米（图一〇六，1）。

Ⅱ式　1件。

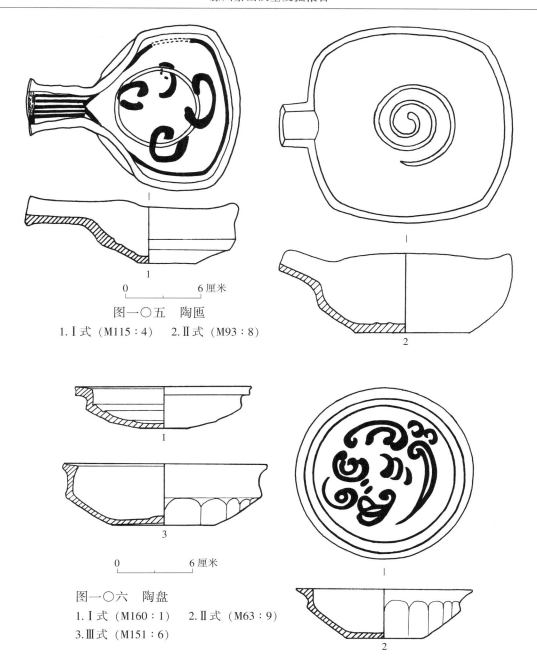

0　　　　　　6厘米

图一〇五　陶匜
1. Ⅰ式（M115：4）　　2. Ⅱ式（M93：8）

0　　　　　　6厘米

图一〇六　陶盘
1. Ⅰ式（M160：1）　　2. Ⅱ式（M63：9）
3. Ⅲ式（M151：6）

　　M63：9，泥质红褐陶。直口，平沿，沿面较宽，圆唇，短束颈，折肩，斜直腹，小平底。沿面绘两周红彩带，腹及底绘红彩卷云纹。肩至底有一周由上而下的刀具刮削痕。口径14、底径6、高4厘米（图一〇六，2）。

　　Ⅲ式　1件。

　　M151：6，泥质灰陶夹少量细砂。敛口，宽斜折沿，沿面微内凹，圆唇，折腹，下腹部内收，平底微内凹。素面。近底处有一周由上至下的刀具刮削痕。口径16.2、底径8.2、高5厘米（图一〇六，3；彩版三〇，3）。

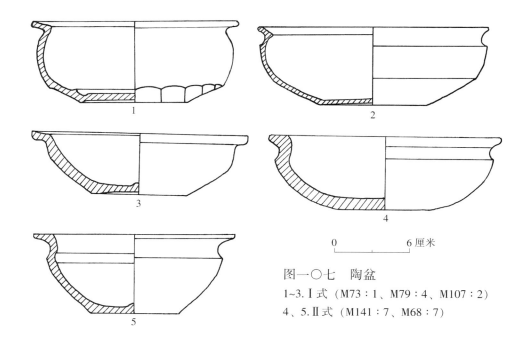

图一〇七　陶盆

1~3. I 式（M73∶1、M79∶4、M107∶2）

4、5. II 式（M141∶7、M68∶7）

盆　6 件。分两式。

I 式　4 件。宽斜折沿。

M73∶1，泥质红陶。敛口，圆唇，束颈，鼓腹，最大腹径居中，下腹斜内收，平底内凹。腹壁内近底处有一周凸棱。近底处有一周由上至下的刀具刮削痕。口径 16.4、底径 8.4、高 6.8 厘米（图一〇七，1）。

M79∶4，泥质灰陶。敛口，圆唇，束颈，鼓腹，最大腹径居中，下腹内收，平底微内凹。素面。近底处有一周刮削痕。口径 18.4、底径 8.4、高 6.4 厘米（图一〇七，2）。

M107∶2，泥质灰陶。敞口，圆唇，微弧腹，平底内凹。素面。口径 17、底径 7.4、高 5 厘米（图一〇七，3）。

II 式　2 件。泥质灰陶。平折沿。

M68∶7，敞口，折沿，沿面较宽且平，圆唇，束颈，折肩，斜弧腹，平底。素面。口径 16、底径 7、高 6.5 厘米（图一〇七，5）。

M141∶7，器壁较厚。口微敞，折沿，沿面宽平，圆唇，束颈，折肩，弧腹内收，平底。素面。口径 18.4、底径 7、高 6 厘米（图一〇七，4）。

钵　3 件。分三式。

I 式　1 件。

M110∶1，泥质灰陶。敞口，斜沿近直，方唇，唇沿稍内凹，束颈，鼓腹，下腹微弧内收，小平底。沿下内侧有一周凸棱。口径 22、底径 8、高 8.6 厘米（图一〇八，1）。

II 式　1 件。

M68∶9，泥质红褐陶。敛口，折沿，沿面内凹，圆唇，折腹，下腹部直内收，小平底。上腹

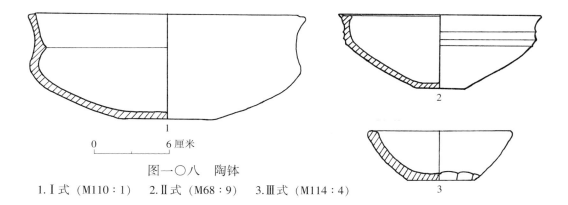

图一〇八　陶钵

1. Ⅰ式（M110：1）　　2. Ⅱ式（M68：9）　　3. Ⅲ式（M114：4）

部饰两周凹弦纹。口径 16、底径 4、高 6 厘米
（图一〇八，2）。

Ⅲ式　1 件。

M114：4，泥质灰陶。敞口，圆唇，斜腹
近直内收，平底。素面。近底部有一周由上
至下的刀具刮削痕。口径 11.6、底径 5.2、高
4 厘米（图一〇八，3）。

仓　5 件。分两式。

Ⅰ式　3 件，其中 1 件残。泥质灰陶。覆
钵形盖，圆筒形腹，平底。

M151：9，弧形盖顶，缘部有一周凹槽，
圆唇。器敛口，圆唇，斜腹近直，大平底。
腹上部饰三周凹弦纹。近底处有一周由上至
下的刀具刮削痕。口径 8.8、底径 9、通高
18.4 厘米（图一〇九，1）。

M151：11，弧形盖顶微内凹，敛口，沿面
内斜稍内凹，圆唇。器口略敛，平沿，方唇，
微鼓腹，平底。腹下部饰两周凹弦纹，下腹
部壁内有七周凸棱。口径 10.4、底径 9.6、通
高 17.2 厘米（图一〇九，2）。

Ⅱ式　2 件。泥质灰陶。形制相同。长方
形，四壁较直，顶部中间起脊，前后两面呈
坡状，正面有一长方形门，圈底，下有四个
对称乳状足。素面。

M120：7，长 14、上宽 13.8、下宽 13、高

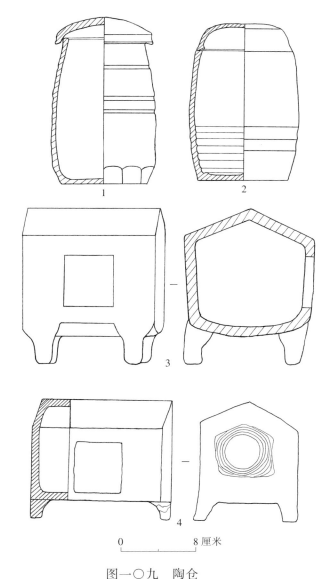

图一〇九　陶仓

1、2. Ⅰ式（M151：9、M151：11）　　3、4. Ⅱ式（M120：7、
M151：3）

17 厘米（图一〇九，3）。

　　M151：3，长 13.8、宽 10.4、高 13 厘米（图一〇九，4；彩版三〇，4）。

　　灶　3 件。依据形制的不同，分三式。

　　Ⅰ式　1 件。

　　M17：12，泥质灰陶。由灶台、釜及甑组成。器呈椭圆形，平面，上置釜和甑，腹壁中部内收，火膛中空，长方形灶门，上部有一凸形挡烟、火墙，后部有一乳状烟道。甑近底处有一周由上至下的刀具刮削痕。灶面长径 19、短径 17.8 厘米，底长径 20.1、短径 19.2 厘米，通高 16.4 厘米（图一一〇，1；彩版三〇，5）。

　　Ⅱ式　1 件。

　　M66：7，泥质灰陶。灶体平面呈梯形，弧面，上置釜，火膛中空，长方形灶门，上部有梯形挡烟、火墙，圆柱状烟道。长 18.8、宽 10.6～13、通高 12.8 厘米（图一一〇，2）。

　　Ⅲ式　1 件。

　　M118：2，泥质灰陶。一端残。灶体平面呈长方形，平面，后端残，火膛内空，圆弧形门，上有一梯形挡烟、火墙，中部有一上小下大的圆形置釜孔。置釜孔一周有刀具刮削痕。残长 14.8、

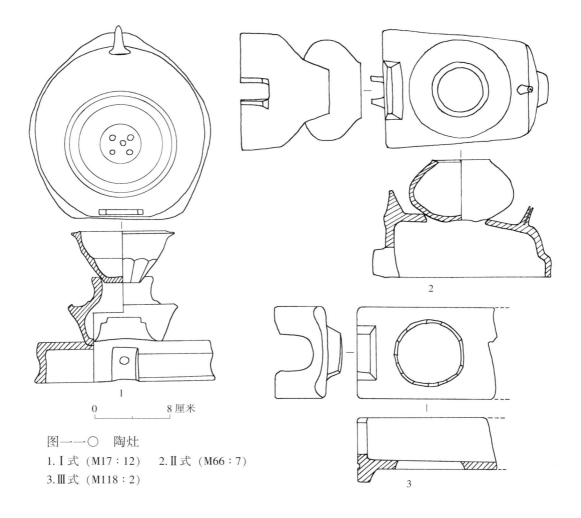

0　　　　　8 厘米

图一一〇　陶灶
1.Ⅰ式（M17：12）　2.Ⅱ式（M66：7）
3.Ⅲ式（M118：2）

宽 10、高 7 厘米（图一一〇，3）。

磨 2 件。泥质灰陶。

M151：8，仅存上扇，圆形，圈足形顶，圆唇，内有两个对称的长方形进料孔，喇叭形底，方唇。顶径 4、底径 8.4、高 3.2 厘米（图一一一，2）。

M17：10，圆形，分上、下扇。上扇中间凸起，周围弧形面外凸，顶部内凹，有两个对称的长方形进料孔，平底。下扇平面，下有弧形圈足。上、下扇的外缘有刀削痕。上扇顶径 5、底径 8～8.8、下扇直径 8、底径 5.4、高 4.2 厘米（图一一一，1）。

井 1 件。

M17：9，泥质灰陶。圆筒状，口微侈，斜沿，沿面稍内凹，尖唇，束颈，弧曲腹，平底，中间有一圆孔。近底处有一周由上至下的刀具刮削痕。口径 7.8、底径 7、高 12 厘米（图一一一，5）。

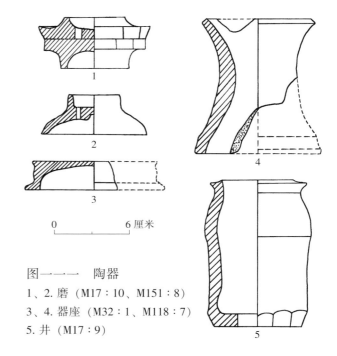

图一一一 陶器
1、2. 磨（M17：10、M151：8）
3、4. 器座（M32：1、M118：7）
5. 井（M17：9）

猪圈 5 件。分两式。

I 式 2 件。形制相同。

M17：14，泥质灰陶，圈呈圆形，盘状。敛口，平沿，圆唇，浅弧腹，平底。圈沿上的一侧建有厕所，圈内的一侧用一圆形立柱支撑，上部有长方形中间起脊两面坡饰瓦垄的盖，厕所呈椭圆形，上小下大，外侧的中部有一长方形门，底部有一长方形漏便孔。圈沿下有一周凹弦纹，近底处有一周刮削痕和一圆形排水孔。圈口径 19.2、底径 17.6、高 3.6 厘米，厕所口长 7.2、宽 3.6、高 6.7 厘米，盖长 11.5、宽 9、高 4.5 厘米（图一一二，1）。

II 式 3 件，其中 1 件残。形制基本相同。圆角长方形，沿部中间起脊，两面坡覆瓦，直壁，平底。门两侧有猪歇息的屋和敞棚，中间起脊，覆瓦。

M66：1，泥质灰陶。内有一猪。长 31.6、宽 22.4～29.6、高 8.4～12 厘米（图一一二，2）。

M66：2，泥质灰陶。长 32.4～35、宽 30、高 9.2～12.8 厘米（图一一二，3；彩版三〇，6）。

楼 3 件。分两式。

I 式 1 件。

M66：3，泥质灰陶。器呈上圆下方筒状，口小底大，侈口，内斜沿，尖唇，腹壁近梯形。分上下两层。下层正面壁较直，近底部一面有一长方形门，门上方有斜坡覆瓦外出檐，其上四周有外出檐，呈坡状，覆檐，四角上翘，平底。近底处有由上至下的刀具刮削痕。口径 12.8、底边 16、高 24 厘米（图一一三，1；彩版三一，1）。

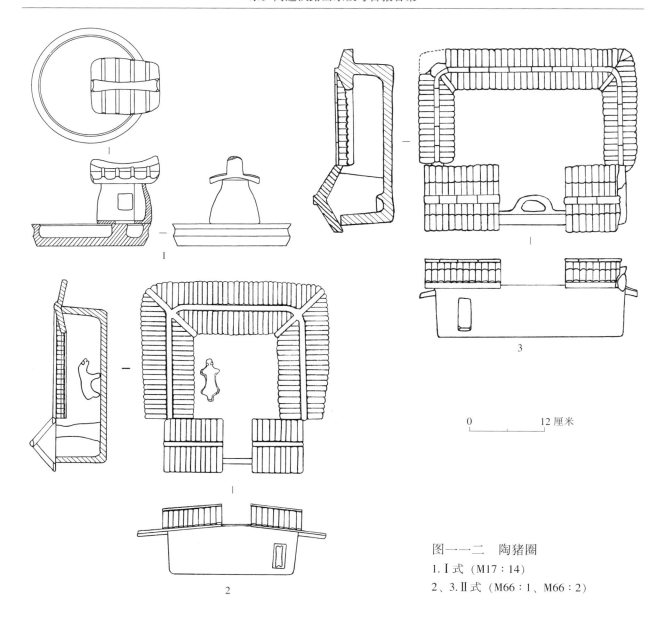

图一一二　陶猪圈
1. I 式（M17：14）
2、3.Ⅱ式（M66：1、M66：2）

Ⅱ式　2件。

M151：1，泥质灰陶。残。器呈上小下大的椭圆形，分上、下两层。敛口，圆唇，上层一面的中部有一长方形门，门上方有斜坡外出檐，覆瓦。下层近底部一面有一长方形门，其上部四周有斜坡外出檐，檐上覆瓦，四角上翘，平底。口长径12、短径8厘米，底长径15.6、短径12厘米，高24.4厘米（图一一三，2）。

器座　2件。均残。

M118：7，泥质褐陶夹少量细砂。器呈亚腰形，内空，喇叭形口，斜沿，方唇，腹壁内弧，喇叭底。口径9、底径10.2、高11厘米（图一一一，4）。

M32：1，泥质红陶。圆形，平面，圈足底外撇。足部饰两周凹弦纹。顶径9.8、底径11、高2.4厘米（图一一一，3）。

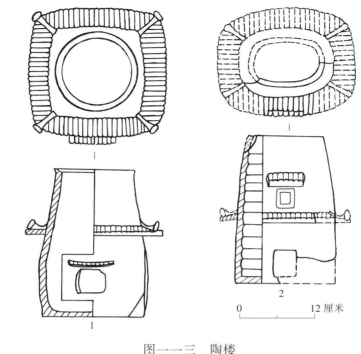

图一一三　陶楼
1. I 式（M66:3）　　2. II 式（M151:1）

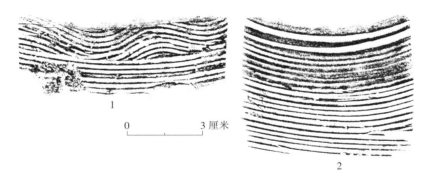

图一一四　釉陶器纹饰拓片
1. 波浪纹（M22:4）　　2. 凹弦纹（M22:5）

2. 釉陶器

19 件。器形为罐和壶。壶有的上腹部饰波浪纹或肩以下饰数周凹弦纹（图一一四）。

罐　3 件。分两式。

I 式　2 件，其中 1 件残破较甚，无法复原。

M18:2，通体施酱釉。敛口，平沿，方唇，短束颈，溜肩，鼓腹，最大腹径居上，下腹部直内收，平底，肩部附对称桥形双系。肩部有两周凹弦纹，腹部饰细密网格纹。口径 14.6、腹径

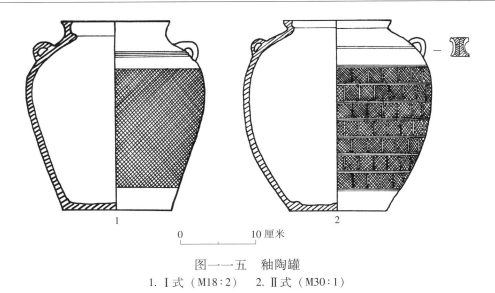

图一一五　釉陶罐
1. Ⅰ式（M18∶2）　2. Ⅱ式（M30∶1）

23.6、底径 14.4、高 25.6 厘米（图一一五，1）。

Ⅱ式　1 件。

M30∶1，通体施酱釉。口微敛，平沿，方唇，短束颈，广肩，鼓腹，最大腹径居上，下腹部内收，平底，肩部附对称桥形双系。肩部饰一周凹弦纹，腹饰方格细密网格纹。口径 14.4、腹径 24.8、底径 12.8、高 26 厘米（图一一五，2；彩版三一，2）。

壶　16 件。盘口。分三式。

Ⅰ式　1 件。

M111∶7，通体施酱黑釉。口微侈，平沿，方唇，盘口较浅，长束颈，扁鼓腹，最大腹径偏上，下腹部内收，假圈足，平底。腹部附对称桥形双系。肩、腹部各饰两周凹弦纹。口径 11.8、腹径 19.6、底径 11、高 24 厘米（图一一六，1；彩版三一，3）。

Ⅱ式　3 件。盘口较深，内壁弧曲。

M22∶5，通体施酱釉半釉。侈口，圆唇，短束颈，弧鼓腹，平底。颈部饰一周凹弦纹，腹部饰数周细密凹弦纹，腹内壁下部饰七周凸弦纹。口径 10、腹径 16、底径 9.6、高 20 厘米（图一一六，2）。

M22∶7，通体施酱釉半釉。侈口，圆唇，盘口内壁近斜直，短束颈，鼓腹，最大腹径偏上，下腹部内收，平底。肩、腹部饰数十周凹弦纹。口径 10.4、腹径 16、底径 9.6、高 19.6 厘米（图一一六，3）。

M22∶4，通体施酱釉半釉。侈口，圆唇，盘口内壁稍弧，短束颈，溜肩，弧鼓腹，最大腹径偏上，下腹部内收，平底。肩部饰三周凹弦纹，腹上部饰波曲纹，腹下部饰凹弦纹。口径 9.6、腹径 14.4、底径 9.2、高 19.6 厘米（图一一六，4）。

Ⅲ式　11 件。形制基本相同。

M17∶3，通体施酱釉半釉。侈口，卷沿，圆唇，盘口内壁稍弧，短束颈，溜肩，弧鼓腹，下

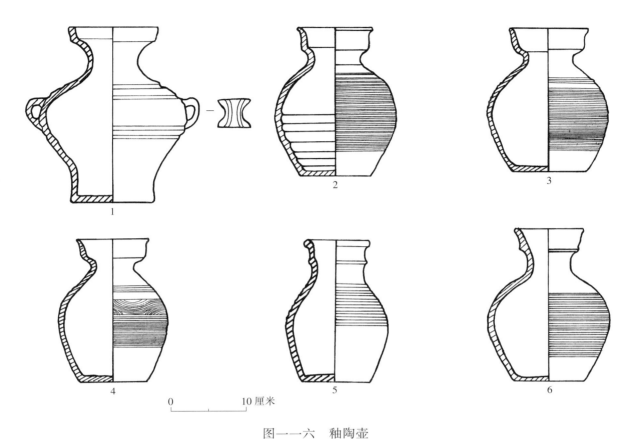

图一一六　釉陶壶

1. Ⅰ式（M111：7）　　2～4. Ⅱ式（M22：5、M22：7、M22：4）　　5. Ⅲ式（M17：3）　　6. Ⅳ式（M21：5）

腹部内收近直，平底。肩、上腹部饰凹弦纹。口径 8.8、腹径 13.3、底径 8.5、高 19.5 厘米（图一一六，5；彩版三二，1）。

Ⅳ式　1件。

M21：5，通体施酱釉半釉。侈口，圆唇，盘口内壁斜直，束颈略长，广肩，弧鼓腹，最大腹径居中，下腹部内收，平底。腹部饰凹弦纹。口径 9.4、腹径 16、底径 9.6、高 21 厘米（图一一六，6）。

3. 原始瓷器

6件。器形为壶和罐。壶双系饰叶脉纹，颈部饰波浪纹（图一一七）。

壶　5件。青灰胎。依据口、腹、底的不同，分四式。

Ⅰ式　1件。

M111：4，口内、肩部施青釉，腹、底部饰暗红釉。喇叭形口，圆唇，束颈，溜肩，鼓腹，最大腹径居中，下腹内收，平底，肩部有两对称桥形双系。颈下部饰数周细波浪纹，肩部饰两组弦纹，下腹饰数周深弦纹，双系饰叶脉纹。口径 12.8、腹径 20、底径 10.4、高 26.4 厘米（图一一

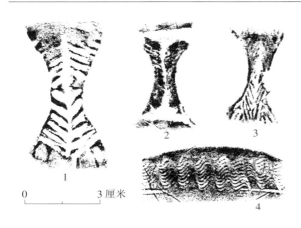

图一一七　原始瓷器纹饰拓片

1～3. 叶脉纹（M111：2、M111：4、M111：5）　4. 波浪
纹（M111：6）

八，1；彩版三一，3）。

Ⅱ式　1件。

M111：6，口内、肩部施青釉，腹、底部饰暗红釉。盘口微侈，圆唇，盘口内壁弧曲，束颈，溜肩，鼓腹，最大腹径居中，下腹内收，平底，矮圈足，上腹部有两对称桥形双系。颈下部饰数十周细波浪纹，腹上部饰两组弦纹，双系饰叶脉纹。口径 11.6、腹径 18.4、底径 11.2、高 23.6 厘米（图一一八，2；彩版三一，3）。

Ⅲ式　2件。喇叭形口，束颈，鼓腹，平底，矮圈足。

M111：5，口内、肩部施青釉，腹、底部饰暗红釉。尖圆唇，溜肩，鼓腹，最大腹径偏下，下腹内收，肩部有两对称桥形双系。颈部饰刻划波浪纹，腹部饰凹弦和瓦棱纹，双系饰叶脉纹。口径 9.2、腹径 14.4、底径 8.8、高 18.8 厘米（图一一八，3；彩版三一，3）。

M111：2，口内、肩部施青釉，腹、底部饰暗红釉。尖圆唇，束颈，广肩，上腹近直，下腹内收，平底，矮圈足，肩部有两对称桥形双系。颈、肩饰三组弦纹，腹部饰数周弦纹，双系饰叶脉纹。口径 12、腹径 15.2、底径 8.8、高 21.6 厘米（图一一八，4；彩版三一，3）。

Ⅳ式　1件。

M111：3，口内、肩部施青釉，腹、底部饰暗红釉。喇叭形口，圆唇，束颈，溜肩，鼓腹，最大腹径偏上，下腹部内收近直，平底内凹，肩部有两对称桥形双系。颈下部饰数周细波浪纹，肩饰两组弦纹，腹饰十周深弦纹，双系饰叶脉纹。口径 11.2、腹径 14、底径 8.8、高 21.6 厘米（图一一八，5；彩版三一，3）。

罐　1件。

M20：2，通体施黑釉，红褐胎。口微侈，圆唇，短颈，广肩，鼓腹，最大腹径偏上，下腹部内收，平底，肩部有两对称桥形双系。领饰一组弦纹，腹饰数周深弦纹。口径 9.5、腹径 16.8、底径 9.2、高 16.2 厘米（图一一八，6；彩版三二，2）。

4. 铜器

15 件（不含铜钱）。主要有镜、带钩、印章、剑鞘饰、帽钉、鎏金铜饰件和铜钱等。

镜　3件。分三式。

Ⅰ式　1件。

M66：13，昭明镜。圆形，圆纽，圆纽座，座外饰两周弦纹带，间饰竖线纹、短斜线纹各一周。外区有篆书铭文一周，为"内清以昭明，光夫日月"，宽素缘。镜面直径 8.1、缘厚 0.3 厘米

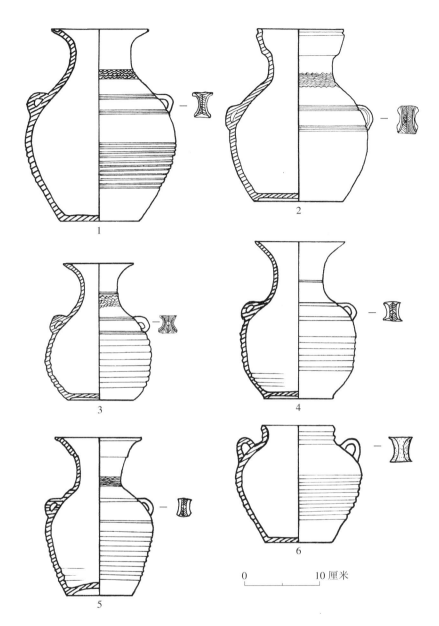

图一一八 原始瓷器
1. Ⅰ式壶（M111:4） 2. Ⅱ式壶（M111:6） 3、4. Ⅲ式壶（M111:5、
M111:2） 5. Ⅳ式壶（M111:3） 6. 罐（M20:2）

（图一一九，1；彩版三二，3）。

　　Ⅱ式　1件。

　　M33:1，残。简化博局纹镜。圆形，圆纽，圆纽座，座外有方形双框，框外四角各有一乳丁，其间饰青龙、白虎、朱雀、玄武图案，外饰短斜线纹、三角纹各一周，波浪纹两周。素三角缘。镜面直径8.7、缘厚0.3厘米（图一一九，2；彩版三三，1）。

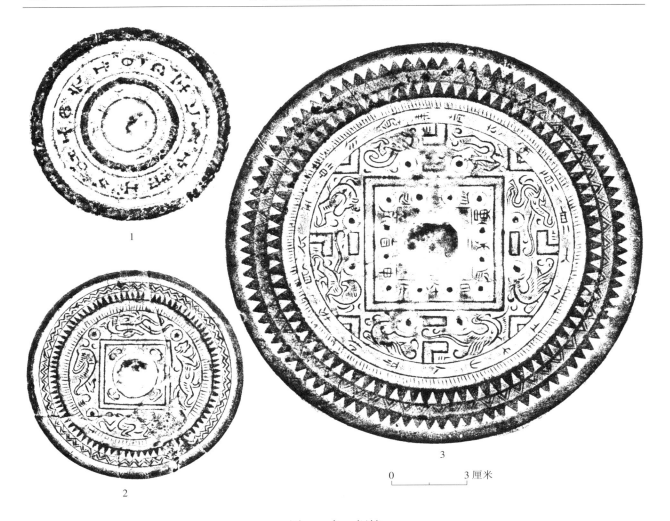

图一一九　铜镜
1. I 式（M66：13）　2. II 式（M33：1）　3. III 式（M22：1）

　　III 式　1 件。

　　M22：1，博局纹镜。圆形，圆纽，圆纽座，纽座外有方框，框内饰十二乳丁，其间填十二字，为"子丑寅卯辰巳午未申酉戌亥"。方框外八乳丁及博局纹区分的四方八区，内饰青龙、白虎、朱雀、玄武四神图案，外有铭文一周，为"尚方作镜真大巧，上有仙人不知老，渴饮玉泉饥食枣"，再外一圈短竖纹带。缘饰三周锯齿纹。镜面直径 16.7、缘厚 0.5 厘米（图一一九，3；彩版三三，2）。

　　带钩　3 件。皆为琵琶形。分三式。

　　I 式　1 件。

　　M33：6，形体较长，身呈弧形，兽面弯曲状钩，椭圆形纽稍偏下。长 8.25、腹宽 1.1 厘米（图一二〇，1；彩版三三，4）。

　　II 式　1 件。

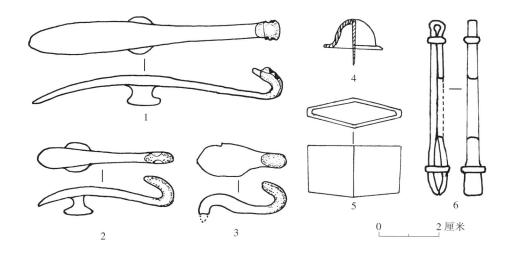

图一二〇　铜器

1. Ⅰ式带钩（M33：6）　　2. Ⅱ式带钩（M125：5）　　3. Ⅲ式带钩（M117：2）　　4. 帽钉
（M154：4）　　5. 珌（M77：2）　　6. 镊子（M22：8）

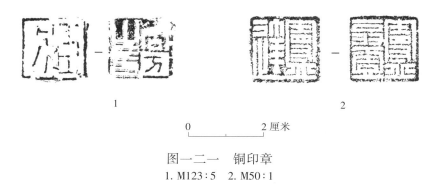

图一二一　铜印章

1. M123：5　　2. M50：1

M125：5，体形略小，身为弧形，弯曲状钩，纽位于尾部中间，纽较高。长4.5、腹宽0.7厘米（图一二〇，2；彩版三三，3）。

Ⅲ式　1件。

M117：2，体形较小，短身呈弧形，弯曲状钩，无纽，末端微残。长2.9、腹宽1.1厘米（图一二〇，3）。

印章　2枚。均为方形，双面印，断面呈扁"回"字形。

M50：1，阴纹篆书体，一面印文为"曼丘翁□"，另一面印文为"曼丘达"。边长1.8、厚0.6厘米（图一二一，2；彩版三三，5）。

M123：5，阳纹篆书体，一面印文为"臣方"，另一面印文为"臣方之印"。边长1.6、厚0.8厘米（图一二一，1；彩版三三，6）。

帽钉　1件。

M154：4，头盔形帽，内空，中间有一锥形钉。直径2、通高1.5厘米（图一二〇，4；彩版三三，7）。

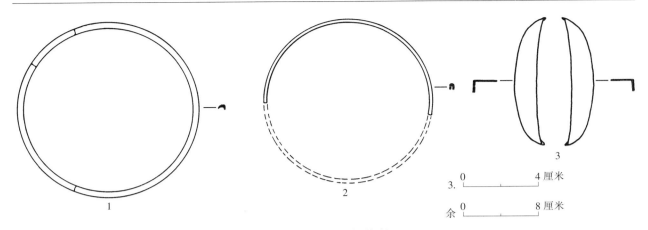

图一二二 鎏金铜饰件

1、2. 圆形（M21:3-2、M21:3-1） 3. 月牙形（M9:2）

镊子 1件。

M22:8，残。用扁条对折加工而成，上端有环状鼻，用箍固定，下端呈弧形，有刃，上有一可上下活动的箍。通长6、宽0.3~0.6、厚0.4厘米（图一二○，6）。

鎏金铜饰件 3件。皆为漆器的饰件，器表面均鎏金。分为圆形、月牙形。

圆形 2件。

M21:3-1，呈倒"U"形，卡入漆器口沿上。直径18、宽0.5、高0.6、壁厚0.1厘米（图一二二，2）。

M21:3-2，弧面内斜，下有浅凹槽，卡入漆器口沿上。直径19.2、宽0.6、高0.4、壁厚0.1厘米（图一二二，1；彩版三四，1）。

月牙形 2件。器形大小、形制相同，为一对。器截面呈"┐"形。从其形制看，似为漆耳杯上的饰件。

M9:2，长6.8、宽1.1、高1.2、壁厚0.5厘米（图一二二，3；彩版三四，2）。

珌 2件，其中1件残。形制相同。

M77:2，器呈菱形，平沿，口略大于底，直壁，斜直底。口长3.1、中间宽1、高1.6~1.8、壁厚0.1厘米（图一二○，5）。

铜钱 1416枚。由于多次被盗，在清理的219座墓葬中出土铜钱的仅有74座，约占墓葬的33.7%。铜钱大多以麻绳或绢条串联，并包裹以麻布或绸缎类织品，部分铜钱表面残留织物的经纬朽痕清晰可见。种类有半两、五铢、大泉五十、小泉直一、货泉等。

半两 8枚，出自M19、M41、M108、M115中，其中4枚锈蚀严重。圆形无郭、方孔，背平素，"半两"两字篆书、钱文规范，扁平，肉薄。分两式。

Ⅰ式 7枚。"半两"二字有隶味，稍粗矮，穿孔较小。M115、M19、M108等墓葬出土此式铜钱。

M115:1-1，直径2.2、穿边长0.7、厚0.2厘米，重3.7克（图一二三，1）。

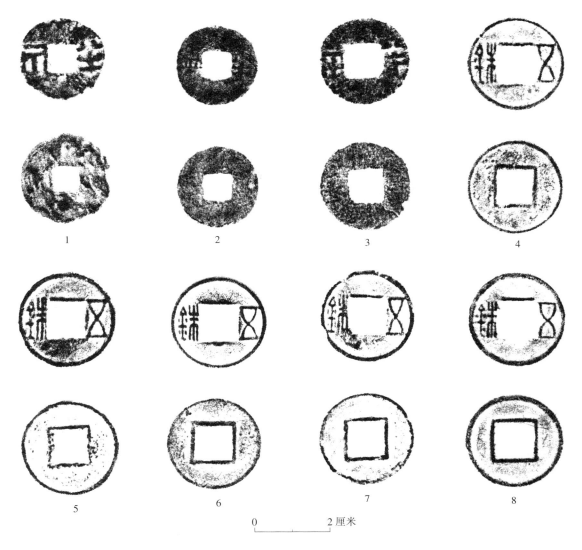

图一二三　铜钱

1、2.I式半两（M115:1-1、M108:3）　3.Ⅱ式半两（M41:10）　4~8.I式五铢（M46:1-1、M48:1-1、M55:2-1、M55:1-1、M145:1-1）

M108:3，直径2.2、穿边长0.8、厚0.05厘米，重1克（图一二三，2）。

Ⅱ式　1枚。"半两"二字稍细且修长。

M41:10，直径2.4、穿边长0.9、厚0.05厘米，重1克（图一二三，3）。

五铢　1276枚。"五铢"两字皆篆书。根据制作工艺和钱文的差异，分四式。

I式　115枚。"五铢"两字篆文大多工整谨严。正面有轮无郭，背面则轮郭俱全。"五"字中间相交两笔较直或微曲，"铢"字的"金"字旁和"朱"字平齐；"铢"字的"金"字头较小，呈箭镞形或小三角形，"朱"字头呈向上方折，下笔微圆折。穿孔背有郭而面无郭，相当数量的铜钱面上有穿上横郭或穿下半星。M24、M43、M46、M48、M49、M55、M89、M168、M201、M207等出土此式铜钱。

M46：1－1，穿上有横郭。直径 2.6、穿边长 1、厚 0.15 厘米，重 3 克（图一二三，4）。

M48：1－1，穿上有横郭。直径 2.6、穿边长 1、厚 0.19 厘米，重 4 克（图一二三，5）。

M55：2－1，直径 2.5、穿边长 1、厚 0.2 厘米，重 3.5 克（图一二三，6）。

M55：1－1，直径 2.5、穿边长 1、厚 0.2 厘米，重 3.4 克（图一二三，7）。

M145：1－1，直径 2.6、穿边长 1、厚 0.2 厘米，重 4 克（图一二三，8）。

M145：1－2，直径 2.5、穿边长 1.1、厚 0.18 厘米，重 3 克（图一二四，1）。

Ⅱ式　404 枚。正面有轮无郭，背面则轮郭俱全。"五"字中间相交两笔稍弯曲，"铢"字的"金"字头呈三角形，且较"朱"字头稍低；"朱"字头方折。部分铜钱穿上有横郭、穿下半月或半星、穿下有孔、四决文等。出土此式铜钱的墓葬有 M25、M37、M62、M63、M64、M66、M93、

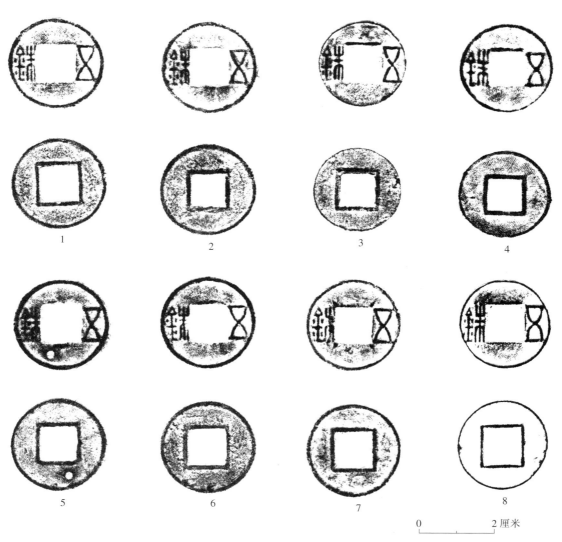

图一二四　铜五铢

1. Ⅰ式（M145：1－2）　2～7. Ⅱ式（M25：1－1、M37：1－1、M93：1、M93：3－2、M108：6－1、M211：5－1）　8. Ⅲ式（M51：2－1）

M99、M108、M113、M114、M140、M150、M163、M164、M169、M170、M187、M200、M211、M213 等。

M25:1-1，穿下有半星。直径 2.5、穿边长 1、厚 0.18 厘米，重 4 克（图一二四，2）。

M37:1-1，穿上有横郭。直径 2.4、穿边长 1、厚 0.2 厘米，重 3.5 克（图一二四，3）。

M93:1，穿上有横郭。直径 2.5、穿边长 1、厚 0.15 厘米，重 3.5 克（图一二四，4）。

M93:3-2，穿下半月，穿左下有一小孔。直径 2.5、穿边长 1、厚 0.17 厘米，重 3.5 克（图一二四，5）。

M108:6-1，直径 2.6、穿边长 1、厚 0.2 厘米，重 3.5 克（图一二四，6）。

M211:5-1，内郭四角带四决文。直径 2.5、穿边长 1、厚 0.2 厘米，重 3.6 克（图一二四，7）。

Ⅲ式 640 枚。"五"字交笔弯曲，上下两横较长，与交笔处呈近似直角；"铢"字的"金"字头呈三角形，且较"朱"字略低；"朱"字头方折，部分铜钱有穿上横郭或穿下半星，少量"五铢"有重"五"现象。M5、M9、M19、M28、M33、M41、M51、M68、M82、M86、M87、M103、M112、M117、M118、M124、M130、M136、M139、M145、M147、M154、M171、M176、M177、M183、M188、M198 等出土此式铜钱。

M51:2-1，直径 2.4、穿边长 1、厚 0.15 厘米，重 2 克（图一二四，8）。

M68:3，直径 2.6、穿边长 1、厚 0.2 厘米，重 4 克（图一二五，1）。

M82:1-1，穿下有半星。直径 2.6、穿边长 1.1、厚 0.18 厘米，重 3 克（图一二五，2）。

M145:1-2，穿上有横郭。直径 2.5、穿边长 1、厚 0.18 厘米，重 3 克（图一二五，3）。

M150:2-1，穿下带半月。直径 2.6、穿边长 1、厚 0.18 厘米，重 3.2 克（图一二五，4）。

M177:1-1，穿上有横郭。直径 2.4、穿边长 1、厚 0.1 厘米，重 2.4 克（图一二五，5）。

M183:1-1，重"五"。直径 2.55、穿边长 1、厚 0.16 厘米，重 3.1 克（图一二五，6）。

M198:3-1，穿下有半星。直径 2.6、穿边长 1、厚 0.2 厘米，重 3.5 克（图一二五，7）。

Ⅳ式 117 枚。"五铢"两字较为潦草，"五"字中间相交两笔弯曲，"铢"字的"金"字头呈三角形，"朱"字头圆折。出土此式铜钱的墓葬有 M8、M16、M22、M23、M60、M77、M128、M149 等。

M23:1-1，直径 2.7、穿边长 1、厚 0.13 厘米，重 3 克（图一二五，8）。

M23:2-1，直径 2.5、穿边长 1、厚 0.15 厘米，重 2.5 克（图一二六，1）。

M60:2，直径 2.5、穿边长 0.9、厚 0.15 厘米，重 3 克（图一二六，2）。

M128:2-1，直径 2.6、穿边长 0.9、厚 0.2 厘米，重 5 克（图一二六，3）。

磨郭五铢 26 枚。将五铢钱的外郭人为磨成极细的边，甚至无边，出土数量较少。M37、M51、M56、M99、M108、M176、M177、M183、M196 等墓葬出土此式铜钱。

M37:1-1，穿上有横。直径 2.4、穿边长 1、厚 0.2 厘米，重 3.5 克（图一二六，4）。

M51:2-2，直径 2.3、穿边长 1、厚 0.11 厘米，重 2 克（图一二六，5）。

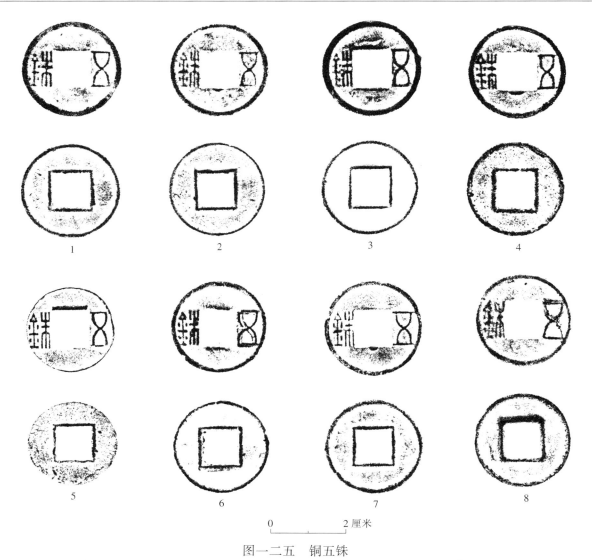

0   2厘米

图一二五　铜五铢

1～7. Ⅲ式（M68∶3、M82∶1－1、M145∶1－2、M150∶2－1、M177∶1－1、M183∶1－1、M198∶3－1）

8. Ⅳ式（M23∶1－1）

M51∶2－3，直径2.4、穿边长1、厚0.15厘米，重2克（图一二六，6）。

剪轮五铢　16枚。即是将钱的外郭或更大一部分剪凿掉，是货币贬值的产物。M41、M42、M99、M108、M134、M163等墓葬出土此式铜钱。

M42∶7，直径2.2、穿边长1、厚0.1厘米，重1.5克（图一二六，8）。

M99∶1－1，穿下带星。直径2.2、穿边长1、厚0.09厘米，重2克（图一二七，1）。

M108∶7－1，重五。直径2.28、穿边长1、厚0.08厘米，重2克（图一二七，2）。

M163∶1－1，穿下带半星。直径2、穿边长1、厚0.1厘米，重2克（图一二六，7）。

大泉五十　86枚。新莽钱币，"大泉五十"铸行时间虽然仅有13年，但其却是王莽新朝通行货币中流通时间最长、铸量最大的货币。厚薄、轻重有差别。可分两式。

Ⅰ式　62枚。钱形厚重，轮郭较深。M123、M125、M141、M142等墓葬出土此式铜钱。

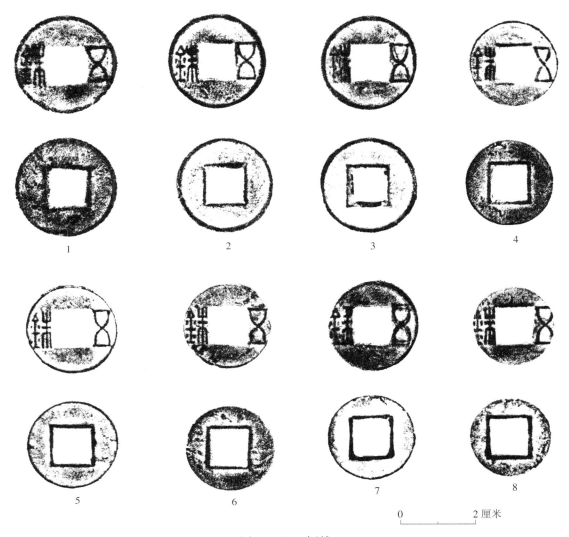

图一二六　铜钱

1~3. Ⅳ式五铢（M23：2－1、M60：2、M128：2－1）　　4~6. 磨郭五铢（M37：1－1、M51：2－2、M51：2－3）
7、8. 剪轮五铢（M163：1－1、M42：7）

M141：1－1，直径2.7、穿边长0.9、厚0.25厘米，重6.1克（图一二七，3）。

Ⅱ式　24枚。钱形轻薄，轮郭较浅。出土此类铜钱的有 M130、M141、M154 等墓葬。

M141：1－2，直径2.4、穿边长0.9、厚0.16厘米，重2克（图一二七，4）。

M141：1－3，直径2.3、穿边长1、厚0.1厘米，重3克（图一二七，5）。

M130：1，直径2.6、穿边长1、厚0.1厘米，重3.5克（图一二七，6）。

货泉　3枚。"货泉"两字篆书。形制基本一致。

M9：6，直径2.4、穿边长1、厚0.11厘米，重2克（图一二七，7）。

M19：5，直径2.2、穿边长0.8、厚0.15厘米，重3克（图一二七，8）。

小泉直一　1枚。残破严重。

M142：1－1，直径1.5、穿边长0.5、厚0.22厘米，重1克。

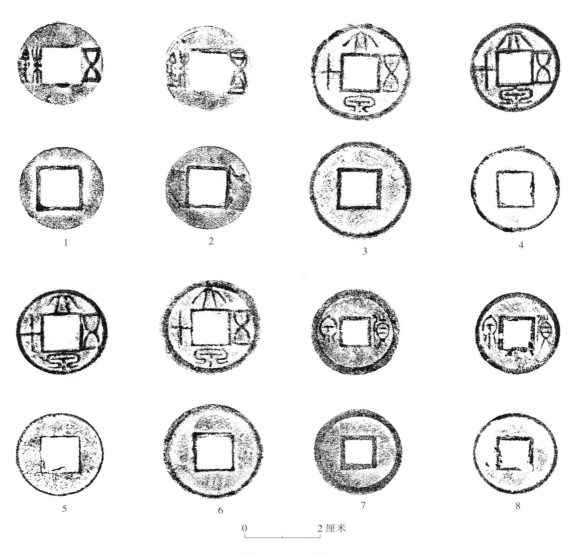

0 ——————— 2 厘米

图一二七　铜钱

1、2. 剪轮五铢（M99：1-1、M108：7-1）　3. Ⅰ式大泉五十（M141：1-1）　4~6. Ⅱ式大泉五十
（M141：1-2、M141：1-3、M130：1）　7、8. 货泉（M9：6、M19：5）

从铜钱形制分类来看，M115只见半两，时代应是西汉早期。

M24、M43、M46、M48、M49、M55、M89、M168、M201、M207出土Ⅰ式五铢，时代应为西汉早期偏晚。

M25、M37、M62~M64、M66、M93、M99、M108、M113、M114、M140、M150、M163、M164、M169、M170、M187、M200、M211、M213仅见Ⅱ式五铢，时代不会早于西汉中期。

M5、M9、M19、M28、M33、M41、M51、M68、M82、M86、M87、M103、M112、M117、M124、M136、M145、M147、M171、M188、M198只出土Ⅲ式五铢以及M51、M176、M183等既出土Ⅲ式五铢，还出土磨郭五铢，时代应为西汉晚期。

M9、M19、M123、M125、M130、M139、M141、M142、M154 等出土大泉五十、货泉以及小泉直一等新莽时期的货币，时代当为王莽时期。

M8、M16、M22、M23、M60、M77、M128、M149 只有Ⅳ式五铢，M42、M99、M196、M108（虽出土半两）等出土磨郭五铢和剪轮五铢，M41（虽出土半两）、M134、M163 等出土剪轮五铢，以上墓葬的时代应为东汉早期。

5. 玉器

6 件。主要有璧、璜、琀等，大部分通体磨制光滑，制作精致。

璧　3 件。

M154：3，白玉，质地细润，磨制光滑，制作精致。素面。外径 6、内径 2.9、厚 0.5 厘米（图一二八，2；彩版三四，3）。

M93：4，青玉。两面均饰蝌蚪纹。通体磨制光滑。外径 3.9、内径 1.4、厚 0.4 厘米（图一二八，4）。

M123：4，土黄色，质地细腻。通体磨制光滑。素面。外径 5.2、内径 1.4、厚 0.5 厘米（图一二八，1；彩版三四，4）。

璜　1 件。

M210：2，青灰色。外弧形，一端圆抹角外弧，有一对穿圆孔，另一端缺失。通体磨制光滑。残长 3.3、宽 1.7、厚 0.7～1 厘米（图一二八，3；彩版三四，5）。

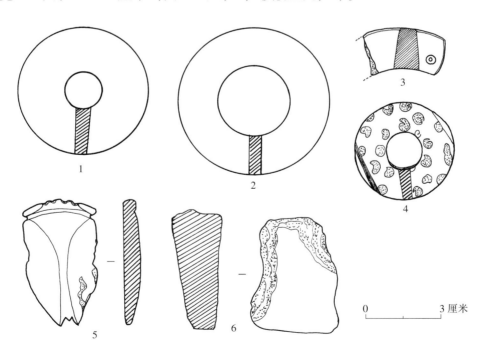

图一二八　玉器

1、2、4. 璧（M123：4、M154：3、M93：4）　3. 璜（M210：2）　5、6. 琀（M130：2、M33：4）

玲　2件。

M130:2，青玉，质地细润。通体大部分有白色土蚀痕，双翼外缘稍残。形体较宽，弧形面，背面较平，经雕琢磨制而成，形体呈蝉形，雕刻得极为逼真，头、尾及双翼清晰可辨。长5.2、宽2.9、厚0.7厘米（图一二八，5；彩版三四，6）。

M33:4，青玉，质地细腻。器呈近似梯形，上厚下薄，两面磨制光滑，边沿有斑驳痕，下端有红色沁。长4.7、上宽2.3、下宽3.5、上厚2、下厚1.2厘米（图一二八，6）。

6. 石器

14件。器形分为璧、玲、黛板、研等。

璧　3件。

M108:8，浅黄色。内厚外薄，面高低不平，加工粗糙，缘面不规整，有斑驳痕。外径4.5、内径1.4、厚0.2~0.4厘米（图一二九，1）。

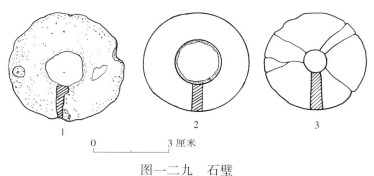

图一二九　石璧
1. M108:8　2. M170:2　3. M210:1

M170:2，白色，质较软。磨光，较规整。外径4.2、内径1.6~1.8、厚0.4厘米（图一二九，2；彩版三四，7）。

M210:1，残破。白色，质较软。外径4、内径1、厚0.6厘米（图一二九，3）。

玲　7件。白色，质地较软，部分粉碎较甚。表面刻磨出蝉的形状，底部较平。

M41:11，头部弧形，斜面，两侧各有一凸棱，呈三角形，腹部中间有脊，两侧斜面，腹部一角残。长2.8、宽2、厚0.6~0.8厘米（图一三〇，1）。

M52:1，腹下部残。残长2.4、宽2.2、厚0.6~0.9厘米（图一三〇，2）。

M41:12，腹下部残。残长3.2、宽1.2~1.6、厚0.4~0.8厘米（图一三〇，3）。

M114:1，长2.8、宽2、厚0.5~0.8厘米（图一三〇，4）。

黛板　3件。青灰色页岩。长方形扁薄板状。

M28:3-2，一角残。长16、宽6、厚0.2厘米（图一三〇，5；彩版三五，1）。

M33:2，长8.8、宽5、厚0.4厘米（图一三〇，8）。

M26:2，残长4.6、宽3.4~3.6、厚0.6厘米（图一三〇，7）。

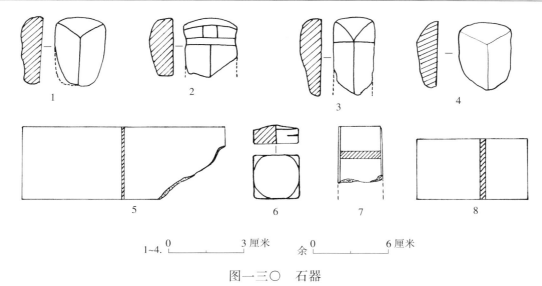

图一三〇　石器

1~4. 珩（M41：11、M52：1、M41：12、M114：1）　5、7、8. 黛板（M28：3 - 2、M26：2、M33：2）
6. 研（M28：3 - 1）

研　1件。

M28：3 - 1，浅灰色，上圆下方，四角留有台，弧形顶，底较平。清理时放置在黛板上面。底部边长 3.6、上部直径 3.6、高 1.5 厘米（图一三〇，6；彩版三五，1）。

7. 铁器

35件。皆锈蚀严重，有剑、锏、球、刀、叉、环、环首形器、镢等。

剑　10件。绝大部分残断不全，锈蚀严重。

M171：2，保存基本完整。扁长方形柄，铜剑格，长剑体中部起脊，双面刃，截面菱形。通长110厘米（图一三一，1；彩版三五，2）。

锏　1件。

M171：4，残，锈蚀严重。器截面方形，清理时与铁剑放在一起。残长 65、边长皆为 3 厘米（图一三一，7）。

环首刀　15件。多数残断或缺失，锈蚀严重。

M19：2，近椭圆形钩状环首，直背，斜面直刃，偏锋。通长 24、宽 1.6 厘米（图一三一，4）。

M141：4，残。椭圆形环形首，直背，斜面直刃，刀身前部残。残长 9、刀身宽 1.6、环首直径 4 厘米（图一三一，3）。

M21：4，残。近圆钩形环首，直背，斜面直刃，刀身前部残断。残长 11.8、刀身宽 2.6、环首直径 3.4 厘米（图一三一，6）。

M108：9，椭圆钩形环首，直背，斜面直刃，锋残。残长 12.2、刀身宽 0.8 ~ 1.1、环长径 3、短径 2.2 厘米（图一三一，5）。

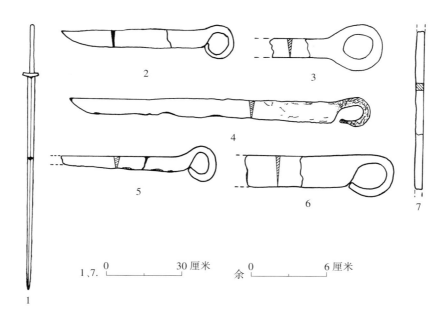

图一三一　铁器

1. 剑（M171：2）　2～6. 环首刀（M9：1、M141：4、M19：2、M108：9、M21：4）　7. 铜（M171：4）

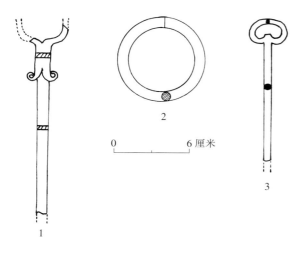

图一三二　铁器

1. 叉（M17：13）　2. 环（M3：1）　3. 环首形器
（M22：9）

M9：1，椭圆钩形环首，直背，斜面直刃，偏锋。通长 13.6、刀身宽 2.6、环首宽 2.8 厘米（图一三一，2）。

环　2 件。形制相同，皆为圆形，各有一鼻衔环固定在墓门石上。

M3：1，直径 7、截面直径 0.8 厘米（图一三二，2）。

叉　1 件。

M17：13，残，表面锈蚀严重。扁长条形柄，上端附两个弯曲的叉，叉下端外卷呈环形。残长15.8 厘米（图一三二，1）。

环首形器　1 件。

M22：9，残，表面锈蚀严重。椭圆形环首，圆柱形身，下部残。残长 11.8、环首长径 3、短径宽 2 厘米（图一三二，3）。

钁　5 件，其中 3 件残。表面锈蚀严重。扁长方体，侧面呈“V”形，长方形銎，直刃。

M5：1，銎口长 7、宽 3.8、高 11.6 厘米（图一三三，1；彩版三五，3）。

M2：1，銎口长 7.6、宽 3、高 12 厘米（图一三三，2；彩版三五，4）。

球　1 件。

M87：2，锈蚀严重。圆形，上有斜对穿的椭圆孔。直径 6 厘米（图一三三，3；彩版三五，5）。

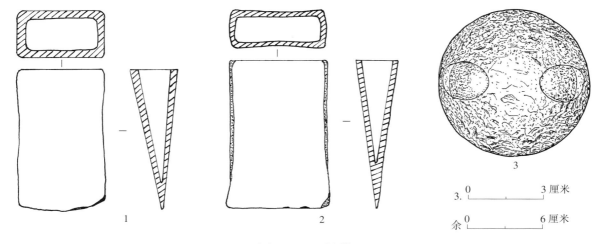

图一三三　铁器

1、2. 镬（M5：1、M2：1）　3. 球（M87：2）

8. 其他金属器

3 件。器形有车事、帽等。

车事 2 件。形制基本相同。

M21：1，平顶外凸，上部壁较直，下为喇叭形。顶下短颈部有两周凸弦纹。顶径 2.5、底径 3.2、高 2.6 厘米（图一三四，1；彩版三五，6）。

M21：2，残。素面。顶径 2.2、底径 2.2、高 1.8 厘米（图一三四，2；彩版三五，6）。

帽 1 件。

M211：3，器呈圆筒状，平顶，截面为梯形。顶径 1、底径 1.5、高 5 厘米（图一三四，3）。

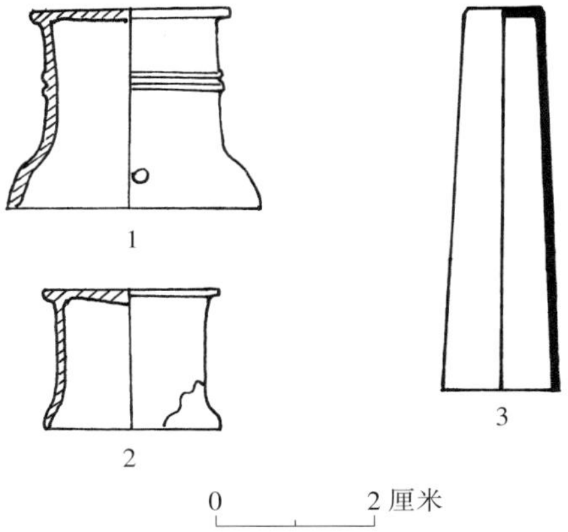

图一三四　金属器

1、2. 车事（M21：1、M21：2）　3. 帽（M211：3）

三　分期与年代

寨山墓葬存在打破关系的有以下几组：

（1）M21→M22　　　　（2）M53→M37　　　　（3）M38→M48

（4）M54→M58　　　　（5）M61→M62　　　　（6）M63→M166

（7）M124→M123　　　（8）M146→M135　　　（9）M149→M147

（10）M151→M152　　 （11）M170→M169　　 （12）M72→M120

以上存在打破关系的墓葬，尽管个别墓葬组错边埋葬，相对年代上存在早晚关系，但是从出土的陶器看，时代相差不大，因此无法为分期提供直接有效的依据。在墓葬的分期与年代问题上，主要依据随葬陶器组合型式、演变规律，同时结合出土的铜钱、铜镜等方面进行分析研究。在出土的陶器中，尤以鼎、盒、壶、大型罐、中型罐的时代特征最明显，可作为断代的典型器物，发展演变的主要特征概述如下：

鼎的发展演变特征主要表现为口、耳、足的变化。其中子口沿面由较平，变为内凹或沿面内高外低倾斜发展；长方形附耳由高、直，向矮、微外撇、外撇发展，长方形耳孔由大变小直到消失；鼎足由规整变粗糙，有高大变矮小，足根也有由高变矮的趋势。

盒的变化主要体现在口沿和盖上，其中子口沿面由窄平发展到宽平，在发展为沿面内凹或沿面内高外低倾斜，盒盖由顶部弧形隆起向弧形顶近平顶及平顶发展演变。

壶的特征变化不如鼎、盒明显。口部由直口发展为侈口，由侈口又演变为喇叭形口，沿面由平整发展为沿面内倾或内凹；颈由长直颈发展为长颈略束，在发展到矮束颈，最后演变为细高颈；腹部最大径由偏上逐渐下移并发展到居中；由真圈足演变为假圈足发展为平底。

大型罐、中型罐的特征演变主要表现在口沿和底部。由窄卷沿、薄方唇发展到宽卷沿、厚方唇，唇面出现一周凹弦纹，最后发展到盘口，颈部由短束颈变为束颈稍高；底由小逐渐变大的趋势。Ba 型大型罐口沿由薄圆唇变为厚方唇，小平底发展到微内凹。

依据陶器的发展演变特征，结合墓葬中出土的铜钱等，可将墓葬分为五期：

第一期，1 座（M115）。墓葬形制为双石椁墓。随葬品陶器有 Aa 型 I 式鼎，Aa 型 I 式盒，A 型、Ba 型 I 式壶，Aa 型 I 式小型罐，I 式匜等。鼎、盒、壶为基本组合，每种器类各有 2 套组合出现。同出的铜钱仅为半两，显示时代较早。

第二期，27 座。墓葬形制有土坑墓 3 座（M31、M153、M119）、石椁与土坑竖穴墓 2 座（M46、M55）、单石椁墓 6 座（M49、M89、M90、M95、M166、M189）、双石椁墓 13 座（M24、M43、M79、M88、M110、M131、M152、M160、M168、M179、M201、M206、M207）、三石椁墓 3 座（M48、M113、M197）。典型墓葬有 M31、M46、M49、M88、M110、M113、M160、M168、M179、M207 等。常见陶器有 Aa 型Ⅱ式、Ba 型Ⅰ式鼎，Aa 型Ⅱ式盒，Ba 型Ⅱ式、Bb 型Ⅰ式壶，A 型Ⅰ式、Ba 型Ⅰ式大型罐，A 型中型罐，Aa 型Ⅰ式、Ab 型Ⅰ式、C 型小型罐，个别墓出钫、Ⅰ式盘、Ⅰ式钵。

第三期，42 座。墓葬形制有石椁与土坑竖穴墓 2 座（M114、M135）、单石椁墓 21 座（M15、M25、M26、M38、M47、M52、M62、M65、M73、M80、M92、M94、M107、M120、M144、M162、M164、M172、M173、M177、M187）、双石椁墓 16 座（M32、M45、M50、M63、M66、M93、M99、M126、M140、M151、M170、M186、M209、M210、M211、M213）、三石椁墓 3 座（M59、M91、M178）。典型墓有 M15、M47、M73、M80、M107、M114、M120 等。常见陶器有 Aa 型Ⅲ式、Ba 型Ⅱ式、Bb 型Ⅱ式鼎，Aa 型Ⅲ式、Ab 型Ⅱ式、Ba 型Ⅱ式、Bb 型Ⅱ式盒，Ba 型Ⅲ式、Bb 型Ⅱ式壶，A 型Ⅱ式、Ba 型Ⅱ式大型罐，Ba、C 型Ⅰ式中型罐，Ⅱ式匜，Ⅱ式盘等。鼎、盒、壶等组合成套出现较少，有些墓开始变为鼎、壶、罐，鼎、壶、盘、罐等，部分墓葬新增加了楼、仓、灶、磨、猪圈等模型明器。

第四期，43 座。墓葬形制有单石椁墓 8 座（M19、M36、M51、M112、M125、M171、M183、M188）、双石椁墓 29 座（M2、M5、M9、M28、M33、M64、M68、M86、M87、M103、M108、

M118、M121～M124、M130、M136、M139～M141、M145、M147、M150、M169、M176、M194、M198、M200)、三石椁墓 6 座（M37、M42、M82、M117、M142、M154)。典型墓有 M5、M9、M19、M42、M64、M68、M82、M103、M108、M117、M118、M123、M125、M130、M136、M139、M142、M147、M154、M171、M183 等。常见陶器有 Aa 型Ⅳ式、Ba 型Ⅲ式、Bb 型Ⅲ式鼎，Ab 型Ⅲ式、Ba 型Ⅱ式盒，C 型壶，A 型Ⅲ式、Ba 型Ⅱ式大型罐，C 型Ⅱ式中型罐等，还有Ⅰ式釉陶壶。陶器基本组合除鼎、盒、壶外，还多见鼎、壶，鼎、罐，壶、罐等，种类减少，但数量较多。随葬的铜钱种类多，比较杂。

第五期，20 座。墓葬形制有土坑墓 1 座（M21)、小型石室墓 4 座（M3、M17、M20、M30)、单石椁墓 6 座（M18、M23、M60、M77、M111、M149)、双石椁墓 6 座（M16、M56、M128、M134、M163、M196)、三石椁墓 1 座（M41)、四石椁 1 座（M22)、中型石室墓 1 座（M8)。典型墓有 M8、M17、M18、M20、M21、M23、M30、M41、M56、M60、M77、M149 等。主要随葬陶器有 D 型壶，Ba 型、C 型Ⅱ式中型罐等，鼎、盒不多见，个别墓葬新出现了釉陶罐、壶，原始瓷壶、罐等。

此外，有 86 座墓葬可能是因为被盗、破坏或其他原因，清理时没有发现随葬品，无法分期。这些墓葬中土坑墓 7 座（M7、M11、M13、M14、M35、M105、M106)、单石椁墓 53 座（M1、M4、M6、M12、M27、M29、M39、M40、M53、M54、M57、M58、M61、M67、M70、M75、M76、M81、M83、M97、M98、M100、M102、M104、M109、M127、M129、M143、M146、M155、M156、M157、M158、M159、M165、M167、M174、M175、M180～M182、M184、M185、M190、M191、M193、M199、M202、M203、M214、M216、M217、M219)、双石椁墓 24 座（M10、M34、M44、M69、M71、M72、M74、M78、M84、M85、M96、M101、M132、M133、M137、M138、M148、M192、M195、M204、M205、M212、M215、M218)、三石椁墓 1 座（M161)、小型石室墓 1 座（M116)。

这五期墓葬形制结构、主要随葬品组合和形式的变化，正分别代表了墓葬的各个发展阶段。虽然多数墓葬没有确切的纪年材料，但可根据其形制结构、随葬陶器组合和形式的演变规律，参考本地区同时代墓葬的资料，以及时代较为明确的铜钱、铜镜等遗物判定其相对年代（表一、二；图一三五)。

第一期，陶器的基本组合是鼎、盒、壶、匜等，为西汉时期墓葬中常见的组合。其中 Aa 型Ⅰ式鼎、Aa 型Ⅰ式盒，A 型壶、Ba 型Ⅰ式壶、Ⅰ式匜与滕州封山墓地[1]、滕州东郑庄墓地[2]出土的同类器物近似。墓葬仅出半两铜钱，不见五铢钱。陶器彩绘图案中的卷云纹、弦纹，也是西汉早期常见的纹饰，故该期墓葬的年代应在汉武帝"元狩五年"始铸"五铢"之前，属西汉早期。

第二期，陶器继承了第一期的特征而稍有变化，成组（套）的数量开始减少，唯不见第一期的 A 型壶、Ba 型Ⅰ式壶。新出现了 A 型Ⅰ式大型罐、A 型中型罐、Ⅰ式盘、Ⅰ式钵和钫。Aa 型

① 山东省文物考古研究所、滕州市博物馆：《滕州封山墓地》，《鲁中南汉墓》，文物出版社，2009 年。
② 山东省文物考古研究所、滕州市博物馆：《滕州东郑庄墓地》，《鲁中南汉墓》，文物出版社，2009 年。

Ⅱ式鼎、Aa 型Ⅱ式盒与滕州封山墓地①、滕州东郑庄墓地②出土的同类器物类同。同出的铜五铢钱，"五"字交笔斜直或有弯曲，"铢"字的"朱"头呈方折型，"金"字头较小，仿佛如一箭镞。少数钱上有一横画。有的钱文严谨规矩，"五铢"两字修长秀丽，"五"字两交笔缓曲，上下

表一　典型墓葬陶器组合表

M115	器物箱内：陶鼎 Aa Ⅰ 2，盒 Aa Ⅰ，壶 A、Ba Ⅰ，小型罐 Aa Ⅰ，匜 Ⅰ。南石椁内：铜半两 Ⅰ 5（无郭，背平素，钱文规范）
M160	器物箱内：陶鼎 Aa Ⅱ，盒 Aa Ⅱ，壶 Bb Ⅰ，小型罐 Aa Ⅰ，盘 Ⅰ
M63	石椁外：陶鼎 Ab，盒 Aa Ⅲ，壶 Ba Ⅲ，盘 Ⅱ，小型罐 D3。椁内：铜五铢 Ⅱ 62（"五"字中间相交两笔稍弯曲，"铢"字的"金"字头呈三角形，且较"朱"字头稍低；"朱"字头方折）。
M93	石椁外：陶鼎 Ba Ⅰ 3，盒 Ab Ⅲ 2，壶 Ba Ⅱ 2，小型罐 Aa Ⅱ 3，匜，陶器盖。椁内：铜五铢 Ⅱ 41（有的穿上一横郭或穿下半月）；铁剑；玉璧
M131	器物箱内：陶鼎 Ba Ⅰ 2，盒 Bb Ⅰ 2，钫，壶 Ba Ⅱ，小型罐 Aa Ⅰ 2
M79	石椁外：陶鼎 Ba Ⅰ，盒 Bb Ⅰ，壶 Bb Ⅰ，小型罐 Bb Ⅰ，盆 Ⅰ
M151	石椁外：陶鼎 Ba Ⅲ 2，盒 Ba Ⅰ，壶 Ba Ⅲ 2，盘 Ⅲ，仓 Ⅰ，楼 Ⅱ，猪圈 Ⅱ，磨
M66	石椁外：陶鼎 Bb Ⅰ，盒 Aa Ⅲ 2，壶 Ba Ⅲ，仓 Ⅰ，灶 Ⅱ，猪圈 Ⅱ 2。椁内：铜五铢 Ⅱ 14，铜镜 Ⅰ；铁剑
M103	石椁外：陶鼎 Ba Ⅱ、Ba Ⅲ，盒 Bb Ⅱ 2，壶 C Ⅰ，小型罐 Bb Ⅰ 2。椁内：铜五铢 Ⅱ 26
M108	石椁外：陶鼎 Aa Ⅳ，小型罐 Bb Ⅰ。椁内：铜半两 Ⅰ，五铢 Ⅲ 30，磨郭五铢 4，剪轮五铢 4；石璧；铁剑，环首刀
M136	石椁外：陶鼎 Bb Ⅱ 2，盒 Bb Ⅱ，壶 Bb Ⅱ 2，小型罐 Bb Ⅰ 2。椁内：铜五铢 Ⅲ 9（"五"字中间相交两笔弯曲，上下两横较长，与交笔处呈近似直角，"朱"字头方折）；铁环首刀
M125	石椁外：陶鼎 Bb Ⅲ，壶 Bb Ⅲ，中型罐 C Ⅱ，小型罐 Bb Ⅰ，器盖 1。椁内：铜大泉五十 Ⅰ 9，带钩 Ⅱ；残铁剑，铁环首刀
M17	室内：釉陶壶 Ⅲ 7，陶灶 Ⅰ，井、磨、猪圈 Ⅰ 2；铁叉
M114	木棺墓棺外：陶鼎 Bb Ⅱ，壶 Bb Ⅲ 3，大型罐 Ba Ⅰ，小型罐 D2，钵 Ⅲ。棺内：铜五铢 Ⅱ 9；石琀
M21	釉陶壶 Ⅳ；鎏金铜饰件 2；金属车軎；铁环首刀 2
M42	石椁外：陶鼎 Aa Ⅳ，盒 Ba Ⅱ，小型罐 Bb Ⅰ 3，器盖 1；铜剪轮五铢 1
M22	石椁外：釉陶壶 Ⅱ 3；陶壶 D，大型罐 Bb。椁内：铜五铢 Ⅳ 35（"五铢"两字较为潦草，"五"字中间相交两笔弯曲，"铢"字的"金"字头呈三角形，"朱"字头圆折），铜镜 Ⅲ，铜镊；铁环首形器

---

① 山东省文物考古研究所、滕州市博物馆：《滕州封山墓地》，《鲁中南汉墓》，文物出版社，2009 年。
② 山东省文物考古研究所、滕州市博物馆：《滕州东郑庄墓地》，《鲁中南汉墓》，文物出版社，2009 年。

表二　主要陶器分期表

器类	鼎				盒				壶				匜	盘	盆
分期	Aa	Ab	Ba	Bb	Aa	Ab	Ba	Bb	A	Ba	Bb	C、D			
一	I				I				√	I			I		
二	II		I	I	II	I	I	I		II	I			I	
三	III	√	II	II	III	II	II	II		III	II		II	II	I
四	IV		III	III		III	III	III			III	C			II
五												D			

器类	大型罐			中型罐					小型罐						仓
分期	A	Ba	Bb	A	Ba	Bb	C	D	Aa	Ab	Ba	Bb	C	D	
一															
二	I	I		√						I	I		√		
三	II	II			√	√	I	I	II		I	I	√		I
四	III	III				√		II	II		I	I	II		II
五			√		√			II							

与两横笔交接处略向内收。"铢"字"金"头有三角形、箭镞形两种，四点方形较短；"朱"字头方折，下垂笔基本为圆折，头和尾与"金"字旁平齐，笔画粗细一致。有的五铢铜钱，"五"字两边交笔已变弯曲，两股末端有明显的收敛，上下横有的较长而接于外郭；"铢"字"朱"字头方折，"金"字旁呈三角形，明显低于"朱"字。还有的五铢铜钱，"五"字交笔弯曲，上下横超出交笔末端外，"铢"字的"金"头多呈等腰三角形而低于"朱"字。所出铜钱有武帝、昭帝、宣帝的特征[①]，不见西汉晚期的磨郭和剪轮五铢。因此可将此期的年代定为西汉中期。

第三期，鼎、盒、壶等组合成套出现较少，B 型盒、B 型壶、B 型中型罐、C 型中型罐的数量开始增多，部分墓葬新增加了楼、仓、灶、磨、猪圈等模型明器。与陶器相伴而出的有昭明铜镜、五铢、剪轮和磨郭五铢铜钱。五铢"五"字中间相交两笔稍弯曲，"铢"字的"金"字头呈三角形，且较"朱"字头稍低；"朱"字头方折。钱正面有轮无郭，背面则轮郭俱全。部分钱穿上有横郭、穿下半月或半星、穿下有孔、四决文等。因而本期的年代应在西汉晚期。

第四期，陶器基本组合除鼎、盒、壶的数量减少，多见鼎、壶，鼎、罐，壶、罐等。与陶器同出土的铜钱有五铢、剪轮五铢、磨郭五铢、大泉五十、货泉、小泉直一。五铢"五"字交笔弯曲，上下两横较长，与交笔处呈近似直角；"铢"字"金"字头三角形，且较"朱"字略低；"朱"字头方折，部分钱穿上有横郭或穿下半星，个别"五铢"有重"五"现象等，M33 伴出简化纹规矩铜镜。此期的年代应属王莽时期。

① 蒋若是：《西汉五铢钱断代》，《秦汉钱币研究》，中华书局，1997 年。

期别	鼎		盒
	Aa 型	Ba 型	Aa 型
一期	1. Ⅰ式(M115:5)		8. Ⅰ式(M115:6)
二期	2. Ⅱ式(M160:4)	5. Ⅰ式(M131:4)	9. Ⅱ式(M160:2)
三期	3. Ⅲ式(M73:3)	6. Ⅱ式(M93:3)	10. Ⅲ式(M63:7)
四期	4. Ⅳ式(M108:2)	7. Ⅲ式(M103:7)	
五期			

图一三五（A）　主要陶器

盒	壶		
Ba 型	A 型	Ba 型	Bb 型
	13.壶(M115:2)	14. I 式(M115:3)	
		15. II 式(M131:1)	17. I 式(M160:3)
11. I 式(M151:12)		16.III式(M63:5)	18. II 式(M126:3)
12. II 式(M42:4)			19.III式(M125:2)

分期图（一）

期别	壶	大 型 罐	
	C、D 型	A 型	Ba 型
一期			
二期		22. I 式(M207:1)	
三期		23. II 式(M147:1)	25. I 式(M120:3)
四期	20. C 型(M194:2)	24. III 式(M120:6)	26. II 式(M200:2)
五期	21. D 型(M22:3)		27. III 式(M22:6)

图一三五（B）　主要陶器

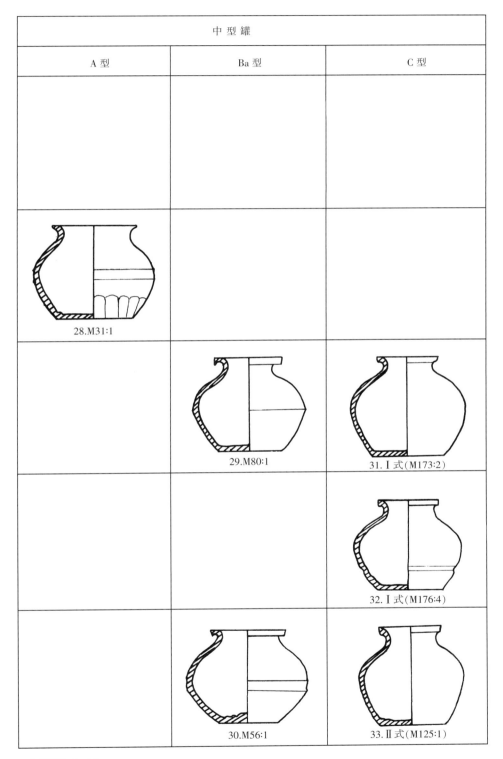

中型罐		
A 型	Ba 型	C 型

28.M31:1

29.M80:1

31. I 式(M173:2)

32. I 式(M176:4)

30.M56:1

33. II 式(M125:1)

分期图（二）

第五期，发现墓葬较少，鼎、盒不多见，主要陶器组合为壶、罐。新增加了釉陶壶、罐和原始瓷壶、罐等。该期墓葬所出铜钱有五铢、剪轮五铢、磨郭五铢。五铢"五"字宽大，中间交叉两笔缓曲，与上下两横相交处呈外放状，上下两横画多不出头；"铢"字的"金"字头呈三角形，"朱"字头圆折。M17、M18、M21、M22、M30 所出釉陶壶同滕州封山墓地 M3：2①及柴胡店 M18：1、M16：1 形制近似②。M22 出土的规矩纹铜镜东汉早期较流行，故该期的年代应为东汉时期。

四　结语

此次发掘的 219 座墓葬，形制有土坑墓、石椁与土坑竖穴墓、石椁墓、石室墓四大类。从墓葬分期看，墓地使用时间较长，从西汉早期一直延续到东汉时期。其中绝大多数墓葬集中在西汉中、晚期和王莽时期，东汉时期墓葬较少。一处墓地墓葬形制、分布、时代如此集中，这在鲁南及周边地区以往发掘的汉墓中是不多见的。

鲁南地区汉代墓葬盛行石椁墓，此次发掘也以石椁墓最多，占墓葬总数的近 90%，其中以单石椁墓、双石椁墓为主，三石椁墓、四石椁墓数量较少。两石椁以上的墓葬，清理时发现在建造时有两种方法，一种是一次性建成，因此墓圹的底部或石椁的底部处在一平面上；另一种是分先后建造，根据墓室内填土及墓壁打破关系分析来看，椁室建造则有早有晚，因为在一般情况下墓主不会同时死亡，先亡者入葬之后，后亡者往往祔葬或合葬，需要再次开茔，在原有石椁的一侧增建椁室，所以圹底或椁底往往不在同一平面上。虽然一些墓葬有明显建造时的早晚关系，但是有的墓葬随葬品只有一套，陈放在两椁之间或一端，说明墓主之间的关系密切，可能是夫与妻、妾的合葬墓。

这些墓葬在墓葬形制、埋葬习俗及随葬品的组合和特征上，存在明显差异。土坑墓有简单的木棺，多数无随葬品，有随葬品的为 1 件或数件及铜钱。而石椁墓和石室墓加工精致，部分刻有精美的画像图案，虽均被盗，但残存随葬品仍较丰富，陶器有鼎、盒、壶、罐等，还有少量的铜器和玉器，可见墓主身份要高于土坑墓墓主。

此次发现的画像石墓 22 座。其中单石椁墓 8 座（M1、M18、M47、M76、M77、M125、M155、M164）、双石椁墓 9 座（M2、M9、M56、M66、M85、M88、M130、M136、M179）、四石椁墓 1 座（M22）、中型石室墓 1 座（M8）、小型石室墓 3 座（M17、M20、M30）。画像多刻在石椁墓侧板或挡板的内侧，个别刻在石室墓门楣、门的外侧，这些墓葬大多数都有随葬品。依据墓葬形制、出土器物、画像内容及雕刻技法，可分为三期：

第一期，以 M76、M88 为代表。在未经加工的石面上，直接用阴刻线勾勒出简单物像轮廓，四周表面不加雕饰。为了增加画面质感或层次，在物像轮廓内凿刻细密麻点、斜线纹。如 M76 东

① 　山东省文物考古研究所、滕州市博物馆：《滕州封山墓地》，《鲁中南汉墓》，文物出版社，2009 年。
② 　山东省博物馆：《山东滕县柴胡店汉墓》，《考古》1963 年第 8 期。

挡板、M88 北石椁西挡板的铺首衔环图案，用阴线刻出轮廓，冠、胡须、衔环内加饰麻点纹，环上半部饰横线纹，下半部饰竖线纹，鼻饰叶脉纹；M88 北石椁东挡板鸟图案，同样用阴线条勾出轮廓，翅膀、尾部刻出羽毛，颈、腹部加饰麻点纹衬托；M76 西挡板刻的并列两棵常青树，用阴线刻出等腰三角形树身，树干以阴刻两条竖直平行线表现，树干下梯形方墩也是用阴线刻出，树枝、叶用细线刻出叶脉状。此期画像石雕刻技法与小山西汉画像石墓①、渴口汉墓②、临山汉墓③和临沂庆云山西汉画像石墓④画像风格相同。因此，该期的年代应为西汉中期。

第二期，以 M130、M136 为代表。在加工平整的石面上，以阴线刻出物像轮廓，然后将物像轮廓内剔铲平，呈凹下平面，再以阴线表现细部。物像轮廓之外因平整石面留下许多凿痕，大都呈竖线纹或斜线纹。如 M130 东挡板，四格内剔铲平呈凹下平面，内刻竖平行线；东挡板雕刻技法与西挡板同。侧板分三格，格内同样剔铲平呈凹下平面，内刻竖平行线。M136 南石椁，四壁均刻画像，画面分格、分层，画像题材、内容非常丰富。画面采用凹入雕技法，局部以细阴线或麻点纹衬托，使画像更加突出，也显得生动形象。此期画像石雕刻技法与小山西汉画像石墓⑤、渴口汉墓⑥、临山汉墓⑦等风格类同，其年代应属王莽时期。

第三期，以 M17、M20、M30 为代表。将物像轮廓线外减地，其减地部分有的凿平，有的保留纵横或斜线凿纹，使物像略微凸起，轮廓线内因部位不同而稍有高低起伏变化，同时采用阴线刻画处理细部，虽然具有浮雕效果，单图像基本仍然属于平面格局。此种技法，是鲁南汉画像石最基本和常见的雕刻形式，时代应为东汉时期。

这次发掘值得提及的是：M3、M17、M20、M30 的形制小，且较浅，清理时没有发现葬具和人骨，从其规模和形制判断，极有可能是墓地祠堂。汉代的大型画像石墓一般都有两个堂。一个堂是地下墓室中仅靠后室，位于后室之前的中室或前室，如 M8；另一个堂是墓地祠堂。这两个堂，对于地下世界的墓主来说，都是燕居以外各种活动不可缺少的场所⑧。祠堂和墓地的关系，一般都是将祠堂单独设置在墓葬的前方，有的还仅靠着墓葬的封土，后部被掩埋在封土之中。墓地祠堂的形制一般有四种：一是三块石板围筑而成如倒"凹"字形的平顶祠堂；二是左右两壁起三角形山墙像屋宇的祠堂；三是双开间、前面有一根立柱支撑着门脸横梁的祠堂；四是在双开间后壁又凹进一个小壁龛的祠堂。四种祠堂实际上只有两种，一是平顶式，二是起脊式。三和四型祠堂是从第二种形制衍生出来的，由单开间变成双开间。这两种形式的祠堂，来自于当地的两种

① 枣庄市文物管理委员会办公室、枣庄市博物馆：《山东枣庄小山西汉画像石墓》，《文物》1997 年第 12 期。
② 山东省枣庄市博物馆：《山东枣庄市渴口汉墓》，《考古学集刊·14》，文物出版社，2004 年。
③ 枣庄市文物管理委员会、枣庄市博物馆：《山东枣庄市临山汉墓发掘简报》，《考古》2003 年第 11 期。
④ 临沂市博物馆：《临沂汉画像石》，山东美术出版社，2002 年。
⑤ 枣庄市文物管理委员会办公室、枣庄市博物馆：《山东枣庄小山西汉画像石墓》，《文物》1997 年第 12 期。
⑥ 山东省枣庄市博物馆：《山东枣庄市渴口汉墓》，《考古学集刊·14》，文物出版社，2004 年。
⑦ 枣庄市文物管理委员会、枣庄市博物馆：《山东枣庄市临山汉墓发掘简报》，《考古》2003 年第 11 期。
⑧ 信立祥：《汉代画像石研究》，文物出版社，2000 年。

房屋建筑形式，那就是平房和起脊房①。此次发现的形制皆为平顶式，类似平顶房建筑。构造简单，形制矮小，由底板石、后壁石、左右侧壁石、门楣石、盖板石组成，前部敞开用石板封堵或设门扉。在门楣石、墓门石上刻有简单的画像图案，有常青树、垂帐纹、菱形纹、十字穿璧、铺首衔环等。滕州市是鲁南汉画像石出土集中地，据陈秀慧根据资料发表和 2001 年的实际考察统计为 269 块，实际数量应为 700 块左右，主要收藏在滕州汉画像石馆（约 600 块）、滕州博物馆、山东省博物馆（29 块），此外，中国国家博物馆、上海博物馆、徐州画像石艺术馆、广东省博物馆、日本滕井有邻馆都有少量收藏。滕州画像石中，最具特色是平顶、单开间、房屋式小祠堂，最新研究成果表明，有 85 块属于祠堂画像石的构件，已经成功地配置在 58 座祠堂建筑体中②。其中一些有纪年，如建初六年牟阳立食堂刻石、永元三年祠堂残石、永元十年、永初七年戴氏祠堂、延光元年、元嘉三年画像石等，年代均属东汉时期，与其年代相同。墓群中墓葬成片集中分布，根据疑似祠堂和出土铜印章情况分析，每一片墓葬可能代表一个家族墓地，年代早、晚延续不断，从墓葬形制和出土遗物看，应属汉代平民墓葬，到东汉时期的 M8，形制有较大的变化，为带斜坡墓的中型石室墓，说明家庭经济条件比较富有，墓主可能是一般官吏及其眷属。

　　附记：　本次考古发掘始终得到山东省文物考古研究所的大力支持和帮助，郑同修、王守功、孙波、张振国等先生均曾分别亲临现场检查指导工作。具体参加考古发掘的人员有石敬东、苏昭秀、郝建华、刘锡柱、尹秀娇、刘爱民、奚栋、颜景乐等。考古发掘报告的整理和编写工作得到了山东省文物考古研究所何德亮研究员的悉心指导和其他同志的热忱帮助。在此致以诚挚地谢意！

　　　　　　　　　　　　　　　　　执笔：石敬东　尹秀娇　苏昭秀
　　　　　　　　　　　　　　　　　　　　　郝建华　刘爱民　奚　栋
　　　　　　　　　　　　　　　　　绘图：苏昭秀　郝建华　刘爱民
　　　　　　　　　　　　　　　　　　　　　奚　栋
　　　　　　　　　　　　　　　　　拓片：石敬东
　　　　　　　　　　　　　　　　　摄影：石敬东（墓葬）
　　　　　　　　　　　　　　　　　　　　　孙晋芬（器物）

---

① 张从军：《黄河下游汉画像石艺术》，齐鲁书社，2004 年。

② 参见陈秀慧：《滕州祠堂画像石空间配置复原及其地域子传统（上、下）》，《中国汉画研究》第三～四期，广西师范大学出版社，2010、2011 年。

附表　寨山汉墓墓葬登记表

（长度单位：米）

墓号	墓型	墓向	墓圹尺寸（长×宽－深）	棺椁尺寸（长×宽－高）	葬式	壁龛或器物箱	随葬器物	分期	备注
M1	单石椁	0°	2.72×1.12－2.8	石椁：2.5×0.94－0.9，椁板面皆素面，有木棺痕，尺寸不详	被盗严重，不见骨骼	无	无	不详	两侧板的内侧刻相同图案，四周刻斜线纹框，框内分三格，两端刻斜线对角壁纹，中间刻竖平行线纹
M2	双石椁	0°	2.4×1.16－2.4	西石椁：2.18×0.92－0.9；东石椁：2.18×0.96－0.9 木棺情况不详	早期被盗，施工时又遭到破坏，葬式不详	无	铁镶	四	东石椁北挡板的内侧刻斜线对角壁纹
M3	小型石室墓	180°	1.8×（2.25~2.9）－2.1	石室：1.6×（1.24~2.7）－（1.3~1.5）；无木棺	不见骨架	无	墓门石上铁环2	五	
M4	单石椁	105°	2.18×1.12－2.38	石椁：2×1－0.92，椁板皆素面，木棺情况不详	骨架腐朽严重，葬式不详	无	无	不详	为双层盖盖板
M5	双石椁	100°	2.68×1.14－2.56	石椁：通2.4×1.78－1.08，均素面，木棺已朽，尺寸不详	早期被盗，仅存凌乱的肢骨，葬式不详	无	铜五铢Ⅲ16；铁镶	四	
M6	单石椁	95°	2.5×1.05－2.16	石椁：2.3×0.9－0.86，素面，木棺已朽，尺寸不详	被破坏，仅存凌乱的肢骨，葬式不详	无	无	不详	无底板
M7	土坑单棺墓	5°	2×1－2.04	木棺已朽，尺寸不详	骨架腐朽严重，葬式不详	无	无	不详	

续附表

墓号	墓型	墓向	墓圹尺寸（长×宽-深）	棺椁尺寸（长×宽-高）	葬式	壁龛或器物箱	随葬器物	分期	备注
M8	中型石室墓	281°	4.14×2.98-2.9	石室：3.56×(2~2.4)-(1.04~1.76)；木棺无存	被盗严重，不见骨架	前室	铜五铢Ⅳ5；铁环首刀；漆器	五	横梁、墓门、后室侧壁内侧皆刻有画像图案
M9	双石椁	95°	3.13×2.4-2.4	石椁：通2.52×2.1-1.16，均为素面，木棺无存	骨架严重腐朽，葬式不详	无	釉陶壶Ⅲ2；铜五铢Ⅲ60，铜货泉，金铜饰件2；铁环首刀、鐾2	四	南石椁两侧板内侧刻相同图案，一端刻斜线对角纹，中间刻竖平行线纹，另一端刻斜线对角纹
M10	双石椁	105°	2.32×1.74-2.26	石椁：通2.08×1.46-0.86，皆素面仅有棺灰，尺寸不详	骨架盗扰严重，葬式不清	无	无	不详	
M11	土坑单棺墓	18°	2×0.8-1.92	不清	骨架腐朽严重，葬式不详	无	无	不详	
M12	单石椁	90°	2.68×1.22-2.3	石椁：2.4×1-0.9，壁面皆素面，有木椁，尺寸不详	不见骨架	无	无	不详	
M13	土坑单棺墓	0°	2.2×1-2.2	不清	不见骨架	无	无	不详	
M14	土坑单棺墓	102°	2×1.02-3.6	不清	不见骨架	无	无	不详	
M15	单石椁	96°	2.7×1.1-2.16	石椁：2.52×0.86-0.8；木棺：2.12×0.56-？	仰身直肢侧面，头向东	无	陶盒BaⅡ、小型罐AaⅠ2	三	

续附表

墓号	墓型	墓向	墓圹尺寸（长×宽-深）	棺椁尺寸（长×宽-高）	葬式	壁龛或器物箱	随葬器物	分期	备注
M16	双石椁	100°	2.9×2.24-3.68	石椁：通2.4×1.8-0.96；木棺：已腐朽，尺寸不详	被盗严重，情况不清	南石椁外的西端	陶中型罐EI；铜五铢IV2	五	均无底板
M17	小型石室墓	91°	1.55×1.47-1.19	石室：1.35×（1.35~1.37）-（0.85~0.99），无木棺	不见骨架	无	釉陶壶III7；陶井、磨、仓II、猪圈I2、灶I；铁叉	五	门楣、墓门皆刻有画像图案
M18	单石椁（带耳室）	90°	（1.72~3.12）×（1.08~1.9）-2.48	椁室：2.86×0.9-（1.02~1.3）；耳室：1.48×0.8-（1.02~1.3）；木棺：已朽，尺寸不详	骨架腐朽严重，葬式不清	无	釉陶罐I2	五	石椁两挡板、耳室西挡板和耳室封门石的内侧均均刻有画像图案
M19	单石椁	95°	3.06×1.24-1.6	石椁：2.78×1.02-0.8；木棺：已朽，尺寸不详	腐朽严重，情况不清	无	中型陶罐Bb；铜半两I；铜五铢III13，铜货泉；铁环首刀	四	墓门石的外框刻有垂帐纹，内框刻斜线菱形纹
M20	小型石室墓	90°	1.64×1.6-1.64	石室：1.46×（1.3~1.38）-（0.96~1.04）；无木棺	不见骨架	无	原始瓷罐，中型陶罐EI	五	
M21	土坑单棺墓	80°	2.4×1.1-2	木棺：已朽，尺寸不详	骨架腐朽严重，情况不明	无	釉陶壶IV；鎏金铜饰件2；金属车軎2；铁环首刀2	五	打破M22，被盗
M22	四石椁	91°	2.92×（3.92~3.96）-1.4	石椁：通2.7×（3.66~3.82）-（0.86~0.92）；木棺：已朽，尺寸不详	南侧石椁：仰身直肢；其余骨架腐朽严重，葬式不清	无	釉陶罐II3；陶壶D，大型陶罐Bb。铜五铢IV35，铜镜III，铜镣子；铁环首形器	五	北两石椁的东挡板皆有画像图案。被M21打破，均无底板

续附表

墓号	墓型	墓向	墓圹尺寸（长×宽-深）	棺椁尺寸（长×宽-高）	葬式	壁龛或器物箱	随葬器物	分期	备注
M23	单石椁	80°	2.4×0.98-1.8	石椁：2.3×0.8-0.8；棺底：1.9×0.53-?	仰身直肢，头向东	无	铜五铢IV49	五	
M24	双石椁	95°	2.54×1.9-2.56	石椁：通2.4×1.76-0.84	被盗严重，葬式不清	无	陶器盖；铜五铢I	二	均无底板
M25	单石椁	70°	2.72×0.88-1.66	石椁：2.52×0.82-0.84	骨架因严重盗扰，葬式不清	无	铜五铢II10	三	无底板
M26	单石椁	10°	2.9×1.22-1.54	石椁：2.6×1.04-0.92	被盗扰严重，葬式不清	无	小型陶罐BaI；石黛板	三	无底板
M27	单石椁	85°	2.6×1.08-1.95	石椁：2.4×0.9-0.94，木棺：已腐朽	破坏严重，葬式不详	无	无	不详	
M28	双石椁	90°	2.6×2.08-1.8	石椁：通2.3×1.92-0.8	因盗扰，葬式不清	陶器放置在南石椁外的东端	陶鼎BaIII；铜五铢III12；石黛板，石研	四	均无底板
M29	单石椁	100°	2.6×1-1.86	石椁：2.4×0.9-0.85，木棺腐朽严重	仅存头骨和凌乱的肢骨，葬式不清	无	无	不详	破坏严重
M30	小型石室墓	2°	1.74×1.7-残1.66	石室：1.56×（1.32～1.48）-1.04；无木棺	不见骨架	无	小型陶罐D；釉陶罐II	五	墓门石内侧双边框，内刻铺首衔环图案
M31	土坑单棺墓	96°	2.4×1-1.74	木棺：1.9×0.6-?	仰身直肢，头向东	无	中型陶罐A	二	
M32	双石椁	85°	3.24×2.3-1.84	石椁：通3×2.1-1.04，木棺：不清	因被盗扰，葬式不清	无	中型陶罐Ba，器座	三	

续附表

墓号	墓型	墓向	墓圹尺寸（长×宽-深）	棺椁尺寸（长×宽-高）	葬式	壁龛或器物箱	随葬器物	分期	备注
M33	双石椁	180°	2.92×2.38-2.7	石椁：通2.7×2.2-0.92	东石椁南端仅存头骨，葬式不清	无	铜镜II、带钩I、五铢III29、货泉；铁削；玉琀；石黛板	四	均无底板
M34	双石椁	182°	2.98×2.26-2.8	石椁：通2.7×2-0.88	盗扰严重，葬式不清	无	无	不详	均无挡板
M35	土坑单棺墓	92°	2.4×1.2-3.8	棺灰：2.4×0.8-0.82	被盗扰，人骨凌乱，葬式不清	无	无	不详	底部两侧留有岩石二层台，上有盖板
M36	单石椁	120°	2.6×1.16-2.04	石椁：2.4×1-0.94；木棺：不清	遭到破坏，情况不清	石椁外的一端	中型陶罐Bb	四	
M37	三石椁	120°	3×2.87-3.76	石椁：通2.7×2.68-（0.81~1.22）	盗扰严重，葬式不清	无	铜五铢II14、磨鄂；五铢3	四	被M53打破，均无底板
M38	单石椁	100°	2.57×0.86-1.36	石椁：2.4×0.6-0.74	被盗扰，葬式不清	无	无	三	打破M48，无底板
M39	单石椁	100°	3.08×1.4-2.04	石椁：2.8×1.1-1.04	被盗扰，骨架不清	无	无	不详	无底板
M40	单石椁	98°	3×1.06-2.8	石椁：2.7×0.86-0.9	破坏严重，葬式不清	无	无	不详	
M41	三石椁	125°	2.68×2.84-（2.8~2.9）	北石椁：2.5×0.94-1.1；木棺：2×0.7-？；中石椁与南石椁：通2.5×1.6-（0.8~0.82）；中室木棺：2×0.6-？；南室木棺：2×0.6-？	北侧室仰身直肢侧面；中室、南侧室仅存零星的头骨和肢骨	无	陶壶BbIII、小型罐D4、器盖2；铜半两II、五铢III76、剪轮五铢；石琀2	五	北石椁为双层盖板，南石椁无底板

续附表

墓号	墓型	墓向	墓扩尺寸 （长×宽-深）	棺椁尺寸 （长×宽-高）	葬式	壁龛或器物箱	随葬器物	分期	备注
M42	三石椁	108°	2.74 × 2.7 - 2.68	石椁: 通 2.4 × 2.52 - 0.88	被盗严重, 葬式不清	北侧室外的西端	陶鼎 Aa Ⅳ, 盒 Ba Ⅱ, 小型陶罐 Bb Ⅰ3, 器盖; 铜剪轮五铢	四	无底板
M43	双石椁	110°	2.78×2-3.18	石椁: 通 (2.44～2.5) ×1.74-0.78	被盗扰, 北石椁仅存挑乱的肢骨	无	铜五铢 Ⅰ22	二	破坏严重
M44	双石椁	110°	3.02 × 2.14 - 2.5	石椁: 通 2.78 × 1.86 - 0.86	盗扰严重, 葬式不清	无	无	不详	
M45	双石椁	120°	2.6×2 - (2.2～2.36)	北石椁: 2.24 × 0.78 - 0.7; 椁: 2.14×0.9-0.7	骨架腐朽严重, 葬式不清	北石椁外的东端	中型陶罐 C Ⅰ2	三	两石椁底部不在一水平线上, 北石椁低于南石椁, 均无底板
M46	石椁与土坑竖穴墓	118°	2.5×1.5-1.5	石椁: 2.2×0.78-0.74; 棺: 1.9×0.52-?; 土坑: 2.14×0.92-0.7; 棺: 1.92×0.5-?	仰身直肢, 头向东	木棺墓的一端	小型陶罐 Bb Ⅰ; 铜五铢 Ⅰ20	二	
M47	单石椁	120°	2.9 × 1.18 - 1.48	石椁: 2.72 × 1.02 - 0.98	仅存头骨, 葬式不清	无	小型陶罐 Ba Ⅰ3	三	东挡板内侧有十字穿壁图案
M48	三石椁	112°	2.56 × 2.67 - (2.62～2.66)	石椁: (2.4～2.46) × 2.38 - (0.7～0.76)	被盗扰, 葬式不清	无	小型陶罐 C; 铜五铢 Ⅰ8	二	被 M38 打破。均无底板
M49	单石椁	110°	2.72 × 1.24 - 3.22	石椁: 2.52×0.92-1.02	被盗扰严重, 不见骨架	无	铜五铢 Ⅰ	二	无底板

续附表

墓号	墓型	墓向	墓圹尺寸（长×宽-深）	棺椁尺寸（长×宽-高）	葬式	壁龛或器物箱	随葬器物	分期	备注
M50	双石椁	118°	2.72×2.52-3.14	石椁：通（2.5~2.58）×1.7-（0.92~0.94）	被盗扰，葬式不清	无	铜印章；铁剑	三	均无底板、北石椁为双层盖板
M51	单石椁	115°	2.24×0.84-0.74	石椁：2.32×0.68-0.64	盗扰严重，葬式不清	无	小型陶罐BaⅡ；铜五铢Ⅱ2，磨郭五铢2	四	无底板
M52	单石椁	180°	2.54×0.92-2.1	石椁：2.42×0.74-0.5	被盗扰，仅存头骨和凌乱的肢骨	无	石砩	三	无底板
M53	单石椁	120°	2.48×0.9-1.1	石椁：2.3×0.9-0.81	被盗，葬式不清	无	无	五	打破M37，无底板
M54	单石椁	115°	2.66×1.27-0.98	石椁：2.5×1.1-0.84	被盗严重，葬式不清	无	无	不详	打破M58
M55	土坑双棺墓	120°	2.2×2-2.76	南室：2.2×0.64-0.62，北室：2.2×0.66-（0.42~0.64）；棺：2×0.6-？北室：2.2×0.66-（0.42~0.64）棺：2×0.54-？	仰身直肢	无	铜五铢Ⅰ5	二	两侧有二层台，中间有隔墙，上有盖板
M56	双石椁	120°	2.86×2.34-3.2	南石椁：2.36×0.84-1.1；北石椁：2.36×1.02-1.1	被盗扰，葬式不清	北石椁外的西端：0.76×0.36-1.12	中型陶罐Ba；南石椁内：铜磨郭五铢	五	北石椁两侧板的内侧相同图案，两端刻斜线对角纹，中间刻斜线菱形纹。被盗严重
M57	单石椁	5°	2.76×1.1-2	石椁：2.32×0.8-0.8；棺：2×0.56-？	仰身直肢侧面，头向北	无	无	不详	

续附表

墓号	墓型	墓向	墓圹尺寸（长×宽-深）	棺椁尺寸（长×宽-高）	葬式	壁龛或器物箱	随葬器物	分期	备注
M58	单石椁	117°	2.46×1-3.08	石椁：2.32×0.82-0.9	盗扰严重，葬式不清	无	无	不详	被M54打破
M59	三石椁	118°	2.74×2.7-2.74	石椁：通2.4×2.48-0.94	被盗严重，葬式不清	西侧室外的北端	陶壶BaII、小型陶罐BaI	三	破坏严重
M60	单石椁	104°	3.24×1.08-2.1	石椁：2.86×0.86-1.18	骨架腐朽严重，葬式不清	椁室外的东端	小型陶罐D；铜五铢IV9	五	
M61	单石椁	118°	1.6×0.7-1.62	石椁：1.3×0.65-0.64	不见骨架	无	无	不详	打破M62，无底板
M62	单石椁	118°	2.5×1.34-2.2	石椁：2.4×0.8-0.72	腐朽严重，葬式不清	无	铜五铢II4	三	被M61打破，无底板
M63	双石椁	120°	2.82×2-2.84	北石椁：2.34×0.84-0.92；南石椁：2.16×0.9-0.96	北椁东端仅存头骨，葬式不清		陶鼎Ab、盒AaIII、壶BaIII、盘AaII、小型陶罐II、铜五铢II62	三	打破M166，南椁双层盖板
M64	双石椁	115°	3.02×2.5-3.56	石椁：通2.51×1.84-1.07	盗扰严重，葬式不清	北室外的西端	小型陶罐AaI、器盖；铜五铢II37；铁剑	四	均为双层盖板
M65	单石椁	107°	2.5×1.2-2.75	石椁：2.3×1-1.04	盗扰严重，葬式不清	无	小型陶罐BaI	三	
M66	双石椁	96°	2.94×2.26-3.1	北石椁：2.5×1-1.2；南石椁：2.5×0.96-1.2	骨架腐朽严重，葬式不清	椁室内及室外的两端	陶鼎BbI、壶BaIII2、盒AbI、仓I、灶II2、楼I、猪圈II2。椁内：铜五铢II14、铜镜I；铁剑	三	石椁沿面均有斜纹菱形纹图案。均为双层盖板

续附表

墓号	墓型	墓向	墓圹尺寸（长×宽-深）	棺椁尺寸（长×宽-高）	葬式	壁龛或器物箱	随葬器物	分期	备注
M67	单石椁	180°	2.36×1.2-2.4	石椁：2.2×1.02-0.8	被盗严重、葬式不清	无	无	不详	无底板
M68	双石椁	100°	2.98×2.06-2.3	石椁：通（2.52~2.62）×1.86-1	被盗扰，情况不清	南室外的东端	陶壶Bb I，小型罐Ab II 2，盆II；铜五铢III 6；铁剑，环首刀	四	无底板
M69	双石椁	100°	1.8×2.1-2.6	石椁：通2.4×1.68-0.96	不见骨架	无	无	不详	无底板
M70	单石椁	90°	2.3×1.08-1.8	石椁：2×1.65-0.88	盗扰严重，葬式不清	无	无	不详	无底板
M71	双石椁	95°	3.26×2-2.1	石椁：通3×1.9-0.9	破坏严重，葬式不清	无	无	不详	均无底板
M72	双石椁	98°	3.3×2.2-2.2	石椁：通3×2-1	不见骨架	无	无	不详	打破M120。均无底板
M73	单石椁	100°	2.9×1.18-2.5	石椁：2.46×1.1-1	不见骨架	椁室外的西端	陶鼎Aa III，壶Ba I，盒Ba I，小型陶罐Ba I，盆I	三	双层盖板
M74	双石椁	90°	3.1×1.9-1.16	石椁：通2.8×1.8-0.94	被盗严重，情况不清	无	无	不详	均无底板
M75	单石椁	186°	2.64×1.1-2.14	石椁：2.4×0.96-0.84	被盗扰，不见骨架	无	无	不详	无底板
M76	单石椁	82°	2.86×1.5-1.55	石椁：2.76×1.02-0.88	被盗严重，葬式不清	无	无	不详	两挡板的内侧刻两棵常青树，东挡板的内侧刻铺首衔环。无底板
M77	单石椁	181°	2.66×1.15-1.52	石椁：2.52×1-0.9	不清	无	铜五铢IV 14，珌	五	两侧板内侧的两端刻对角斜线对角纹，中间刻竖平行线纹，北挡板刻斜线壁纹

续附表

墓号	墓型	墓向	墓圹尺寸（长×宽-深）	棺椁尺寸（长×宽-高）	葬式	壁龛或器物箱	随葬器物	分期	备注
M78	双石椁	98°	2.8×1.96-1.02	石椁：通2.6×1.78-0.8	被盗扰严重，葬式不清	无	无	不详	均无底板
M79	双石椁	95°	2.92×1.88-1.62	石椁：通2.52×1.66-0.86	盗扰严重，葬式不清	北侧室外的西端	陶鼎Ba I，盒Bb I，壶Bb I，罐Bb I，盆 I	二	均无底板
M80	单石椁	105°	2.6×1.18-1.66	石椁：2.4×0.78-0.8	被盗扰，葬式不清	椁室外的南侧用石块垒砌：0.42×0.32-0.52	中型陶罐Ba	三	双层盖板，无底板
M81	单石椁	90°	2.74×1.1-1.82	石椁：2.5×0.96-0.88	被盗扰，葬式不清	无	无	不详	无底板
M82	三石椁	86°	2.74×3.08-2.2	石椁：通2.52×2.82（0.98~1.04）	盗扰，葬式不清	无	中型陶罐AbI2；铜五铢III85；铁环首刀；石砧	四	均无地板，中室和北侧室为双层盖板
M83	单石椁	92°	2.58×1.9-0.9	石椁：2.4×0.94-0.9	被盗严重，葬式不清	无	无	不详	无底板
M84	双石椁	97°	3.1×2.2-1.84	石椁：通2.9×2-1	被盗严重，情况不清	无	无	不详	均无底板
M85	双石椁	91°	2.74×1.8-3.2	石椁：通2.34×1.7-0.78	被盗严重，葬式不清	无	无	不详	南石椁西挡板内侧刻铺首衔环图案
M86	双石椁	95°	2.78×2.62-2.06	南石椁：2.6×1.06-1.06；北石椁：2.6×1.02-0.96	破坏严重，情况不清	无	铜五铢III2	四	南石椁为双层盖板，均无底板
M87	双石椁	90°	2.64×2.14-2.16	石椁：通2.5×1.8-0.84	遭破坏	无	陶壶Bb III17；铜五铢III；铁球	四	均无底板

续附表

墓号	墓型	墓向	墓扩尺寸（长×宽-深）	棺椁尺寸（长×宽-高）	葬式	壁龛或器物箱	随葬器物	分期	备注
M88	双石椁	94°	2.92×2.3 -（2.24~2.5）	北石椁：2.6×1.02 - 0.94；南石椁：2.56×0.92 - 0.92	被盗严重，葬式不清	无	盒Ba I	二	北石椁西挡板的内侧铺首衔环，东挡板的内侧刻的与翅欲飞的写图案
M89	单石椁	95°	2.4×1.1-1.8	石椁：2.3×0.88 - 0.8	破坏严重，情况不清	无	铜五铢 I 4	二	无底板
M90	单石椁	91°	2.64×1.12-2.38	石椁：2.48×0.94 - 0.86	遭到破坏，情况不清	无	陶鼎Ba I	二	无底板
M91	三石椁	95°	（2.32~2.64）×2.48-2.06	石椁：通（2.12~2.38）×2.46 - 0.86	盗扰严重，葬式不清	无	小型陶罐Ba I，器盖	三	北石椁无侧板，以二层台代替，均无底板
M92	单石椁	93°	2.64×1-2.74	石椁：2.44×0.88 - 0.8	被盗扰，东端仅存头骨	无	小型陶罐Ba I	三	无底板
M93	双石椁	95°	2.9×2.3-2.6	北石椁：2.52×1.02 - 1.16；南石椁：2.52×1 - 1.16	腐朽严重，情况不清	两椁室外的西端	陶鼎Ba I 3，盒Ab II 3，壶Ba II 2，小型陶罐Aa II 3，铜五铢 II 41；铁剑；玉璧	三	均为双层盖板
M94	单石椁	85°	2.7×0.94-1.7	石椁：2.5×0.84 - 0.7	被盗，情况不清	无	小型陶罐Ba II	三	无底板
M95	单石椁	0°	2.68×1.08-2.34	石椁：2.52×0.94 - 0.92	被盗，葬式不清	无	陶壶Ba II	二	无
M96	双石椁	100°	2.88×2.1-1.84	石椁：通2.6×1.74 - 0.94	被盗严重，情况不清	无	无	不详	均无底板
M97	单石椁	90°	2.56×1.1-2.06	石椁：2.42×0.9-0.86	被盗，葬式不清	无	无	不详	无底板
M98	单石椁	89°	2.7×1.1-1.86	石椁：2.5×0.9-0.83	被盗扰，情况不清	无	无	不详	无底板

续附表

墓号	墓型	墓向	墓圹尺寸（长×宽－深）	棺椁尺寸（长×宽－高）	葬式	壁龛或器物箱	随葬器物	分期	备注
M99	双石椁	95°	2.88 × 1.9 － 2.42	石椁：通 2.52 × 1.78 －（0.9～0.96）	被盗扰，情况不清		陶鼎 BaⅡ，壶 Ba Ⅱ，小型罐 Ba Ⅰ；铜五铢Ⅱ9，剪轮五铢5，磨郭五铢3	三	无底板
M100	单石椁	89°	2.58 × 1.06 － 1.98	石椁：2.4×0.92－0.84	破坏严重，情况不清	无	无	不详	无底板
M101	双石椁	93°	2.74 × 1.98 － 2.22	石椁：通 2.56 × 1.8 － 1.02	被盗严重，情况不清	无	无	不详	
M102	单石椁	110°	2.76×1.08－2	石椁：2.6×0.9－0.8	破坏严重，情况不清	无	无	不详	无底板
M103	双石椁	96°	2.98 × 2.06 － 2.36	石椁：通 2.48 × 1.9 －（0.84~0.86）	不清	南石椁外的西端	陶鼎 BaⅡ，壶 BaⅢ，盒 BbⅡ2，罐 CⅠ，小型罐 BbⅠ2；铜五铢Ⅲ26	四	均无底板
M104	单石椁	4°	2.6 × 1.04 － 3.08	石椁：2.4×0.88－0.78	破坏严重，葬式不清	无	无	不详	无底板
M105	土坑单棺墓	10°	2.2 × 0.92 － 1.86	木棺：2 ×0.53 － ?	腐朽严重，葬式不清	无	无	不详	两侧有二层台，上有盖板
M106	土坑单棺墓	5°	2.2 ×0.96－2	木棺：2 ×0.56 － ?	骨架腐朽严重，葬式不清	无	无	不详	两侧有二层台，上有盖板
M107	单石椁	100°	2.72 × 1.14 － 2.52	石椁：2.52 ×0.96－0.82	因盗扰，葬式不清	椁室外南侧有三角形龛：0.6 － 0.32 × 0.64	鼎 BaⅠ，盒 AbⅠ，壶 BaⅡ，小型罐 Aa Ⅰ2，BbⅡ，盆 Ⅰ，器盖	三	无底板

续附表

墓号	墓型	墓向	墓圹尺寸（长×宽－深）	棺椁尺寸（长×宽－高）	葬式	壁龛或器物箱	随葬器物	分期	备注
M108	双石椁	87°	2.82×2.04－2.22	北石椁：2.52×0.86－0.92　南石椁：2.52×0.88－0.87	破坏严重，葬式不清	一端和室内	陶鼎 AaⅣ，小型罐 BbⅠ，铜半两Ⅰ，五铢Ⅱ30，磨轮五铢4；剪轮五铢4；石璧；铁剑，环首刀	四	均无底板
M109	单石椁	86°	2.56×1.02－2.24	石椁：2.32×0.82－1.04	破坏严重，葬式不清	无	无	不详	
M110	双石椁	92°	(2.6～2.8)×2.32－4.28	北石椁：2.46×0.98－0.98；南石椁：2.5×1.02－1	被盗严重，葬式不清	两石椁外的东端	陶鼎 BaⅠ，盒 BbⅠ，壶 BaⅡ，小型罐 AaⅡ，钵Ⅰ	二	均为双层盖板，无底板
M111	单石椁	90°	2.82×1.12－2.42	石椁：2.2×0.95－0.8	破坏严重，葬式不清	椁室外的西端	釉陶壶Ⅰ，原始瓷壶Ⅰ、Ⅱ、Ⅲ2，中型陶罐 EⅡ	五	无底板
M112	单石椁	94°	2.74×1.12－2.62	石椁：2.5×0.96－0.9	被盗扰，葬式不清	无	铜五铢Ⅲ18；铁剑	四	无底板
M113	三石椁	6°	2.9×2.92－3.1	石椁：通2.72×2.7－(0.98～1)	盗扰严重，情况不清	西侧室外的南端	陶鼎 BaⅡ，壶 BbⅠ，中型罐 BaⅡ2；铁剑；铜五铢Ⅱ	二	东侧室双层盖板
M114	石椁与土坑竖穴墓	177°	2.84×1.5－(3.18～3.38)	石椁、木棺已腐朽；土坑：(2.64～2.82)×0.7－0.88；木棺：2×0.5－?	石椁：被盗不清；木棺：仰身直肢	土坑墓木棺内，两端及一侧	陶鼎 BbⅡ，壶 BbⅢ3，大型罐 BaⅠ，小型罐 D2，器盖；铜五铢Ⅲ10；石珩	三	
M115	双石椁	104°	(2.64～2.7)×2.52－(3.4～4.42)	北石椁：2.48×1－0.92；南石椁：2.48×0.98－1.14	腐朽严重，葬式不清	两石椁空隙的东端	陶鼎 AaⅠ，壶 A，盒 AaⅠ，小型罐 AaⅠ，匜Ⅰ；铜半两Ⅰ5	一	均为双层盖板

续附表

墓号	墓型	墓向	墓扩尺寸（长×宽-深）	棺椁尺寸（长×宽-高）	葬式	壁龛或器物箱	随葬器物	分期	备注
M116	小型石室墓	100°	2×1.72-2.9	石室:1.8×1.54-0.9; 无木棺	不见骨架	无	无	不详	
M117	三石椁	107°	通（2.74~2.78）×2.98-2.4	南石椁:2.44×0.94-1.12; 中石椁与北石椁:通2.5×1.78-(0.96~1.06)	被盗严重,葬式不清	北侧室外的东端	陶鼎BaⅡ2,盒Ba Ⅲ,中型罐DⅡ;铜五铢Ⅲ,带钩Ⅲ	四	南石椁为双层盖板,均无底板
M118	双石椁	175°	2.42×1.92-3.14	石椁:通2.3×1.76-(1.08~1.12)	腐朽严重,葬式不清	椁室内	陶壶I,小型罐BbI,灶Ⅲ,器座,楼Ⅱ;铜五铢Ⅲ3;铁镤	四	西石椁为双层盖板
M119	土坑单棺墓	105°	2.2×1-2.2	木棺:2×0.6-?	腐朽严重,不清	无	小型陶罐C	二	四周有二层台,台上有石盖板
M120	单石椁	90°	2.76×1.2-3.44	石椁:2.3×1.04-0.95	因被盗,葬式不清	椁室外的东端	陶鼎BaⅡ2,壶Ba Ⅲ2,大型罐AⅢ,Ba I,中型罐Bb,仓Ⅱ	三	被M72打破,双层盖板,无底板
M121	双石椁	103°	2.56×1.74-2.1	石椁:通2.38×1.56-(0.76~0.78)	北石椁东端仅存残头骨,葬式不清	无	小型陶罐Bb I	四	均无底板
M122	双石椁	105°	2.7×1.74-1.74	石椁:通2.28×1.6-0.76	因被盗,情况不清	两椁室外的东端	陶鼎BbⅢ,盒Bb Ⅲ,釉陶壶Ⅱ,大型罐BaⅢ2	四	均无底板
M123	双石椁	110°	2.98×2.24-2.9	石椁:通2.6×1.94-0.98	被盗严重,葬式不清	无	小型陶罐BbⅡ;铜大泉五十I7,印章;玉璧;铁环首刀	四	被M124打破。均为双层盖板

续附表

墓号	墓型	墓向	墓圹尺寸（长×宽-深）	棺椁尺寸（长×宽-高）	葬式	壁龛或器物箱	随葬器物	分期	备注
M124	双石椁	113°	2.74×1.94-2.12	石椁：通2.43×1.68-0.84	南石椁仅存头骨和凌乱的肢骨	无	铜五铢III6	四	打破M123。均无底板
M125	单石椁	105°	2.78×1.4-2.32	石椁：2.5×1.02-1.02	因被盗，葬式不清	椁室外的东端	陶鼎Bb III，壶Bb III，中型罐CII，小型罐Bb I，器盖1。椁内：铜大泉五十I9，带钩II；残铁剑I，残铁环首刀	四	东、西挡板内侧刻相同图案，"田"字形框，框面刻菱形斜线纹。双层盖板
M126	双石椁	110°	2.48×1.82-3.18	石椁：通2.3×1.66-（0.9~0.94）	被盗严重，情况不清	无	陶鼎Aa IV，壶Bb II，小型罐D2	三	
M127	单石椁	105°	2.68×1-2.42	石椁：2.5×0.86-0.78	被盗扰，葬式不清	无	无	不详	无底板
M128	双石椁	108°	2.52×1.92-2.32	石椁：通2.32×1.8-（0.74~0.94）	被盗严重，葬式不清	无	小型陶罐D；铜五铢IV2	五	南石椁侧板用石块垒砌，无底板
M129	单石椁	105°	2.24×1.58-2.12	石椁：2.16×1.46-0.7	仅存头骨和凌乱肢骨	无	无	不详	双棺，中间无隔板，均无底板
M130	双石椁	100°	2.9×2.16-3.43	石椁：通2.54×1.92-（0.96~1.04）	被盗扰，葬式不清	北侧室西端	陶鼎Ba II，小型罐Bb I 2，铜五铢III，大泉五十II3；玉琀	四	两石椁的四壁内侧皆刻有画像图案。均双层盖板
M131	双石椁	105°	2.7×2.46-4.6	石椁：通2.5×1.98-（1.08~1.1）	被盗严重，葬式不清	南石椁外西部用石块垒砌：1×0.4-1.1	陶鼎Ba I 2，盒Bb I，壶Ba II，钫，小型罐Aa I 2	二	均为双层盖板

续附表

墓号	墓型	墓向	墓圹尺寸（长×宽-深）	棺椁尺寸（长×宽-高）	葬式	壁龛或器物箱	随葬器物	分期	备注
M132	双石椁	103°	2.44×1.68-2.32	石椁：通2.4×1.58-0.8	南石椁中部仅存头骨，葬式不清	无	无	不详	均无底板
M133	双石椁	102°	2.7×1.84-2.4	石椁：通2.5×1.66-0.8	破坏严重，葬式不清	无	无	不详	均无底板
M134	双石椁	105°	2.58×1.7-2.32	石椁：通2.3×1.5-0.8	因被盗严重，葬式不清	无	铜剪轮五铢	五	北石椁无侧板，留有二层台，均无底板
M135	石椁与土坑竖穴墓	117°	2.44×1.24-2.14	石椁：2.22×0.78-0.74；棺：不详；木棺墓：2.38×0.7-1；棺：1.8×0.6-？	石椁被盗严重，情况不详；木棺：仰身直肢	无	小型陶罐Ba I	三	被M146打破
M136	双石椁	100°	3×2.5-3.74	北石椁：2.6×1.04-0.94；南石椁：2.6×1.04-0.92	被盗严重，葬式不清	南石椁外的两端	陶鼎Bb Ⅱ2，壶Bb Ⅱ2，罐Bb Ⅱ2，小型罐Bb Ⅰ2；铜五铢Ⅲ9；铁环首刀	四	南石椁挡板、侧板的内侧均刻有画像图案。两石椁均无底板，以岩石替代
M137	双石椁	102°	2.9×1.8-3.06	石椁：通2.7×1.64（0.8~0.84）	破坏严重，葬式不清	无	无	不详	均无底板
M138	双石椁	95°	2.96×2-3.34	石椁：通2.8×1.82（0.94~0.96）	被盗扰并遭破坏，葬式不清	无	无	不详	破坏严重
M139	双石椁	102°	2.8×2.08（3.52~3.62）	北石椁：2.62×0.98-1.1；南石椁：2.6×0.92-1.06	被盗，葬式不清	无	铜五铢Ⅲ118，剪轮五铢Ⅲ五十，大泉五十Ⅱ；铁剑	四	均为双层盖板

续附表

墓号	墓型	墓向	墓圹尺寸 (长×宽×深)	棺椁尺寸 (长×宽×高)	葬式	壁龛或 器物箱	随葬器物	分期	备注
M140	双石椁	95°	2.72×1.84－ (3.38~3.46)	北石椁: 2.5×0.82－ 0.82; 南石椁: 2.5×0.8－0.82	遭到破坏,葬式不 清	无	铜五铢Ⅱ	三	均无底板
M141	双石椁	100°	2.86×1.74－ 3.38	石椁: 通2.5×1.66－ 0.88	破坏严重,葬式不 清	陶器放置 在石椁室 两端的西端	陶鼎BⅡ,壶BaⅢ, 小型陶罐AbⅠ2;陶盆 Ⅱ;铜大泉五十Ⅰ41, Ⅱ6;铁环首刀	四	均无底板
M142	三石椁	100°	(2.2~2.48)× 2.58－(3.8~ 3.9)	石椁: 通(2~2.32)× 2.44－(0.79~0.96)	骨架腐朽严重,葬 式不清	无	铜小泉直一、大泉 五十Ⅰ5	四	均无底板
M143	单石椁	100°	2.5×1.4-2.56	石椁: 2.2×0.92－1.04	被盗严重,葬式不清	无	无	不详	
M144	单石椁	100°	2.62×(1.16 ~1.32)－ 2.22	石椁: 2.22×0.66－0.68	人骨架腐朽严重, 葬式不清	石椁外的 西端用石 块垒砌, 内无遗物	小型陶罐BbⅡ2	三	无底板
M145	双石椁	102°	2.76×1.9－ 2.56	石椁: 通2.76×1.74－ (0.84~0.88)	因被盗严重,葬式 不清	无	陶器盖;五铢Ⅲ7	四	均无底板
M146	单石椁	110°	2.24×1.16－ 2.24	石椁: 1.9×0.84－0.8	被盗扰和破坏严重, 葬式不清	无	无	不详	打破M135,无底板
M147	双石椁	106°	2.7×1.84－ 2.34	石椁: 通2.52×1.7－ (0.82~0.84)	盗扰严重,葬式不 清	无	陶壶BbⅢ,大型陶罐 AⅡ,BaⅢ,小型陶罐 BbⅠ,中型罐Bb3; 铜五铢Ⅲ26	四	被M149打破,均 无底板
M148	双石椁	103°	2.7×1.96－ 2.86	石椁: 通2.52×1.76－ 0.84	因被盗严重,葬式 不清	无	无	不详	均无底板

续附表

墓号	墓型	墓向	墓圹尺寸（长×宽-深）	棺椁尺寸（长×宽-高）	葬式	壁龛或墓室器物箱	随葬器物	分期	备注
M149	单石椁	110°	2.5×0.96-2.38	石椁：2.32×0.78-0.86；木棺：1.9×0.5-?	仰身直肢侧面	无	铜五铢Ⅳ；石珩	五	打破M147
M150	双石椁	110°	2.52×2.1-1.98	北石椁：2.32×0.9-0.88；南石椁：2.32×0.9-0.88	被盗严重，葬式不清	无	小型陶罐 BaⅡ；铜五铢Ⅱ57	四	均无底板
M151	双石椁	90°	2.88×1.86-2.4	石椁：通2.22×1.68-0.9	盗扰严重，葬式不清	两椁室外的东端	陶鼎 BaⅢ2、Ⅲ、壶Ⅰ、仓ⅠⅡ、盒 BaⅢ2、盘 BaⅢ2、楼Ⅱ、猪圈Ⅱ、磨	三	打破M152
M152	双石椁	180°	2×1.9-3.66	石椁：通2.4×1.82-0.84	破坏严重，葬式不清	无	无	二	被M151打破
M153	土坑单棺墓	90°	2.02×0.7-0.9	腐朽严重，不清	仅存残肢骨	无	小型陶罐 AaⅠ	三	
M154	三石椁	0°	2.48×3-（3.06-3.14）	石椁：通2.32×2.7-（1~1.12）	被盗严重，葬式不清	无	铜大泉五十Ⅱ20、五铢Ⅲ2；玉璧；帽钉	四	中石椁和东石椁无底板
M155	单石椁	116°	2.32×1.06-2.8	石椁：2.2×0.98-0.82	遭到破坏，情况不清	无	无	不详	东挡板内侧刻十字穿璧图案。无底板
M156	单石椁	100°	2.3×1.06-3.2	石椁：2.3×0.9-0.82	盗扰严重，情况不清	无	无	不详	为双层盖板，无底板
M157	单石椁	97°	2.5×0.98-3.56	石椁：2.3×0.82-0.9	破坏严重，情况不清	无	无	不详	
M158	单石椁	0°	2.62×1.2-3	石椁：2.42×0.92-0.96	破坏严重，情况不清	无	无	不详	

续附表

墓号	墓型	墓向	墓圹尺寸（长×宽－深）	棺椁尺寸（长×宽－高）	葬式	壁龛或器物箱	随葬器物	分期	备注
M159	单石椁	200°	2.58 × 1.3 － 3.66	石椁：2.4×0.94－1.06	被盗严重，葬式不清	无	无	不详	双层盖板
M160	双石椁	105°	2.52 × 2.12 － 3.52	石椁：通2.22×1.74－（0.9～0.92）	被盗严重，葬式不清	南石椁外中部用石块垒砌：0.64 × 0.3－0.9	陶鼎 Aa Ⅱ，盒 Aa Ⅱ，壶 Bb Ⅰ，小型罐 Aa Ⅰ，盘 Ⅰ	二	无底板
M161	三石椁	120°	2.8×1.78－2.1	南石椁：2.5 × 0.84 － 0.9；中石椁与北石椁：通 2.5 ×1.7	盗扰严重，葬式不清	无	无	不详	
M162	单石椁	115°	2.48 × 1.12 － 2.74	石椁：2.32×0.86－0.74	被盗扰，葬式不清	无	小型陶罐 Ab Ⅰ	三	无底板
M163	双石椁	107°	2.44 × 1.86 － 2.46	石椁：通 2.3 × 1.68 －（0.84～0.88）	骨架腐朽严重，葬式不清	无	陶盒 Bb Ⅱ；铜五铢 Ⅱ 31，剪轮五铢 2；石珞	五	均无底板
M164	单石椁	110°	2.64×1－3.2	石椁：2.46×0.82－0.68	遭盗扰和破坏，仅存头骨、盆骨和下肢骨。仰身直肢	无	铜五铢 Ⅱ	三	两侧板的内侧均刻有相同图案。无底板
M165	单石椁	110°	2.48 × 0.96 － 3.26	石椁：2.3×0.8－0.74	被盗扰，东端仅存头骨	无	无	不详	
M166	单石椁	116°	2.74 × 1.12 － 6.8	石椁：2.2×0.9－0.80	人骨腐朽严重，葬式不清	无	铜管	二	被 M63 打破，双层盖板，无底板
M167	单石椁	113°	2.76 × 1.08 － 3.56	石椁：2.4×0.9－1.06	被盗严重，情况不清	无	无	不详	双层盖板，无底板

续附表

墓号	墓型	墓向	墓扩尺寸（长×宽-深）	棺椁尺寸（长×宽-高）	葬式	壁龛或器物箱	随葬器物	分期	备注
M168	双石椁	115°	2.56×1.18-3.3	石椁：(2.3~2.4)×1.62-(0.8~0.83)	被盗扰、葬式不清	无	小型陶罐AbⅡ2；铜五铢Ⅰ46	二	南石椁东挡板用石块垒砌，南壁、北壁用岩石二层合替代。均无底板
M169	双石椁	110°	2.82×2-3.6	北石椁：2.54×0.96-0.9；南石椁：2.4×0.82-0.8	被盗严重，葬式不清	两椁室西端	小型陶罐BbⅡ2；铜五铢Ⅰ7	四	打破M170，均为双层盖板
M170	双石椁	200°	2.4×1.9-2.8	石椁：通2.28×1.7-0.8	骨架腐朽严重，葬式不清	无	小型陶罐AaⅠ2；铜五铢Ⅱ6；石璧	三	被M169打破，均无底板
M171	单石椁	200°	2.42×1.02-2.74	石椁：2.22×0.8-0.74；棺：1.9×0.5-？	仰身直肢	无	小型陶罐AbⅠ2；铜五铢Ⅲ5；石璧	四	无底板
M172	单石椁	180°	2.48×0.94-1.9	石椁：2.24×0.8-0.7	被盗严重，情况不清	石椁外的东北角	大型陶罐BaⅡ；铁铜；剑	三	无底板
M173	单石椁	95°	2.42×1.28-1.9	石椁：2.2×1-0.88	早期被盗，不详	无	中型陶罐CⅠ，小型罐BaⅡ	三	均无底板
M174	单石椁	93°	2.4×1.16-4.8	石椁：2.2×0.84-0.8	被盗，葬式不清	无	无	不详	双层盖板，无底板
M175	单石椁	181°	2.68×1.1-4.22	石椁：2.52×0.92-0.82	骨架腐朽严重，情况不清	无	无	不详	无底板
M176	双石椁	182°	2.62×2-1.87	石椁：通2.4×1.52-(0.7~0.74)	被盗严重，葬式不清	两石椁外的两侧	中型陶罐CⅠ，CⅡ；铜五铢Ⅲ26，磨郭五铢10	四	均无底板
M177	单石椁	185°	2.48×0.98-3.24	石椁：2.34×0.9-0.7	被盗，葬式不清	无	铜五铢Ⅲ3，磨郭五铢	三	无底板

续附表

墓号	墓型	墓向	墓圹尺寸（长×宽-深）	棺椁尺寸（长×宽-高）	葬式	壁龛或器物箱	随葬器物	分期	备注
M178	三石椁	92°	2.92×2.66 -（2.3~2.5）	北石椁：2×0.9-0.79；中石椁：2.4×0.88-0.78；南石椁：2.4×0.9-0.8	被盗严重，葬式不清	无	陶盒 Bb II	三	石椁底部均不在一平面上，皆无底板
M179	双石椁	110°	2.72×2.08-2.16	石椁：通2.5×1.8-0.98	被盗，葬式不清	无	小型陶罐 Aa I 2	二	北石椁东挡板内侧四周阴线刻斜线菱形框，中间刻两棵常青树
M180	单石椁	93°	2.6×1-2.76	石椁：2.4×0.9-0.72	被盗，葬式不清	无	无	不详	无底板
M181	单石椁	95°	2.72×1.08-2.7	石椁：2.52×0.8-0.72	不见骨架	无	无	不详	无底板
M182	单石椁	190°	2.62×1.2-2.9	石椁：2.42×0.92-0.82	被盗，葬式不清	无	无	不详	无底板
M183	单石椁	186°	2.56×0.98-3.82	石椁：2.38×0.8-0.84	不清	无	陶盒 Ba II，小型陶罐 Ab I；铜五铢 III 11，磨郭五铢	四	无底板
M184	单石椁	185°	2.72×1.16-1.52	石椁：2.32×0.92-0.88	被盗，葬式不清	无	无	不详	无底板
M185	单石椁	181°	2.6×1.16-2.8	石椁：2.36×0.92-0.8	被盗扰，情况不清	无	无	不详	无底板
M186	双石椁	106°	2.96×2.2-3.26	北石椁：2.7×1-1.12；木棺：2.26×0.62-?；南石椁：2.7×0.98-1.14；木棺：2.26×0.63-?	被盗严重，葬式不清	无	中型陶罐 Ba2	三	三面用石块垒砌，无底板

续附表

墓号	墓型	墓向	墓扩尺寸（长×宽－深）	棺椁尺寸（长×宽－高）	葬式	壁龛或器物箱	随葬器物	分期	备注
M187	单石椁	182°	2.58×1.07－2.4	石椁：2.4×0.9－0.9	被盗、情况不清	无	铜五铢Ⅱ21	三	无底板
M188	单石椁	95°	2.52×1.08－2.7	石椁：2.34×0.9－0.82	骨架腐朽严重，葬式不清	无	铜五铢Ⅲ12	四	无底板
M189	单石椁	100°	2.56×1.1－2.4	石椁：2.42×0.86－0.8	遭破坏，情况不清	无	陶鼎BaⅠ	二	无底板
M190	单石椁	87°	2.68×1.18－2.5	石椁：2.5×0.96－0.9	被盗严重，葬式不清	无	无	不详	无底板
M191	单石椁	110°	2.78×1.08－3.36	石椁：2.6×0.9－0.94	遭到破坏，情况不清	无	无	不详	
M192	双石椁	91°	2.8×2－3.52	石椁：通2.5×1.72（0.8~0.84）	盗扰严重，情况不清	无	无	不详	均双层盖盖板、无底板
M193	单石椁	103°	2.56×0.9－2.4	石椁：2.4×0.76－0.8	遭到破坏，情况不清	无	无	不详	
M194	双石椁	100°	2.8×2－3.3	石椁：通2.6×1.7（0.84~0.88）	遭破坏，葬式不清	无	陶罐C、小型陶罐BbⅠ2	四	均无底板
M195	双石椁	112°	2.87×2.2－2	北石椁：2.6×1－0.8；南石椁：2.6×0.92－0.82	破坏严重，葬式不详	无	无	不详	均无底板、北石椁为双层盖盖板
M196	双石椁	107°	2.8×2.14－3.82	北石椁：2.6×0.96－0.76；南石椁：2.6×0.95－0.78	破坏严重，葬式不详	无	铜磨郭五铢	五	均无底板
M197	三石椁	108°	3.26×2.94－3.12	北石椁：2.62×0.92－0.9；中石椁：2.6×0.88－0.9；南石椁：2.62×0.74－0.88	盗扰严重，人骨已不存在，葬式不详	北侧室外的西端	陶鼎BaⅠ、盒Aa Ⅱ、陶壶BbⅠ、小型罐C2	二	均无底板、北侧室为双层盖盖板

续附表

墓号	墓型	墓向	墓圹尺寸（长×宽－深）	棺椁尺寸（长×宽－高）	葬式	壁龛或器物箱	随葬器物	分期	备注
M198	双石椁	93°	2.92×2.02－2.52	北石椁：2.58×0.96－0.8；南石椁：2.52×0.86－0.78	因被盗，情况不详	无	小型陶罐 BaⅡ；铜五铢Ⅲ46	四	均无底板
M199	单石椁	105°	2.8×1.08－2.8	石椁：2.6×0.86－0.78	被盗严重，葬式不清	无	无	不详	均无底板
M200	双石椁	105°	2.95×1.52－3.32	石椁：通2.6×1.46－0.9	被盗，葬式不清	无	大型陶罐 BaⅡ2；铜五铢Ⅱ16	四	均无底板
M201	双石椁	95°	2.72×2.06－4	石椁：通2.54×1.96－（0.9～0.96）	被盗扰，葬式不清	无	铜五铢Ⅰ5	二	南石椁为双层盖板，均无底板
M202	单石椁	95°	2.72×1.06－1.4	石椁：2.5×0.88－0.8	被盗并遭破坏，葬式不清	无	无	不详	无底板
M203	单石椁	100°	2.7×1.1－1.5	石椁：2.5×0.94－0.9	破坏严重，葬式不清	无	无	不详	
M204	双石椁	98°	2.86×1.16－1.2	北石椁：2.6×0.84－0.78；南石椁：2.6×0.76－0.78	盗扰严重，葬式不详	无	无	不详	均无底板
M205	双石椁	105°	2.94×1.89－3.92	石椁：通2.62×1.72－0.94	被盗扰，葬式不详	无	无	不详	破坏严重
M206	双石椁	95°	2.8×1.06－3.92	石椁：通2.62×1.8－（0.9～0.94）	盗扰严重，葬式不详	北石椁外的一侧	陶鼎 BaⅠ，小型陶罐 AbⅠ	二	均无底板
M207	双石椁	180°	2.92×2.12－3.42	石椁：通2.62×1.8－（0.87～0.9）	东椁室仅存下肢骨	东椁室外的北端	陶鼎 AaⅢ，大型陶罐 AⅠ；铜五铢Ⅰ3	二	均无底板
M208	单石椁	104°	2.68×1.1－2.66	石椁：2.42×0.82－0.8	不见骨架	无	无	不详	无底板

续附表

墓号	墓型	墓向	墓圹尺寸（长×宽-深）	棺椁尺寸（长×宽-高）	葬式	壁龛或器物箱	随葬器物	分期	备注
M209	双石椁	196°	2.78×2.1-5.85	西石椁：2.46×0.94-0.84；东石椁：2.46×0.98-0.9	被盗扰，葬式不清	两椁室外的南端用石块垒砌：1.28×0.2-0.68	陶鼎Aa Ⅲ，盒Bb Ⅲ，壶Ba Ⅲ，中型罐C Ⅰ	三	东石椁为双层盖板。均无底板
M210	双石椁	188°	2.86×2.12-（5.96~6.08）	东石椁：2.56×0.86-0.64；西石椁：2.56×1.08-0.94	盗扰严重，人骨已不存在，葬式不详	无	小型陶罐Ba Ⅰ；玉璜；石璧	三	西石椁为双层盖板，两石椁底部不在一平面上，东石椁低于西面，均无底板
M211	双石椁	6°	（2.58~2.7）×2.02-（2.48~2.58）	东石椁：2.4×0.8-0.8；西石椁：2.04×0.8-0.6	被盗，人骨已不存在，葬式不详	无	小型陶罐Aa Ⅱ；铜五铢Ⅱ3；金属帽；铁环首刀	三	西椁室无底板，以岩石替代，短于东椁室。两椁室底部不在一个平面上，东椁室高于西椁室0.1米
M212	双石椁	5°	2.8×1.84-3.26	石椁：通2.56×1.64-3.26	遭到破坏，葬式不详	无	无	不详	均无底板
M213	双石椁	100°	2.72×2.2-3.88	北石椁：2.3×0.98-0.86；南石椁：2.3×0.92-0.88	被盗扰，人骨腐朽严重，葬式不详	无	中型陶罐D Ⅰ，小型罐D；铜五铢Ⅱ29	三	均为双层盖板，无底板
M214	单石椁	95°	2.72×1.36-2.72	石椁：2.44×1.06-0.86	盗扰严重，人骨已不存在，葬式不详	无	无	不详	无底板

续附表

墓号	墓型	墓向	墓圹尺寸 （长×宽－深）	棺椁尺寸 （长×宽－高）	葬式	壁龛或 器物箱	随葬器物	分期	备注
M215	双石椁	100°	3.08×2.1－2.4	石椁：2.8×1.74－2.4	大部分被破坏，情况不清	无	无	不详	无底板
M216	单石椁	5°	2.6 × 1.26 － 2.62	石椁：2.32×1.02－0.96	被盗扰，葬式不详	无	无	不详	
M217	单石椁	102°	2.86×1.12－3	石椁：2.62×1－0.8	被盗严重，葬式不详	无	无	不详	无底板
M218	双石椁	0°	3.06 × 2.12 － 2.5	石椁：2.88 × 2 －（0.9~0.96）	南半部被破坏，葬式不清	无	无	不详	两石椁底部不在一平面上
M219	单石椁	110°	2.56 × 1.26 － 2.64	石椁：2.36×1.04－0.92	盗扰严重，葬式不清	无	无	不详	

说明："随葬器物"栏中，器物后面的数字表示件（枚）数，未注明者为1件。

枣庄凤凰山墓地发掘报告

山东省文物考古研究院

枣 庄 市 文 物 局

　　枣庄市凤凰山位于薛城区东北，西托后村北约 1.5 千米处，西南距枣庄市政府约 2 千米，西侧紧临京台高速公路和薛城区（图一）。其北、东、西三面不远处均有海拔 100 余米的山丘。凤凰山的山脊大体呈"V"字形，西北部地势较平缓，山脊往外延伸，形成一个"土丘"，当地人称之为"土山"。墓地即位于"土山"之上（彩版三六）。

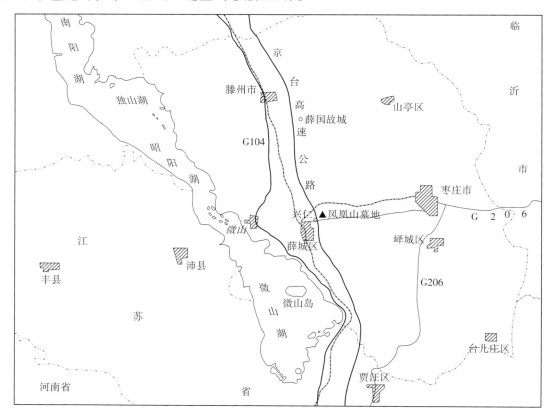

图一　墓地位置示意图

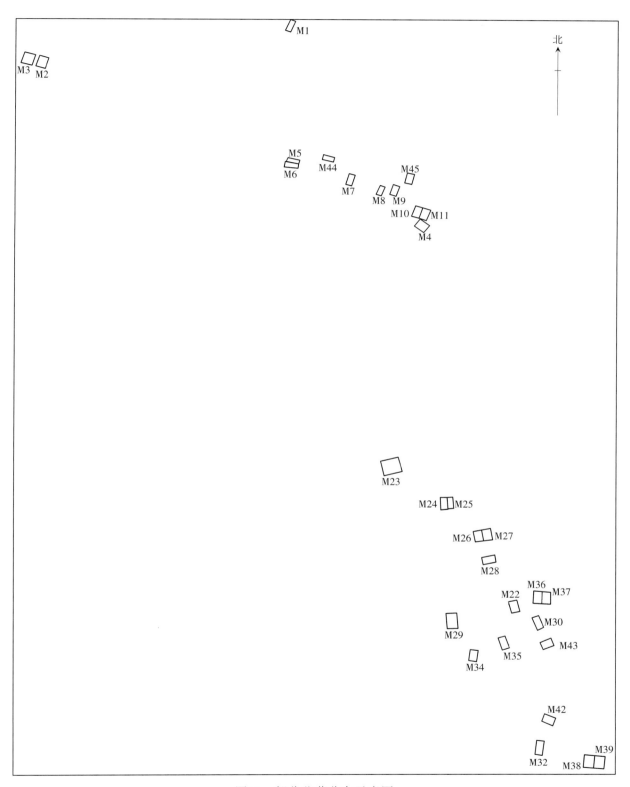

图二 部分墓葬分布示意图

为配合京沪高速铁路建设，山东省文物考古研究所会同枣庄市文物管理委员会办公室（现枣庄市文物局）于 2008 年 3 月 6 ~ 28 日对墓地进行了勘探发掘，共清理墓葬 47 座，其中汉代墓葬 45 座，明、清墓葬 2 座，获取陶器、铜器、铁器等遗物 100 余件（附表）。

一　汉代墓葬

（一）墓地概况

汉代墓葬均为长方形，凿岩形成墓穴，没有岩石的地方形成土坑墓，以竖穴墓为主，有少量侧室墓。墓坑一般长 2 ~ 3、宽 1 ~ 2 米，深度多在 2 米以上。均为中、小型墓葬。以长方形石椁墓为主，部分石椁上有画像，画像均刻划几何形纹饰。侧室墓无椁居多，个别有石椁。

墓葬排列有一定规律，两两并排现象多见，这种现象表明它们之间可能属于夫妻关系（图二）。

（二）墓葬分类及典型墓例

墓口均为长方形。根据墓葬结构和葬具的不同，可分为三类。第一类为石椁墓，27 座。第二类为土坑竖穴墓，无石椁，有 15 座。第三类为侧室墓，包括土坑侧室墓 2 座和 1 座石椁侧室墓，侧室墓均竖穴然后横向挖出侧室，在侧室内放置棺椁。

墓葬之间多并穴合葬，有的两座墓葬并列，之间相隔 0.1 米左右。有的两个墓穴之间存在打破关系。

墓向一般顺应山势埋葬，多朝北，稍偏东或偏西。东西向的墓较少，多位于稍平缓的地方。

1. 石椁墓

27 座，分为 A、B 两型。A 型石椁较规整，以青石板制成石椁，一般由底板、侧板、挡板、盖板构成。大部分用近似榫卯结构。这类墓葬大多有边箱或脚箱，随葬品较为丰富。石椁的侧板和挡板上一般有画像，以较为简单的几何形图案如穿璧纹、三角纹、树纹、钱纹构成，雕刻比较工整，显示了这类墓葬的规格和等级。B 型仅使用长方形青石板挡起墓葬的四边构成椁室，有时用不规整的石块垒砌，有的底部也不再铺石板。这种墓葬一般没有边箱或脚箱，随葬品直接放置于椁内，而且数量较少。

A 型　25 座。石椁均用规整的青石板构成。按照有无画像，分为两亚型。

Aa 型　15 座。有画像石墓。

M2　土坑竖穴墓。方向 203°。墓口长方形，墓长 2.85、宽 1.95、深 3.3 米。墓坑内填黑褐色粉沙土夹黏土块，经夯打，较致密。石椁由盖板、底板、侧板、挡板组成，长 2.4、宽 1 米。木棺仅余痕迹，长 2.25、宽 0.85 米。人骨头向南。随葬陶器放于石椁外西侧，有钫、壶、小壶、盘各 1，鼎、盒各 2 件（图三；彩版三七，1）。

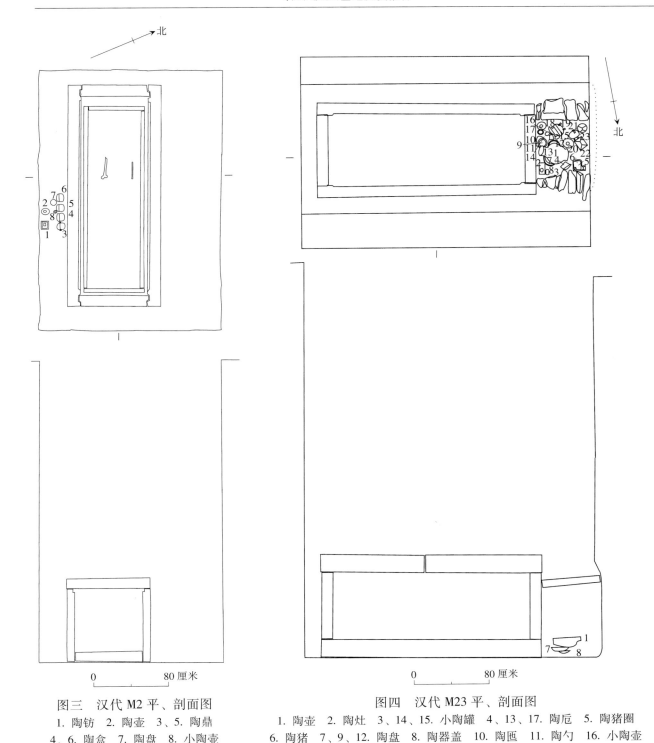

图三　汉代 M2 平、剖面图
1. 陶钫　2. 陶壶　3、5. 陶鼎
4、6. 陶盒　7. 陶盘　8. 小陶壶

图四　汉代 M23 平、剖面图
1. 陶壶　2. 陶灶　3、14、15. 小陶罐　4、13、17. 陶卮　5. 陶猪圈
6. 陶猪　7、9、12. 陶盘　8. 陶器盖　10. 陶匜　11. 陶勺　16. 小陶壶
18、20. 陶盒　19、21. 陶鼎　22. 陶仓　23. 陶磨

　　M23　岩坑墓。方向 100°。口部呈长方形，墓长 3.1、宽 2.1、深 4.4 米。墓坑内填红褐粉沙土和红黏土块组成的五花土，并有较多的石块。墓土经夯打，夯层厚 0.3 米，夯面平整光滑，较致密坚硬。墓室四周填有较多的石块以加固椁室。有一椁一棺。石椁位于墓室中央，椁室两侧板

外侧有生土二层台，石椁长 2.39、宽 1.05、高 1.15 米。由盖板、底板、侧板和挡板构成。盖板由两块长方形石板构成。挡板与侧板交接处榫卯结构。挡板与侧板上刻有不同的穿璧纹及树木纹。东北角盖板被盗扰破坏。木棺位于椁室中央，平面呈长方形，只残存漆皮和板块。人骨腐朽严重，只残存少量痕迹。可辨葬式为仰身直肢葬，头向东，面向上。脚箱位于椁室西部外侧，箱呈方形，东西两侧借助墓壁和椁室没有用石块，南北两侧用乱石块垒砌，上部盖较规整石板，内放置 23 件陶器，小罐、卮、盘各 3 件，鼎、盒各 2 件，壶、灶、猪圈、匜、器盖、勺、猪、小壶、仓、磨各 1 件。挡板、侧板、底板有画像，均以阴刻线凿成。底板以三角纹和菱形纹构成，侧板两端为穿璧纹，中心为三角形树纹和三角纹、菱形纹。东端挡板为穿璧纹，西端挡板为三角形树纹。两块盖板底面均为穿璧纹构成，但纹样略有不同，西盖板为大三角纹和小璧纹，东盖板的璧纹较大（图四；彩版三七，2）。

M29 岩坑墓。方向 180°。口部呈长方形，墓长 3、宽 2.03、深 2.5 米。直壁，壁面、底面平整，经过加工修整。墓坑内填黄褐色粉沙土，较疏松，夹杂较多的石块、沙粒和少量料礓石。一椁一棺，石椁由盖板、底板、两侧板和两端挡板构成。石椁长 2.63、宽 0.96、高 0.76 米。木棺只剩灰痕，尺寸不详。人骨腐朽严重，只残存少量痕迹，可辨认出葬式为仰身直肢葬。石椁南侧有边箱，长 1.3、宽 0.41、高 0.6 米。边箱内放置 16 件陶器，其中壶、镳壶、鼎、盒、匜、灶、仓、猪圈、猪、囷、磨各 1，卮 2，小罐 3 件。挡板和侧板有画像，以阴刻线凿成，两面挡板画像相同，以穿璧纹和菱形纹、三角纹构成。挡板画像以三角纹构成（图五）。

M24 与 M25 并排排列。石椁墓。方向 358°。凿岩形成墓穴，墓口不太平整。墓口呈长方形，长 3、宽 1.5、深 2.7 米，填土为灰褐色粉沙土和红黏土组成的花土，夹少量石块。墓土经夯打，夯层 0.3 米，夯面平整光滑，填土紧密硬度大。墓室四周填有较多石块。葬具有一椁一棺。石椁位于墓室中央偏东处，平面呈长方形，由盖板、底板、侧

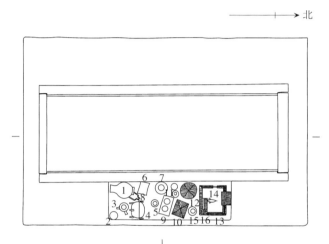

⟶ 北

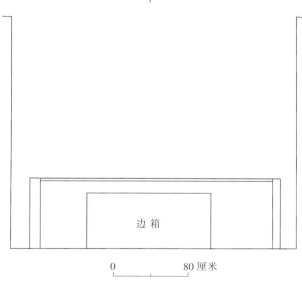

边箱

0　　　　　　80 厘米

图五　汉代 M29 平、剖面图
1. 陶壶　2、6. 陶卮　3. 陶镳壶　4. 陶鼎
5、11、16. 小陶罐　7. 陶盒　8. 陶匜　9. 陶灶
10. 陶仓　12. 陶囷　13. 陶猪圈　14. 陶猪　15. 陶磨

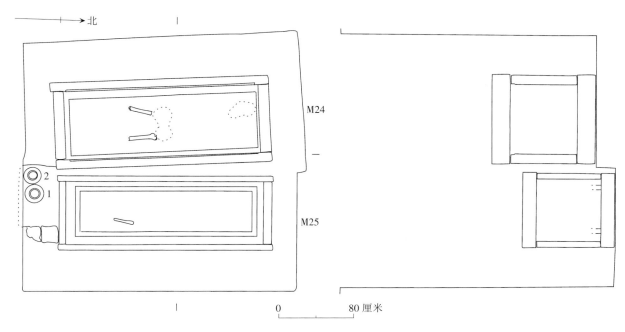

图六　汉代 M24、M25 平、剖面图
M25：1、2. 陶罐

板和挡板构成。挡板与侧板交接处为榫卯结构，侧板上刻有简单的几何形图案，以三角形为主。盖板上有一盗洞，除此之外保存较完整。椁室长 2.28、宽 0.81、高 1.11 米。木棺位于椁室中央，腐朽严重，只残存板灰与漆皮，平面呈长方形，由盖板、底板、侧板和挡板构成，长 2、宽 0.6 米。人骨保存较差，腐朽严重，只残存痕迹，可辨认出葬式为仰身直肢，头向北，面向上。无随葬品（图六；彩版三七，3）。

M25　位于 M24 东侧。方向 3°。口部呈长方形，不平整，长 2.9、宽 1.3、深 2.9 米。墓坑内填土同 M24。墓葬形制同 M24，有一棺一椁。石椁上的画像同 M24 一样，均为三角形。石椁长 2.28、宽 0.8、高

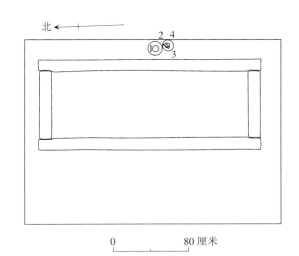

图七　汉代 M37 平面图
1. 陶罐　2. 铜带钩　3. 铜印章　4. 铜辟兵符

1 米。木棺腐朽严重，只残存黑色的板灰和漆皮，长 1.93、宽 0.54、板厚 0.05 米。人骨腐朽严重，只剩痕迹。可辨认出葬式为仰身直肢，头向北，面向上。石椁外有脚箱，东部用石块垒砌，呈长方形，深 0.3 米。脚箱内随葬有陶罐 2 件（图六；彩版三七，3）。

M37　土坑竖穴石椁墓。方向 181°。平面形状呈长方形，长 2.7、宽 2、深 3.55 米，壁面不平整。填土为黄白色粉沙土和红黏土构成的花土，夹少量岩石碎块。葬具为一椁一棺。石椁由盖板、

挡板、侧板、底板构成，长 2.35、宽 0.98、高 1.12 米。人骨腐朽严重，只剩痕迹，葬式可辨认出为仰身直肢，头向南，面向上。随葬品位于墓室东侧中部，有陶罐、漆盒各 1 件。漆盒只剩痕迹，盒内放置铜印章、辟兵符、铜带钩各 1 件（图七）。

M40　岩坑墓。方向 203°。口部长方形，墓长 3.05、宽 2.05、深 3.3 米，直壁平整，底面平整。墓坑内填红色粉沙黏土和粗沙粒，经夯打，较致密。有一棺一椁，平面呈长方形。石椁由盖板、侧板、挡板构成，盖板有两重，上盖板由三块石板组成，内盖板由三块组成。内盖板中间位置留有一小孔。挡板和侧板衔接处留有凹槽，以便使石椁更坚固。侧板和挡板上有阴刻画像，以穿璧纹和三角纹组成。石椁长 2、宽 1.05、高 1 米。木棺已朽，棺痕长 1.6、宽 0.62、厚约 0.03 米。木棺上涂漆，腐朽后只剩漆皮。人骨保存较差，仅剩痕迹，葬式不详，头向南，面向上。椁内右侧偏下有 1 铜镦，木柄已腐朽，镦里还保存有一段木柄。随葬陶器放置于椁外西侧中部，有壶 2 件，器盖、卮、鼎、盒、小罐各 1 件（图八；彩版三八）。

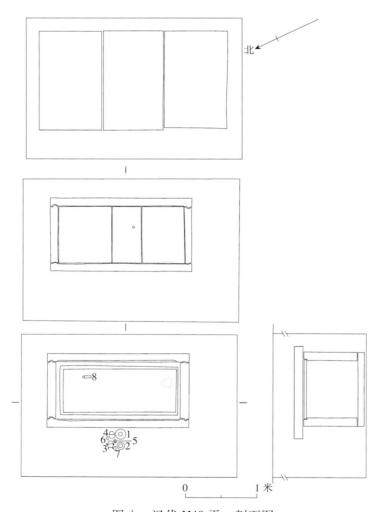

图八　汉代 M40 平、剖面图

1、2. 陶壶　3. 陶鼎　4. 陶盒　5. 小陶罐　6. 陶卮　7. 陶器盖　8. 铜镦

M41　岩坑墓。开口于耕土层下，打破基岩。方向191°。墓长3.1、宽2、深3.1米，直壁较平整，底面平整。墓坑内填土为红色粉沙黏土和粗沙粒，经夯打，较致密。有一椁一棺。石椁由盖板、侧板、挡板和底板构成。盖板由上盖板和下盖板组成，上盖板比较厚重，由两块青石板构成；下盖板较薄，由四块石板组成，在中间位置留有一小孔。挡板和侧板衔接处有凹槽。挡板和侧板上有画像，阴刻穿璧纹和三角纹，因剥落已斑驳不清。石椁长2.44、宽0.94、高1.02米。木棺已经腐朽，残存漆皮。人骨已经腐朽，仅剩头骨和肢骨痕迹，葬式不详，头向南，面向上。随葬品位于椁外东侧偏北，有陶器6件，为鼎、器盖、壶、盘、盒、小壶各1件（图九）。

Ab型　10座。无画像石椁墓。

M35　岩坑墓。方向175°。口部呈长方形，墓长2.6、宽1.8、深2.15米。壁面、底面平整。墓坑内填红褐色粉沙土，夹红黏土和少量石块。有一椁一棺，石椁平面呈长方形，保存较好，由盖板、底板、侧板、挡板构成，长2、宽0.96、高1米。盖板由两块石板组成。木棺腐朽严重，只剩板灰，长1.65、宽0.6、板厚0.02米。人骨腐朽严重，葬式不详。随葬品位于墓室西侧中部，

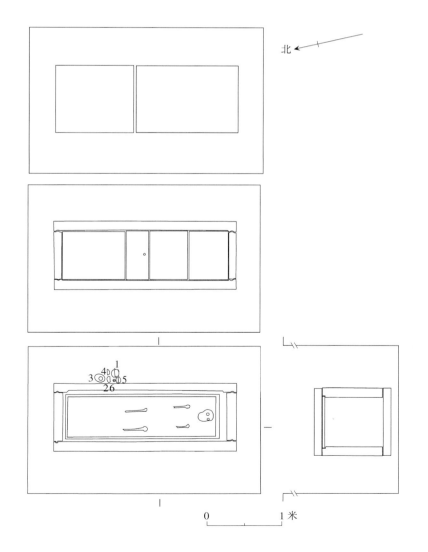

0　　　　　　1米

图九　汉代M41平、剖面图
1. 陶鼎　2. 陶器盖　3. 陶壶　4. 陶盘
5. 陶盒　6. 小陶壶

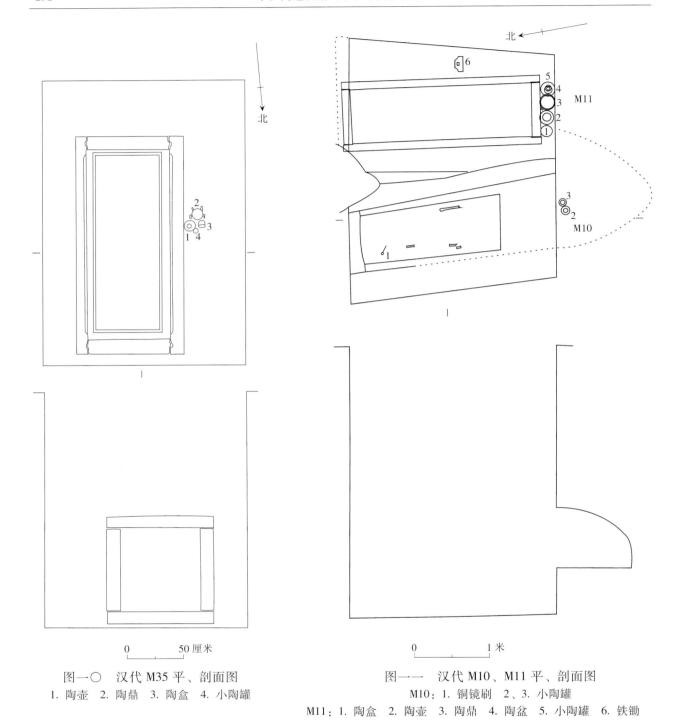

图一〇　汉代 M35 平、剖面图
1. 陶壶　2. 陶鼎　3. 陶盒　4. 小陶罐

图一一　汉代 M10、M11 平、剖面图
M10：1. 铜镜刷　2、3. 小陶罐
M11：1. 陶盒　2. 陶壶　3. 陶鼎　4. 陶盆　5. 小陶罐　6. 铁锄

有 4 件陶器，壶、鼎、盒、小罐各 1 件（图一〇）。

M11　岩坑墓。方向 190°。口部为长方形，墓长 2.6、宽 1.6、深 3.7 米。壁面较平整，底面平整，底部长 2.6、宽 1.75 米。墓坑内填土为黄褐色粉沙黏土，夹较多的粗沙粒，少量烧土粒和炭屑、料礓石。经过夯打，较致密。有一椁一棺。石椁由盖板、底板、侧板、挡板构成。椁长 2.5、宽 0.9、高 0.68 米。木棺腐朽，尺寸不详。人骨保存差，仅剩少量痕迹。头向北，面向、葬

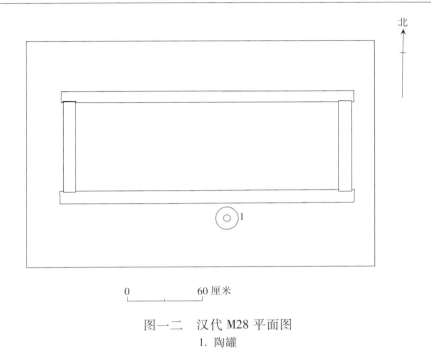

图一二　汉代 M28 平面图
1. 陶罐

式不详。随葬品放置于椁外南端，有陶器 5 件，分别为盒、壶、鼎、盆、小罐各 1 件，另有 1 件铁锄位于墓室东侧（图一一）。

M28　岩坑墓，因位于山坡上，墓口较倾斜。方向 88°。口部呈长方形，墓长 2.8、宽 1.9、深 1.47 ～ 1.69 米。壁面底面不甚平整，未见加工痕迹。墓坑内填土为灰褐色粉沙土，夹较多石块。有一椁一棺。石椁长 2.34、宽 0.9、高 0.78 米，由盖板、侧板、挡板和底板构成。侧板与底板衔接处有凹槽。人骨腐朽，葬式不详。随葬品有 1 件陶罐，放置于椁外南侧中部（图一二）。

B 型　2 座。石椁由不规整的石板或乱石块构成。

M1　岩坑墓。方向 200°。墓口长方形，墓长 2.83、宽 1.02、深 0.8 米。墓坑内填黑褐色粉沙土，含黏土块，较致密，夹有石屑、炭屑、石粒等。有一石椁，由侧板和挡板组成，棺朽无痕，长 2.82、宽 1 米。墓底为砂石岩层。人骨腐朽无痕迹。随葬品放于石椁内，有陶罐 2 件，残铁器、铜铃各 1 件（图一三）。

M4　岩坑墓。方向 195°。墓口近似长方形，墓长 2、宽 0.55 ～ 0.7、深 1.32 米。壁面不甚规整，未见加工痕迹。底面不规整。墓坑内填灰褐色沙土，较致密，夹杂较多的石块。有一棺一椁。石椁以乱石块砌成，长 2、宽 0.55 ～ 0.7、高 0.46 米。木棺腐朽，尺寸不详。人骨保存差，葬式不详。随葬品有 1 铜钱，位于椁内北部（图一四）。

2. 土坑竖穴墓

15 座。一般有生土二层台，无石椁，有木椁，墓口较小。

M7　方向 193°。墓口为长方形，有生土二层台。墓口长 2.5、宽 1 ～ 1.2 米，底宽约 0.6 米，墓深 2.9 米。填土为黑褐色粉沙土，夹黏土块，经夯打，较致密。有一棺，长 2、宽 0.55 米。仰

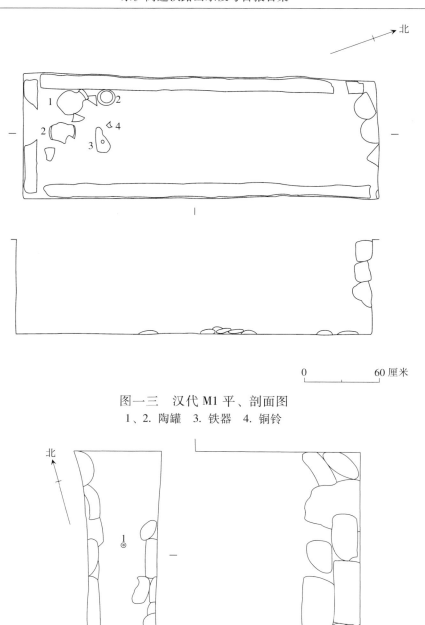

图一三　汉代 M1 平、剖面图
1、2. 陶罐　3. 铁器　4. 铜铃

图一四　汉代 M4 平、剖面图
1. 铜钱

身直肢葬，人骨头向南偏西，面向上，保存较好。随葬铜钱4枚，置于左上肢处（图一五）。

　　M10　方向190°。墓口为长方形，墓长2.6、宽1.4~1.53、深3.7米。壁面较平整，底面平整。底部长2.6、宽1.6米。填土为黄褐色粉沙黏土，夹较多的粗沙粒，少量烧土粒、炭屑、料礓

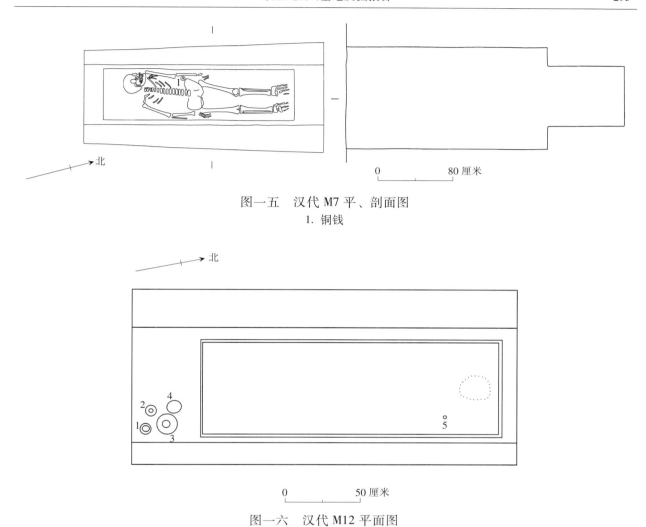

图一五　汉代 M7 平、剖面图
1. 铜钱

图一六　汉代 M12 平面图
1. 陶釜　2、3. 陶罐　4. 陶盘　5. 铜钱

石。墓土经过夯打，较致密。有一木棺，已腐朽，从痕迹可以判断尺寸，长 1.75、宽 0.63 ~ 0.7
米。人骨保存较差，仅剩少量痕迹。头向南，面向、葬式不详。随葬品有陶罐 2 件放置于椁外南
端壁龛内，椁内北端有 1 铜镜刷（图一一）。

　　M12　方向 11°。墓口长方形，有生土二层台。墓口长 2.55、宽 1.2 米，二层台高 0.65 米。
墓底长 2.55、宽 0.8 米，墓深 1.75 米。直壁较平整，底面平整。填土为红色粉沙黏土。有长方形
木棺，腐朽可辨认出痕迹，长 2、宽 0.66、厚 0.02 米，高度不详。随葬品有陶器 4 件放置于椁外
南侧，分别为罐 2 件，釜、盘各 1 件。另有铜钱 1 枚位于椁内北侧。人骨腐朽，保存较差，仅有
痕迹，可辨认出头向北，面向上，葬式不详（图一六）。

　　M16　与 M17 并排排列。方向 7°。口部为长方形，墓长 2.4、宽 1.05、深 2 米。有生土二层
台，高 0.6 米，墓底长 2.1、宽 0.68 米。填土为深灰色粉沙土。在二层台上有石板盖住木棺。木
棺腐朽，长 2、宽 0.55 米，高度不详，可能与二层台齐平。人骨腐朽，保存差，仅可从痕迹辨认
出头向北，面向不清，葬式为仰身直肢葬。随葬品有 4 枚铜钱，放置于头骨右下侧，陶罐 1 件放

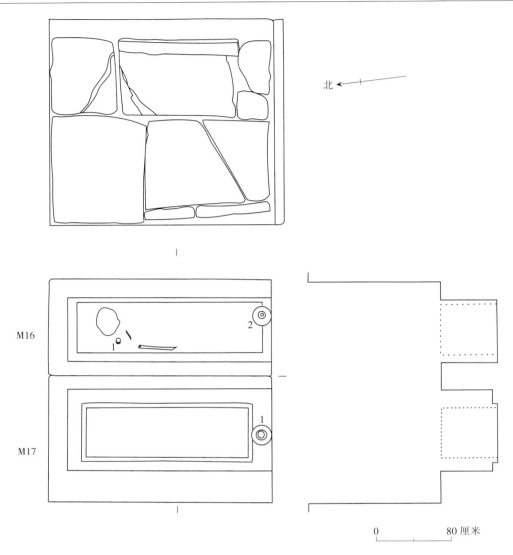

图一七　汉代 M16、M17 平、剖面图

M16：1. 铜钱　2. 陶罐　M17：1. 陶罐

置于墓室南端（图一七）。

M17　方向 7°。口部长方形，墓长 2.4、宽 1.4、深 2 米。有生土二层台，高 0.65 米，台上放置有几块石板以盖住木棺。底部长 2.1、宽 0.7 米。填土为灰褐色粉沙土。人骨腐朽，葬式不清。随葬品有陶罐 1 件，放置于墓室南端（图一七）。

3. 侧室墓

3 座，其中 2 座为土坑侧室墓，没有石椁，另 1 座有石椁。

M9　土坑侧室墓。方向 10°。口部呈长方形，长 2.65、宽 1~1.2 米。底部有侧室，长 2.8、宽 1.6 米，墓深 2.7 米。壁面和底面未见加工痕迹。填土为灰褐色沙土，夹较多岩石块。葬具只见棺的痕迹，保存很差。棺长约 2.1、宽 0.58 米。主墓室人骨只剩痕迹，侧室内只剩少量肢骨、

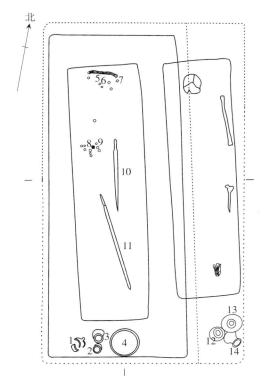

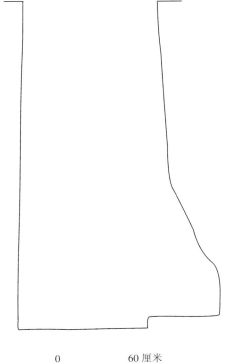

头骨和趾骨。头向北，葬式不清。主室内随葬有铜钱 1 串、石黛板 1 件、铜印章 1 件位于头端，铜钱 1 串和铜带钩 1 件位于腹部，铁剑两把位于上肢和下肢处。棺外足端有陶器 4 件，其中小陶壶、陶鼎各 1，陶罐 2 件。侧室棺外足端随葬小陶罐 3 件（图一八）。

M8　土坑侧室墓。方向 194°。口部呈长方形，墓长 2.3、宽 1、深 2.1 米，底部有侧室，宽 1.43 米。壁面和底面未见加工痕迹。填土为黄褐色沙土，夹较多碎石块。葬具有一棺，腐朽严重，保存差，仅存痕迹。棺长 2.3、宽 0.6 米。主墓室人骨保存差，残存头骨和部分肢骨。头向南，面向上，仰身直肢葬。头侧随葬 1 枚铜钱，脚端随葬陶罐 1 件（图一九）。

M13　石椁侧室墓。方向 12°。口部呈长方形，长 2.9、宽 1.3、深 2.3 米。底部有侧室，长 2.9、宽 1.95 米。凿岩成穴，壁面较平整，底面平。填土为粗沙黏土和砂岩，较致密，没有发现夯打现象。人骨腐朽严重，葬式不清。石椁由盖板、侧板、底板、挡板组成，青石质。随葬品位于椁外南端，有陶罐 1 件、盂 2 件（图二〇）。

图一八　汉代 M9 平、剖面图
1. 小陶壶　2、3. 陶罐　4. 陶鼎　5、8. 铜钱
6. 石黛板　7. 铜印章　9. 铜带钩
10、11. 铁剑　12~14. 小陶罐

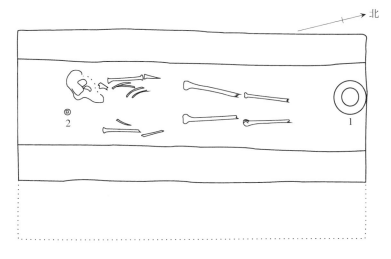

图一九　汉代 M8 平面图
1. 陶罐　2. 铜钱

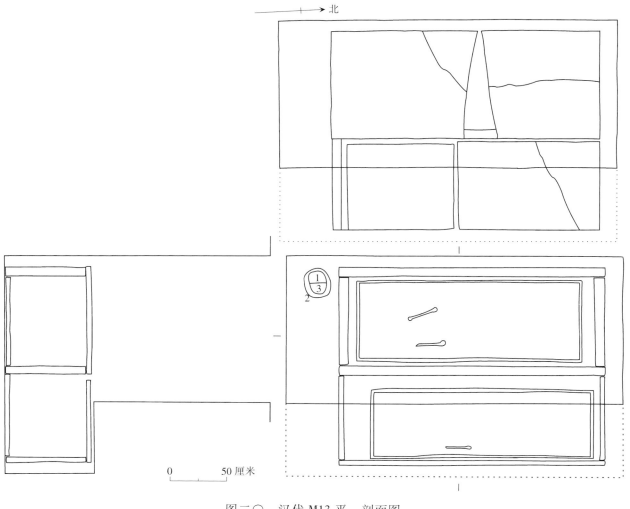

图二〇　汉代 M13 平、剖面图
1、3. 陶盂　2. 陶罐

（三）画像石情况

汉代墓葬 45 座，其中石椁墓 27 座。石椁墓中有画像石墓 15 座，占石椁墓的 55.6%。画像多刻在石椁墓椁室的立板内面。石板经简单修整，较平整。画像雕刻技法基本上采用粗线条的阴线刻，先在石板上刻划出方形或长方形的边框，再在其内部刻划各种图案。有的画像图案可分为主题纹饰和底纹两部分。主题纹饰一般位于中部，线条较粗深，底纹在主题纹饰周围填充空白区域，多以细密的竖线或斜线平行刻划而成，个别以点构成。主要纹饰有三角形纹、正方形纹、菱形纹、穿璧纹、树纹、十字纹、玉璜纹、垂帐纹、折线纹、"几案纹"等。一般以 2～3 种纹饰组合构成画像。两块相对的侧板一般使用相同的纹饰。

1. 挡板上的画像

挡板的画像均为正方形或近似正方形。两块挡板一般使用不同的纹饰，个别墓葬中的挡板纹

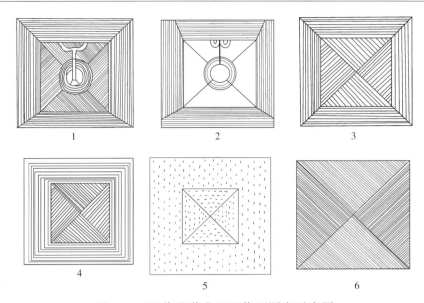

图二一　汉代墓葬出土画像石图案示意图

1. M27 南挡板　2. M46 东挡板　3. M24 南挡板　4. M32 南挡板　5. M36 挡板　6. M37 北挡板

饰相同。挡板上刻划的纹饰主要有十字穿璧纹、十字纹、正方形纹、三角形纹、树纹、垂帐纹、菱形纹、"几案纹"。十字穿璧纹以交叉的两条直线穿过圆环或玉璧，十字一般不穿过圆环。四周一般有数周正方形纹作为边框。共有五种图案。

（1）垂帐纹

以圆弧构成，下有一系连接至玉璧。一般和穿璧纹构成组合。个别垂帐纹位于树纹下方。有三种。

M27 南挡板：图案位于正中间的正方形中，正方形由十字形进行四分割，直线填充底纹。中心为圆璧纹，垂帐纹位于正上方，下至圆璧底部（图二一，1）。

M46 东挡板：图案位于正中间的正方形中，正方形内以十字形进行四分割，正方形外填充直线为底纹，内填竖点作为底纹，中央为圆璧纹。垂帐位于正方形正上方，下至圆璧上方（图二一，2）。

M26 北挡板：垂帐纹位于树纹的下方，其下放置几案纹（图二二，3）。

（2）十字纹

为两条90°相交的直线构成，之间常用斜线作底纹。一般与璧纹构成穿璧纹或者与正方形纹组合。个别只有十字纹。共四种。

M24 南挡板：正方形纹分成内外两部分，由十字线相交进行四分割。正方形外侧由直线构成底纹，正方形内侧由斜线构成底纹，与十字线相平行。M25 挡板与此相同（图二一，3）。

M32 南挡板：由正方形分割图案成内外两部分，正方形内由十字纹四分割，由斜线作底，正方形外由直线作底纹（图二一，4）。

M36 挡板：由正方形分割图案成内外两部分，正方形内由十字纹四分割。由竖点填充底纹（图二一，5）。

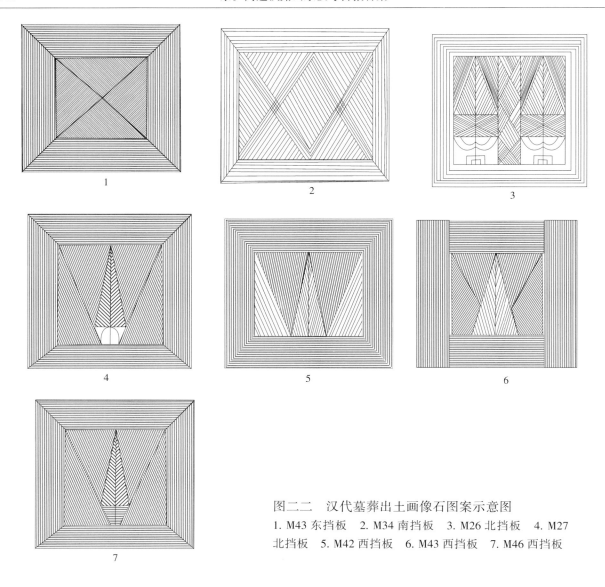

图二二　汉代墓葬出土画像石图案示意图
1. M43 东挡板　2. M34 南挡板　3. M26 北挡板　4. M27
北挡板　5. M42 西挡板　6. M43 西挡板　7. M46 西挡板

　　M37 北挡板：整体图案由十字纹四分割，斜线平行于十字线作底纹（图二一，6）。

　　（3）正方形纹

　　一般由数圈正方形构成边框，也有的位于中间与十字纹相组合。

　　M43 东挡板：主体由中间的正方形分割成内外两部分，内以斜线为底纹，外以直线为底纹构成正方形（图二二，1）。

　　（4）菱形纹

　　由两组十字纹组合而成，以斜线作底纹。

　　M34 南挡板：整体图案由中部的正方形分割成内外两部分，外以直线作底纹。正方形内由两组十字纹并列，将整个图案分成中间的菱形和外围的三角形，以斜线作底纹（图二二，2）。

　　（5）树纹

　　由三角形组成，中间竖线表示主干，两边的斜线表示枝杈。一般与三角纹相组合，个别与垂帐纹、几案纹相组合，有的下面有圆丘形土堆。共有五种。

M26 北挡板：由中央的正方形将整个图案分成内外两部分，外为直线构成的底纹。正方形内分三部分，中间为三角形和菱形构成的间隔带，两侧对称分布树纹、垂帐纹和几案纹。树纹位于上方，由大三角形构成树冠，以斜线构成底纹。下部由三角形、垂帐纹和几案纹组成，以短线填充底纹，可能表示室内（图二二，3）。

M27 北挡板：整体由中部的正方形将图案分成内外两部分，外为直线构成的底纹。正方形内中央为树纹，由三角形构成树冠，下有半圆形土堆，两侧有大三角形，可能表示山峦，以斜线填充底纹（图二二，4）。

M42 西挡板：整体由中部的正方形将图案分成内外两部分，外为直线构成底纹。正方形内中央为树纹，由等边三角形构成，两侧为直角三角形，以斜线填充底纹（图二二，5）。

M43 西挡板：整体由中部的正方形将图案分成内外两部分，外由两竖两横两组长方形构成椁的侧面，由直线填充底纹。中间中心为树形，由等边三角形组成，两侧为被树纹遮蔽一部分的三角形，由斜线填充底纹（图二二，6）。

M46 西挡板：整体由中部的正方形将图案分成内外两部分，外四等分，由直线填充底纹。中部中间为树纹，由等边三角形构成树冠，直线构成树干。树纹两侧有直角三角形，以斜线填充底纹（图二二，7）。

2. 侧板上的画像

两块侧板使用相同的画像。大部分可将侧板上的画像分为三部分，两边为正方形纹饰，一般采用挡板的纹饰刻划，中间为长方形主体部分。极个别整块石板采用一体纹饰，仅有 1 例。根据纹饰组合的不同可以分成五种组合。

（1）第一种组合

十字穿璧纹与菱形纹、三角纹的组合。有五种，璧纹和菱形纹略有区别。

M26 侧板：由中部长方形将图案分成内外两部分，外部斜角四分，以直线填充底纹。内部长方形分成三部分，中间长方形区域以十字分割成菱形和三角形；两边为近正方形，中间为圆璧纹，本身以圆圈填充，下面以十字纹四分割，填充斜线为底纹，圆璧中间填充横线作底纹（图二三，1）。

M27 侧板：纹样同 M26 基本相同，只是圆璧纹中间圆孔内也四等分以斜线填充（图二三，2）。

M34 侧板：圆璧纹中间不再填充底纹，只有十字线。中间的菱形纹和三角纹也略有区别（图二三，3）。

M39 侧板：圆璧纹使用下部的十字填充底纹，本身不再填充底纹，中间菱形纹和三角纹略有区别（图二四，1）。

M42 侧板：外侧不同于上面几种，以两竖两横组成外侧图案，上部一横由小菱形和小三角形纹组成，以斜线填充底纹，其余三处以直线填充底纹。中间长方形内分成三个区，中间为大三角形组成的树纹，两侧由菱形和三角形组成，以斜线填充底纹。两侧正方形以十字形四等分，以斜

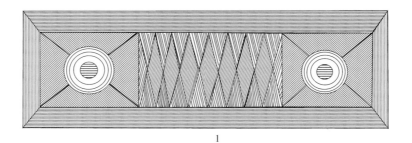

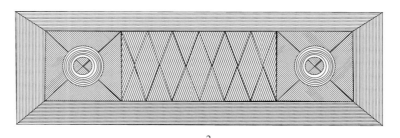

图二三　汉代墓葬出土画像石图案示意图
1. M26 侧板　2. M27 侧板　3. M34 侧板

线填充。中间为圆璧纹，以螺旋纹填充，圆璧圆孔以竖线填充底纹（图二四，2）。

（2）第二种组合

两侧为十字穿璧纹，中间为折线纹。有 1 例。

M37 侧板：以竖向长方形构成边框分成三部分，中间略长，两侧为正方形左右对称，边框内以直线填充底纹。中间部分大折线纹组成，以斜线填充底纹。两侧十字形四等分，以斜线填充。圆璧不填充任何纹饰，中间圆孔填充竖点纹（图二四，3）。

（3）第三种组合

整块一体，以正三角纹和倒三角纹组成。仅 1 例。

M32 侧板：以中间的长方形将图案分成内外两部分，外侧以直线填充底纹；内侧由三角形组成，以斜线填充底纹（图二五，1）。

（4）第四种组合

两侧为垂帐纹、穿璧纹，中间为树纹、三角纹的组合。仅 1 例。

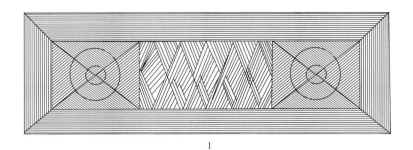

1

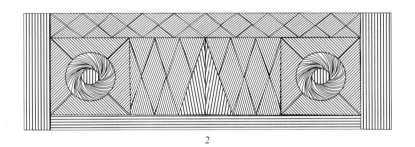

2

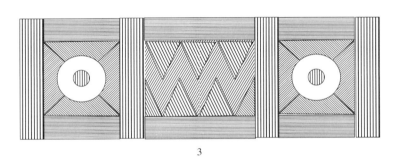

3

图二四　汉代墓葬出土画像石图案示意图
1. M39 侧板　2. M42 侧板　3. M37 侧板

M46 侧板：由中间的长方形将图案分成内外两部分，外侧由直线填充；内侧分成三部分，中间的两组树纹为主体，树纹下饰垂帐和半圆形封土，两侧为三角形，可能代表山峦，以斜线填充底纹。两侧均等分成四部分，以直线填充底纹。主体为垂帐纹和圆璧纹的组合，垂帐纹至圆璧中心，圆璧以圆圈填充底纹，中心圆孔以短竖线填充（图二五，2）。

（5）第五种组合

两侧是十字纹，中间为三角纹或菱形纹的组合。有四种。

M24 西侧板：以中间的长方形将图案分成内外两部分，外侧以直线填充，内侧长方形分成三部分，中间以三角形组成，两侧为十字形四分正方形，以斜线填充（图二五，3）。

M25 侧板：同 M24 基本相同，唯中间三角形改由菱形和三角形组成（图二六，1）。

M36 侧板：以长条形等分成三个正方形，内填充直线作底纹。中间为三角形，以直线填充，两侧为十字纹，以竖点填充（图二六，2）。

M43 侧板：图案与 M24 类似，只是中间三角形图案略同，底纹填充更多线条，凿刻更精细

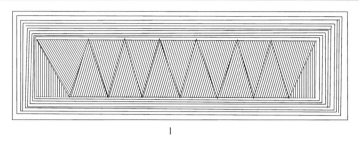

1

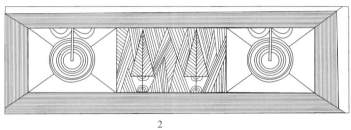

2

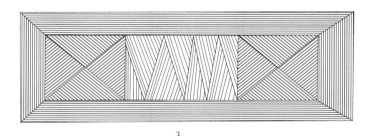

3

图二五　汉代墓葬出土画像石图案示意图
1. M32 侧板　2. M46 侧板　3. M24 西侧板

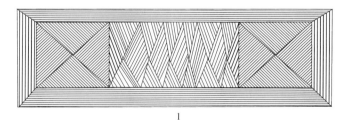

1

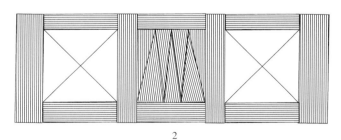

2

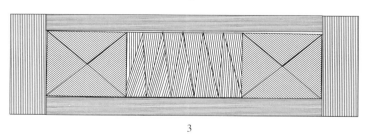

3

图二六　汉代墓葬出土画像石图案示意图
1. M25 侧板　2. M36 侧板　3. M43 侧板

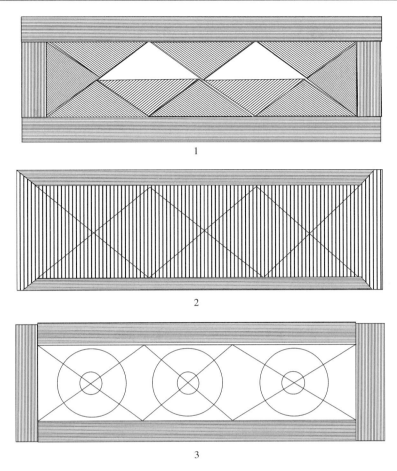

图二七　汉代墓葬出土画像石图案示意图
1. M37 底板　2. M46 底板　3. M43 底板

（图二六，3）。

3. 底板上的画像

个别墓葬底板上凿刻画像。有 3 例。

M37 底板：四周边框填充直线，中间为十字构成的菱形纹和三角纹，底纹为斜线（图二七，1）。

M46 底板：四周边框填充直线，中间十字纹构成菱形纹和三角纹，底纹为竖向直线（图二七，2）。

M43 底板：四周边框以直线填充，中间为直线和圆圈构成的三组十字穿璧纹，无底纹（图二七，3）。

（四）遗物

随葬品以陶器为主，另有少量钱、镜、印章、带钩、辟兵符等铜器和剑、环首刀等铁器及石黛板、圆形器。

　　陶器绝大部分为泥质陶。多为灰陶，有少量灰褐陶和红褐陶。多为素面，部分陶器的腹部有凹弦纹或凸弦纹，有的壶腹部装饰铺首。部分陶器表面有彩绘，多为白色底彩，上绘红彩，另有少部分不施底彩，用红、黄两种颜色，个别直接用白色彩绘。彩绘纹饰有卷云纹、三角纹、涡纹、圆点纹等。器形有鼎、盒、壶、罐、盘、匜、盆、钫等，以鼎、罐、壶、盒为主。另外有部分模型明器如仓、猪圈、井、灶、杯等。

1. 陶器

鼎　12件。均泥质陶。分五型。

A型　2件。覆钵形盖。子母口，弧腹，最大腹位于口部，方形竖耳，两耳较短。

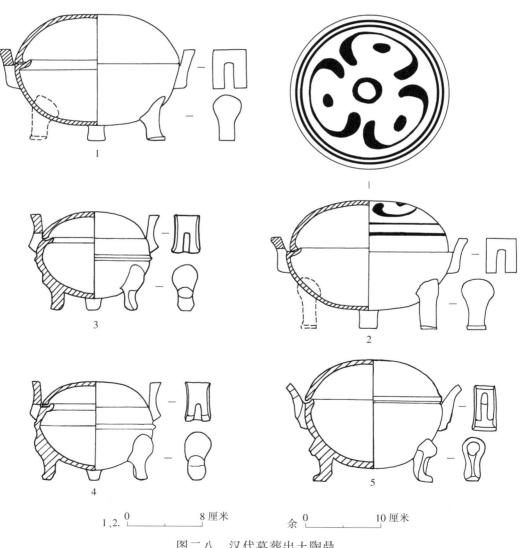

1、2.　0　　　　8厘米　　　　余　0　　　　10厘米

图二八　汉代墓葬出土陶鼎
1、2. A型（M38：7、M38：4）　　3～5. B型（M23：19、M23：21、M9：4）

M38：7，灰褐陶，陶色不均匀。盖口微敛，弧腹，顶稍平。器敛口，尖唇，底为大圜底，三个蹄形足外撇，两耳稍外斜。素面。口径 14、腹径 17.2、通高 13.8 厘米（图二八，1）。

M38：4，灰褐陶，色不均匀。盖口微敛，弧腹，弧顶。器平沿内折，圆唇，弧腹，圜底，三个蹄形足较直，稍外撇，足残，长方形耳。盖上有白色彩绘，中间为圆圈，四角三个"C"形卷云纹，中间有一圆点。口径 14.8、通高 14 厘米（图二八，2；彩版三九，1）。

B 型　3 件。均灰陶。覆钵形盖，盖较浅。子母口，深腹，蹄形足较短。

M23：19，敛口，蹄形足内收，方形竖耳较高。器表涂抹一层白色底彩，掉落严重已斑驳不清，可能原有彩绘；腹部饰一周凹弦纹和一周凸弦纹。口径 10.7、通高 14 厘米（图二八，3；彩版三九，2）。

M23：21，敛口，蹄形足较短稍内收，方形竖耳较高。器表原涂抹有白色底彩，掉落严重已斑驳不清；腹中部饰一周凸棱。口径 12、通高 13.6 厘米（图二八，4）。

M9：4，口微敛，蹄形足稍内收，两耳较短，外撇较甚。口径 16、通高 16.8 厘米（图二八，5）。

C 型　3 件。均灰陶。高足，折腹，腹较深，最大腹径位于中部。分两亚型。

Ca 型　2 件。覆钵形盖。子母口。

M40：3，敛口，斜折沿，上腹竖直，折腹，圜底，三个蹄形足较直，两方形竖耳外撇较甚。以白色作底彩，大部分掉落，上腹用红彩勾画云气纹，竖耳上饰三道红彩，足部饰两道红彩。口径 12.2、腹径 15、通高 13.4 厘米（图二九，1；彩版三九，3）。

M29：4，敛口，折腹，三个蹄形足较高、外撇较甚，两方形竖耳较高稍外撇。器表抹一层白色底彩。腹饰一周凸棱。口径 12、腹径 17、通高 16 厘米（图二九，2）。

Cb 型　1 件。

M41：1，盖失。大口内敛，平沿，弧腹，圜底较大，三个蹄形足竖直、较粗壮，两耳较高且外撇较甚。口径 14.8、腹径 16.4、通高 12 厘米（图二九，3）。

D 型　3 件。器形较小，不是很规整。子母口，弧腹，圜底，最大腹位于口部。

M35：2，灰褐陶。三足细长，腹较浅，两耳失。盖上有黑色云气纹；器表饰黑彩，不可辨认。陶质较差，手捏制。口径 14、通高 13 厘米（图三〇，1；彩版三九，4）。

M2：3，灰陶。子母口，圜底，三足较矮、外撇较甚，方形竖耳外撇较甚。口径 14、通高 14.4 厘米（图三〇，2）。

M2：5，灰陶。无盖。子母口，浅腹，圜底，三足矮，方形竖耳外撇较甚。口径 13.2、通高 10.2 厘米（图三〇，3）。

E 型　1 件。

M11：3，灰陶，烧成火候高，陶质较硬。子母口，尖唇，弧腹，最大腹位于腹中部，大圜底，三个蹄形足较直，圜底略高于足，两方形竖耳外撇。器身除底部外抹一层白色底灰，上用红彩绘涡纹，布满器身；足上画两眼一嘴形成人面纹。口径 17、腹径 20.5、通高 13.6 厘米（图二九，4；彩版三九，5、6）。

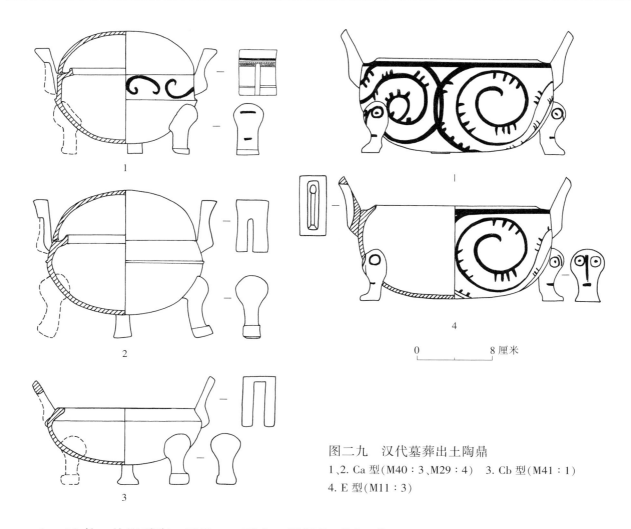

图二九　汉代墓葬出土陶鼎
1、2. Ca 型（M40∶3、M29∶4）　3. Cb 型（M41∶1）
4. E 型（M11∶3）

　　盒　10 件。均泥质陶。子母口，平底。根据盖不同，分两型。

　　A 型　6 件。覆钵式盖。演化规律为由敛口到直口再到侈口。分三式。

　　Ⅰ式　2 件。

　　M41∶5，泥质灰陶。盖方唇微侈，较浅。器敛口较甚，鼓腹较深，最大径位于腹中部，平底。盖上饰红彩"c"状卷云纹，器表抹白色底彩。口径 10.6、腹径 14、底径 6.2、通高 10.2 厘米（图三一，1；彩版四〇，1、2）。

　　M11∶1，泥质灰陶。盖敛口，圆唇，弧腹较浅，弧顶。器敛口，圆唇，鼓腹，最大腹偏下，平底微内凹。盖与器身有白色底彩，以红色彩绘涡纹。口径 12、腹径 16.9、底径 9、通高 12 厘米（图三一，2；彩版四〇，3）。

　　Ⅱ式　2 件。近似直口。

　　M2∶4，灰褐陶。盖直口，方唇，弧腹底微平。器敛口，尖唇，折腹较深，平底。口径 13.6、腹径 16、底径 7.2、通高 12 厘米（图三一，3；彩版四〇，4）。

　　M38∶3，灰褐陶。鼓腹。口径 13.4、腹径 16.2、底径 7.8、高 11.2 厘米（图三一，4）。

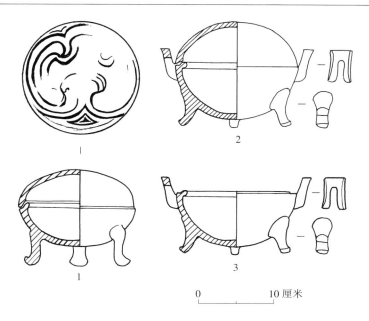

图三〇　汉代墓葬出土 D 型陶鼎
1. M35：2　2. M2：3　3. M2：5

Ⅲ式　2件。侈口。

M2：6，灰褐陶。盖顶平。器弧腹。口径13.6、底径8.2、通高11.6厘米（图三一，5）。

M35：3，红褐陶。盖方唇微侈。最大径位于口部，盒腹较浅，小平底。口径14、底径4.8、通高10.5厘米（图三一，6；彩版四〇，5）。

B型　4件。均灰陶。覆碗式盖。分两式。

Ⅰ式　2件。敛口。

M29：7，尖唇，鼓腹较深，小平底。盖和盒腹各有两周凹弦纹。口径14.4、底径6、通高14.2厘米（图三一，7）。

M40：4，盖底较小。器敛口，鼓腹，平底。盖上饰卷云纹及圆圈纹；器表饰白色底彩，饰黄红两色彩绘，盒腹有三道直线红彩；口沿处两周凹弦纹。口径12、底径6、通高11.2厘米（图三一，8；彩版四〇，6）。

Ⅱ式　2件。近直口。

M23：18，覆碗式盖。盖侈口，斜平沿，尖唇，深腹，小圈足。器敛口，圆唇，弧腹。盖上饰三道凹弦纹。器表一层白色底彩，无其他彩绘，腹上部和下部各饰一道凹弦纹。口径12.8、底径5.8、通高12厘米（图三一，9）。

M23：20，形制与M23：18相同，仅尺寸略有区别。口径11.2、底径5.3、通高11.5厘米。

壶　13件。均泥质陶。按照底部不同，分两型。

A型　8件。圈足。分三亚型。

Aa型　2件。口较大，器形较矮。

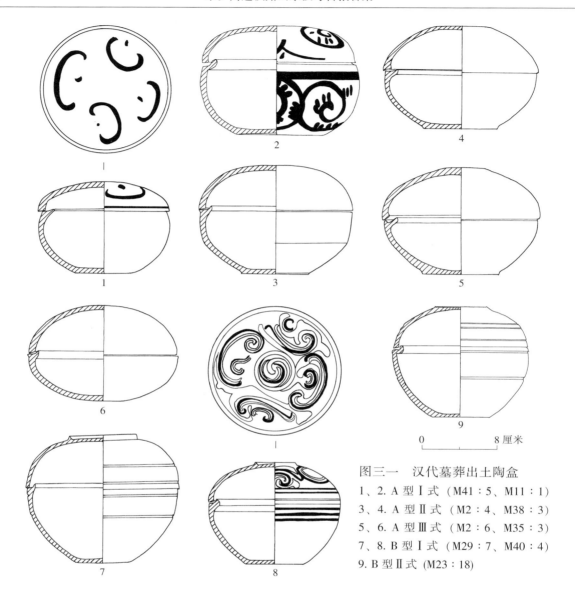

图三一　汉代墓葬出土陶盒
1、2. A 型 Ⅰ 式 (M41：5、M11：1)
3、4. A 型 Ⅱ 式 (M2：4、M38：3)
5、6. A 型 Ⅲ 式 (M2：6、M35：3)
7、8. B 型 Ⅰ 式 (M29：7、M40：4)
9. B 型 Ⅱ 式 (M23：18)

M34：1，灰陶。侈口，平沿微内凹，尖唇，溜肩鼓腹，最大腹偏下，圈足，足壁外撇。口径9.8、腹径18.6、底径11.2、高22厘米（图三二，1）。

M35：1，红褐陶。侈口，平沿，圆唇，溜肩，鼓腹，圈足较高。颈部和腹部有白色彩绘，分别为倒三角纹和卷云纹；腹部有数道凹弦纹。口径10.5、腹径16.4、底径10.4、高22厘米（图三二，2；彩版四一，1）。

Ab 型　2件。口较小，圆鼓腹，高圈足。

M2：2，灰陶。覆钵式盖，较浅。侈口，平沿，束圆唇，颈较长，最大腹位于中部。盖上饰卷云纹；器颈部用黄色彩绘饰三角纹，上腹饰卷云纹。口径9.6、腹径18.4、底径12、通高26.8厘米（图三二，3；彩版四一，2）。

M38：2，灰陶。侈口，平沿，尖唇，束颈，最大腹近中部。上腹和颈部各饰三角纹，腹中部

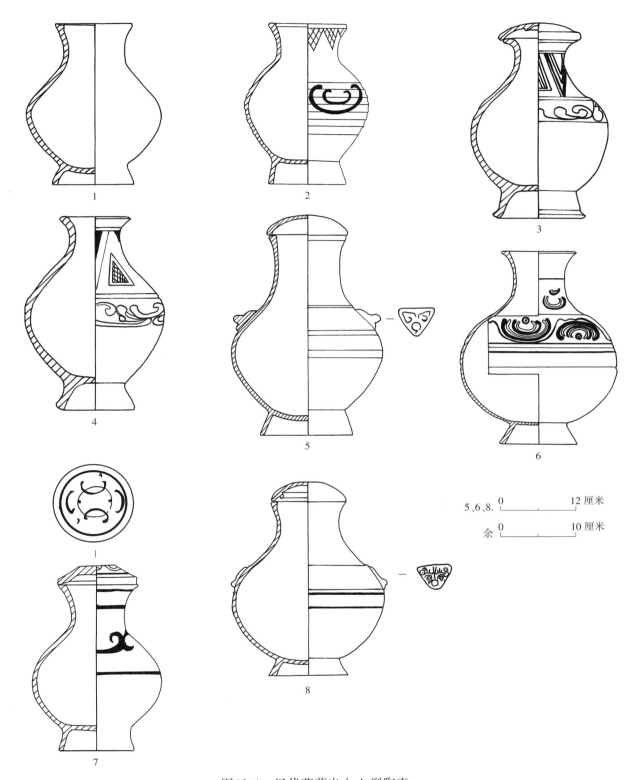

图三二　汉代墓葬出土 A 型陶壶

1、2. Aa 型（M34：1、M35：1）　　3、4. Ab 型（M2：2、M38：2）　　5. Ac 型 I 式（M29：1）

6、8. Ac 型 II 式（M40：2、M23：1）　　7. Ac 型 III 式（M41：3）

饰卷云纹，均为黄色彩绘。口径 9.6、腹径 18.4、底径 10.4、高 26.8 厘米（图三二，4；彩版四一，3）。

Ac 型　4 件。器形较大，一般有盖，球形腹。制作较精致。分三式。

Ⅰ式　1 件。

M29∶1，红褐陶。覆钵式盖。口微侈，方唇，竖颈较长，圆鼓腹，圈足较高，上腹有对称铺首。器表抹一层青灰色陶衣，腹上部和中部饰三周凹弦纹。口径 12.8、腹径 24、底径 15、通高 36 厘米（图三二，5；彩版四一，4）。

Ⅱ式　2 件。

M40∶2，灰陶，器表上部略呈黄色，下部深灰色。侈口，平沿，尖唇，束颈，圆鼓腹，最大腹位于中部，高圈足。上腹用红黄彩绘卷云纹，腹中部饰三道凹弦纹。口径 12.2、腹径 25.2、底径 12.5、高 32 厘米（图三二，6；彩版四二，1）。

M23∶1，灰陶。口微侈，方唇，束颈，圆鼓腹，最大腹略靠下，圈足，腹部有对称铺首。腹中有三道凹弦纹。口径 12、腹径 23.8、底径 12.8、通高 31.6 厘米（图三二，8；彩版四二，2）。

Ⅲ式　1 件。

M41∶3，灰陶。覆盘式盖。侈口，平沿，尖唇，束颈，圆鼓腹，高圈足。器盖上绘“c”形卷云纹和圆点纹。器身以白色作底彩，以红色颜料彩绘；颈部绘两道横向彩带，上腹饰勾云纹，腹中部绘一周横向彩带。口径 10.5、腹径 16.8、底径 10、通高 25 厘米（图三二，7；彩版四二，3）。

B 型　5 件。假圈足。分两亚型。

Ba 型　2 件。灰陶。覆钵式盖，颈细长，鼓腹，最大腹偏上，假圈足较高。

M26∶1，直口，方唇，溜肩。腹中部饰一对铺首、三组凹弦纹。口径 7.7、腹径 17.2、底径 11.2、通高 28 厘米（图三三，1；彩版四二，4）。

M27∶1，灰褐陶。敛口，方唇。腹中部饰一对铺首、三组凹弦纹。口径 9.6、腹径 17、底径 10.4、通高 28.4 厘米（图三三，2；彩版四三，1）。

Bb 型　3 件。器形较矮。分两式。

Ⅰ式　2 件。

M40∶1，灰褐陶。敞口，尖唇，束颈，溜肩，鼓腹，最大腹偏上，假圈足较高。上腹彩绘勾云纹。口径 9.3、腹径 18、底径 11、高 24.8 厘米（图三三，3；彩版四三，2）。

M46∶1，灰陶，器表颜色较深。口微侈，方唇，束颈，溜肩，圆鼓腹，最大腹位于中部，假圈足较矮。腹上部有一对称铺首，腹中部饰三道凹弦纹。口径 10、腹径 17.8、底径 9.6、高 22.5 厘米（图三三，4；彩版四三，3）。

Ⅱ式　1 件。

M11∶2，灰陶。覆钵式盖。侈口，圆唇，束颈，鼓腹，假圈足较矮。以白色为底彩，器身绘红色彩绘；颈部装饰几何纹，腹部为勾云纹，足部绘锯齿纹。口径 9.6、腹径 18.4、底径 12、通高 25.6 厘米（图三三，5；彩版四三，4）。

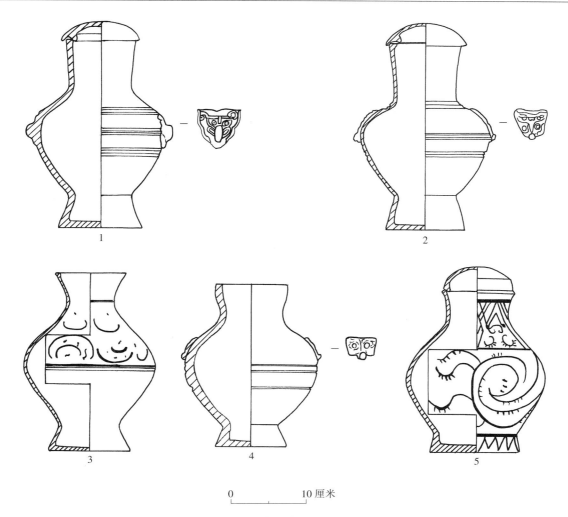

图三三　汉代墓葬出土 B 型陶壶
1、2. Ba 型（M26∶1、M27∶1）　　3、4. Bb 型 Ⅰ 式（M40∶1、M46∶1）　　5. Bb 型 Ⅱ 式（M11∶2）

钫　2件。均泥质灰陶。直口，方唇，束颈，鼓腹，方形高圈足。颈腹饰白色彩绘。

M2∶1，颈部为倒三角形纹，上腹为卷云和圆点纹。口径 10、腹径 15.8、底径 10.4、高 30.6 厘米（图三四，2；彩版四四，1）。

M38∶1，原有白色彩绘已不可辨认。口径 10.2、腹径 16、底径 10.6、通高 34.8 厘米（图三四，1；彩版四四，2）。

小壶　6件。器形较小。分三型。

A 型　3件。均泥质陶。

M2∶8，灰陶。口微侈，圆唇，束颈，鼓腹，假圈足较矮，底径较大。口径 3.2、腹径 6.5、底径 3.9、高 6.4 厘米（图三五，1）。

M9∶1，灰陶。侈口，圆唇，鼓腹，平底较大。口径 4.4、腹径 8.4、底径 6.2、高 9.6 厘米（图三五，2）。

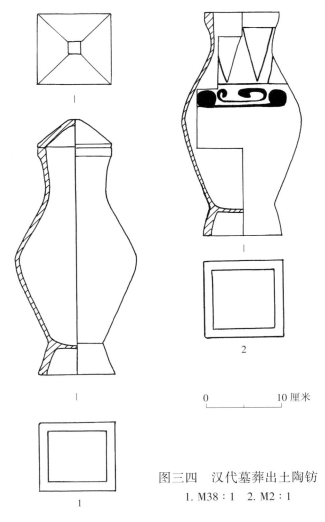

图三四　汉代墓葬出土陶钫
1. M38：1　2. M2：1

　　M23：16，红褐陶。侈口，圆唇，短颈，鼓腹，最大腹偏下，底不甚平。口径5.8、腹径8.2、底径5.8、高8厘米（图三五，3）。

　　B型　2件。

　　M38：6，灰陶。口微敛，小盘口，圆唇，束颈，鼓腹，最大腹偏下，假圈足，底径较大。口径3、腹径5.6、底径4、高6.6厘米（图三五，5）。

　　C型　1件。

　　M41：6，灰陶。器形较扁。侈口，尖唇，束颈，鼓腹较甚，假圈足较矮。器身涂白色底彩，上画简单的红色彩绘，以直线和波折纹为主。口径5.2、腹径10、底径4、高6.5厘米（图三五，4；彩版四四，3）。

　　罐　18件。均泥质陶。按照形制不同，分五型。

　　A型　5件。均灰陶。盘口。分三式。

　　Ⅰ式　1件。

　　M25：2，盘口较小，侈口，尖唇，束颈，鼓腹，最大腹位于中部，平底。下腹饰竖向细绳纹。口径8.4、腹径20.4、底径6、高24厘米（图三六，1；彩版四四，4）。

　　Ⅱ式　2件。盘口直径较大，较浅。

　　M1：2，盘口较大，口部较厚重，直口，方唇，束颈，鼓腹，最大腹位于中部偏下，平底。器身饰细绳纹。口径14、腹径22.7、底径10、高24.4厘米（图三六，2；彩版四四，5）。

　　M17：1，盘口较浅，口微侈，斜折沿，圆唇，束颈较高，球形腹，最大腹位于中部，大平底。口径12.4、腹径20.4、底径10.6、高19.4厘米（图三六，3）。

　　Ⅲ式　2件。盘口较大。

　　M13：2，盘口较深，直口，方唇，束颈，圆鼓腹，最大腹位于中部，平底较小。下腹饰横向细绳纹。口径14.2、腹径25.2、底径9、高26厘米（图三六，4；彩版四五，1）。

　　M1：1，侈口，圆唇，深盘腹，束颈，圆鼓腹，平底。下腹及底饰细绳纹。口径13.7、腹径23、底径8、高25.6厘米（图三六，5）。

　　B型　8件。高领。根据颈部不同，分两亚型。

　　Ba型　3件。束颈。

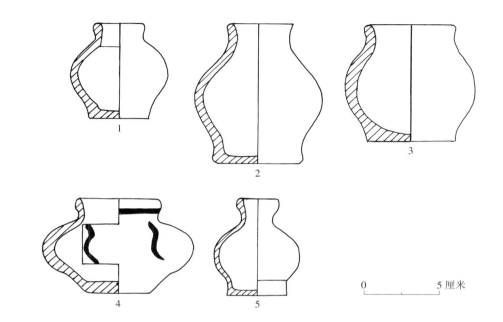

0   5 厘米

图三五　汉代墓葬出土小陶壶

1～3. A 型（M2:8、M9:1、M23:16）　4. C 型（M41:6）　5. B 型（M38:6）

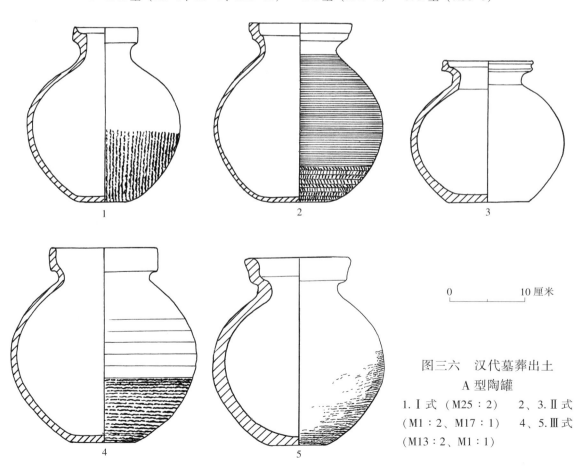

0   10 厘米

图三六　汉代墓葬出土
A 型陶罐

1. I 式（M25:2）　2、3. II 式
（M1:2、M17:1）　4、5. III 式
（M13:2、M1:1）

M25：1，灰陶。卷沿，圆唇，束颈，溜肩，鼓腹，最大腹近中部，平底。腹部有刮抹痕迹。口径11.5、腹径20、底径10.5、高16.7厘米（图三七，1）。

M37：1，深灰陶。侈口，卷沿，方唇，束颈，鼓腹，最大腹偏上，平底。口径13、腹径21.4、底径10、高17.2厘米（图三七，2；彩版四五，2）。

M8：1，黄褐陶。侈口，方唇，鼓腹，最大腹偏下，大平底。口径11.5、腹径20、底径14.8、高18.5厘米（图三七，3）。

Bb型　5件。直颈。分三式。

Ⅰ式　1件。

M19：1，灰陶。侈口，方唇，束颈，溜肩，最大腹偏上，平底微凹。口径11.4、腹径18.6、底径9.6、高15.2厘米（图三七，4；彩版四五，3）。

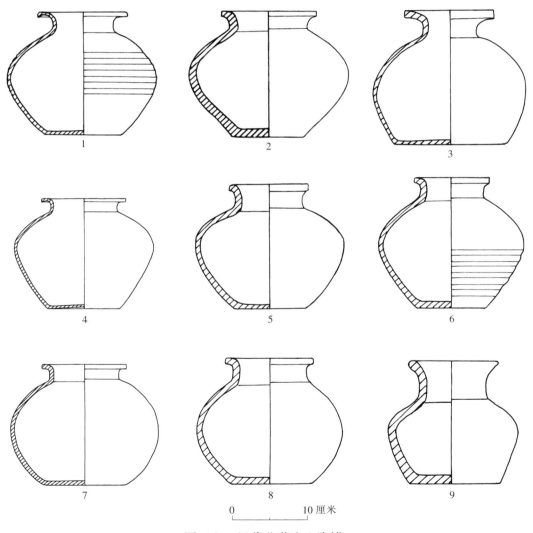

图三七　汉代墓葬出土陶罐

1～3. Ba 型（M25：1、M37：1、M8：1）　4. Bb 型Ⅰ式（M19：1）　5、6. Bb 型Ⅱ式（M18：1、M22：1）

7、8. Bb 型Ⅲ式（M28：1、M16：2）　9. D 型（M12：2）

Ⅱ式　2 件。

M18：1，灰陶。侈口，窄平沿，方唇，束颈较高，圆鼓腹，最大颈偏上，下腹内收，平底。口径 11、腹径 20、底径 9.4、高 17 厘米（图三七，5；彩版四五，4）。

M22：1，灰陶。侈口，卷沿，方唇，束颈较高，溜肩，鼓腹，最大腹近中部，下腹内收，平底。下腹饰数周刮抹痕迹。口径 10、腹径 19.8、底径 9.2、高 18 厘米（图三七，6）。

Ⅲ式　2 件。球形腹。

M28：1，灰陶。侈口，卷沿，方唇，束颈较高，最大腹位于中部，平底较大。器表原有彩绘已辨识不清。口径 11.2、腹径 19.6、底径 10.8、高 16.4 厘米（图三七，7；彩版四五，5）。

M16：2，灰陶，色偏黄褐。侈口，卷沿，方唇，束颈较高，最大腹位于中部，平底较大。口径 12、腹径 19.6、底径 11.2、高 17 厘米（图三七，8）。

C 型　3 件。均灰陶。最大腹径偏下，大平底。

M31：1，侈口，圆唇，圆鼓腹，大平底。素面。器表不甚规整。口径 11.2、腹径 18.8、底径 13.5、高 14.4 厘米（图三八，1）。

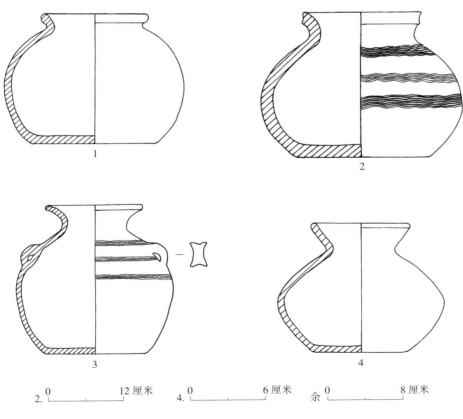

图三八　汉代墓葬出土陶罐
1～3. C 型（M31：1、M12：3、M9：2）　4. E 型（M9：3）

M9：2，质较硬。侈口，圆唇，束颈，圆鼓腹，平底较大，肩部装饰一对桥形耳。腹上部饰三组水波纹。口径10.2、腹径16.5、底径10.8、高16.2厘米（图三八，3；彩版四五，6）。

M12：3，质较硬。侈口，尖唇，束颈，鼓腹，最大腹偏下。腹部饰三组水波纹。口径18.8、腹径32、底径21.2、高24厘米（图三八，2；彩版四六，1）。

D型　1件。

M12：2，灰陶。侈口，圆唇，颈较长，最大腹靠上部，平底较大。器表有细微刮抹痕迹。口径12、腹径17.2、底径12、高16.8厘米（图三七，9）。

E型　1件。

M9：3，灰陶。大敞口，圆唇，束颈，溜肩，折腹，平底。口径7.8、腹径13.5、底径7.6、高10.6厘米（图三八，4；彩版四六，2）。

小罐　17件。器形较小。分四型。

A型　6件。直口。分三式。

Ⅰ式　2件。

M29：11，泥质红褐陶。侈口，圆唇，束颈，鼓腹较扁，小平底。制作不甚规整。下腹部有竖向刮抹痕迹。口径2.8、腹径5.1、高3.7厘米（图三九，1）。

M10：3，夹砂红褐陶。尖唇，圆鼓腹，最大腹偏上。口径5.4、腹径10、底径5.2、高7.8厘

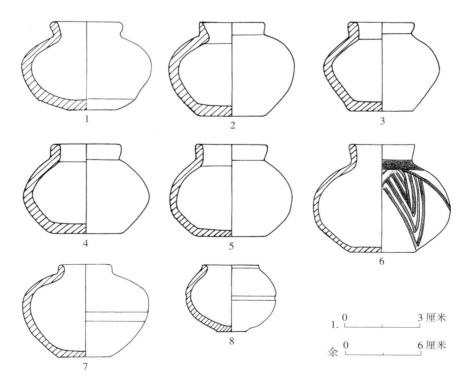

图三九　汉代墓葬出土小陶罐

1、2.A型Ⅰ式（M29：11、M10：3）　3、4.A型Ⅱ式（M10：2、M9：12）　5、6.A型
Ⅲ式（M5：1、M11：5）　7、8.Bb型（M29：5、M29：16）

米（图三九，2；彩版四六，3）。

Ⅱ式 2件。

M10:2，夹砂灰褐陶。鼓腹，最大腹近中部。器表不平整，有刮抹痕。口径5.5、腹径9.2、底径5.4、高7.5厘米（图三九，3；彩版四六，4）。

M9:12，泥质灰褐陶。直口，圆唇，最大腹偏下。口径5.6、腹径10、底径5.6、高7.5厘米（图三九，4）。

Ⅲ式 2件。泥质灰陶。

M5:1，圆唇，圆鼓腹，最大腹偏下部。口径5.6、腹径9.6、底径5.2、高7.6厘米（图三九，5）。

M11:5，器壁较薄，口微侈，圆唇，圆鼓腹，平底。器身有红色彩绘，以三角形等几何纹饰组成。口径5、腹径10.6、底径5.4、高8.8厘米（图三九，6；彩版四六，5）。

B型 5件。均泥质陶。分两亚型。

Ba型 3件。有盖。

M23:14，红陶。盖敛口，圆唇，浅腹，大平顶。器敛口，圆唇，鼓腹，最大腹偏上，下腹内收，平底。器表一层白色底彩，腹中部装饰一道凹弦纹。口径3.2、腹径6、底径3、通高6.2厘米（图四〇，1）。

M23:15，灰陶。盖敛口，圆唇，浅腹，大平顶。器敛口，圆唇，广肩，鼓腹，最大腹偏上，平底。器表一层白色底彩，未见其他彩绘。口径2.8、腹径6、底径3、通高5.2厘米（图四〇，2）。

M40:5，灰陶。盖敛口，圆唇，折腹，平底。器口微侈，圆唇，圆鼓腹，最大腹偏上，底较小不平。器表有红色彩绘，盖顶为旋涡纹，腹上部饰"c"形卷云纹。口径3、腹径6、底径1.5、通高5.8厘米（图四〇，3；彩版四六，6）。

Bb型 2件。

M29:5，红褐陶。敛口，圆唇，广肩，鼓腹，最大腹位于上部，平底。表面一层青灰色陶衣，腹部饰两道凹弦纹。口径4、腹径10、底径4.2、高7.5厘米（图三九，7；彩版四七，1）。

M29:16，黑陶。敛口，方唇，鼓腹。腹中部一道凹槽。口径4.2、腹径7.4、底径2.4、高5.4厘米（图三九，8）。

C型 3件。均泥质陶。束颈。分两亚型。

Ca型 1件。

M6:1，灰陶。侈口，方唇，矮颈，鼓腹，最大腹近中部，小平底。口径6.2、腹径10.6、底径4.6、高8.6厘米（图四〇，4）。

Cb型 2件。均灰陶。

M9:14，侈口，卷沿，尖唇，束颈，鼓腹，最大腹近中部，平底。下腹有竖向刮抹痕迹。口径4.8、腹径10、底径5.2、高8.8厘米（图四〇，5；彩版四七，2）。

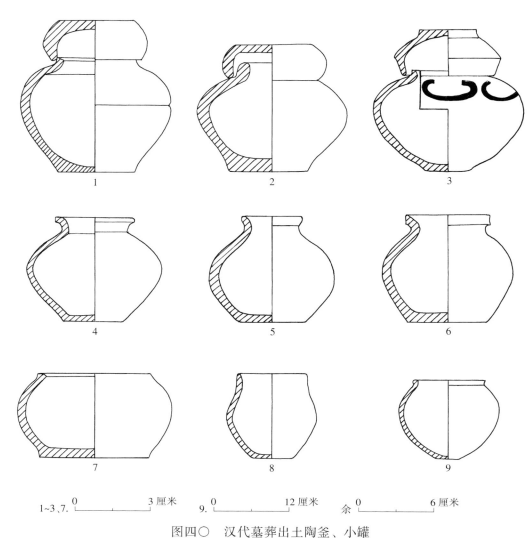

图四〇　汉代墓葬出土陶釜、小罐

1～3. Ba 型小罐（M23：14、M23：15、M40：5）　4. Ca 型小罐（M6：1）　5、6. Cb 型小罐
（M9：14、M9：13）　7、8. D 型小罐（M23：3、M35：4）　9. 釜（M12：1）

M9：13，侈口，卷沿，尖唇，圆鼓腹，平底。口径 6.7、腹径 10.4、底径 6.2、高 8.8 厘米（图四〇，6；彩版四七，3）。

D 型　3 件。

M23：3，泥质黄褐陶。形体较扁。大口，斜平沿，尖唇，鼓腹，最大腹位于中部，大平底。口径 4.6、腹径 6.1、底径 4.5、高 3.5 厘米（图四〇，7）。

M35：4，夹砂红褐陶。大口，颈不明显，小鼓腹，平底。下腹部不规整，有刮抹痕迹。口径 5.6、腹径 7.2、底径 3.2、高 7 厘米（图四〇，8；彩版四七，4）。

釜　1 件。

M12：1，泥质红陶。质较差。大口，口微侈，圆唇，鼓腹，最大腹偏上，小平底。口径 12、腹径 16、底径 3.6、高 13 厘米（图四〇，9；彩版四七，5）。

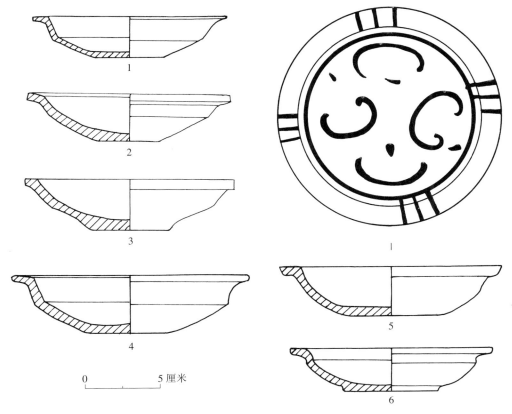

图四一 汉代墓葬出土陶盘

1~4. A 型（M23：12、M23：9、M38：8、M3：1） 5、6. B 型（M41：4、M2：7）

盘 7 件。均泥质灰陶。根据腹部不同分两型。

A 型 5 件。折腹，平底较小。

M23：12，平沿，尖唇，腹较浅。口径 13、底径 4.5、高 2.8 厘米（图四一，1）。

M23：9，敞口，敛平沿，方唇，平底。表面一层白色底彩。口径 13.6、底径 4.2、高 3.2 厘米（图四一，2）。

M38：8，平沿，方唇，浅盘，平底。底部有弦切痕迹。口径 14、底径 5.5、高 3.4 厘米（图四一，3）。

M3：1，斜折沿，圆唇。口径 16、底径 5.4、高 4 厘米（图四一，4）。

B 型 2 件。弧腹，平底较大。

M41：4，平沿，方唇。盘内有白色底彩，上绘红色彩绘，以圆圈、"C"状卷云纹、圆点纹和三道直线构成的色带等组成。口径 14.8、底径 6.8、高 3.5 厘米（图四一，5；彩版四七，6、7）。

M2：7，平沿，圆唇，上腹微内收。口径 13.8、底径 6.4、高 3 厘米（图四一，6）。

匜 2 件。均泥质陶。分两型。

A 型 1 件。

M29：8，黄褐陶。方形，长流上翘，方形小平底。直口，方唇，折腹，腹壁较直，折腹外凸。原有白色底彩，已脱落。长 18、宽 13.6、高 6.4 厘米（图四二，1；彩版四八，1）。

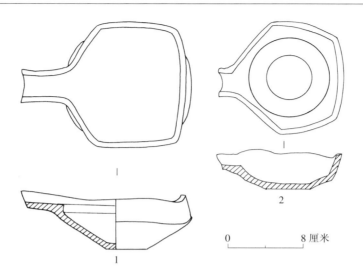

图四二　汉代墓葬出土陶匜
1. A 型（M29∶8）　2. B 型（M23∶10）

B 型　1 件。

M23∶10，灰陶。箕形。弧形边，短流较平，圆形小平底。底部有两周圆形凹槽。长 12.2、宽 13.3、高 4.3 厘米（图四二，2）。

卮　6 件。均泥质陶。分两型。

A 型　3 件。均有假高圈足。

M40∶6，灰褐陶。器形较小。侈口，圆唇。腹上部饰红、黄色卷云纹。口径 6.8、底径 4.3、高 7 厘米（图四三，3；彩版四八，2）。

M29∶2，红褐陶。口微侈，尖唇，深腹。器表一层青灰色陶衣。口径 8、底径 5.6、高 13 厘米（图四三，1；彩版四八，3）。

M23∶13，灰陶。烧成火候较高，质较硬。侈口，圆唇，腹壁微外弧，有柄状足。口径 5.4、底径 3.4、高 7.7 厘米（图四三，4）。

B 型　3 件。圆筒形。

M29∶6，灰陶，质较硬。口微侈，尖唇，深腹，壁微内斜，平底。口径 12.5、底径 10.5、高 14.2 厘米（图四三，6；彩版四八，4）。

M23∶4，黄褐陶。敞口，平沿，尖唇，斜直壁，平底。口径 10.1、底径 5.8、高 6.2 厘米（图四三，5）。

M23∶17，黄褐陶。侈口，平沿，尖唇，束颈，弧腹微鼓，平底。口径 8.9、底径 6、高 7.9 厘米（图四三，2）。

镰壶　1 件。

M29∶3，泥质黄褐陶。覆钵式盖。盖敛口，圆唇，浅腹，弧顶。器罐形，侈口，圆唇，圆鼓腹，底不甚平，有方形短柄和盖首状流。表面一层青灰色陶衣，腹中部装饰一道凹弦纹。口径

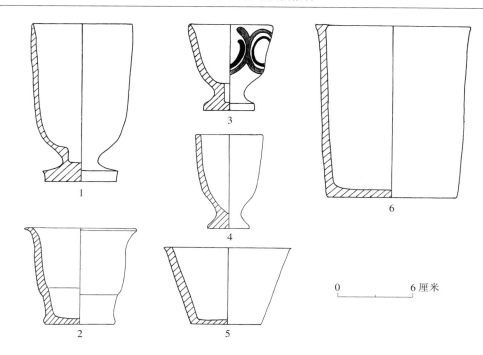

图四三　汉代墓葬出土陶卮

1、3、4. A 型（M29：2、M40：6、M23：13）　　2、5、6. B 型（M23：17、M23：4、M29：6）

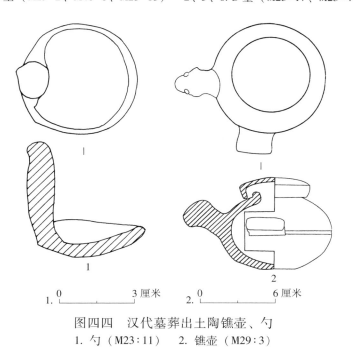

图四四　汉代墓葬出土陶鐎壶、勺

1. 勺（M23：11）　　2. 鐎壶（M29：3）

4.5、通高 7.5 厘米（图四四，2；彩版四八，5）。

勺　1 件。

M23：11，泥质红褐陶。圆形勺，锥状柄。表面一层白色底彩。手捏制成。宽 4.5、高 4.6 厘米（图四四，1；彩版四八，6）。

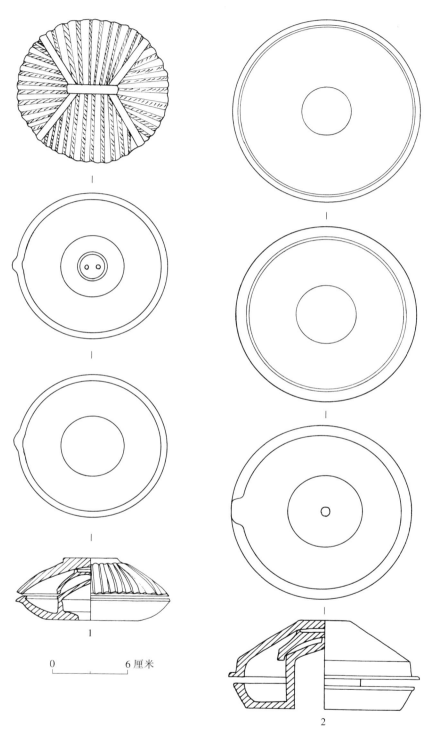

0　　　　　　6厘米

图四五　汉代墓葬出土陶磨
1. M23∶23　2. M29∶15

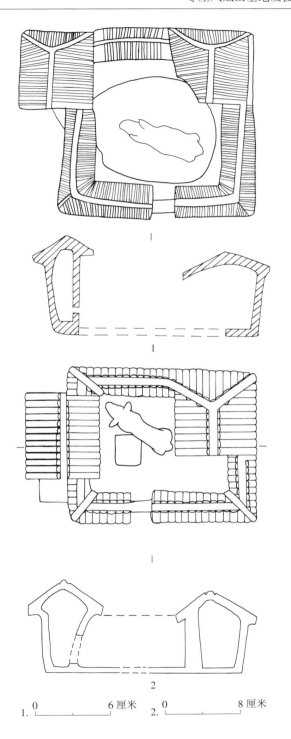

图四六　汉代墓葬出土陶猪圈
1. M23：5+6　2. M29：13+14

磨　2件。结构相同，主要区别在磨盖。

M23：23，泥质灰陶。圆形四阿式盖。圆形磨盘，有短流。分为上扇磨面与下扇磨面。上扇磨面为覆碗式，上部留有两圆形孔。下扇磨面为圆柱形，上部突起。平底。底部有圆孔，下扇磨中空。磨宽13.5、底径7.8、通高5.4厘米（图四五，1）。

M29：15，磨、盖均泥质陶。磨黄褐陶，覆盘式盖。盖红褐陶，表面一层青灰色陶衣。盖平沿，方唇，折腹较深，小平底。磨分上扇磨面与下扇磨面。上扇磨盘为覆盘式，内部中间有圆形凹槽、两旁各一小圆孔，未穿透。下扇磨盘呈圆柱形，上部突起，有乳突。磨有短流，大平底。底部有凹孔，下扇磨盘中空。磨径 16.8、底径 13.5、通高 7.8 厘米（图四五，2；彩版四九，1~4）。

猪圈　2 组。均泥质陶。

M23：5，灰陶。由厕所、猪舍、四边围墙组成。猪舍和厕所均为三面坡，位于同侧。下方围墙有一缺口。圈中有一不甚规则的圆形孔。厕所墙根处有一孔与圈内相通。猪（M23：6），右后腿残。长 7、高 3.5 厘米（图四六，1）。猪圈长 19、宽 15.6、高 8 厘米。

M29：13，红褐陶。由厕所、猪舍、四边围墙组成。厕所位于围墙中部，为两面坡。猪舍位于围墙一角，为三面坡，有一圆形柱支撑顶部。厕所中部有一方形孔与圈内相通。圈内放置一陶猪（M29：14）。猪长 8.4、高 3.7 厘米。猪底部有一长方形孔。长 24.5、宽 17.4、高 9 厘米（图四六，2；彩版四九，5、6）。

盆　2 件。均泥质灰陶。敞口，深腹，平底。

M11：4，折沿，圆唇，弧腹。盆内部有一层白色底彩，上绘红色双鱼纹饰。口径 18.5、底径 9.2、高 7 厘米（图四七，1；彩版五〇，1、2）。

M3：2，卷沿，圆唇，弧腹较深。器表用白色作底，上绘红色彩绘，以"S"形和卷云纹为主。

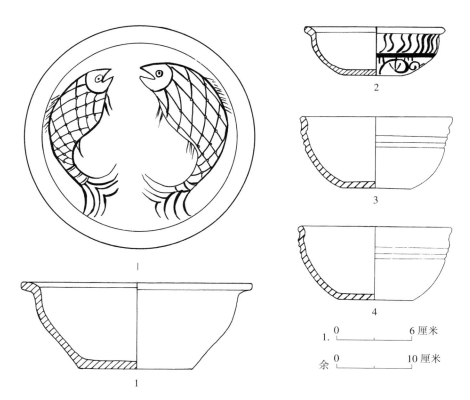

图四七　汉代墓葬出土陶盆、盂
1、2. 盆（M11：4、M3：2）　　3、4. 盂（M13：1、M13：3）

口径18.5、底径8.6、高6.6厘米（图四七，2；彩版五〇，3）。

盂　2件。均泥质灰陶。素面。形制相同。侈口，弧腹，平底，腹上部饰三周凹弦纹。

M13：1，口径20.4、底径9、高10厘米（图四七，3）。

M13：3，口径20.4、底径10、高10厘米（图四七，4）。

仓　2件。均泥质陶。

M29：10，红褐陶，质较硬。方形四阿式盖。仓呈正方形，正面有方形门，仓壁直，平仓底，短束柄，平底座。仓长14、宽10、底径7.4、通高17厘米（图四八，1；彩版五〇，4）。

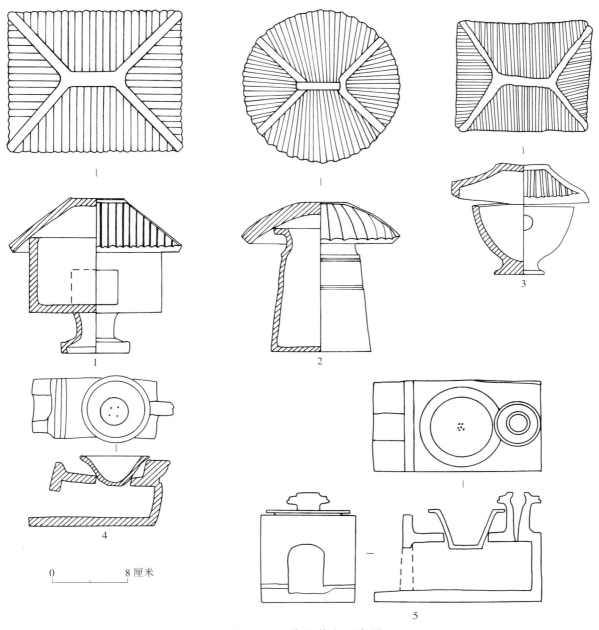

0　　　　　8厘米

图四八　汉代墓葬出土陶器

1、3. 仓（M29：10、M23：22）　　2. 囷（M29：12）　　4、5. 灶（M23：2、M29：9）

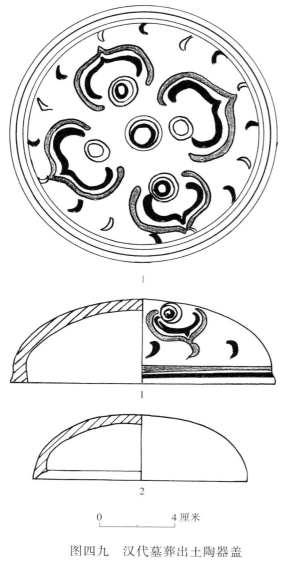

图四九　汉代墓葬出土陶器盖
1. M41：2　2. M40：7

M23：22，灰陶。四阿式长方形仓盖。仓呈杯状，平面为弧边正方形，侈口，圆唇，弧腹，有短柄状足。上方有一圆形孔。仓径10.8、通高12.3厘米（图四八，3）。

囷　1件。

M29：12，泥质灰陶，质较硬。囷呈圆筒形，口小底大，有圆形四阿式盖，盖壁较厚。器平沿，方唇，束颈，斜直腹，平底。腹上部两道凹弦纹。口径10、底径10.6、通高16.6厘米（图四八，2；彩版五○，5）。

灶　2件。均泥质灰陶。烟囱、灶门不同。

M29：9，长方形。正面有方形灶门。火膛中空，平底。后部有圆形烟囱，中空。上方正中有圆形灶洞，上置一甑。灶长17.6、宽10、高7.6厘米（图四八，5；彩版五○，6）。

M23：2，长方形。火膛中空。灶前方有三角形灶门。上方有一灶坑，近似长方形。上放一甑，甑上有四个小孔。后方有拐尺状烟囱。器形不甚规整，手制。长15.1、宽6.8、高7.4厘米（图四八，4）。

器盖　2件。均泥质灰陶。覆钵形。

M41：2，口微敛，方唇。器表一层白色底彩，上饰红色彩绘，以圆圈、柿蒂纹等组成。口径14.2、高4.6厘米（图四九，1；彩版五一，1）。

M40：7，尖唇。原有彩绘已经脱落，模糊不清。口径11.3、高3.6厘米（图四九，2）。

2. 铜器

主要有铜镜、铜钱、印章、带钩、辟兵符、镜刷等。

铜钱　锈蚀严重，有的几枚锈成一体。可分为五铢钱和半两钱。半两钱仅在M19中有发现，锈蚀严重，无法拓印。五铢有的穿上有一横或穿下一星，个别为剪轮五珠。

五铢　可分三式。

Ⅰ式　"五"字相交两笔较直，"铢"字的"金"字头呈箭镞形或三角形，"朱"字头方折。

M15：1-1，"金"字头箭镞形。直径2.5、穿边长1厘米（图五○，1）。

M9：5-1，穿下一星，"金"字头三角形。钱径2.5、穿边长1.1厘米（图五○，2）。

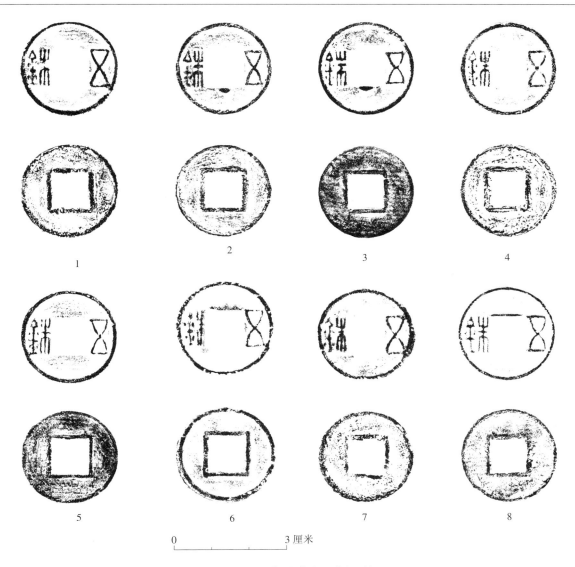

图五〇　汉代墓葬出土铜五铢

1、2. Ⅰ式（M15：1-1、M9：5-1）　　3~7. Ⅱa式（M9：8-1、M9：5-3、M9：8-2、M5：2、M44：2-1）

8. Ⅱb式（M9：5-4）

Ⅱ式　"五"字相交两边较弯。分两亚式。

Ⅱa式　"五"字相交两边较弯，"铢"字的"金"字头呈箭镞形或三角形，"朱"字头方折。

M9：8-1，穿下一星，"金"字头三角形。钱径2.5、穿边长1厘米（图五〇，3）。

M9：5-3，"金"字头箭镞形。钱径2.5、穿边长0.9厘米（图五〇，4）。

M9：8-2，"金"字头箭镞形。钱径2.5、穿边长0.9厘米（图五〇，5）。

M5：2，钱径2.5、穿边长1厘米（图五〇，6）。

M44：2-1，钱径2.5、穿边长0.9厘米（图五〇，7）。

Ⅱb式　穿上有一横，"五"字相交两边较弯曲，"铢"字的"金"字头呈箭镞形或三角形，"朱"字头方折。

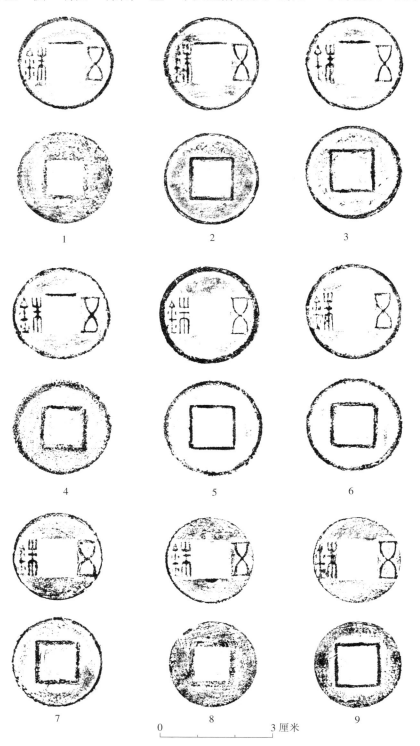

M9:5-4，"五"字上下两横较长，"金"字头呈三角形。钱径2.5、穿边长1厘米（图五〇，8）。

M9:5-2，穿上一横一端粗一端细，"金"字头呈箭镞形。钱径2.5、穿边长1厘米（图五一，1）。

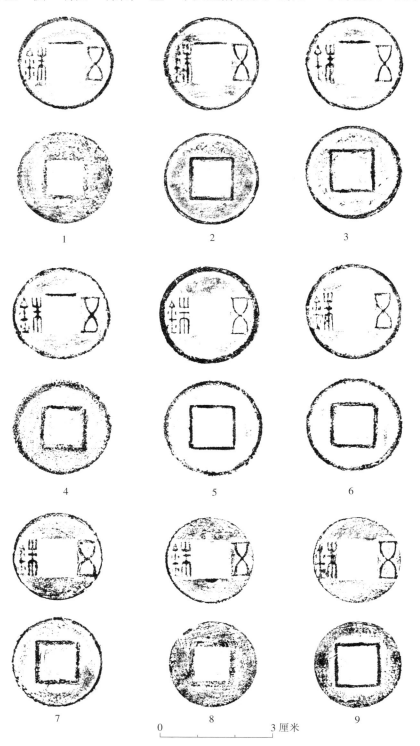

图五一　汉代墓葬出土铜钱

1~4. Ⅱb式五铢（M9:5-2、M7:1-1、M7:1-2、M15:1-2）　5~7. Ⅲ式五铢（M9:5-6、M9:5-5、M12:5）　8、9. 剪轮五铢（M9:5-7、M9:8-3）

M7：1-1，钱文字体较瘦长。钱径2.5、穿边长1厘米（图五一，2）。

M7：1-2，钱文字体较瘦长，"五"字上下两横较长，"金"字头呈箭镞形。钱径2.5、穿边长1厘米（图五一，3）。

M15：1-2，"金"字头三角形，"五"字上下两横较长。钱径2.6、穿边长1厘米（图五一，4）。

Ⅲ式　"五"字相交两边弯曲较甚，"铢"字"金"字头呈三角形，"朱"字头方折。

M9：5-6，钱径2.6、穿边长1厘米（图五一，5）。

M9：5-5，钱径2.5、穿边长1厘米（图五一，6）。

M12：5，"五"字字体胖。钱径2.4、穿边长1厘米（图五一，7）。

剪轮五铢　2枚。

M9：5-7，"五"字相交两边稍弯曲，"金"字头呈箭镞形，"朱"字头方折。钱径2.4、穿宽1.1厘米（图五一，8）。

M9：8-3，"五"字相交两边弯曲，"金"字头呈箭镞形，"朱"字头方折。钱径2.3、穿宽1厘米（图五一，9）。

铜镜　1面。

M15：2，出土时器身包裹一层丝织品而且锈蚀严重。蟠螭铭文镜，桥形纽，中间为方格，方格每边带两个字，铭文为"富乐未央常勿相忘"。镜面纹饰为蟠螭纹，带四个乳丁，地纹以涡旋纹构成。面径10.2厘米（图五二；彩版五一，2）。

辟兵符　1件。

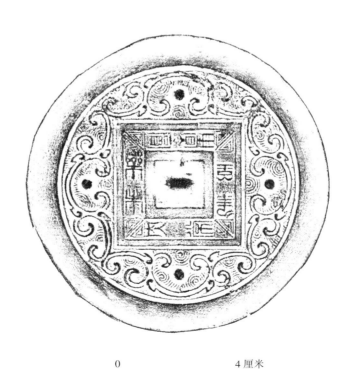

0 　　　　　　　4厘米

图五二　汉代墓葬出土铜镜（M15：2）

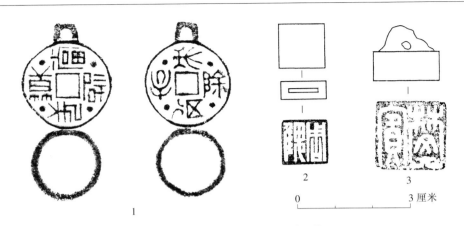

图五三　汉代墓葬出土铜器
1. 辟兵符（M37：4）　2、3. 印章（M37：3、M9：7）

M37：4，主体部分类似铜钱，有郭。正中有一方形穿孔，方孔与郭相对。符的一端有一圆环，另一端突起一梯形纽，上有一孔。正面和背面形制一样，正面四个字为"辟兵莫当"，背面为"除凶去央"，字之间都有一个小乳丁相间隔，每面四个乳丁。符径 2.4、环径 1.9、长 4.8 厘米（图五三，1；彩版五一，3）。

印章　2 枚。

M9：7，兽纽，座上部有一穿孔。阴文"樊宾"。边长 1.9、高 1.5 厘米（图五三，3；彩版五一，4）。

M37：3，器形较小。正方体，中间有一长方形穿孔。铭文为阴文"周鹛"。边长 1.2、高 0.5 厘米（图五三，2；彩版五一，5）。

带钩　2 件。

M37：2，琵琶形，背面一圆形纽，纽位于中部偏尾端，体大钩小。体长 6、纽径 1.3 厘米（图五四，1；彩版五一，6）。

M9：9，器形较小，倒钩形，器身扁平，背部有一圆形纽，位于尾端，体小钩大。体长 3.6、纽径 1.3 厘米（图五四，2；彩版五一，7）。

镜刷　1 件。

M10：1，细长圆锥形柄，截面圆形，头端有一圆形孔，用以插入鬃毛。尾端渐细，近尾端处有一穿孔。整体呈黄色。长 12.8 厘米（图五四，3；彩版五二，1）。

镦　1 件。

M40：8，圆筒形，上部有节箍，无底。镦内部残存木柄，口部最上端有一小孔，可能用以固定木柄。长 10.5、直径 2.3 厘米（图五四，4；彩版五二，2）。

铃　1 件。

M1：4，器形较薄，残。椭圆形口，桥形纽，上部装饰似排乳丁，边缘有一排三角形纹饰。残高 2.5 厘米（图五四，5）。

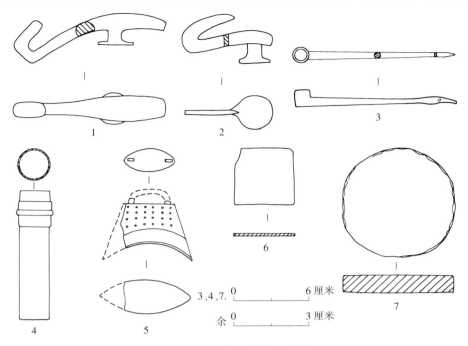

图五四　汉代墓葬出土器物

1、2. 铜带钩（M37：2、M9：9）　3. 铜镜刷（M10：1）　4. 铜镦（M40：8）
5. 铜铃（M1：4）　6. 石黛板（M9：6）　7. 圆形石器（M44：1）

3. 铁器

皆锈蚀严重，主要有剑、环首刀、锄等。锄出土于墓葬填土中。

剑　2件，同一座墓葬中出土。朽蚀较严重，锈呈黄褐色。剑身起脊，截面呈菱形。

M9：11，通长66、剑身宽3、剑身厚1厘米（图五五，3）。

M9：10，通长56、宽2.4、厚1厘米（图五五，2）。

环首刀　1件。

M22：2，半圆形环首，直背，直刃，截面呈三角形。长32、刃宽1.6、刃厚0.6厘米（图五五，1；彩版五二，3）。

锄　1件。

M11：01，锈蚀严重，呈黄褐色。整体呈梯形，刃部微内凹，弧形肩，方形銎。器长19、宽9.6、厚0.5~0.2厘米，銎长3.2、宽3.6、深2.8厘米（图五五，4）。

4. 石器

黛板　1件。

M9：6，黑色。薄片状，近似正方形。边长2.4、厚0.1厘米（图五四，6）。

圆形器　1件。

M44：1，砂岩制成。圆形，横截面呈长方形。直径9、厚1.5厘米（图五四，7）。

二　明清墓葬

2座，编号 M20、M21。

M21　方向31°。长方形土坑竖穴墓。长2.55、宽1.4、深1.1米。坑内填土为黄褐色粉沙土，质较疏松，夹沙土块和黏土块，未经加工。西侧有一木棺，棺长1.7、宽0.3~0.4米，呈梯形。人骨保存较好，仰身直葬，头向北，面向上。随葬有瓷四系罐1件，放置于棺外头端，1枚铜钱放于头部，1枚铜钱放于左手处。另有一具人骨保存在东侧，为二次迁葬，无随葬品（图五六）。

瓷四系罐　1件。

M21：1，上腹施棕色釉。口微侈，尖唇，鼓腹，矮圈足。口径9.2、腹径15、底径7.6、高14厘米（图五六，1；彩版五二，5）。

铜钱　2枚。

M21：2，万历通宝。钱径2.6、穿边长0.6厘米（图五六，2）。

M20　方向12°。长方形土坑竖穴墓，口部长2.45、宽0.76、深0.7米。墓坑内填灰褐色粉沙花土，质较疏松，未经加工。墓穴中部有一棺，呈梯形，已朽，只残存黑色板灰，长1.7、宽0.3~0.4、厚0.01米。棺内两具人骨，应为夫妻合葬。均仰身直肢葬，头向北面向上，腹部各放置1枚铜钱，均为顺治通宝。北部有宽0.1米二层台，台上放置1件瓷四系罐（图五七）。

瓷四系罐　1件。

M20：1，上腹施棕色釉。口微侈，尖唇，鼓腹，矮圈足。颈下有一周突起的乳丁。口径9.2、腹径13、底径7.4、高12.2厘米（图五七，1；彩版五二，4）。

铜钱　2枚。均为顺治通宝。

M20：3，背面有"昌一厘"三字。钱径2.5、穿边长0.6厘米（图五七，3）。

M20：2，钱径2.6、穿边长0.6厘米（图五七，2）。

三　结语

枣庄市位于鲁中南地区，是汉代墓葬分布的主要区域，比较重要的有滕州顾庙墓地、东小宫

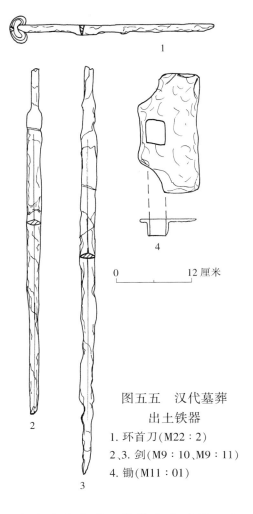

0　　　　　12厘米

图五五　汉代墓葬
出土铁器
1. 环首刀（M22：2）
2、3. 剑（M9：10、M9：11）
4. 锄（M11：01）

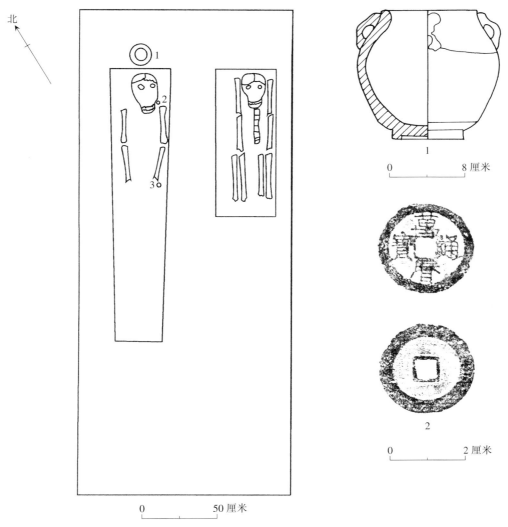

图五六　明代 M21 平、剖面图及出土器物
1. 瓷四系罐　2、3. 铜钱

墓地、东郑庄墓地、封山墓地①、柴胡店墓地②、官桥车站村汉墓③及枣庄渴口墓地④、小山墓地⑤等。凤凰山墓地位于鲁中南低山丘陵的西南端，是为配合京沪高铁建设而进行的诸多考古工作之一。本次发掘仅限于工程占压范围内，虽然发掘墓葬数量不多，但类型齐全，随葬品丰富，为该地区汉代物质文化研究提供了丰富的资料。

① 山东省文物考古研究所、滕州市博物馆：《滕州顾庙墓地》、《滕州东小宫塞地》、《滕州东郑庄墓地》、《滕州封山墓地》，均见《鲁中南汉墓》，文物出版社，2009 年。
② 山东省博物馆：《山东滕县柴胡店汉墓》，《考古》1963 年第 8 期。
③ 山东省文物考古研究所鲁中南考古队、滕州市博物馆：《山东滕州市官桥车站村汉墓》，《考古》1999 年第 4 期。
④ 吴文祺：《枣庄市渴口汉墓》，《中国考古学年鉴·1986》，文物出版社，1988 年。
⑤ 枣庄市管理委员会办公室、枣庄市博物馆：《山东枣庄小山西汉画像石墓》，《文物》1997 年第 12 期。

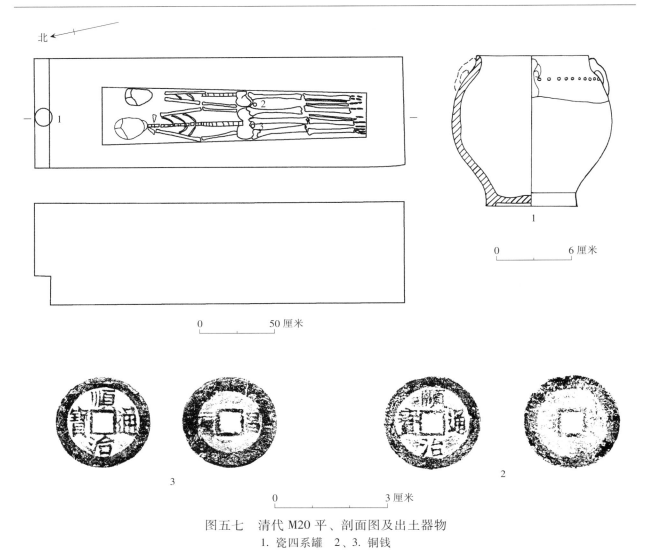

图五七　清代 M20 平、剖面图及出土器物
1. 瓷四系罐　2、3. 铜钱

　　这批墓葬中，有的两墓并排排列，比如 M2 和 M3、M5 和 M6、M8 和 M9、M10 和 M11、M24 和 M25、M38 和 M39、M36 和 M37 等。并排的墓葬一般墓向相同，相距较为接近，有的有打破关系，有的甚至共用生土二层台。有打破关系的墓葬，有的仅是边缘局部打破，或者打破较明显，虽然有的两座墓近似于同一座墓葬，也没有明显的时代差异，但几乎所有的墓均保持尺寸和随葬品上的独立性，均有各自的随葬品、棺椁。另外从下葬的方式上来看，这类墓葬存在两次下葬行为。所以，对这类墓葬单独编号，以与没有打破关系的并穴合葬墓相对应。从墓底来看，并穴合葬墓一般在同一个深度下葬，稍微有一点落差。除了石椁侧室墓外，此墓地并没有发现在一个墓室里有两座石椁所谓"双石椁墓"，这种特点与本地区其他墓地如东郑庄墓地不同。有的墓葬周围虽然没有找到与之相对应的合葬墓，但是其附近一般会为并穴墓留出一定的空间，可见并穴合葬是该墓地最为流行的墓葬方式。虽然人骨腐朽较为严重，性别难以确定，从种种迹象和与周边墓地的对比来看，应为夫妻并穴合葬墓，是追求"死后同穴"意识的体现。

　　本次发掘的汉代墓葬大部分采用石椁作为葬具。凿岩形成的墓穴一般也较深。画像石的图样比较简单。雕刻技法与鲁中南地区汉代墓葬相同，均为粗线条阴刻线。纹饰风格与东郑庄墓地有相似之处，比如十字穿璧纹与菱形纹的组合见于东郑庄墓地 M124 东侧板，十字穿璧纹与东郑庄 M123 北端板相类似①。M43 底板以十字穿璧纹为组合，没有底纹，其风格与枣庄小山西汉画像石墓 M1 北椁室角侧板画像相似②。从规格上看，均为中小型墓葬。细分可分成三种规格。土坑墓可能是较贫困的墓葬，石椁墓占多数，带画像石的石椁墓为较富裕的阶层。

墓葬人骨保存情况较差，因此无法对墓主的年龄和身份进行进一步的研究。葬俗以竖穴土坑石椁墓为主，另有少量侧室墓。

这批墓葬没有可用的层位关系，虽然个别墓葬之间有打破关系，但是这样的墓葬比较少，而且这种打破关系多为并穴合葬，是以这些墓葬前后年代相差不是很大。有的墓葬虽然不是有意打破，但往往没有随葬品。这些因素，使我们只能通过器物来进行分析墓葬的时代。墓地的时代与分期可以与同一地区的汉代墓葬相比较，如封山墓地、兖州徐家营墓地、东郑庄墓地、顾庙墓地等。陶罐 M18：1 与封山墓地中型罐 M21：2 器形相同，属于西汉早期③。M26：1、M27：1Ba 型壶同徐家营墓地 M103：2、M173：1 器形基本相同，属于西汉早期④。M13：2、M1：2 罐与封山墓地大型罐 M44：8 器形相同，属于封山墓地第三期，即西汉晚期⑤。整个墓地的汉代墓葬从西汉早期一直沿用至东汉，以西汉中晚期为主。

　　附记：　本次发掘领队为山东省文物考古研究所孙波，执行领队张溯，主要业务人员有枣庄市文物管理委员会办公室李猛、张莺燕，技工苏凡秋、魏恒川、张学堂、渠志正等。在发掘过程中，得到枣庄市文物管理委员会、枣庄市博物馆和山东省文物考古研究所领导的大力支持与帮助。在此，谨向上述单位和个人表示衷心感谢。

执笔：张　溯　张莺燕　李　猛

绘图：张学堂　邢继春

　　　王站琴（清绘）

拓片：李胜利

摄影：张　溯

铜器修复：吴双成　蔡友振

---

① 山东省文物考古研究所、滕州市博物馆：《滕州东郑庄墓地》，《鲁中南汉墓》，文物出版社，2009 年。

② 燕生东、徐加军：《山东枣庄小山西汉画像石墓》，《文物》1997 年第 12 期。

③ 山东省文物考古研究所、滕州市博物馆：《滕州封山墓地》，《鲁中南汉墓》第 48 页，文物出版社，2009 年。

④ 山东省文物考古研究所、济宁市文物局、兖州市博物馆：《兖州徐家营墓地》，《鲁中南汉墓》第 460 页，文物出版社，2009 年。

⑤ 山东省文物考古研究所、滕州市博物馆：《滕州封山墓地》，《鲁中南汉墓》第 46 页，文物出版社，2009 年。

附表　凤凰山墓地墓葬登记表

（长度单位：米）

墓号	墓型	墓向	墓圹尺寸（长×宽-深）	棺椁尺寸（长×宽-高）	葬式、头向、性别、年龄	壁龛或器物箱	随葬器物	时代	备注
M1	石椁墓	200°	2.83×1.02-0.8	2.83×1.02-0.8	不详		陶罐AⅡ、AⅢ；铜铃；铁器	汉	
M2	石椁墓	203°	2.85×1.95-3.3	2.4×1	不详		陶鼎D2、盒AⅡ、AⅢ、钫、壶Ab、小壶A、盘B	汉	
M3	石椁墓	197°	2.7×1.8-3.3	石椁：2.3×0.99-0.69；木棺：1.55×0.73-0.63	不详		陶盘A、盆	汉	石椁为画像石
M4	石椁墓	195°	2×（0.55~0.7）-1.32	2×（0.55~0.7）-0.46	不详		铜钱	汉	
M5	土坑墓	104°	2.65×1.53-3.1	木棺：2.05×0.5	头向东		小陶罐AⅢ；铜钱	汉	
M6	土坑墓	104°	2.80×1.58-2.9	木棺：2.05×1.9	头向东		小陶罐Ca；铜钱	汉	M6打破M5
M7	土坑墓	193°	2.5×（1~1.2）-2.9	木棺：2×0.55	仰身直肢，头向南		铜钱4	汉	有生土二层台
M8	土坑竖穴侧室墓	194°	2.3×1-2.1	木棺：2.3×0.6	仰身直肢，头向南		陶罐Ba；铜钱	汉	
M9	土坑竖穴侧室墓	10°	2.65×（1~1.2）-2.7	木棺：2.1×0.58	2具，均不详		陶鼎B、小壶A、罐C、E、小罐AⅡ、Cb2；铜印章；铜钱2串；铁剑2；带钩；石黛板	汉	
M10	土坑墓	190°	2.6×（1.4~1.53）-3.7	木棺：1.85×（0.63~0.7）	头向北，余不详	墓室南端有壁龛	小陶罐AⅠ、AⅡ；铜镜刷	汉	与M11并穴合葬
M11	石椁墓	190°	2.6×1.6-3.7	石椁：2.5×0.9	不详		陶鼎E、盒AⅠ、罐AⅢ、壶BbⅡ、盆；铁锄	汉	
M12	土坑墓	11°	2.55×1.2-1.75	木棺：2×0.66	不详		陶罐C、D、釜、盘；铜钱	汉	

续附表

墓号	墓型	墓向	墓圹尺寸（长×宽－深）	棺椁尺寸（长×宽－高）	葬式、头向、性别、年龄	壁龛或器物箱	随葬器物	时代	备注
M13	石椁侧室墓	12°	2.9×1.3－2.3	石椁：2.3×1.75；西木棺：1.95×0.7；东木棺：1.9×0.65	不详		陶罐AⅢ，盂2	汉	
M14	土坑墓	17°	2.65×1.88－2.7	木棺：2.05×0.65	仰身直肢，头向北		铜钱	汉	
M15	土坑墓	17°	2.6×1.88－2.6	木棺：2.05×0.5	仰身直肢，头向北		铜镜，铜钱	汉	
M16	土坑墓	7°	2.4×1.05－2	木棺：2×0.55	不详		陶罐BbⅢ；铜钱4	汉	
M17	土坑墓	7°	2.4×1.4－2	木棺：1.75×0.55	未发现人骨		陶罐AⅡ	汉	
M18	土坑墓	103°	2.4×1.3－2.1	木棺：2.1×0.4	不详		陶罐BbⅡ	汉	
M19	土坑墓	103°	2.4×1.2－2.4	木棺：2.2×0.55	仰身直肢，头向东		陶罐BbⅠ	汉	
M20	土坑墓	12°	2.45×0.76－0.7	木棺：1.7×（0.3~0.4）	夫妻合葬，仰身直肢，头向北		瓷四系罐；铜钱2	清代	
M21	土坑墓	31°	2.55×1.4－1.1	木棺：1.7×（0.3~0.4）	一具一次葬，仰身直肢，头向北；另一具二次葬		瓷四系罐；铜钱2	明代	
M22	土坑墓	192°	2.4×1.4－1.65	木棺：1.9×0.65	头向南	石砌脚箱	陶罐BbⅠ；铁剑	汉	
M23	石椁墓	100°	3.1×2.1－4.4	石椁：2.39×1.05－1.15；木棺：尺寸不详	头向东，仰身直肢		陶鼎B2，盒BⅡ2，小壶A，壶AcⅡ，小罐Ba2，D，盘A3，匜B，卮A，B2，勺，磨，猪圈，猪，仓，灶，盖	汉	

续附表

墓号	墓型	墓向	墓圹尺寸（长×宽-深）	棺椁尺寸（长×宽-高）	葬式、头向、性别、年龄	壁龛或器物箱	随葬器物	时代	备注
M24	石椁墓	358°	3×1.5-2.7	石椁：2.28×0.81-1.11；木棺：2×0.6	头向北，仰身直肢	无	无	汉	
M25	石椁墓	3°	2.9×1.3-2.9	石椁：2.28×0.8-1；木棺：1.93×0.54	头向北，仰身直肢	长方形石砌脚箱	陶罐 A I、Ba	汉	
M26	石椁墓	163°	3×1.8-2.48	石椁：2.32×0.94-0.7；木棺：尺寸不详	不详	无	陶壶 Ba	汉	
M27	石椁墓	181°	3.05×2.25-2.77	石椁：2.33×0.93-0.71；木棺：尺寸不详	不详	无	陶壶 Ba；铜钱	汉	
M28	石椁墓	88°	2.8×1.9-（1.47~1.69）	石椁：2.34×0.9-0.78；木棺：尺寸不详	不详	无	陶罐 BbⅢ	汉	
M29	石椁墓	180°	3×2.03-2.5	石椁：2.63×0.96-0.76	不详	边箱，1.3×0.41-0.6	陶鼎 Ca、盒 BⅠ、壶 AcⅠ、小罐 A I、Bb2、匜 A、B、镇壶、仓、磨、猪圈、猪、囷、灶、	汉	
M30	石椁墓	352°	2.7×1.4-1.35	石椁：2.3×0.8-0.75；木棺：尺寸不详	不详	无	无	汉	
M31	石椁墓	12°	2.5×1.4-3.7	木棺：1.8×0.7	不详	无	陶罐 C	汉	
M32	石椁墓	9°	3×1.5-1.73	石椁：2.8×0.9-0.7；木棺：尺寸不详	不详	无	无	汉	

续附表

墓号	墓型	墓向	墓圹尺寸（长×宽-深）	棺椁尺寸（长×宽-高）	葬式、头向、性别、年龄	壁龛或器物箱	随葬器物	时代	备注
M33	石椁墓	20°	2.8×1.9-1.7	石椁：2.36×0.91-0.71；棺：尺寸不详	不详	无	无	汉	
M34	石椁墓	183°	2.6×1.8-2.3	石椁：2.35×0.95-0.82；棺：尺寸不详	不详	无	陶壶Aa	汉	
M35	石椁墓	175°	2.6×1.8-2.15	石椁：2×0.95-0.97；棺：1.65×0.6	不详	无	陶鼎D、盒AⅢ、壶Aa、小罐D	汉	
M36	石椁墓	181°	2.7×2-3.56	石椁：2.35×1.05-1；木棺：尺寸不详	不详	无	无	汉	
M37	石椁墓	181°	2.7×2-3.55	石椁：2.35×0.98-1.12；木棺：尺寸不详	不详	无	陶罐Ba；铜印章、带钩、辟兵符	汉	
M38	石椁墓	6°	3×2-2.25	石椁：2.45×0.82-0.75；木棺：尺寸不详	不详	东侧有边箱	陶鼎A2、盒AⅡ、壶Ab、B、钫、盘A	汉	
M39	石椁墓	5°	2.96×2.1-2.8	石椁：2.35×0.9-0.7；木棺：1.9×0.55	不详	无	无	汉	
M40	石椁墓	203°	3.05×2.05-3.3	石椁：2×1.05-1；木棺：1.6×0.62	不详	无	陶鼎Ca、盒BI、壶AcⅡ、BbI、小罐Ba、卮、器盖；铜镞	汉	

续附表

墓号	墓型	墓向	墓圹尺寸（长×宽－深）	棺椁尺寸（长×宽－高）	葬式、头向、性别、年龄	壁龛或器物箱	随葬器物	时代	备注
M41	石椁墓	191°	3.1×2－3.1	石椁：2.44×0.92－1.02；木棺：尺寸不详	不详	无	陶鼎Cb、盒AⅠ、壶AcⅢ、小壶C、盘B、器盖	汉	
M42	石椁墓	112°	2.62×1.9－3.55	石椁：2.28×0.97－1.05；木棺：尺寸不详	不详	无	无	汉	
M43	石椁墓	87°	2.8×1.78－3.03	石椁：2.32×0.71－0.68；木棺：尺寸不详	不详	无	无	汉	
M44	土坑墓	185°	2.15×1.05－1.2	无	不详	无	铜钱；圆形石器	汉	
M45	土坑墓	195°	2.5×1.24－1.55	无	仰身直肢葬，头向南	无	铜钱	汉	
M46	石椁墓	94°	3.1×2.2－4.3	石椁：2.36×0.97×1.1；木棺：尺寸不详	仰身直肢葬，头向东	脚箱	被盗，无	汉	
M47	土坑墓	130°	2.7×0.65－3	无	不详	无	无	汉	

说明："随葬器物"栏中未注明件数者均为1件。

滕州小宫山墓地发掘报告

山东省文物考古研究院

滕 州 市 博 物 馆

　　墓地位于滕州市东沙河镇小宫山村西南约 400 米处（图一）。地势北高南低，四周稍有倾斜。墓地东西长约 300、南北宽约 250 米，总面积约 75000 平方米。为配合京沪高速铁路建设工程，山东省文物考古研究所与滕州市博物馆组成考古队，于 2008 年 3 月 6～31 日，对该墓地进行了抢救性考古发掘，发掘墓葬 25 座（图二），出土陶、铜、铁等各种质料的文物 230 余件（附表）。

一　墓葬形制

　　由于近年来平整土地，部分墓葬受到一定程度的破坏，少数墓葬已暴露石椁及随葬陶器，可

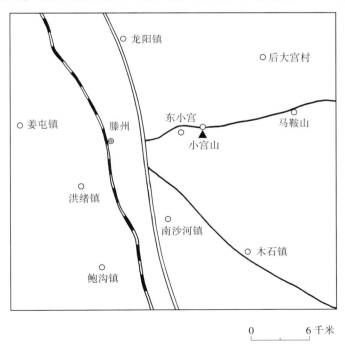

图一　墓地位置示意图

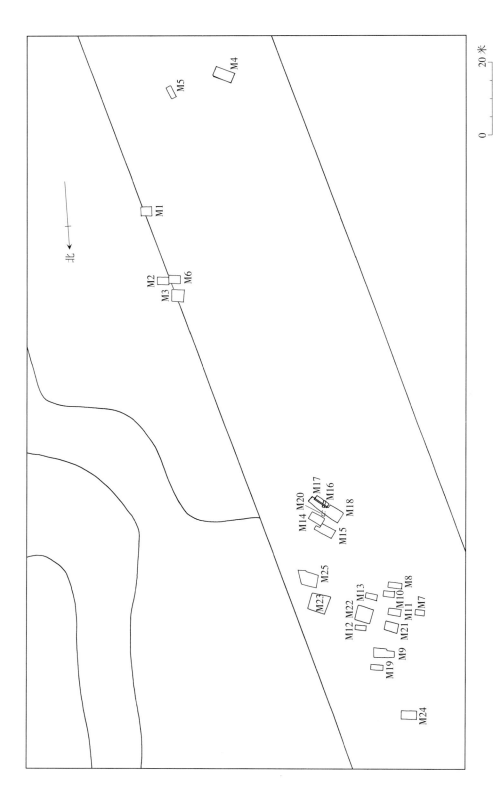

图二　墓葬分布图

见石椁内腐朽的棺木、髹漆彩绘等遗迹。发掘的 25 座墓葬中，有 2 座为宋、清代墓葬，其余墓葬为汉墓。汉墓按形制可分为土坑竖穴墓、石椁墓和带墓道的石室墓三种，皆属于小型墓葬。墓葬填土多为黄褐色花土，部分墓葬填土内夹杂碎石子或白灰，个别墓葬填土经夯打。有的墓葬系借助岩石缝隙，以岩壁为墓壁。部分墓葬设有壁龛（3 座）或器物箱（3 座）。墓葬方向除一座为南北向外，其余墓葬皆为东西向，方向一般在 97°～120° 之间。人骨保存情况普遍较差，腐朽严重或成粉末，头向多难以分辨。石室墓都有墓道，墓室面积较大，多在 3 米×3 米左右。从石椁墓内保存的大量棺木朽迹及彩绘漆皮来看，所有的石椁墓内均置有木棺，并且大多数棺盖上都有髹漆彩绘。

二 汉代墓葬

23 座。分为土坑竖穴墓、石椁墓、石室墓三种。

1. 土坑竖穴墓

1 座。

M5 方向 102°。墓葬长方形，墓长 2.6、宽 1.3、深 1.5 米。墓室填土为五花土夹杂碎石块。葬具为一木棺，腐朽仅存灰痕。棺长 2.3、宽 1.1、板灰残厚 0.1 米。墓室曾遭盗扰，头向与葬式不清。但在被盗扰的木棺西北角外侧，还残存有 1 件保存完好的中型陶壶。

2. 石椁墓

17 座。分单石椁墓、双石椁墓和三石椁墓三种。

（1）单石椁墓

8 座（M7、M10～M13、M17、M19、M24）。

M7 方向 80°。墓葬长方形，墓长 2.7、宽 1.4、残深 1.46 米。墓室填土为五花土、红褐黏土夹杂碎石块。墓葬以石板砌椁，石椁内置一木棺，已腐朽成灰。石椁长 2.38、宽 0.8、高 0.8 米。木棺长 1.88、宽 0.74、板灰残厚 0.13 米。墓主骨骼保存尚好，头向东，仰身直肢葬。在其石椁外侧，随葬有陶大型罐 1、中型罐 1 件；在棺内墓主头侧及上肢部，随葬有铜镜 1、戒指、五铢 28、大泉五十 1 枚、货泉 1 枚（图三）。

（2）双石椁墓

8 座（M1～M3、M6、M14、M21～M23）。

M3 方向 94°。墓葬长方形，墓长 3、宽 2.92、深 3.83 米。墓室填土为黄褐色黏土，经夯打，土质较坚硬。墓室内置有南北双石椁，椁顶盖有较为规整的石盖板。椁室内皆置有髹漆木棺，均腐朽成灰。其中南侧石椁长 2.4、宽 0.9、深 3.83 米，棺长 2.24、宽 0.7、残高 0.68 米；北侧石椁长 2.6、宽 1.12、深 3.83 米，棺长 2.2、宽 0.72、残高 0.7 米。墓主头向东，仰身直肢葬，在南室南侧及北室足部，各挖有壁龛，壁龛内随葬有陶大型罐 3、中型罐 2、小型罐 1 件。在其南室木棺内，随葬有铁刀 1、铁舀 1、铜五铢 35 及石耳塞 1、鼻塞 2 件（图四；彩版五三，1）。

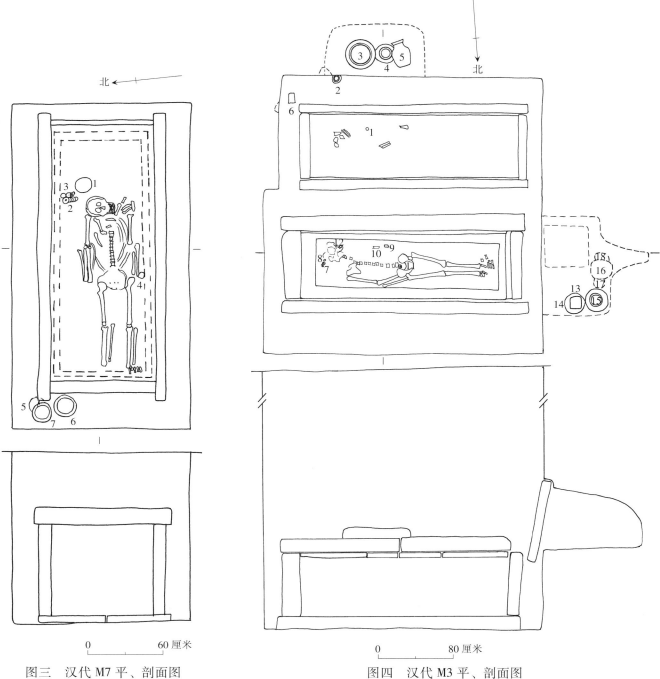

图三　汉代 M7 平、剖面图
1. 铜镜　2、3. 铜钱　4. 铜戒指　5. 陶
罐残片　6. 大型陶罐　7. 中型陶罐

图四　汉代 M3 平、剖面图
1、7、9、11. 铜钱　2. 小型陶罐　3～5. 大型陶罐　6. 铁臿　8. 石耳塞、
石鼻塞　10. 铁刀　12. 石玲　13、14. 中型陶罐　15～18. 陶罐残片

　　M6　方向 274°。墓葬长方形，墓长 3、宽 2.26、深 2.6 米。墓室填土为灰褐色花土并夹杂碎
石块，经夯打，土质较坚硬。墓室内置有南北双石椁，石椁顶部盖有较为规整的石椁盖板，每个
石椁石盖板各为两块。其中南椁室石盖板长 2.61、宽 0.93 米。北椁室石盖板长 2.83、宽 1.06 米。
南北椁室内侧共用一块挡板。南椁室长 2.45、宽 1.05、高 1.06 米；北椁室长 2.62、宽 1.15、高

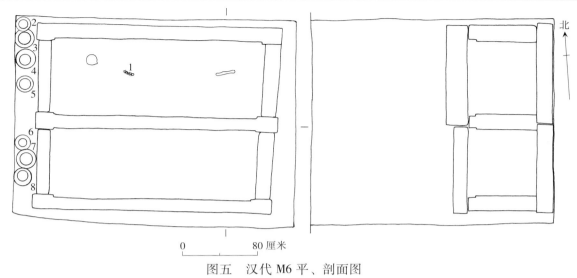

图五　汉代 M6 平、剖面图

1. 铜钱　2、3、6. 陶中型壶　4、8. 陶盒、壶碎片　5、7. 陶盒

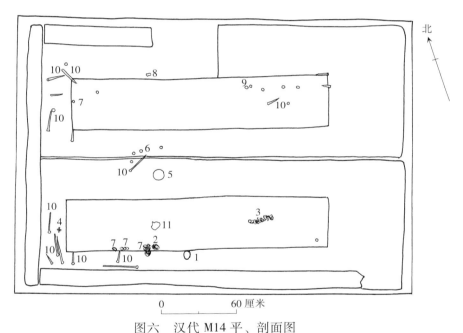

图六　汉代 M14 平、剖面图

1、5. 铜镜　2. 小型陶罐　3、6、7、9. 铜钱　4. 铜四叶饰　8. 银戒指

10. 铁钉　11. 中型陶罐

1.14 米。椁室内木棺及骨架已朽成灰，从残留的部分头骨来看，墓主头向东。在石椁外西侧与墓圹之间，随葬有陶中型壶 3、盒 2 件。在北室木棺内，随葬有铜五铢 8 枚（图五）。

M14　方向 118°。墓葬长方形，墓长 3.18、宽 2.25、深 1.15 米，墓室填土为黄褐色粉沙黏土，经夯筑，土质较坚硬。墓室内置有南北双石椁，石椁上面并盖有较为规整的石椁盖板。石椁长 2.75、宽 2.1、高 0.85 米，椁室内置有南北双木棺，均腐朽成灰。南棺长 2.1、宽 0.42、残高 0.07 米，北棺长 2、宽 0.42、残高 0.09 米。墓主头向西。在南棺室棺盖上及木棺左右两侧的石椁内，分别随葬有陶中型罐 1、小型罐 1、铜镜 2 件。在南棺室墓主人下肢旁，随葬有成串的铜五

铢 40 枚。在南棺室侧板外侧，随葬有铜
四叶饰 1 件及多件长短不一的铁钉。在北
棺室棺外及棺外，随葬有铜五铢 33、货
泉 1、银戒指 1 件。在北棺室棺内外有多
件铁钉（图六）。

M22　方向 106°。墓葬近方形，墓长
3.4、宽 3.7～3.82、深 3.3 米，墓室填土
为黄褐色粉沙黏土，经夯打，土质较坚
硬。墓室内置有南北双石椁，石椁顶部盖
有较为规整的六块石椁盖板。南椁室长
2.8、宽 1.38、高 1.35 米；北椁室长
2.73、宽 1.3、高 1.33 米。石椁石板周壁
上，均分别雕刻有厅堂人物纹、树木立鸟
纹、四壁纹、十字穿壁纹、建鼓舞蹈纹等
画像图案。椁室内均置有木棺葬具，木棺
及人骨架已朽成灰。从残存情况看，墓主
头向东，为仰身直肢葬。在石椁椁室东部
外侧，随葬有陶鼎 3、盒 3、大型罐 9、中
型罐 1、小型罐 1、大型壶 2、中型壶 1
件，漆奁盒铜器足 3、漆奁盒铜环耳 2
件。在棺内墓主人头部及身旁，随葬有铜
镜 1、铜印章 1、五铢 158、带钩 1、剑鞘
饰 1、铁剑 1、铁刀 1 件，玛瑙环 2 件，
玉琀 1、玉耳、鼻塞 4、石琀 1 件及石耳
塞 2 件，木梳 1（残破）、漆奁盒 1 件
（因残破严重，未能起取）（图七）。

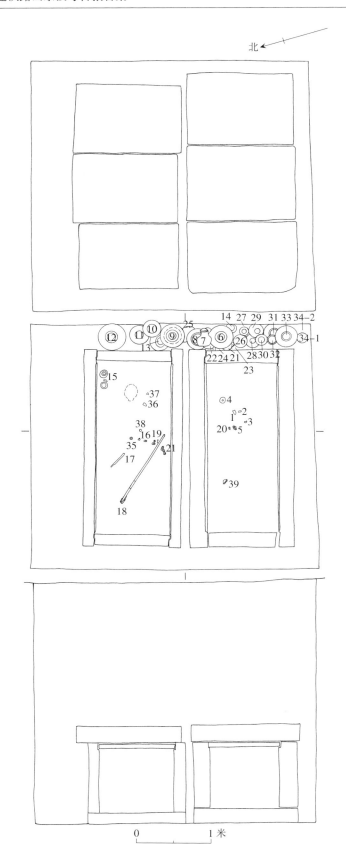

图七　汉代 M22 平、剖面图
1. 石琀　2. 玉鼻塞　3. 玉耳塞　4. 铜镜　5、20、
21. 铜钱　6、8、9、11、13、24、29、30、33. 大
型陶罐　7. 中型陶壶　10、25. 大型陶壶　12、
31、34－1. 漆奁盒铜足　14、26、32. 陶鼎　15.
小型陶罐　16. 铜印章　17. 铁刀　18. 铁剑、铜
剑鞘饰　19. 铜带钩　22、23、27. 陶盒　28. 中型
陶罐　34－2. 漆奁盒铜环耳　35、38. 玛瑙环
36. 玉琀　37. 石耳塞　39. 木梳

M23　方向106°。墓葬近方形，墓长4.2、宽3.5、深3.1米。墓室填土为黄褐色粉沙黏土，经夯打，土质较坚硬。墓室内置南北双石椁，石椁顶部盖有较为规整的六块石盖板。南椁室长2.64、宽1.3、高1.32米，北椁室长2.65、宽1.2、高1.2米。在石椁立板周壁上，分别雕刻有树木、飞鸟、厅堂、双阙、人面、十字穿璧及室内人物等画像图案。椁室内木棺已腐朽成灰。人骨腐朽不存，从残留痕迹观察，头向东。墓圹北壁与南壁均置有较大的器物箱。北壁器物箱内随葬有陶大型罐4、小型罐2及骨牌一组约10件、漆盒1件（残破严重）、铜五铢21枚。南壁器物箱内随葬有陶大型罐5、大型壶2、中型壶1、盒2、匜2、鼎2、耳杯1件，漆盒1件。在南石椁木棺内，随葬有玉琀1、耳塞2、鼻塞2件及铜环4、四叶饰68、铜器13枚。在北石椁木棺内，因曾被盗扰，仅残存有2枚铜钱及1件残铁刀。在西壁的壁龛内随葬有铜当卢2件，铜衔、镳2套及铜车軎、盖弓帽等车马明器3组（图八）。

（3）三石椁墓

1座。

M25　方向11°。呈拐尺状长方形，墓长4.85、宽3.54、深3米，墓室填土为黄褐色粉沙黏土并夹杂一些碎石渣，经夯打，土质较坚硬。墓室内置有东西向三具石椁，石椁顶部共盖有八块大小不等的石盖板。东椁室长2.2、宽0.92、高0.92米，中椁室长2.74、宽1.4、高1.2米，西椁室长2.62、宽1.25、高1.2米。椁室内木棺及骨架均已腐朽成灰。从残存痕迹观察，墓主人头向似向北。在东椁室东部外侧、中椁室外侧东南角及西椁室外侧北部，放置随葬有陶鼎3、器盖2、盒4、大型罐2、中型罐2、小型罐1、大型壶8、中型壶4件。在东室、中室的棺内，随葬有铜镜2、铜环2、刷柄1、剑格1、五铢88枚，铁刀1、残铁器1件，石耳塞2件（图九；彩版五三，2）。

3. 石室墓

5座（M4、M8、M9、M15、M18）。均为带有斜坡墓道的石室墓。

M9　方向272°。墓葬由墓道和墓室构成。该墓被盗扰，破坏严重，其头向与葬式均不甚清晰。墓道斜坡状，长1.42、宽1.5、深0.74米。墓室长方形，长2.9、宽2.5、深1.36米。该墓墓道、墓室填土为五花土夹杂碎石块。墓室内有南北两具石椁，两具石椁之间共用一块挡板。南侧石椁长2.9、宽1.03、高1.05米，北侧石椁长2.86、宽1.05、高1.05米。石椁内有木棺，仅残存灰痕。北侧石椁内有散乱的人骨架和随葬铜钱。墓道和墓室相交处有一木质器物箱，灰痕长0.64、宽0.9米。内置随葬有陶大型罐1、中型陶壶4、陶熏炉1件。在棺内墓主人身旁，还随葬有铜剑鞘饰1、五铢8枚、小型五铢1枚（图一〇）。

M18　方向120°。墓葬由墓道和墓室构成。墓室长3.36、宽2.6、深1.6米，墓道长3.64、宽1.4、深1.5米。该墓被盗扰，破坏严重，墓室填土为灰褐色五花土夹杂碎石块。墓道斜坡状，根据清理情况判断，墓道分两次开挖而成，因此该墓葬可能存在二次下葬。墓室长方形，由石板构成墓室，有纵向石板将墓室分为南北两室，南室长3、宽1.3、高1.1米，北室长3、宽1.24、高1.1米。石室内有木棺残迹及散落人骨。在墓室墓门及门楣上，分别刻有对称的十字穿璧纹及

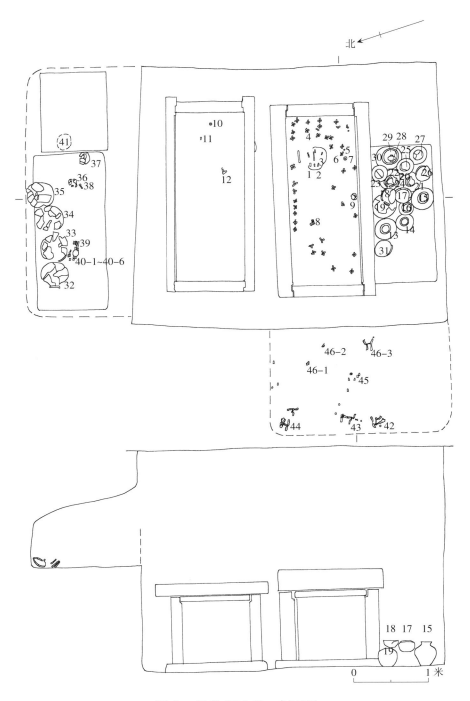

图八　汉代 M23 平、剖面图

1. 玉琀　2. 玉耳塞　3. 玉鼻塞　4. 铜四叶饰　5、6. 铜环　7、8、10、11、38. 铜钱　9、19、25. 陶罐残片　12. 铁刀　13、22、24、27、30、32～35. 大型陶罐　14、23. 大型陶壶　15. 陶壶残片　16. 中型陶壶　17、18. 陶盒　20、21. 陶匜　26、31. 陶鼎　28. 陶耳杯　29. 陶盘　36、37. 小型陶罐　39、40 - 1～40 - 6. 骨牌　41. 漆盒　42 - 1、43. 铜当卢　42 - 2、45. 铜衔、镳　44、46. 铜车軎及铜盖弓帽

图九　汉代 M25 平、剖面图

1、14. 铜镜　2、15、18、19. 铜钱　3. 小型陶罐　4、34. 中型陶罐　5～9、11、30、32. 大型陶壶
10、28、33. 陶鼎　12、13、27、35. 中型陶壶　16. 铜刷柄　17. 残铁器　20. 铜环　21. 铜剑格　22.
铁刀　23、37. 大型陶罐　24、26、29、31. 陶盒　36. 石耳塞　38、39. 陶器盖

图一〇　汉代 M9 平、剖面图

1、2、5、7. 铜五铢　3. 小型铜五铢　4. 铜剑鞘饰　6. 铜大泉五十　8、9、11、12. 中型陶壶　10. 陶熏炉　11. 陶壶　13. 大型陶罐

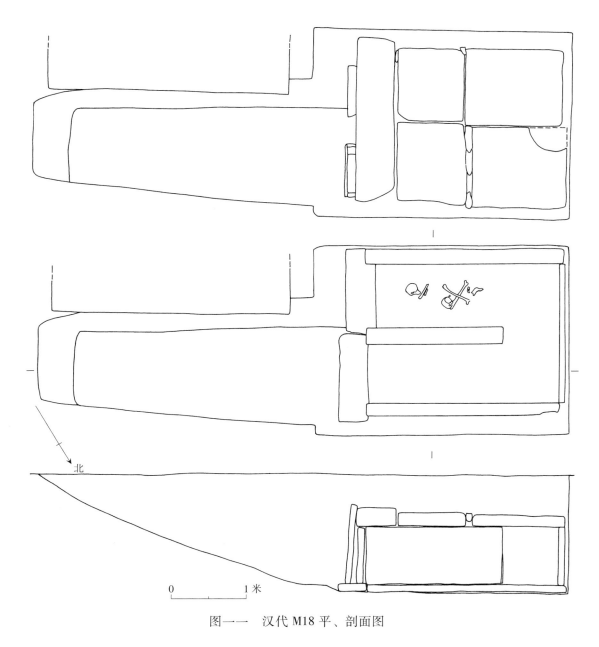

图一一　汉代 M18 平、剖面图

菱形纹画像。扰土中发现有铜五铢 2、货泉 1 枚。在墓室门楣下侧的缝隙中，还发现 1 件当时用于开掘墓圹铁凿工具（图一一）。

三　汉代墓葬随葬器物

259 件（不含铜钱）。随葬品以陶器为主，另外还有铜、铁、玉、石、银、骨、蚌器等。

1. 陶器

121 件。绝大部分为泥质灰陶，有少量的泥质红陶。器形有鼎、盒、壶、罐、盘、匜、熏炉、耳杯、灶、器盖、底座等。

鼎　9件。均泥质灰陶。出土于 M22、M23、M25 等 3 座墓中。

M23：26，覆钵状盖，盖顶较平。直口，平沿，扁腹，大圜底，下有三个外撇凿形足，腹中部有对称的两个附耳。口径 19.8、通高 18.8 厘米（彩版五四，1）。

M23：31，弧顶覆钵状盖。直口微敛，圆唇，短束颈，深圆腹，大圜底，三外撇柱形器足，腹中部有对称的两个外撇长附耳。盖面及腹部分别以红彩绘弦纹、波浪纹等彩绘。口径 22、通高 20 厘米（图一二，1）。

M25：10，浅覆钵形盖。敞口，斜沿，折腹较深，圜底，底置三外撇矮凿形足，口部有对称的两个外撇附耳。盖面原有彩绘已脱落不清。口径 18.2、通高 15.2 厘米（图一二，2）。

M22：32，覆钵形盖，弧顶。敛口，圆唇，短直颈，半球形腹，圜底，三外撇凿形足，口部有对称的两个外撇长附耳。口径 19.5、通高 17.6 厘米（图一二，3；彩版五四，2）。

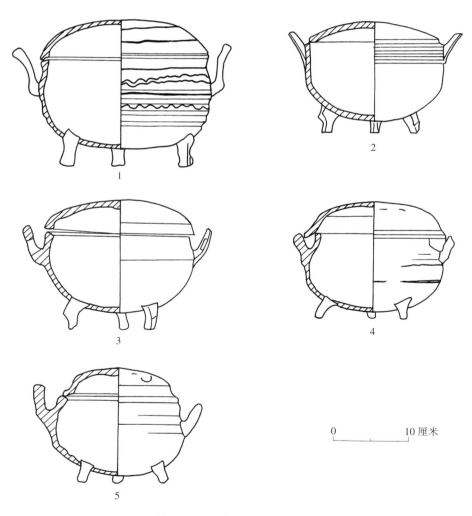

图一二　汉代墓葬出土陶鼎
1. M23：31　2. M25：10　3. M22：32　4. M22：23　5. M22：14

M22：23，覆钵形盖，弧顶。敛口，圆唇，短束颈，扁圆腹，圜底，三外撇短小凿形器足，口部有对称的两个外撇短小附耳。盖面及腹部有白色彩绘痕迹，脱落不清。口径 15、通高 16 厘米（图一二，4）。

M22：14，覆钵形盖，弧顶。敛口，圆唇，扁圆腹，圜底，三外撇柱形足，口部有对称的两个外撇较长附耳。盖面有白色彩绘痕迹，已脱落不清。口径 16、通高 15.5 厘米（图一二，5；彩版五四，3）。

M25：33，覆钵形盖，弧顶。敛口，短束颈，扁折腹，平底，三只外撇粗壮凿形足，口部有对称的两个外撇附耳，附耳均残。盖面饰黑彩云气纹，腹部饰以黑白彩宽带纹、波浪纹。口径 13、通高 13 厘米（图一三，1；彩版五四，4）。

M22：26，覆钵形盖，弧顶。敛口，圆唇，扁桶形腹，平底，三只外撇凿形足，口沿两侧置对称外撇双耳。盖面饰一层白衣彩绘，在其白彩地上面又饰有一层云气纹黑色彩绘。口径 15.2、通高 18 厘米（图一三，3；彩版五四，5）。

M25：28，覆盘形盖，平顶，中心内凹。敛口，圆唇，折腹，圜底近平，三乳丁状矮足，口沿两侧置对称短小附耳。器表饰云气纹、条状宽带纹等黑、白色彩绘。口径 16、通高 14 厘米（图一三，2；彩版五四，6）。

盒　17 件。均为泥质灰陶。出土于 M2、M6、M21、M22、M23、M25 等 6 座墓中。

M2：3，覆盘形器盖，折腹，平顶。敛口，斜沿，束颈，鼓腹较深，平底略内凹。口径 16.6、腹径 18.7、底径 9.8、通高 14.9 厘米（图一四，1）。

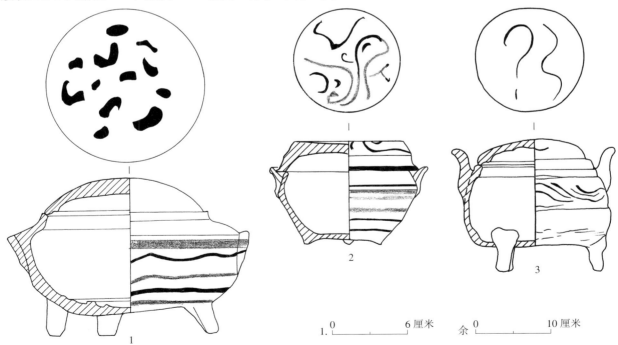

图一三　汉代墓葬出土陶鼎
1. M25：33　2. M25：28　3. M22：26

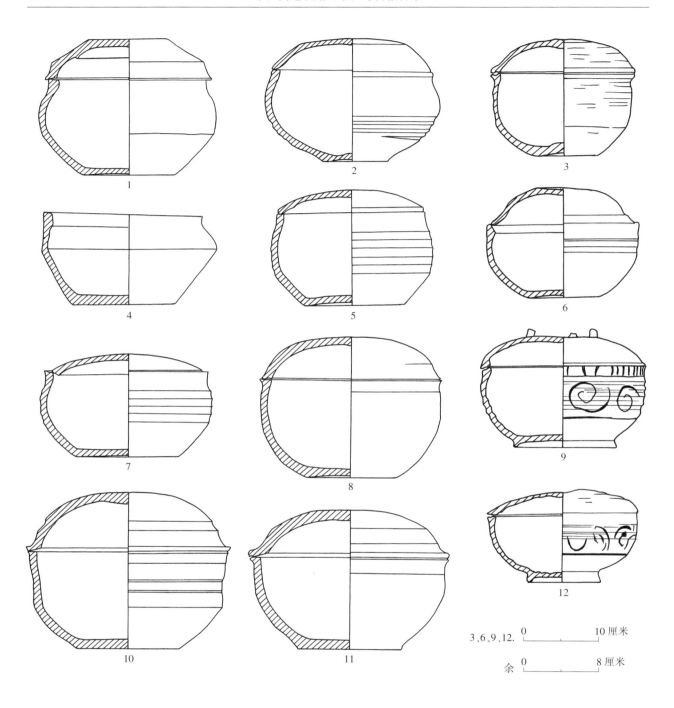

图一四　汉代墓葬出土陶盒

1. M2：3　2. M6：7　3. M6：5　4. M21：2　5. M21：14　6. M21：3　7. M21：16　8. M22：23　9. M23：17　10. M22：22
11. M22：27　12. M23：18

M2：4，与 M2：3 两件基本相同，仅口径稍小 2 厘米。

M6：5，口上承覆钵形弧顶器盖。子母口，尖唇，深腹，下腹内收，平底微凹。口径 19.2、底径 8、通高 16 厘米（图一四，3）。

M6：7，覆钵形盖，盖顶弧面近平。敛口，平沿，鼓腹较深，平底内凹。下腹部饰四周凹弦纹。口径17、底径7、通高13.6厘米（图一四，2）。

M21：2，直口，平沿，折腹，上腹壁直，下腹斜收，平底。口径16.7、底径10.8、高10.2厘米（图一四，4）。

M21：3，浅覆钵形盖，弧顶。敛口，斜折沿，圆唇，扁圆腹，平底微凹。腹部饰三周凹弦纹。口径20.3、底径9.5、通高14.8厘米（图一四，6）。

M21：14，浅覆钵形盖，弧顶。直口微敛，平沿，筒形腹微鼓，下腹内收，大平底内凹。中腹部饰瓦棱纹。口径15.7、腹径17.2、底径10.5、通高12.6厘米（图一四，5）。

M21：16，浅覆钵形盖，弧顶。敛口，斜平沿，尖唇，扁腹微鼓，大平底略内凹。中腹部饰瓦棱纹。口径17、底径10.6、通高11.4厘米（图一四，7）。

M22：22，浅覆钵形盖，盖口为宽斜平沿，弧顶。大敞口，平沿，深折腹，平底。盖面以白彩为地，饰黑彩云气纹，但已脱落不清。口径21、底径10.8、通高17.2厘米（图一四，10）。

M22：23，浅覆钵形盖，弧顶。口略内敛，平沿，尖唇，深腹微鼓，下腹内收，平底略内凹。口径19.5、底径9.2、通高15.4厘米（图一四，8）。

M22：27，浅覆钵形盖，盖口为宽斜平沿，弧顶。敞口，平沿，尖唇，腹较浅，下腹明显内收，平底。口径21、底径11、通高15.5厘米（图一四，11；彩版五五，1）。

M23：17，覆钵形盖，弧顶，盖面分列三个凿形纽。敛口，平沿微斜，腹微鼓，矮圈足。上腹部器表以白彩为地，绘黑彩圆圈纹及两周凹弦纹，腹壁内外饰瓦棱纹。口径21.8、足径14、通高16厘米（图一四，9；彩版五五，2）。

M23：18，覆钵形盖，弧顶。敛口，斜平沿，腹较浅，矮圈足。腹中部饰白地云气纹彩绘。口径20、足径10、通高12.8厘米（图一四，12；彩版五五，3）。

M25：24，浅覆钵形器盖，弧顶。直口微敛，平沿，折腹，下腹壁斜收，平底微凹。盖面与腹部器表均以白彩为地，以黑彩绘云气纹等，腹部饰五周黑色彩绘纹带。口径22、底径9.6、通高14.6厘米（图一五，2；彩版五五，4）。

M25：26，直口，斜折沿，尖唇，腹较浅，下腹斜收，平底。腹内外壁饰瓦棱纹。口径20.2、底径10、高9.8厘米（图一五，3）。

M25：29，覆盘状盖，平顶。敞口，宽平沿，圆唇，腹较浅，下腹斜收，平底。盖面以白彩为地，以黑彩绘云气纹。上腹部饰四周宽弦纹。口径22、底径10、通高12.4厘米（图一五，1；彩版五五，5）。

M25：31，覆盘形器盖，平顶。敞口，平沿，浅折腹，平底。盖面饰一周大朵云气纹，中腹部饰三周带状彩绘弦纹。口径21.2、底径10、通高11.6厘米（图一五，4；彩版五五，6）。

壶 31件。出土于M2、M5、M6、M9、M21、M22、M23、M25等8座墓葬中。根据大小可分两种。

大型壶 12件。均泥质灰陶。

M22：10，覆钵状弧顶盖。深盘口，平沿，颈微束，斜肩，弧折腹，圜底，矮圈足。肩部饰一

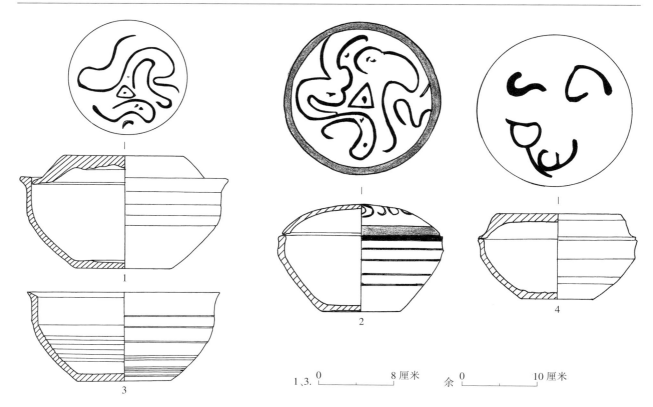

图一五　汉代墓葬出土陶盒
1. M25：29　2. M25：24　3. M25：26　4. M25：31

周黑彩纹带。口径 12.4、腹径 26.8、足径 12.4、通高 31.2 厘米（图一六，1）。

M22：25，覆盘状器盖，盖顶较平。盘口，圆唇，束颈略高，球形腹，圜底，喇叭状圈足。盖面表层饰白彩云气纹，肩部饰一周白彩三角纹，其下为卷云纹及弦纹带；腹中部饰一周较宽凹弦纹，下腹彩绘图案脱落不清。口径 12.8、腹径 26.5、足径 12.5、通高 31.4 厘米（图一六，3）。

M23：14，浅覆钵形盖，弧顶。盘口，平沿，束颈，溜肩，鼓腹，矮圈足。肩、腹部饰七周瓦纹。口径 11.8、腹径 23.8、足径 14、通高 27.8 厘米（图一六，4）。

M23：23，覆碟状盖。侈口，圆唇，颈略高，溜肩，鼓腹，下腹内收，喇叭状圈足。盖表面以白彩为地，以黑彩绘云气纹；肩、腹部也以白彩为地，以黑彩绘弦纹带、三角形纹和卷云纹。口径 12.6、腹径 23.5、底径 11.3、通高 28.4 厘米（图一六，2）。

M25：5，侈口，尖唇，束颈略高，溜肩，鼓腹，深圜底，底部有圈足痕迹，已残破。腹部饰六周宽窄不等的凸弦纹及黑色彩绘纹带。口径 17.2、腹径 29.2、残高 30 厘米（图一七，1）。

M25：6，与 M25：5 近同，底部有圈足痕迹。上腹饰数周深浅不等的凹弦纹，中腹部饰一周粗绳纹。下腹部有数道刮削痕迹。口径 15、腹径 30.5、残高 32.8 厘米（图一七，2）。

M25：11，浅覆盘状盖。侈口，斜沿，圆唇，直颈略高，球形腹，大圜底，矮圈足，肩部有对称的两个桥形耳。盖面饰四花瓣状盖纽；器颈、腹部饰十四周宽窄不等的刻划弦纹，肩与上腹部刻划弦纹之间分别刻划水波纹。口径 15.6、腹径 32、足径 18.1、通高 34.6 厘米（图一八）。

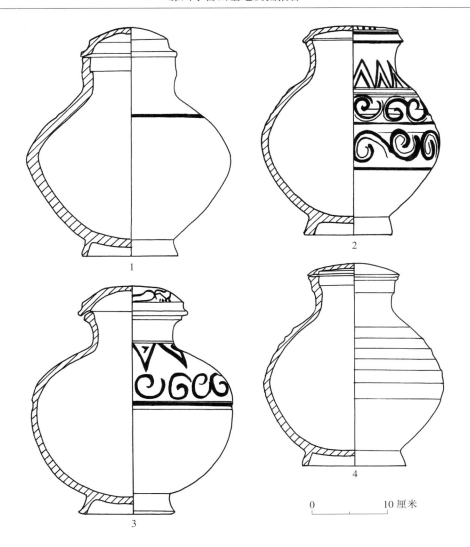

图一六　汉代墓葬出土大型陶壶
1. M22：10　2. M23：23　3. M22：25　4. M23：14

　　M25：7、M25：9两件与M25：11相同。

　　M25：8，直口，平沿，圆唇，微束颈，溜肩，鼓腹，平底，矮圈足。颈部以白彩为地，以黑彩绘一周波折纹，肩与上腹饰瓦纹，又以白彩为地，以黑彩绘涡纹；下腹饰绳纹。口径13.6、腹径23.6、足径11.4、高25.6厘米（图一七，3）。

　　M25：30，弧顶盖。喇叭状口，圆唇，颈较直较高，腹微鼓，下腹部下垂，圜底，喇叭状矮圈足，腹中部有对称的两个桥形耳。颈部饰一周凹弦纹。口径16、腹径32、足径18.8、通高41厘米（图一七，5；彩版五六，1）。

　　M25：32，直口，窄平沿，圆唇，高直颈，圆鼓腹，小平底，腹中部两侧置有对称桥形耳。颈部有红色彩绘痕迹，已脱落。肩、腹部饰凹弦纹。口径13、腹径28、底径7、高29厘米（图一七，4）。

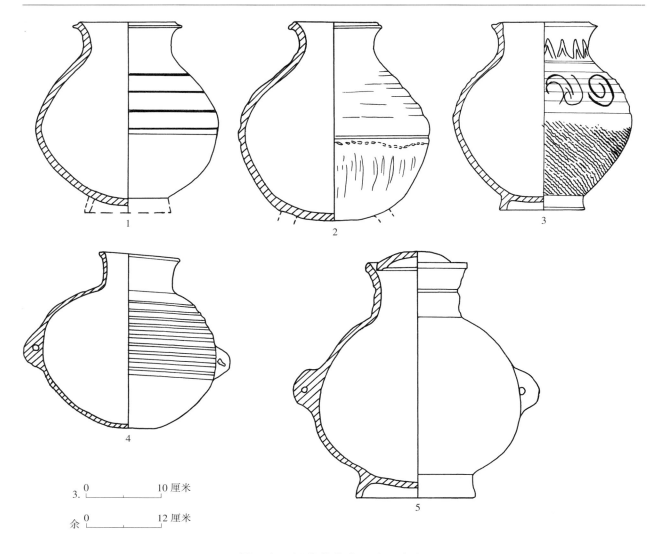

3. |0————————————10 厘米|

余 |0————————————12 厘米|

图一七　汉代墓葬出土大型陶壶
1. M25：5　2. M25：6　3. M25：8　4. M25：32　5. M25：30

中型壶　19 件。大部分为泥质灰陶，也有少量泥质红陶和夹砂灰陶。

M2：5，泥质灰陶。浅覆盘状盖，平顶。直口微侈，小斜沿，直颈较高，鼓腹，平底微凹。口径 11.8、腹径 20.4、底径 12.7、通高 24.2 厘米（图一九，1）。

M2：6，泥质灰陶。覆盘状盖，平顶。直口微侈，斜沿，直颈较高内束，鼓腹，平底微凹。肩部饰三周凹弦纹。口径 12.2、腹径 19、底径 11.8、通高 22.1 厘米（图一九，2；彩版五六，2）。

M5：1，夹砂灰陶。喇叭口，窄斜沿，方唇，斜高颈，溜肩，扁圆腹，大平底微凹。肩腹部饰数周凹弦纹。口径 15.2、腹径 23、底径 14.8、高 22.8 厘米（图一九，3）。

M6：2，泥质灰陶。深覆钵状盖，平顶内凹。直口，斜沿，高直领，斜肩，鼓腹，平底微凹。口径 11.6、腹径 20.4、底径 10.4、通高 24.4 厘米（图一九，4；彩版五六，3）。

M6：3，泥质灰陶。扁圆状弧面器盖。子母口凸鼓，高直颈微斜，溜肩，鼓腹，下腹急内收，大平底微凹。上腹饰四周弦纹。口径 11.6、腹径 20.4、底径 11.2、通高 23.2 厘米（图一九，8）。

M6：6，泥质灰陶。覆钵形弧顶器盖。直口，圆唇，束颈略高，溜肩，鼓腹，大平底微凹。器表饰瓦纹。口径 9.7、腹径 16.8、底径 10、通高 18.8 厘米（图一九，5；彩版五六，4）。

M9：11，泥质红陶胎，器表通体施一层浅黄绿釉。深盘口外敞，圆唇，直颈，鼓肩，圆鼓腹，平底略内凹。颈部饰三周竹节纹，肩腹部饰细弦纹。口径 10.7、腹径 15、底径 8.3、高 18.2 厘米（图一九，7；彩版五七，1）。

M9：12，泥质红陶胎，器表通体施一层黄釉。深盘口外敞，圆唇，直颈微束，鼓腹，平底略内凹。肩、腹部饰细弦纹。口径 10.4、腹径 14.7、底径 10、高 18.3 厘米（图一九，6）。

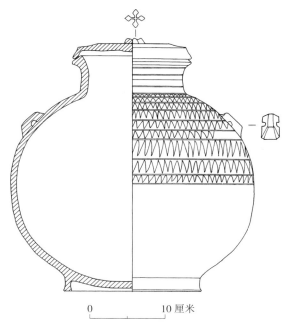

图一八　汉代墓葬出土大型陶壶（M25：11）

M9：8、M9：9，与上述 M9：11、M9：12 两件釉陶壶，其大小造型完全雷同，所不同的是 M9：8 与 M9：9，器表没有施黄绿釉。

M21：7，泥质灰陶。覆盘状平顶器盖。直口外敞，圆唇，溜肩，腹微鼓，大平底微凹。口径 12.4、腹径 20.8、底径 16.4、通高 22.6 厘米（图二〇，1）。

M21：15，泥质灰陶。覆钵形弧顶盖。直口微侈，方唇，束颈，溜肩，腹微鼓，下腹内收，大平底微凹。口径 11.8、腹径 18.2、底径 12.3、通高 21.5 厘米（图二〇，3）。

M21：17，泥质灰陶。直口微侈，平沿，圆唇，领较高微束，溜肩，腹微鼓，大平底微凹。口径 12.2、腹径 16.8、底径 12.4、通高 19.7 厘米（图二〇，4）。

M21：21，泥质灰陶。覆钵形器盖，盖面微弧近平。直口微侈，方唇，微束颈，腹微鼓，大平底。腹部饰瓦纹。近底部有刮削痕迹。口径 11、腹径 17.6、底径 11、通高 19.4 厘米（图二〇，2）。

M22：7，泥质灰陶。直口略外敞，方唇，短束颈，溜肩，扁鼓腹，大平底。器盖与肩腹部分器表均施一层白彩地，器盖上以黑、红彩绘莲花瓣纹；腹中部饰瓦纹，又以白彩为地，以黑彩绘大朵云气纹。口径 14、腹径 22.4、底径 15.2、通高 22.4 厘米（图二〇，5；彩版五七，2）。

M23：16，泥质灰陶。覆钵形弧顶器盖。直口，平沿，尖唇，高直领，扁鼓腹，大平底。器盖与肩腹部分器表均以白彩为地，分别以红、黑彩绘圆圈纹、带状纹及卷云纹等，但部分彩绘已脱落不清。口径 12.4、腹径 22、底径 14、通高 23.2 厘米（图二〇，7）。

M25：12，泥质灰陶。浅覆盘状弧顶盖。直口微侈，方唇，束颈近直，鼓腹，大平底微凹。器表腹部以白彩为地，以黑彩绘波浪纹；其他器表有白彩地红色彩绘痕迹，但大都脱落不清。口径 11.9、腹径 20.4、底径 11.8、通高 22.2 厘米（图二〇，6；彩版五七，3）。

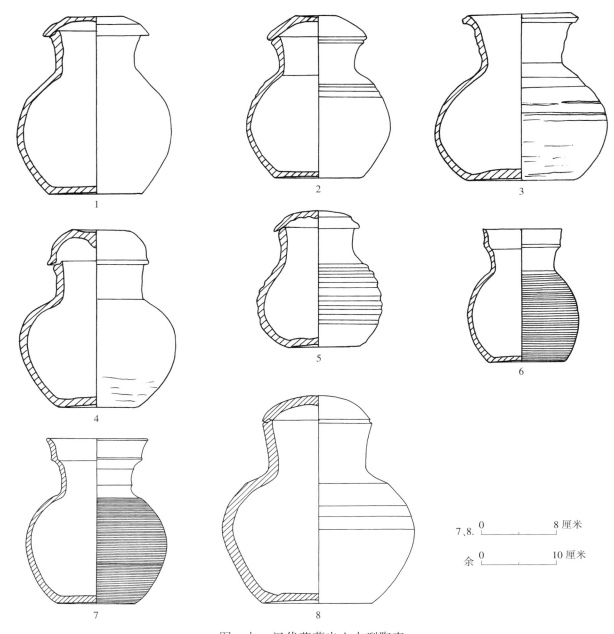

图一九 汉代墓葬出土中型陶壶
1. M2:5 2. M2:6 3. M5:1 4. M6:2 5. M6:6 6. M9:12 7. M9:11 8. M6:3

M25:13，泥质灰陶。覆钵状器盖，盖顶较平。直口微侈，斜沿，高直领，扁鼓腹，大平底。下腹内壁饰瓦纹，器表饰五周弦纹和一周黑色波浪纹彩绘。口径12.6、腹径20.2、底径11.2、通高21.2厘米（图二一，1；彩版五七，4）。

M25:27，泥质灰陶。覆碟状器盖。直口，平沿，直颈略高，溜肩，腹微鼓，大平底。器盖器面饰白地黑彩云气纹，大部分彩绘已脱落；器颈、腹部以白彩为地，以黑彩绘宽带三角纹及云纹。口径11.5、腹径20.8、底径14.8、通高23.4厘米（图二一，2；彩版五七，5）。

图二〇　汉代墓葬出土中型陶壶

1. M21：7　2. M21：21　3. M21：15　4. M21：17　5. M22：7　6. M25：12　7. M23：16　8. M25：35

M25：35，泥质灰陶。覆钵形弧顶盖。直口外敞，方唇，束颈，鼓腹，大平底。盖面及器表以白彩为地，分别以红、黑彩绘三角纹、带状纹及云纹。口径11.2、腹径18.4、底径12、通高21厘米（图二〇，8；彩版五七，6）。

罐　53件。分别出土于M1、M3、M7、M9、M10、M13、M14、M17、M21～M25共13座墓葬

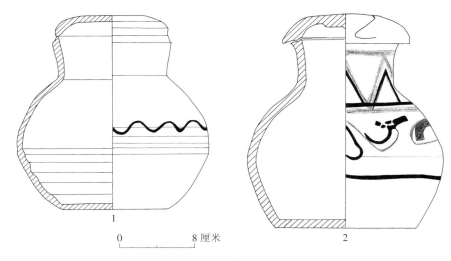

图二一　汉代墓葬出土中型陶壶
1. M25：13　2. M25：27

中。根据其形体大小，分为大型罐、中型罐、小型罐三种。

大型罐　28 件。均泥质灰陶。

M1：1，深盘口略外敞，圆唇，束颈，圆鼓腹，下腹内收，平底。腹部饰弦纹，下腹及底部饰横绳纹。口径 16.8、腹径 25.6、底径 10、高 27 厘米（图二二，1）。

M3：3，大敞口，圆唇，鼓肩，圆鼓腹，下腹内收，平底。肩腹部饰三周凹弦纹，下腹及底部饰横绳纹。口径 21.5、腹径 31.6、底径 10、高 26.5 厘米（图二二，2）。

M3：4，直口，平沿，短直颈，斜肩，腹弧折，下腹斜收，小平底略内凹。上腹部饰数周凹弦纹，下腹及底部饰绳纹。口径 15.8、腹径 24.2、底径 7.5、高 18 厘米（图二二，4）。

M3：5，烧制变形。盘口，卷沿，方唇，束颈溜肩，圆鼓腹，小平底。肩部饰数周粗细不等的凹弦纹，弦纹之间为纵向短线纹；上腹部饰竖绳纹，下腹及底部饰横绳纹。口径 14.3、腹径 24.8、底径 7.2、高 26.8 厘米（图二二，3）。

M7：6，深盘口较直，圆唇，束颈，鼓腹，下腹内收，小平底微内凹。下腹及底部饰绳纹。口径 16.5、腹径 24、底径 7.5、高 26.4 厘米（图二二，5；彩版五八，1）。

M9：13，直口较大，略内敛，短颈，扁鼓腹，下腹内收，矮假圈足。口径 18.8、腹径 35、底径 26、高 23.5 厘米（图二三，1；彩版五八，2）。

M21：1，覆盘形盖，盖为平顶略内凹。深盘口略内敛，平沿，束颈，长圆腹，小平底。肩与上腹部饰抹断竖绳纹，下腹及底部饰横绳纹。口径 14.4、腹径 22.4、底径 7.5、通高 27.6 厘米（图二三，3）。

M22：6，直口，卷沿，方唇，短直颈，扁鼓腹，下腹内收，大平底。肩与上腹部以黑白彩绘波浪纹，中腹至底部饰细绳纹。口径 18、腹径 35.2、底径 16.8、高 29.4 厘米（图二三，2；彩版五八，3）。

M22：8，直口外撇，卷平沿，方唇，短颈，肩微鼓，球形腹，圜底近平。下腹及底部饰绳纹。

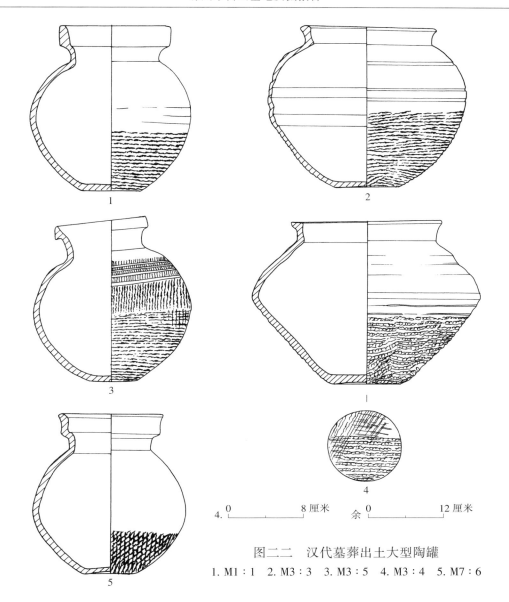

图二二　汉代墓葬出土大型陶罐
1. M1：1　2. M3：3　3. M3：5　4. M3：4　5. M7：6

口径 17.4、腹径 32.1、高 29.6 厘米（图二三，4）。

　　M22：9，直口外敞，卷沿，方唇，颈稍高，鼓肩，圆鼓腹，平底。肩及上腹部饰白彩云纹，下腹及底部饰绳纹。口径 16、腹径 32.4、底径 11、通高 35.6 厘米（图二三，5；彩版五八，4）。

　　M22：11，直口，卷沿，方唇，短颈，鼓腹，下腹缓收，小平底。下腹及底部饰数周细绳纹。口径 15、腹径 32.3、底径 11、高 31.6 厘米（图二三，6；彩版五八，5）。

　　M22：13，直口内敛，卷沿，方唇，短束颈，溜肩，鼓腹，平底。肩与上腹部器表饰白彩云纹及折线纹，下腹及底部饰数周细绳纹。口径 14.8、腹径 31.6、底径 10、高 29.6 厘米（图二四，1；彩版五九，1）。

　　M22：24，覆钵形弧顶盖。直口，卷沿，方唇，短颈，扁圆腹，平底略内凹。下腹及底部饰绳纹。口径 16、腹径 32.3、底径 12.5、通高 35.2 厘米（图二四，2）。

图二三　汉代墓葬出土大型陶罐
1. M9：13　2. M22：6　3. M21：1　4. M22：8　5. M22：9　6. M22：11

　　M22：29，覆钵形盖。直口内敛，卷沿，方唇，颈稍高，溜肩，鼓腹，小平底略内凹。下腹及底部饰绳纹。口径16、腹径29、底径10、通高31.6厘米（图二四，3）。

　　M22：30，直口略外敞，平沿，短颈，溜肩，鼓腹，下腹斜内收，平底。肩与中腹部饰八周凹弦纹。口径13.3、腹径28.8、底径12、高30厘米（图二四，4）。

　　M22：33，敞口，卷沿，方唇，束颈，折腹，下腹斜收，平底。肩与上腹部以黑、白两色彩绘

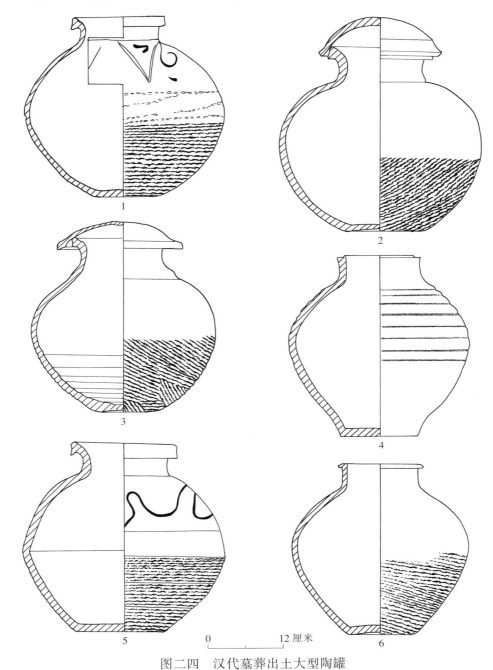

图二四　汉代墓葬出土大型陶罐
1. M22：13　2. M22：24　3. M22：29　4. M22：30　5. M22：33　6. M23：13

云气纹及带状纹，中腹至底部饰细绳纹。口径 16.8、腹径 32、底径 13、高 31.2 厘米（图二四，5；彩版五九，2）。

M23：13，直口，平折沿，尖唇，短颈，溜肩，鼓腹，下腹内收，小平底内凹。下腹及底部饰横绳纹。口径 13.6、腹径 28、底径 10.4、高 28 厘米（图二四，6）。

M23：22，平顶弧形盖。直口，卷沿，方唇，颈较高，鼓腹，平底较大。下腹及底部饰数周绳纹。口径 17.3、腹径 34、底径 16、通高 34.2 厘米（图二五，1）。

　　M23：24，直口，卷沿，方唇，短颈，鼓腹略显瘦长，平底。肩、腹部器表饰白色彩绘，腹中部饰白彩涡纹。口径13.5、腹径31.8、底径11、通高32.4厘米（图二五，2；彩版五九，3）。

　　M23：27，直口微敞，折沿，方唇，短颈，球形腹，小平底略内凹。下腹及底部饰数周绳纹。口径14、腹径30.5、底径9.5、高28.8厘米（图二五，3）。

　　M23：30，直口，卷沿，方唇，颈较高，圆鼓腹，小平底略内凹。上腹刻划一只奔鹿图案，四蹄腾空作飞奔状；中腹部饰两周弦纹，下腹及底部饰席印纹。口径17、腹径36.5、底径10、高37厘米（图二五，4；彩版五九，4）。

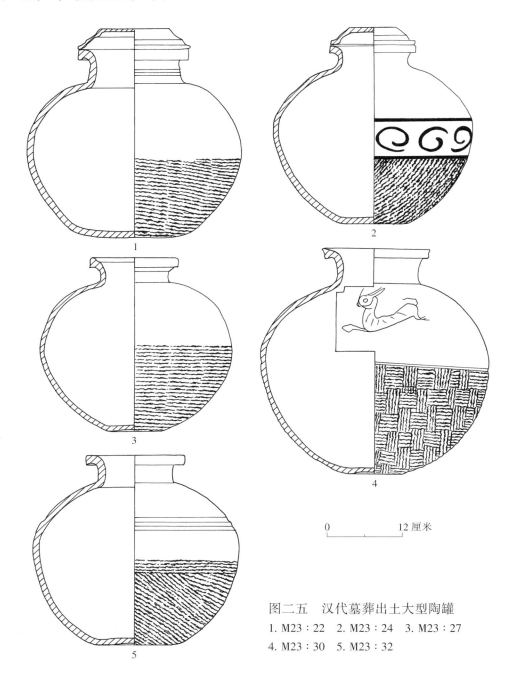

0　　　　12厘米

图二五　汉代墓葬出土大型陶罐
1. M23：22　2. M23：24　3. M23：27
4. M23：30　5. M23：32

　　M23：32，直口，卷沿，方唇，短颈，鼓腹，平底略内凹。上腹部饰两周凹弦纹，下腹及底部饰数周绳纹。口径15.6、腹径32.8、底径12.5、高31厘米（图二五，5）。

　　M23：33，直口，卷沿，方唇，束颈，鼓腹，平底。上腹部饰两周细弦纹，下腹及底部饰绳纹。口径15、腹径34.5、底径12、高30.9厘米（图二六，1）。

　　M23：34，直口，卷沿，圆唇，短颈，球形腹，平底。上腹部饰六周凹弦纹，下腹及底部饰绳纹。口径16、腹径34、底径10、高32.8厘米（图二六，2）。

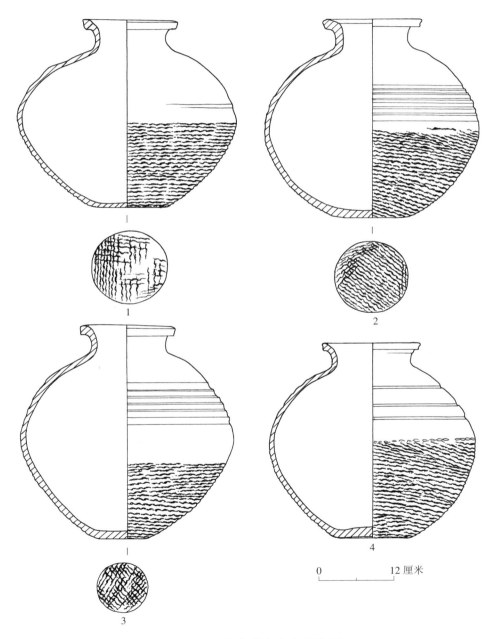

0　　　　　　12厘米

图二六　汉代墓葬出土大型陶罐
1. M23：33　2. M23：34　3. M23：35　4. M24：3

M23：35，直口，卷沿，方唇，束颈，鼓腹略瘦长，小平底。上腹部饰六周凹弦纹，下腹及底部饰绳纹。口径 15、腹径 34、底径 8、高 35 厘米（图二六，3）。

M24：3，直口外敞，卷沿，方唇，束颈，鼓腹略显瘦长，平底略内凹。上腹部饰三周凹弦纹，下腹及底部饰绳纹。口径 15.6、腹径 32.8、底径 12、高 32 厘米（图二六，4）。

M25：23，烧制变形。覆钵形弧顶盖。直口，卷沿，方唇，短颈，鼓腹，平底。盖面以白彩为地，以黑彩绘云气纹；器下腹及底部饰绳纹。口径 14.5、腹径 31、底径 12、通高 32.8 厘米（图二七，1）。

M25：37，直口，卷沿，方唇，短束颈，鼓腹，平底略内凹。下腹及底部饰绳纹。口径 16.2、腹径 33.8、底径 10、高 30.1 厘米（图二七，2）。

中型罐　16 件。均泥质灰陶。

M1：2，直口，斜折沿，方唇，短束颈，溜肩，扁圆腹，下腹内收，大平底微凹。口径 13、腹径 21.2、底径 13.2、高 19.2 厘米（图二八，1）。

M1：9，直口，卷沿，方唇，束颈，扁腹，大平底微凹。口径 10.9、腹径 17.7、底径 14.4、高 11.4 厘米（图二八，2）。

M1：10，直口，斜折沿，方唇，束颈，溜肩，扁圆腹，下腹内收，大平底。器表及内壁饰瓦纹。口径 11.8、腹径 20、底径 13.2、高 17.6 厘米（图二八，3）。

M3：13，直口，卷沿，方唇，束颈，扁鼓腹，大平底微凹。口径 11.5、腹径 21.4、底径 11.6、高 18.4 厘米（图二八，4；彩版六〇，1）。

M3：14，侈口，平折沿，方唇，束颈，鼓腹，大平底略内凹。上腹部饰四周凹弦纹，中腹刻划有两字，其中一字为"系"，另一字不识。口径 13、腹径 20.8、底径 12、高 17.6 厘米（图二八，5；彩版六〇，2）。

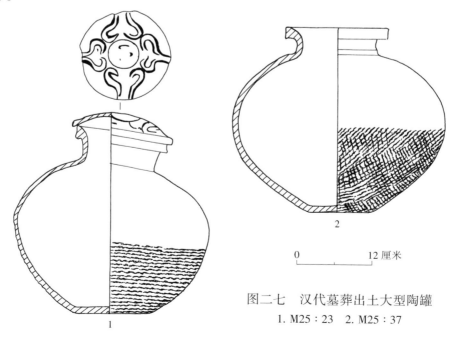

图二七　汉代墓葬出土大型陶罐

1. M25：23　2. M25：37

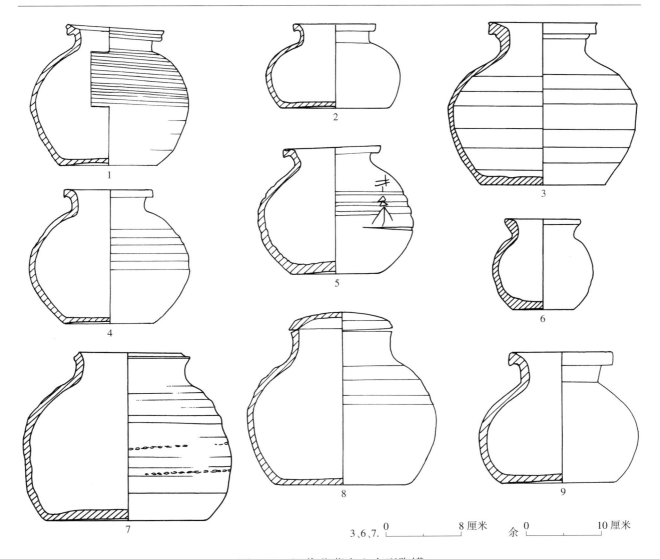

3、6、7. |———————— 8 厘米   余 0 ———————— 10 厘米

图二八   汉代墓葬出土中型陶罐

1. M1：2   2. M1：9   3. M1：10   4. M3：13   5. M3：14   6. M7：7   7. M10：2   8. M10：3   9. M13：7

　　M7：7，形体稍小。器壁稍厚。直口外敞，斜平沿，束颈，溜肩，腹微鼓，下腹微内收，大平底较厚微凹。口径8、腹径10.6、底径6.5、高9.9厘米（图二八，6）。

　　M10：2，直口微敞，斜沿，圆唇，微束颈，扁圆腹，大平底微凹。上腹部饰瓦纹，下腹饰两周戳印纹。口径12.2、腹径22、底径16.6、高18.6厘米（图二八，7；彩版六〇，3）。

　　M10：3，覆碟形盖，弧顶。直口，斜平沿，直颈略高，鼓腹，大平底。肩、腹部饰瓦纹。口径13.3、腹径24.8、底径17.2、通高23.7厘米（图二八，8；彩版六〇，4）。

　　M13：7，直口，卷斜沿，方唇，直颈，溜肩，扁圆腹，大平底微凹。口径13.7、腹径21.2、底径15.4、高18.2厘米（图二八，9）。

　　M14：11，侈口，卷沿，方唇，束颈，溜肩，下腹及底部残缺。口径11.6、残高11厘米（图二九，1）。

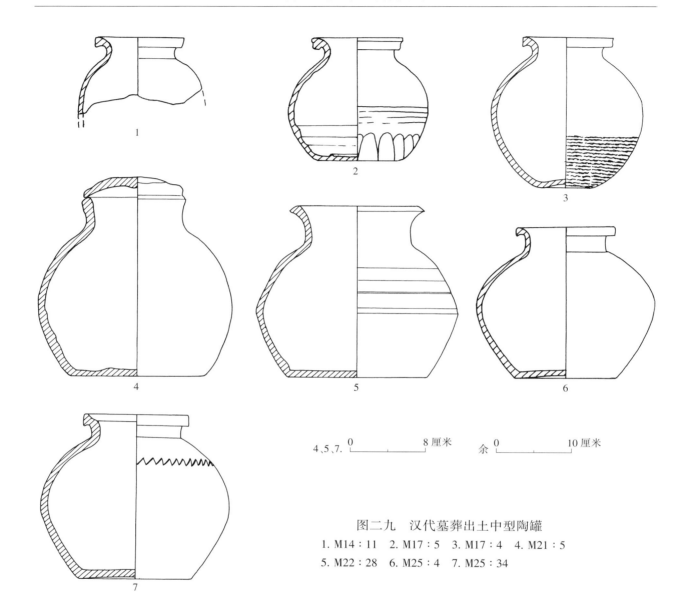

图二九　汉代墓葬出土中型陶罐
1. M14∶11　2. M17∶5　3. M17∶4　4. M21∶5
5. M22∶28　6. M25∶4　7. M25∶34

　　M17∶4，侈口，卷沿，方唇，短束颈，圆鼓腹，小平底内凹。下腹及底部饰绳纹。口径14.3、腹径24、底径8、高24.6厘米（图二九，3）。

　　M17∶5，侈口，卷沿，方唇，束颈，溜肩，扁圆腹，下腹内收，大平底。下腹及底部分别饰数周凹弦纹。下腹有刮削痕迹。口径12.4、腹径18.4、底径11、高16.8厘米（图二九，2）。

　　M21∶5，圆饼状器盖。直口微敞，圆唇，束颈稍高近直，溜肩，鼓腹，大平底。口径11、腹径20.4、底径14、通高21.8厘米（图二九，4）。

　　M22∶28，直口外敞，卷沿，方唇，粗直颈，溜肩，扁圆腹，最大腹径在下腹部，大平底。口径14.2、腹径21.4、底径14.6、高18.8厘米（图二九，5）。

　　M25∶4，直口，卷沿，方唇，束颈，扁鼓腹，大平底微凹。口径13.2、腹径23.6、底径13.5、高 20.6 厘米（图二九，6）。

M25：34，直口，卷沿，方唇，短直颈，溜肩，鼓腹，下腹内收，大平底微凹。肩部饰一周压印波浪纹。口径 10.9、腹径 19.8、底径 11.6、高 18.2 厘米（图二九，7；彩版六〇，5）。

小型罐 9 件。均泥质灰陶。

M3：2，敞口，平沿，束颈，溜肩，腹微鼓，下腹微内收，平底。口径 8、腹径 10.6、底径 6.5、高 9.9 厘米（彩版六一，1）。

M14：2，直口，卷平沿，方唇，束颈，鼓腹，下腹及底部残缺。口径 7.6、腹径 12、残高 8.4 厘米（图三〇，4）。

M21：4，器壁厚。敛口，圆唇，扁鼓腹，大平底内凹。上腹有数周弦纹。下腹有削刮痕迹。口径 5、腹径 7、底径 4.5、高 4.5 厘米（图三〇，3；彩版六一，2）。

M21：6，直口略内敛，折平沿，方唇，束颈，扁圆腹，小平底。下腹有削刮痕迹。口径 6.2、腹径 10、底径 3.4、高 8.4 厘米（图三〇，1；彩版六一，3）。

M21：12，器壁厚，制作粗糙。直口，平沿，微束颈，扁鼓腹，大平底微凹。下腹有削刮痕迹。口径 5.6、腹径 7.7、底径 5.2、高 5.2 厘米（图三〇，2）。

M22：15，直口，平沿微斜，圆唇，微束颈，溜肩，鼓腹，平底。口径 6.6、腹径 10.2、底径 6.3、高 7.6 厘米（图三〇，7）。

M23：36，侈口，卷沿，圆唇，束颈，圆鼓腹，平底较厚。器表饰绳纹。口径 7.5、腹径 11、底径 6、高 10 厘米（图三〇，5）。

M23：37，侈口，卷沿，方唇，束颈，圆鼓腹，平底微凹。肩、腹部饰凹弦纹，下腹部饰绳纹。口径 8.2、腹径 12、底径 6、高 10.1 厘米（图三〇，6）。

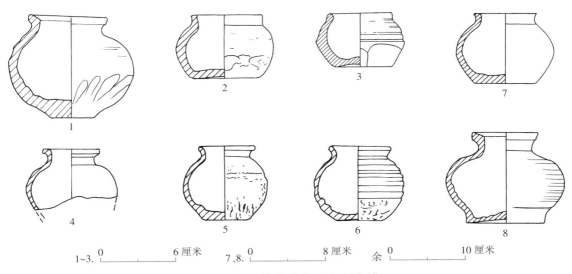

图三〇 汉代墓葬出土小型陶罐
1. M21：6 2. M21：12 3. M21：4 4. M14：2 5. M23：36 6. M23：37 7. M22：15 8. M25：3

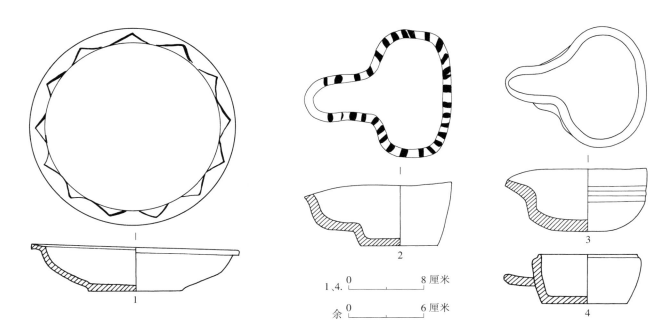

图三一　汉代墓葬出土陶器
1. 盘（M23：29）　2～4. 匜（M23：20、M23：21、M24：1）

M25：3，形体矮小，烧制变形。直口，斜折沿，方唇，束颈，扁鼓腹，矮假圈足，平底内凹。口径7、腹径12.6、底径8.2、高9.8厘米（图三〇，8）。

盘　1件。

M23：29，釉陶，器表施绿釉。敞口，宽平沿，方唇，盘较浅，矮假圈足，大平底。沿面饰一周波折纹。口径21.8、底径9.6、高5.2厘米（图三一，1）。

匜　3件。均泥质灰陶。

M23：20，形体呈瓢形，平沿，宽流较长，扁腹，大平底。器表饰一层白色彩绘，口沿沿面在白色彩地上又饰黑色斑点彩绘。口径10.5、通长11.6、底径6～8、高5.2厘米（图三一，2；彩版六一，4）。

M23：21，形体呈瓢形，平沿，窄短流，扁圆腹，圜底近平。器表饰一层白色彩绘，多已脱落。口径10、通长11.2、高5.2厘米（图三一，3）。

M24：1，近方形，斗状，窄斜沿，沿面内凹，扁桶形腹，平底，腹中部有一把手。口边长10.2、底边长9、高5.6厘米（图三一，4；彩版六一，5）。

熏炉　1件。

M9：10，泥质红陶。博山形镂空器盖。子母口，斜沿，扁圆腹，下腹置有较高粗圆柄，下置圆形外凸内凹平底浅盘。盖面在其镂空纹上层饰八连弧纹，盖口饰波浪纹。口径7.6、底径14.5、通高17.8厘米（图三二，1；彩版六一，6）。

图三二　汉代墓葬出土陶器

1. 熏炉（M9：10）　　2、3、5. 器盖（M25：39、M8：27、M25：38）　　4. 耳杯（M23：28）　　6. 灶（M4：1）　　7. 底座（M4：3）

耳杯　1件。

M23：28，泥质灰陶。敞口，两端耳较平，腹较深，矮假圈足。双耳上刻划菱形网状纹。口长径10.5、短径7.1厘米，底长径6.5、短径4厘米，高3.7厘米（图三二，4；彩版六二，1）。

器盖　3件。均泥质灰陶。

M8：27，浅盘形，盖面顶部置一蘑菇状稍高圆形盖纽。直径19.7、高5.6厘米（图三二，3）。

M25：39，浅覆钵形盖，弧顶，盖顶置一桥形纽。器表以白彩为地，以黑彩绘大朵云气纹。直径24、高6厘米（图三二，2；彩版六二，2）。

M25：38，浅覆盘形。盖顶中央有柿蒂状微凸盖纽，盖面饰有黑色云气纹彩绘。口径17、高3.6厘米（图三二，5）。

灶　1件。

M4：1，泥质红陶，平面略呈扁圆形，灶门为半圆形，顶面有一较大圆形火眼，后有一烟囱。长16.8、宽13.6、高9厘米（图三二，6）。

陶底座　1件。

M4：3，泥质红陶，上部已残缺，仅存底座部分。形体为喇叭形，器表有一周凸棱。从其外表观察，该器可能是陶熏炉下面的底座。直径17、残高6厘米（图三二，7）。

2. 铜器

98件。器形有镜、印章、环、带钩、戒指、四叶饰等，另外出土有数量较多的铜钱。

镜　7件。

M25：1，星云纹镜。连峰纽，圆纽座。座外饰一周内向十六连弧纹及一周凹弦纹；其外主纹在两周较宽的凸弦纹间，由四枚圆座乳丁分为四区，每区内各有七枚弧线相连的小乳丁。直径10.4厘米。

M21：9，四乳四虺镜。圆纽，圆纽座，纽座外饰两组放射纹带，其间分列四乳四虺，宽厚素平缘。直径7.9厘米（彩版六二，3）。

M14：1，四乳四鸟镜。圆纽，圆纽座。座外分列四只飞鸟，飞鸟作回首张望展翅翱翔状。在其飞鸟之间，均间隔有四个带座乳丁。直径6.8厘米。

M14：5，四乳八禽镜。圆纽，圆纽座，座外为双线方栏，纽座与方栏四角间分别以斜线相连。方栏外分别饰博局纹及八只禽鸟纹。禽鸟两两相对站立，其间有一带座乳丁。外围分别饰放射纹带和锯齿纹带。直径7.8厘米（彩版六二，4）。

M22：4，日光镜。镜面凸鼓，稍有变形。圆纽，圆纽座。座外为八内向连弧纹带。其外两周射线纹，射线纹之间为铭文带，铭文为"见日之光，天下大明"，字与字之间以"の、⊕"符号相隔。直径6.9厘米（彩版六二，5）。

M25：14，日光镜。形制与M22：4同。直径6.6厘米。

M7：1，八鸟博局纹镜。圆纽，圆纽座。座外饰一周双线方栏，栏外主区饰有八鸟、"T"、"V"形博局纹等，由栏外四角的四个带座乳丁将其分为四区。每区中间均饰有一对反向欲飞的简化禽鸟。外围分别饰射线纹及锯齿纹带。直径9厘米（彩版六二，6）。

印章　1件。

M22：16，印面近方形，筒瓦形纽，阴刻篆文为"黄程姬"。边长1.4～1.5、通高1.7厘米

（彩版六三，1）。

剑鞘饰　1件。

M9∶4，为剑鞘尾部镶嵌的铜饰件，形体一侧为筒状椭圆形，其内并残留有剑鞘皮革痕迹。宽2.5、厚0.7厘米。

剑格　1件。

M25∶21，呈菱形，背面残破锈蚀严重。残长2.5、宽1.6厘米。

戒指　2件。

M7∶4，正面一侧较宽，呈菱形，上有印花纹饰，背面较窄。直径1.8厘米。

M21∶20，圆环状，由于器壁较扁薄，中间已残断。残径1.9厘米。

带钩　1件。

M22∶19，琵琶形，尾钩部稍残缺。残长5.2厘米。

环　6件，均为圆环。其中M25∶20，为大小两环，大圆环一端置有一挂钩，但钩已残断，环径2.2厘米；小圆环环径1.2厘米。其余4件（M23∶5、6），形体大小相同，直径2厘米。

刷柄　1件。

M25∶16，刷柄头部呈圆形弯曲状，器身细长，尾部呈扁平状。通长11.8厘米。

漆奁盒铜环耳　2件。

M22∶34-2，为残破漆奁盒两侧对称的环耳。其造型上端为一面目狰狞的铺首，下端铺首口中衔有一圆环。铺首高2.8、宽3.5、圆环直径2.9厘米（彩版六三，2）。

漆奁盒铜足　3件。

M22∶12、31、34，为残破漆奁盒底部镶嵌的三足。其造型为粗矮的马蹄状，内壁置有一圆形铆钉。足宽3.2、高3.8厘米（彩版六三，3）。

四叶饰　68件。形体完全相同。是棺椁盖面上的装饰物。其造型为一盛开的四片花叶，中间有一铆钉。M14∶4（1件）与M23∶4-1（10件）保存的较为完好，M23∶4-2（26件）保存基本完好，只有少量残破；M23∶4-3（32件）大部分残断。四叶直径5.5厘米。

衔、镳　3件（套）。为铜、铅、锡等合金铸造，均为随葬明器。衔为大小两圆形套环连接而成，镳呈对称"S"状，叶部作锯齿状装饰。

M23∶45，衔、镳通长9.4厘米（图三三）。

M23∶42-2，通长14.5厘米（彩版六三，4）。

当卢　2件。

M23∶42-1，形体呈圭状。器表饰有镂空对称四鸟等花纹。长10.3、宽1.5～3.4厘米（彩版六三，5）。

M23∶43，形体呈圭状。器表上部饰有镂空手持兵器的人形纹，下部饰有变形主体相互缠绕的镂空双龙纹。长10.4、宽1.5～3.4厘米。

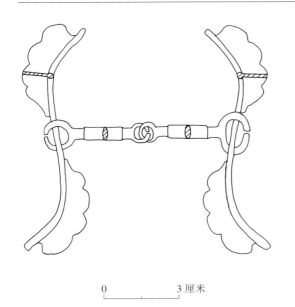

0 ——— 3 厘米

图三三　汉代墓葬出土铜衔、镳（M23：45）

铜钱　569 枚，包括 2 枚半两、2 枚小型五铢、3 枚货泉与 16 枚大泉五十。

五铢　546 枚，包括剪轮五铢 116 枚。分四式。

Ⅰ式　122 枚。出土于 M1、M11、M22、M23、M25 等 5 座墓葬中。"五"字中间相交两笔较直，"铢"字左侧的金字头上呈箭镞状。直径大都为 2.4、穿边长 1、厚 0.2 厘米（图三四，1～10）。

Ⅱ式　185 枚。出土于 M1、M6、M10、M11、M21、M25 等 7 座墓葬中。"五"字中间相交两笔弯曲变大，"铢"字左侧的金字头上呈三角形，"铢"字的朱字头呈方折状，穿上大都有一横郭。直径一般在 2.4、穿边长 1.1、厚 0.16 厘米（图三四，11～20）。

Ⅲ式　83 枚。出土于 M22、M1、M11、M14 四座墓葬。"五"字中间相交两笔弯曲瘦长，"铢"字的金字头上的三角形稍微变大，"铢"字右侧的朱字头呈圆折状，有许多剪轮五铢。直径一般在 2.42、穿边长 1.2、厚 0.17 厘米（图三五，1～4）。

Ⅳ式　156 枚。出土于 M7、M9、M14、M17、M18、M25 等 6 座墓葬。"五"字中间相交两笔变得更加弯曲宽大，"铢"字的金字头上的三角形也变得较宽大，"铢"字右侧的朱字头呈圆折状或少量方折状。直径约 2.42、穿边长 1.2、厚 0.16 厘米（图三五，5～14）。

半两　2 枚。出自 M1，并与其他货币同处。直径 1.7 厘米。

小型五铢　2 枚。分别出自 M1、M9 两座墓中。大都与一般大五铢或大泉五十同处。小五铢直径 0.8 厘米，正面所铸的"五铢"两字，与大五铢非常近似。

大泉五十　16 枚。出土于 M1、M7、M9、M21 等 4 座墓葬中。直径约 2.6、穿边长 1.1、厚 0.17 厘米（图三五，15、16）。

货泉　3 枚。出土于 M7、M14、M18 等 3 座墓葬中。直径约 2.2、穿边长 0.8、厚 0.14 厘米（图三五，17～19）。

3. 银器

银戒指　2 件。

M14：8，银质纯正。圆环状。通体素面。直径 1.9 厘米（彩版六三，6）。

M19：2，银质纯正。圆环状。器壁较扁薄，中间已残断。通体素面。直径 1.8 厘米。

4. 铁器

11 件。有剑、刀、矛、镦等。大多锈蚀严重，无法修复。

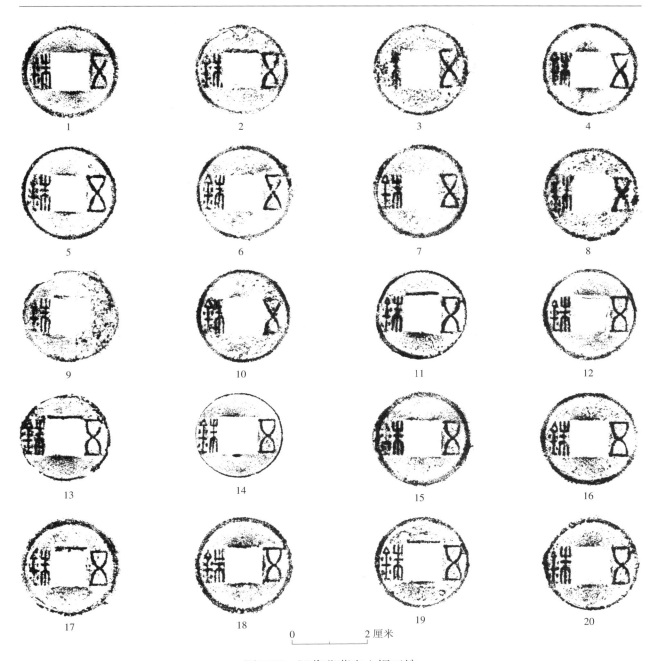

图三四　汉代墓葬出土铜五铢

1~10.Ⅰ式（M1:6-1、M22:5-1、M22:5-2、M11:1-1、M11:1-2、M25:2-1、M25:2-2、M23:8-1、M23:8-2、M23:8-3）　11~20.Ⅱ式（M1:6-2、M1:6-3、M11:1-2、M6:1、M25:2-3、M19:1、M10:1-3、M10:1-4、M21:13-1、M21:13-2）

剑　2件。均锈蚀较严重，残断数段。

M22:18，直柄，截面呈扁圆长条形，菱形格，长直刃，截面呈菱形。残长105厘米。

M2:2，剑首及中部已残断，仅残存前端锋尖部分。残长15厘米。

刀　5件。造型基本相同，均为环首，但大部残断破损，锈蚀严重。

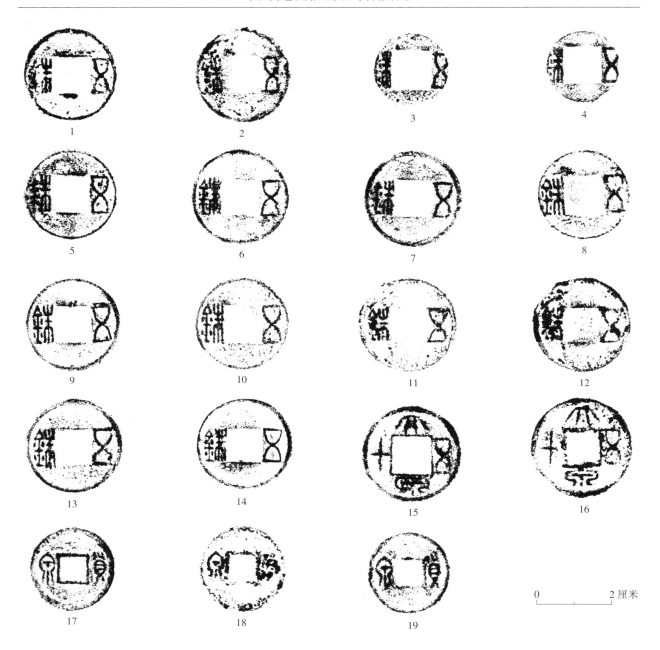

图三五　汉代墓葬出土铜钱

1~4. Ⅲ式五铢（M1:6-4、M22:5-3、M11:1-3、M14:6-1）　5~14. Ⅳ式五铢（M25:2-3、M17:3、M9:5、M14:6-2、M14:6-3、M14:7、M18:1-1、M18:1-2、M7:2-1、M7:2-2）　15、16. 大泉五十（M7:2-3、M21:13）17~19. 货泉（M18:1-3、M18:1-4、M7:2-4）

M17:2，圆形环首已破损残断，直背直刃，外有木质刀鞘。残长 8.5、宽 1.4 厘米。

M23:12，锈蚀较严重，中部已残断。椭圆环形首，直背直刃，外有木质刀鞘痕迹，前端锋尖部分已残。残长 8.8、刀宽 1.5 厘米。

M3:10，锈蚀较严重，中部已残数段。椭圆形首，直背直刃，外有木质刀鞘痕迹，前端锋尖部分已残。残长 17.8、宽 1.4 厘米。

M1:7，锈蚀较严重，中部已残断。椭圆形环首，直背直刃，外有木质刀鞘痕迹，下端尖锋部已残。残长 16.2、刀宽 1.8 厘米。

M25:22，锈蚀较严重，椭圆形环首及中部已残断。直背直刃，外有木质刀鞘痕迹，下端尖锋部已残。残长 9.2、刀宽 1.8 厘米。

矛　1 件。

M1:5，锈蚀较严重，中部已残损为三段。前细后粗的圆形銎，菱形矛身，弧曲状三角形刃。残长 26.2 厘米。

舌　2 件。

M3:6，形体为上宽下窄的梯形，直刃，中空为銎。长 11.2、宽 6~7.4、厚 1~4.3 厘米（彩版六三，7）。

M18:2，形体为上宽下窄的梯形，直刃，中空为銎。长 9.2、宽 7、厚 1~3.3 厘米。

残铁器　1 件。

M25:17，锈蚀较严重，中部残损为两段。残长 10.5 厘米。

5. 玛瑙器

2 件。

玛瑙环　2 件。

M22:35，黄白色。扁平圆环状。器表坚硬透明，制作精致，磨制光滑。环径 4.3 厘米（彩版六四，1）。

M22:38，乳白色质地。方平圆环状。器表坚硬透明，制作精致，磨制光滑。环径 2.8 厘米。

6. 玉器

10 件。器形有琀、耳塞、鼻塞等。

琀　2 件。均为蝉形造型。

M22:36，白玉。器表磨制光滑。长 4.4 厘米（彩版六四，2）。

M23:1，青黄玉。器表磨制光滑。长 4.7 厘米（彩版六四，3）。

耳塞　4 件。形体基本相同，均为上粗下部稍细的圆柱状，白玉质。

M23:2，一号两件。体长 2.4 厘米（彩版六四，6）。

M22:3，一号两件。体长 2.3 厘米。

鼻塞　4 件。白玉。均为上粗下部稍细的圆柱状。

M23:3，一号两件。长 2.3 厘米（彩版六四，7）。

M22:2，一号两件。长 2 厘米。

7. 石器

13 件。器形有琀、耳、鼻塞。

琀 3 件。

M22：1，白石灰石质。磨制而成。形体较宽大，造型为蝉形。长 5.5 厘米（彩版六四，4）。

M1：4，白石灰岩石质。磨制而成。形体稍小，造型为蝉形。长 3.6 厘米（彩版六四，5）。

M3：12，白石灰岩石质。器表磨制光滑。长 3.9 厘米。

耳塞 7 件。基本相同，均为上粗下细的圆柱状。

M21：19，一号两件。白石灰岩石质。器表磨制光滑。长 2.2 厘米。

M22：37，一号两件。白石灰岩石质。器表磨制光滑。长 1.7 厘米。

M25：36，一号两件。软质白石灰石质。磨制而成。长 2.1 厘米。

M3：8-1，白石灰岩石质，长 1.9 厘米。

鼻塞 4 件。基本相同，均为上粗下细的圆柱状。

M21：18，一号两件。白石灰石质。磨制而成。长 2.2 厘米。

M3：8，一号两件。白石灰岩石质。长 1.8~2 厘米。

8. 蚌器

琀 1 件。

M1：8，由蚌壳磨制而成。形体较短小，造型为蝉形状。长 4.4 厘米。

9. 骨器

骨牌 1 组（约 10）件。

M23：40，完整或基本完整者 6 件。其中 5 件呈方形或近方形，1 件长方形。另还有部分骨牌破损后散落的零部件（彩版六五，1）。M23：40-1~40-4、40-6，器表磨制光滑，方牌中部为中空圆筒状，在其中空方牌的左右两端，各有一经磨制的圆锥状骨塞堵头。长 2.7~2.9、宽 2.2~2.4、厚 2.1~2.2 厘米，中间上下两圆塞直径约 1~1.4 厘米（彩版六五，2）。

四　汉画像石墓的雕刻内容及其技法

该墓地 3 座墓出土有精美的画像石。其中，石椁墓 M22、M23 出土的画像石，雕刻技法为平面线刻，也有少量浅浮雕。内容分别为：M22 北室南侧石椁立板壁上，雕刻有厅堂人物等画像（彩版六六，1）。北室石椁北侧立板壁上，雕刻有树木、立鸟等画像（彩版六六，2）。在 M22 北室石椁东挡板壁上，雕刻有建鼓舞画像（彩版六六，3）。在 M22 北室石椁西挡板壁上，雕刻有双阙画像图案（彩版六六，4）。在 M22 南室石椁西挡板上，雕刻有放射、穿璧纹画像（彩版六七，1）。在 M22 南室南侧板上，雕刻有穿璧纹、抚琴、舞蹈等图像（彩版六七，3）。在 M22 南室石椁东挡板上，雕刻有"四日放射纹"画像。在 M23 北室北侧石椁的立板壁上，雕刻有厅堂顶部飞鸟及室内人物等画像（彩版六七，5）。在 M23 北室石椁南侧板上，雕刻有树木、飞鸟及双阙画像。在 M23 南室石椁东挡板上，雕刻有十字穿璧纹画像。在 M23 南室石椁东挡板上，雕刻有人面纹及穿璧纹画像（彩版六七，2）。在 M18 石室墓前墓门左右壁上，雕刻有十字穿璧纹画像（彩版六七，4）。

五　宋、清墓葬及随葬器物

2 座。均为土坑竖穴墓。

M16　该墓打破汉代墓葬 M17。方向 19°。墓口长 2.2、宽 0.75、深 0.32 米，墓室填土为粗沙岩花土。葬具为一木棺，长 1.85、宽 0.4～0.54、板灰厚约 0.1 米。墓主人为仰身直肢葬，头向北。墓主人骨架胸部，覆盖板瓦一块。在墓主人骨架下肢部，随葬有 2 枚"崇宁通宝"宋代铜钱。

崇宁通宝　2 枚。出自 M16，铜钱字体清秀。直径 2.3、穿边长 0.5、厚 0.16 厘米（图三六，1）。

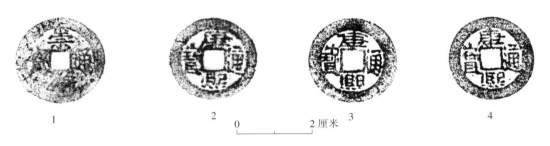

图三六　宋、清代墓葬出土铜钱
1. 崇宁通宝（M20:1）　2～4. 康熙通宝（M16:2-1、M16:2-2、M16:2-3）（1 为宋，余为清）

M20　方向 20°。墓口长 2.1、宽 0.75、深 0.5 米，墓室填土为五花灰褐土。葬具为一木棺，长 0.95、宽 0.52、板灰厚约 0.13 米。墓主人为仰身直肢葬，头向东。在墓主人头部及上肢部，发现随葬有"康熙通宝"7 枚，其中 1 枚较大。在其上肢部，还发现有 1 枚铜扣。

康熙通宝　7 枚。出自 M20。字体清晰，郭外缘较厚。直径 2.3、穿边长 0.6、厚 0.15 厘米（图三六，2～4）。

铜扣　3 件（M20:2）。出土时 1 枚已残破。其形体为圆球形，一端置一环形扣鼻。直径 8 厘米。

六　结语

该墓地发现的 23 座汉代墓葬，其分布具有一定的规律。其中的 19 座墓葬，存在着明显的南北成排分组埋葬的现象。大体可分为 6 组。M1～M6 为第一组，M7、M24 为第二组（中间有墓葬被破坏），M8、M10、M11、M21、M9、M19 为第三组，M13、M12、M22 为第四组，M14、M15、M17、M18 为第五组，M23、M25 为第六组。少量分组埋葬的墓葬有打破关系，墓葬方向一致。由此表明它们之间可能存在着直系近亲关系。两两并排的墓葬，墓主或为夫妻并穴合葬。该墓地发现的双室、三室石椁与石室墓，大都为夫妻合葬墓。根据墓室填土及墓壁打破关系看，最先下葬的墓主人要根据妻妾的多寡数量，先挖好宽大的墓室，然后等第二位、第三位墓主人死后再分别挖开进行合葬。

该墓地发掘的 25 座墓葬，除 M16 为宋代、M20 为清代中期外，其余 23 座均为汉代墓葬。在23 座墓葬中，有 20 座有随葬品。大部分墓葬头向东，只有少数墓葬头向西或北，这说明该墓地应是一处典型的汉代家族墓地。有的墓葬随葬品非常丰富，随葬器物极为精美。如 M22 双石椁墓，墓中不但出土大批精美陶器，而且木棺内还出土铜镜、铜印章、带铜足的漆奁盒、铜带钩、玛瑙环、玉玲、玉耳塞、玉鼻塞等。另外。M23、M25 也出土大批的精美器物。

石椁墓是鲁中南地区滕州一带汉墓最为常见的墓葬形制之一，关于该墓地汉代墓葬的时代，我们从出土大量的陶器、铜器以及画像石分析，这批汉代墓葬的时代应在西汉晚期至东汉早期阶段。

综上所述，滕州小宫山汉代墓地的发掘，对探讨研究滕州鲁中南地区汉代的政治、经济、文化艺术等，均具有极其重要的意义和研究价值。

执笔：李曰训　韩　辉

张　芳　孙柱才

绘图：周宽超　张圣现

墨描：王站琴

摄影：李曰训（工地）

李顺华（器物）

附表　小宫山墓地墓葬登记表

（长度单位：米）

墓号	墓葬形制	方向	棺椁葬具	墓口（长×宽－深），石椁盖板（长×宽），墓道－深	石椁（长×宽－高），木棺（长×宽－残高）	头向、葬式	壁龛及器物箱设置情况	随葬器物	时代	备注
M1	双石椁墓	285°	石椁 木棺	2.5×1.5－2.7；南室：1.96×0.76；北室：2×0.72	南椁：1.96×0.76－0.7；南棺：1.68×0.67－0.12；北椁：2×0.72－0.7；北棺：1.68×0.67－0.12	头向西，仰身直肢葬	石椁外东南有壁龛	陶大型罐、中型罐3（置壁龛内），铜半两2，五铢46，小型五铢1，大泉五十8；铁矛，刀；石珩；蚌珩	西汉晚期	北椁室打破南椁室
M2	双石椁墓	274°	石椁 木棺	2.9×2－1.8；南室：残2.2×0.94；北室：2.65×0.9	南椁：2.55×0.95－0.91；北椁：2.55×0.93－0.61	头向西，仰身直肢葬		陶盒2，中型壶2；铜五铢2；铁剑（残）	西汉晚期	北椁室打破南椁室
M3	双石椁墓	94°	石椁 木棺	3.6×3.6－3.83	南椁：2.4×0.9－3.83；南棺：2.24×0.7－0.68；北椁：2.6×1.12－3.83；北棺：2.2×0.72－0.7	头向东，仰身直肢葬		陶大型罐3，中型罐2，小型罐，铜五铢35；铁釜，刀；石耳塞，鼻塞2	西汉中期	北椁室打破南椁室
M4	带斜坡墓道石室墓	284°	石室 木棺	墓室：3.31×2.17－1.4；墓道：1.4	前室：1.7×0.5－0.8；后北室：2.45×0.65－0.79；后南室：2.45×0.74－0.79			陶壶残片，熏炉底座，灶	东汉中期	
M5	土坑竖穴墓	102°	木棺	2.6×1.3－1.5	木棺：2.3×1.1－0.1	不详		陶中型壶	东汉中期	

续附表

墓号	墓葬形制	方向	棺椁葬具	墓口（长×宽－深），石椁盖板（长×宽），墓道－深	石椁（长×宽－高），木棺（长×宽－残高）	头向、葬式	壁龛及器物箱设置情况	随葬器物	时代	备注
M6	双石椁墓	274°	石椁 木棺	3×2.45－2.6 南室：2.61×0.93 北室：2.83×1.06	南椁：2.45×1.05－1.06 北椁：2.62×1.15－1.14	头向似向东		陶盒2，中型壶3；铜五铢8	西汉晚期	南椁室打破北椁室
M7	单石椁墓	80°	石椁 木棺	2.7×1.4－1.46	石椁：2.38×0.8－0.8 木棺：1.88×0.74－0.13	头向东，仰身直肢葬		陶大型罐、中型罐；铜镜、戒指，五铢28，大泉五十、货泉	东汉早期	
M8	带斜坡墓道石室墓	274°	石室 木棺	4.15×2.2－0.7 斜坡墓道：1.64×（0.91～1.21）－0.7	4.26×2.1－0.28	不详		彩绘陶壶残片，陶器盖	西汉晚期	墓室上部被扰乱
M9	带斜坡墓道石室墓	272°	石室 木棺	2.9×2.5－1.36 斜坡墓道：1.42×1.5－0.74	南石室：2.9×1.03－1.05 北石室：2.86×1.05－1.05	不详	南石室西北有器物箱	陶中型壶4，大型罐，陶熏炉；铜剑、鞘饰，五铢8，小型五铢，大泉五十	东汉早期	
M10	单石椁墓	97°	石椁 木棺	2.8×1.7－1.4 上有2块石椁盖板：2.7×1.1	石椁：2.55×0.99－0.95	不详		陶中型罐；铜五铢8	东汉早期	
M11	单石椁墓	99°	石椁 木棺	2.75×1.58－1.25 上有2块石椁盖板：2.62×0.96	石椁：2.24×0.74－0.65 木棺：2.07×0.55－0.13	头向东，仰身直肢葬，下肢微曲		铜五铢11	西汉晚期	

续附表

墓号	墓葬形制	方向	棺椁葬具	墓口（长×宽-深），石椁盖板（长×宽），墓道-深	石椁（长×宽-高），木棺（长×宽-残高）	头向、葬式	壁龛及器物箱设置情况	随葬器物	时代	备注
M12	单石椁墓	98°	石椁 木棺	2.6×1.1-0.5		不详			西汉晚期	
M13	单石椁墓	99°	石椁 木棺	2.7×15-1		不详			西汉晚期	
M14	双石椁墓	118°	石椁 双棺	3.18×2.25-1.15	石椁：2.75×2.1-0.85 南棺：2.1×0.42-0.07 北棺：2×0.42-0.09	头向西，仰身直肢葬		陶中型罐、小型罐；四乳八禽铜镜，四乳四鸟铜镜，四叶饰，五铢73（残4），货泉；银戒指	东汉早期	
M15	带斜坡墓道石室墓	117°	石室 木棺	2.9×2.3-1.17 斜坡墓道：残破 1.05×1.4-(0.55~1.17)	石椁：2.59×1.71-0.78 南棺：2.55×0.75-0.12 北棺：2.53×0.76-0.12	不详			东汉中期	
M16	土坑竖穴墓	19°	木棺	2.2×0.75-0.32	木棺：1.85×(0.4~0.54)-0.1	头向北，仰身直肢葬		"崇宁通宝"铜钱2；板瓦	宋代时期	打破M17
M17	带脚箱单室石椁墓	310°	石椁 木棺	3.5×(1.4~1.6)-1.1	石椁：2.62×1-0.96	头向西北		陶中型罐2；铜五铢12，货泉；铁刀	西汉晚期	被M16打破
M18	带斜坡墓道石室墓	120°	石室 木棺	3.43×2.58-1.6 墓道一次：3.7×(1.1~1.74)-(0~1.5) 二次：3.2×(1.05~1.35)-(0~1.5)	南石室：2.62×0.87-0.8；盖板：1×0.89-0.16；北石室：2.62×0.81-0.8；盖板：1.1×0.92-0.17	不详		铜五铢2（残1），货泉1；铁镞	东汉早期	M17打破M18。在门楣上及墓门上均有刻有精美的画像石

续附表

墓号	墓葬形制	方向	棺椁葬具	墓口（长×宽－深），石椁盖板（长×宽），墓道－深	石椁（长×宽－高），木棺（长×宽－残高）	头向、葬式	壁龛及器物箱设置情况	随葬器物	时代	备注
M19	单石椁墓	98°	石椁木棺	2.7×1.3－0.58	石椁：2.4×1.02－0.7；木棺：1.96×0.62－0.11	头向东，仰身直肢葬		铜五铢；银戒指	西汉中期	
M20	土坑竖穴墓	20°	木棺	2.1×0.75－0.5	木棺：0.95×0.52－0.13	头向东，仰身直肢葬		铜扣3，"康熙通宝"铜钱7（大1）	清代中期	
M21	双石椁墓	99°	石椁木棺	2.9×2.7－1.46；2.7×2－0.2（北椁室盖板中间残破）	南椁：2.58×0.98－0.9；南棺：2.12×0.66－0.11；北椁：2.4×0.96－1	头向东，仰身直肢葬	北椁室外东北角有壁龛	陶盒4，大型罐3；铜镜，五铢58，戒指5，泉五十7；石珩，耳塞，鼻4	东汉早期	
M22	双石椁墓	106°	石椁木棺	3.4×3.7－3.82	南椁：2.8×1.38－1.35；北椁：2.73×1.3－1.33	头向东，仰身直肢葬		陶鼎3、盒3、大型壶2、中型壶、大型罐9、中型罐、小型罐、铜镜、铜带钩（钩残断），印章，铜剑鞘饰，五铢158；铁剑（残断），铁刀（残剑）、玛瑙环2；玉珩、玉耳、鼻塞4；石耳塞2，石珩；木梳（残破）；漆奁盒（因残破严重，未起取）、漆奁盒铜足3、漆奁盒铜环耳2	西汉晚期	

续附表

墓号	墓葬形制	方向	棺椁葬具	墓口(长×宽-深),石椁盖板(长×宽),墓道-深	石椁(长×宽-高),木棺(长×宽-残高)	头向、葬式	壁龛及器物箱设置情况	随葬器物	时代	备注
M23	双石椁墓	106°	石椁木棺	4.2×3.5-3.1	南椁:3.54×1.84-1.32 北椁:3.55×2.4-1.2	头向东、仰身直肢葬	南椁室外有器物箱	陶鼎2、盒2、大型壶2、中型壶、大型罐2、小型罐2、盘、匜2、耳杯；铜当卢2、铜马衔、马镳2、铜环4、四叶饰68、五铢23；铜车马器及盖弓帽2（组），铜车马明器饰件3；铁刀；漆盒（残破严重），骨觯1（组），玉珩，玉鼻塞2、玉耳塞2	西汉中期	
M24	单石椁墓	107°	石椁木棺	3.54×2.4-2.4		不详		陶大型罐、匜	西汉中期	
M25	三石椁墓	11°	石椁木棺	4.85×3.54-3 东室:2.3×0.93-0.16 中室:3×1.33-0.23 西室:2.7×1.72-0.31	东椁:2.2×0.92-0.92 中椁:2.74×1.4-1.2 西椁:2.62×1.25-1.2	头向北、似仰身直肢葬		陶鼎3、盒4、大型壶8、中型壶4、大型罐2、中型罐2、小型罐、器盖2；铜镜2、环2、刷柄、剑格、五铢88；铁刀、残铁器；石耳塞2	西汉晚期	

说明:"随葬器物"栏中,器物后面的数字为件(枚)数,未注明者为1件。

曲阜河夹店窑址发掘报告

山东省文物考古研究院

曲 阜 市 文 物 局

　　曲阜市位于山东省西南部，属济宁市，北距省会济南 120 千米。其北为宁阳县，东为泗水县，西为兖州市，南为邹城市。地处鲁中低山丘陵与鲁南平原交接地带，泰沂山脉西南麓，地势东北高西南低。境内有百余座山头绵亘在东、北、西三边境线上，群山内侧散布着几十个大小不等的阜丘，中西部为平原。泗河、小沂河由东向西贯穿全境。

　　河夹店窑址位于曲阜市董家庄乡河夹店村东约 1 千米处，西南距曲阜市约 25 千米，地理坐标为北纬 35°46′881″，东经 117°04′612″（图一）。窑址周围为丘陵地，往东地势逐渐升高，大约 2 千米处是曲阜著名的风景区石门山森林公园。曲阜及临近的泗水县、宁阳县境内有多处古窑址，河夹店窑址是在 1958 年第一次文物普查时发现，曲阜市文物部门曾进行过多次调查，现为市级文物保护单位。窑址位于两条河之间，地势较平坦，现地表为耕地，东西长 150、南北宽 200 米，面积约 3 万平方米。

　　京沪高速铁路经过窑址的东北部。为了配合京沪高速铁路建设，由济宁市文物局组成考古调查队，于 2007 年 3 月对其进行了调查。在曲阜市文物局的大力配合下，山东省文物考古研究所于次年 3、4 月份对该遗址进行了勘探，4、5 月对窑址进行了发掘（彩版六八）。

　　结合勘探所掌握的情况，于窑址南部共布 5 米×5 米探方 12 个，编号为 T1～T12，于 T12 西北 10 米处布 5 米×5 米探方 2 个，编号 T13、T14。另外在窑址东部布探沟 1 条以了解窑址东部的地层和堆积情况，实际发掘面积 270 平方米。

　　本次发掘共清理窑炉 2 座、灰沟 3 条、灰坑 10 座（附表）、井 1 眼、柱洞 2 个，出土大量瓷窑烧具、瓷片、陶片等遗物（图二；彩版六九；彩版七〇，1）。现将发掘情况报告如下。

一　地层堆积

遗址地层堆积比较简单，分 3 层。以 T2 东壁和西壁为例介绍。

　　T2 东壁：

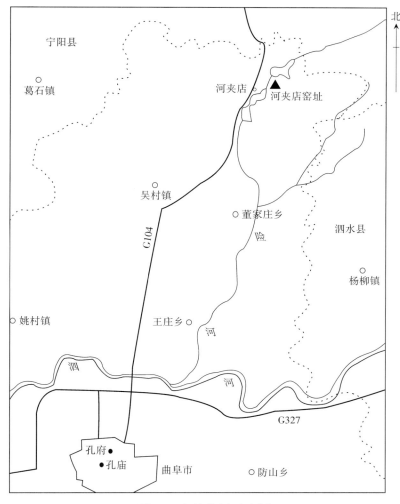

图一　窑址位置示意图

第1层：耕土层，黄褐粉沙黏土，质疏松。厚0.1～0.14米。出土灰陶片、瓷片、碎砖块、三足支钉等窑具。

第2层：黄褐色粉沙黏土，质较疏松。厚0.08～0.16米。夹杂少量烧土粒，出土有瓷片、三足支钉、支座、灰陶片等。此层下开口的遗迹有G1、H4等，发掘区内绝大部分遗迹也开口于此层下。从出土的遗物推断，此地层时代为唐宋时期。

第2层以下为生土。

T2西壁：

第1层：耕土层，黄褐色粉沙黏土，质疏松。厚0.08～0.18米。出土有灰陶片、瓷片、碎砖块、三足支钉等。

第2层：黄褐色粉沙黏土，质较疏松。厚0.05～0.1米。夹杂少量烧土粒，出土有瓷片、三足支钉、支座、灰陶片等。G3开口于此层下。

第2层以下为生土（图三）。

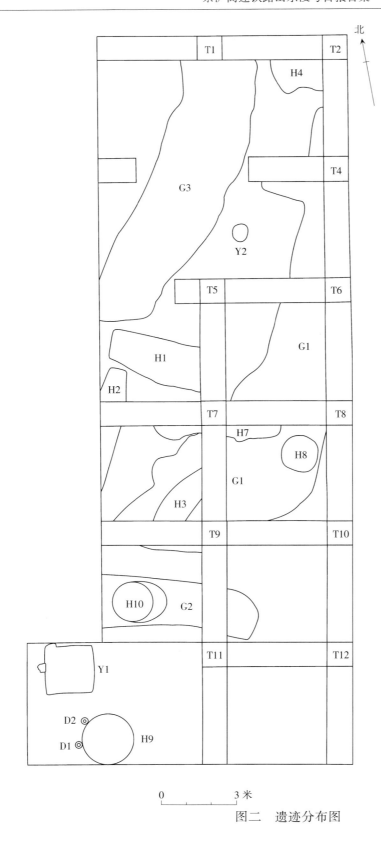
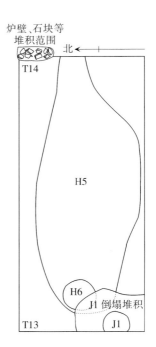

图二 遗迹分布图

0　　　　　3 米

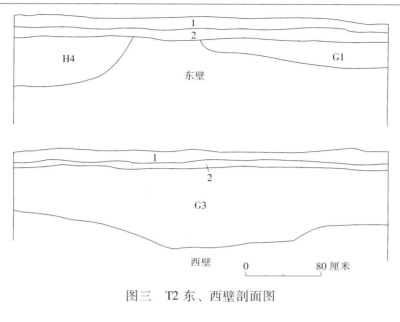

图三　T2 东、西壁剖面图

二　遗迹

（一）窑炉

2 座，被破坏较严重，仅剩窑底和烧烤面。Y2 位于 Y1 北侧，仅余窑床下面的红烧土痕迹。

Y1　位于 T11 及西扩方内，开口于第 2 层下，建于生土之上。东西向，原由火道、窑门、燃烧室、窑床、烟囱组成。现存遗迹仅剩窑底，平面形状呈圆角方形，长 2.1、宽 2.16 米。窑壁内斜，北、东、南三面烧成砖青色，底部长 1.76、宽 1.68、残深 0.26 米。火道位于西壁中部，残宽 0.34 米。窑门位于火道与燃烧室之间，因破坏严重不可复原。燃烧室略微下凹，底面烧成砖红色。窑床底面微向东倾斜，底面铺垫两层瓷土，下层范围较小，土质较硬，距东壁约 0.6 米，上层土质较软，基本铺满整个窑室。在两层瓷土中均发现有三足支钉。窑床上铺垫瓷土应该具有稳定窑具的作用，同时可以作为耐火材料，防止支具与窑床粘连。从四壁烧烤痕迹来看，烟囱应该位于中部偏后。在填土中发现有较多窑壁残块，推断此窑原是在地面挖窑床，上部用土坯砌成。火膛和窑床基本在一个平面上，属直焰式窑。窑床内部和周围没有发现煤渣痕迹，从发现的木炭灰上分析，该窑是用木柴作燃料（图四；彩版七〇，2、3）。

（二）灰沟

3 条，形状不规整，分布于 Y1、Y2 两侧，发现大量窑具和残破瓷器。

G1　位于 T2、T4、T6~T9 内，开口于第 2 层下，被 H3、H7 打破，打破 H8 和生土层。G1 位于 Y2 南侧。平面形状呈不规则形。发掘部分长 18.8、宽 1.26~6.2、深 0.05~0.4 米。底部高低不平，沟内填黑灰褐粉沙土，较疏松，夹杂少量红烧土颗粒和炭屑。填土内包含大量窑具和瓷器。窑具有三足支钉、支烧、垫圈，经统计三足支钉 1700 余件。瓷片均为青瓷片，可辨器形以碗

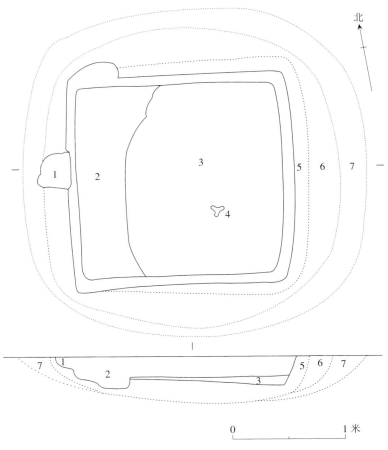

图四　Y1 平、剖面图

1. 窑门（被破坏）　2. 燃烧室　3. 灰白色瓷土　4. 三足支钉　5. 青色窑壁　6. 红色烧土　7. 浅红色烧土

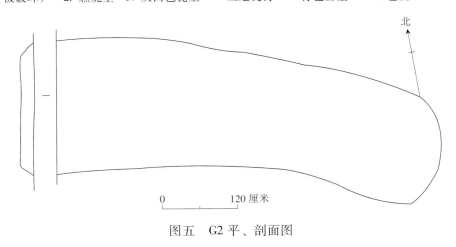

图五　G2 平、剖面图

居多，其次为盘和盆。

　　G2　位于 T9、T10 内，开口于第 2 层下，打破 H10。平面形状近似长方形，壁面斜内收，西部没有发掘完。口部长 6.26、宽 2.2、深 0.22 米。底面平整。沟内填土为黄褐色粉沙黏土，较疏松，包含较多烧土粒，出土有少量陶、瓷片（图五）。

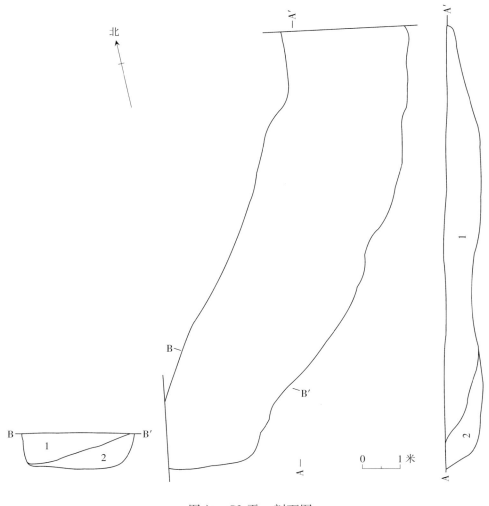

图六　G3平、剖面图

G3　分布于T1～T5，位于G1西北侧，与G1同一走向，两条沟中间为Y2。开口于第2层下。平面形状作长条形，未发掘完全。长12.5、宽2～3米。壁面粗糙未见加工痕迹。深0.2～1.1米。沟内填土分为2层：第1层，厚0.2～0.9米，为粉沙黏土，较疏松，夹大量草木灰和烧土块。另有倒塌的窑壁残块，长方形，大小一般为长0.15、宽0.1、厚0.15米。第2层，厚0.1～0.9米。灰色粉沙土，质疏松，夹大量草木灰，出土较多三足支钉和少量瓷片。沟内出土三足支钉14800余件，大量支烧和瓷片。可辨器形以碗为主，另有少量盘和盆（图六；彩版七一，1）。

从沟的剖面看，在Y2的使用过程中，将用过的窑具和废弃的瓷器倾倒入G1和G2，所以在G1、G2中可以见到大量废弃的窑具和残破或烧坏的瓷器。Y2废弃后，残窑壁也被倒入沟中。所以此沟一直沿用至窑被废弃。

（三）灰坑

10座，平面形状以圆形为主，其次为近长方形，另有1个大型近似椭圆形坑。圆形坑直径在

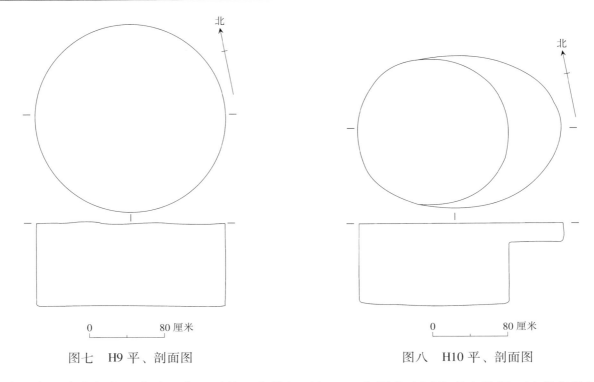

图七　H9 平、剖面图　　　　　　　　　　　图八　H10 平、剖面图

2 米左右，非常规整，直壁，底面平整，有的经过加工，个别旁边还发现有柱洞，这类灰坑可能有特殊用途。

1. 圆形坑

5 座。

H9　位于 T11 内，Y1 南侧。开口于第 2 层下。平面形状呈圆形，直径 2、深 0.9 米，直壁较光滑，底面平整，经过加工，较坚硬。坑内填黄褐色粉沙土，较致密，包含零星的烧土粒。出土能辨认的瓷器有碗、盆、盘等，未发现三足支钉等窑具（图七；彩版七一，2）。

H10　位于 T9 内，Y1 东北。开口于第 2 层下。开口平面为椭圆形，长径 2.2 米，在 0.2 米深处变为规整的圆形，直径 1.6、深 0.9 米。直壁较光滑，底面平整。坑内填黄褐色粉沙土，较致密，包含零星的烧土粒。出土瓷片和少量三足支钉（图八；彩版七一，3）。

H8　位于 T8 内。开口于第 2 层下，被 G1 打破。平面形状为圆形，直径 1.6、深 0.37 米。壁面粗糙，底面较平整。坑内填土为浅灰褐色粉沙土，较致密，包含零星的烧土粒。出土有瓷片和少量三足支钉（图九）。

2. 近似长方形坑

4 座。

H1　位于 T5 内。开口于第 2 层下。长 3.7、宽 1.3～1.8、深 0.14～0.2 米。壁面较粗糙，底面不平整，东高西低。坑内填黄褐色粉沙土，较致密，包含零星的烧土粒。出土有瓷片和少量三

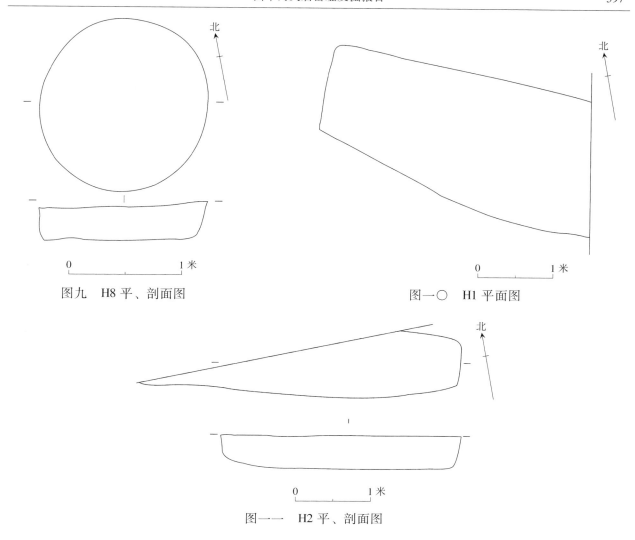

图九　H8 平、剖面图

图一〇　H1 平面图

图一一　H2 平、剖面图

足支钉（图一〇）。

H2　位于 T7 内。开口于第 2 层下。长 4.5、宽 1、深 0.5 米。壁面粗糙，底面平整。坑内填土为浅黄褐色粉沙土，较疏松，包含零星的烧土粒。出土有大量瓷片和少量三足支钉（图一一）。

3. 近似椭圆形坑

1 座。

H5　位于 T13、T14 内。开口于第 2 层下，被 J1 和 H6 打破。较大。平面形状不甚规整，近似椭圆形。东西长 8.2、南北宽 3.3、深 1.58 米。壁面较规整，底面较小，长 5、宽 2 米。底面较平整，东部有 3 个小台阶。坑内填土分为 4 层：第 1 层，厚 0.06～0.55 米，浅灰褐色粉沙土，质疏松，包含少量炭粒、兽骨、红烧土颗粒，出土有大量瓷片；第 2 层，厚 0.05～0.26 米，灰褐色粉沙黏土，质疏松，草木灰较多，包含少量兽骨、石块和烧土粒，出土少量瓷片；第 3 层，厚 0.28～0.44 米，黄褐色粉沙黏土，较致密，包含少量料礓石、炭屑、兽骨和烧土粒及大量瓷片；第 4 层，厚 0.2～0.4 米，黄褐色粉沙土，质疏松，包含少量兽骨、烧土粒、石块、大量草木灰，

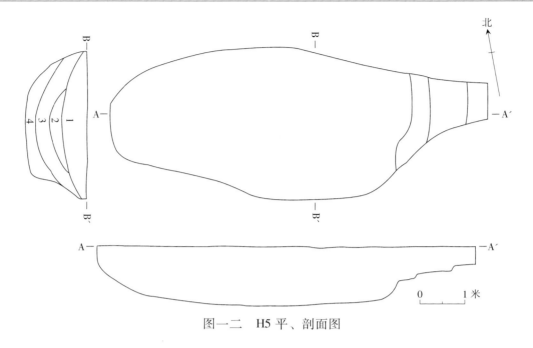

图一二　H5 平、剖面图

出土大量瓷片和少许陶片，其中完整或能复原的瓷器较多，窑具少见，发现三足支钉 200 余件。可辨认的器形有瓷碗和盘，以碗为主（图一二；彩版七一，4）。

（四）其他

1. 井

1 眼。

J1　位于 T13 西部。开口于第 2 层下。平面形状呈圆形，口部直径 0.82、深 3 米以上。出于安全考虑，没有发掘到底。上部因塌陷不甚规整，剖面成筒形，壁面光滑规整。井内填黄褐色粉沙土，质疏松，夹有少量料礓石、炭屑和陶、瓷片（图一三）。

2. 柱洞

2 个，编号 D1、D2。

D1　位于 T11 西扩方内，开口于第 2 层下。口部圆形，不甚规整，直壁，直径 0.28、深 0.16 米。柱洞内填黄褐色粉沙黏土，较疏松。中间木柱直径 0.12 米，腐朽只可辨认痕迹（图一四，1）。

D2　位于 T11 西扩方内，D1 北侧。开口于第 2 层下。形制同 D1，深 0.18 米（图一四，2）。

D1 和 D2 都位于 H9 西侧，相距约 1 米，很可能与 H9 有关。H9 应该与瓷窑有关，或许是窑炉的备料池。

三　遗　物

本次发掘出土大量窑具、瓷器和少量陶片，绝大部分为灰沟或灰坑中出土，少数出土于地层中。

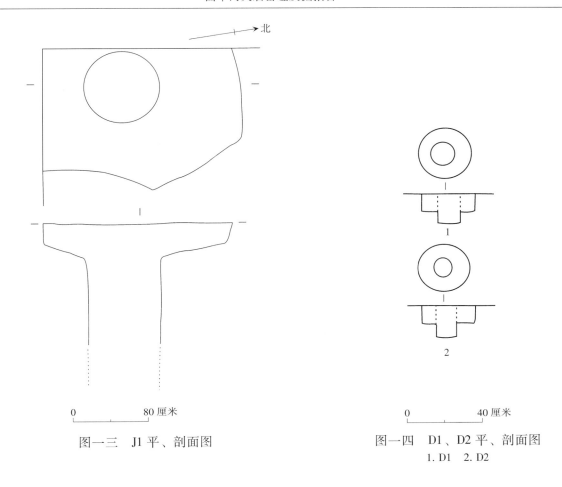

图一三　J1 平、剖面图　　　　　图一四　D1、D2 平、剖面图
　　　　　　　　　　　　　　　　　　　　　　　　1. D1　2. D2

1. 窑具

窑具以垫烧具和支烧具为主，没有发现匣具。遗物主要有三足支钉、支烧、垫圈等。

三足支钉　数量很多，据统计有 17800 余件。均为手制。平顶，下有三个钉状足。底部多有手指按压的指纹（彩版七二）。分四型。

A 型　绝大部分为此型。三角厚重，三足较高，足端较宽，钉状足。

G3：30，最大足距 11.2 厘米（图一五，1）。

B 型　数量较少。较细长，钉状足。

H5：22，足距 5.9 厘米（图一五，2）。

C 型　平面略呈等边三角形，三边微内弧，形体较小。

G3：31，最大足距 3.8 厘米（图一五，3）。

D 型　多带青釉。三角细长，一般较大，梭状足。

H5：23，最大足距 14 厘米（图一五，4）。

三足支钉大小不一。A、B、C 型同为烧制瓷碗使用，因需要叠烧，需要不同大小的支钉置于不同大小的碗内。D 型可能用来烧制瓷盘等器物。

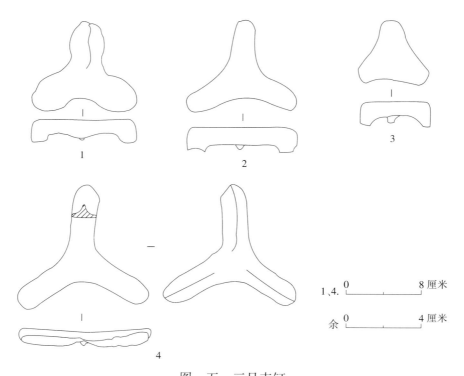

图一五　三足支钉
1. A 型（G3：30）　2. B 型（H5：22）　3. C 型（G3：31）　4. D 型（H5：23）

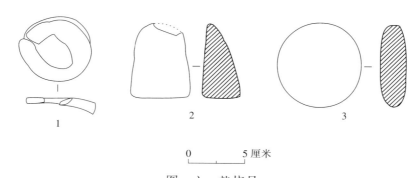

图一六　垫烧具
1. 垫圈（G3：33）　2. 凿形垫（G3：34）　3. 圆形垫（G3：35）

垫圈　泥条制成，均手制，平面呈环状，形制不规整，直径3～6厘米。另有一些垫圈放到筒状支具上面，起到一定平衡作用。这些垫圈多烧黏到一起，外表有青釉。

G3：33，位于支烧顶部，呈椭圆形。长径6.4、短径6厘米（图一六，1）。

凿形垫　泥质黄褐陶，质较硬。

G3：34，灰白色。扁凿形。宽5.3、高7厘米（图一六，2）。

圆形垫　泥质黄褐陶，质较硬。

G3：35，圆饼状。直径7.4、厚2.3厘米（图一六，3）。

支烧　数量较多，均残，一般从中间断裂，没有完整器。灰白胎，胎体厚重。器身一般带青釉，下部不带釉，釉多有脱落现象。圆柱状，中间有一孔，近顶端封闭呈平顶，喇叭足。顶端多黏有垫圈，底部多黏有砂粒或窑底的瓷土垫层。分两型。

A 型　一种较细长，长约 30 厘米，绝大多为此类。

G3∶33，顶较细，上带一个垫圈。直径 6、高 31 厘米（图一七，1；彩版七三，1）。

G3∶32，顶较宽，上带两层垫圈。顶宽 10、残高 19 厘米（图一七，2；彩版七三，3）。

H5∶24，顶部残，只剩喇叭形足。底径 12、残高 24 厘米（图一七，4；彩版七三，2）。

B 型　粗矮，长约 14.5 厘米，数量少，仅发现 2 件。

G1∶4，形体粗矮，大平顶，顶部黏有一个垫圈。顶部直径 13、底部直径 14.5、高 14.1 厘米（图一七，3；彩版七三，4）。

支烧上的刻划文字　14 件。部分支烧刻划有文字，均用细木棍于烧制前在胎上刻成。这些文字多为人的姓氏或名字，比如"子兴""良""郎""贵"等。

"子兴"　2 件。字大小、字体一致，应该是同一个人书写。

G3∶108，支烧下部残，平顶带一个垫圈。两字刻于支烧的上部，笔画较粗，刻划较深，两字完整（图一八，1；彩版七四，1）。

G3∶109，支烧下部残，平顶带两个垫圈。"兴"字下半部残（图一八，2；彩版七四，2）。

"中"　1 件。

G3∶118，上下部残，刻于中部。笔画较细，中间竖线较长（图一九，1；彩版七四，3）。

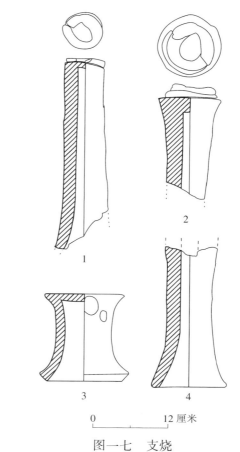

0　　　　　12 厘米

图一七　支烧

1、2、4. A 型（G3∶33、G3∶32、H5∶24）　3. B 型（G1∶4）

0　　　　4 厘米

图一八　支烧上的刻划文字"子兴"

1. G3∶108　2. G3∶109

图一九　支烧上的刻划文字
1."中"（G3：118）　2."长□"（H5：25）　3."侯记"（G3：110）

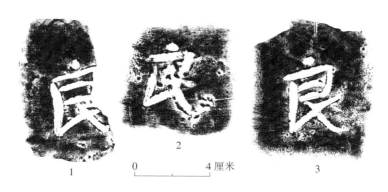

图二〇　支烧上的刻划文字"良"
1. G3：113　2. G3：112　3. G3：111

"长□"1件。

H5：25，底部残，刻字于中部。笔画较细，第二个字可能是繁体的"其"字（图一九，2；彩版七四，4）。

"侯记"1件。

G3：110，上下部残，刻字于中部。笔画较细，刻划浅（图一九，3；彩版七四，5）。

"良"3件。三字笔画较粗，字体一致，应该是同一个人书写。

G3：113，支烧上下均残。"良"字右侧稍残（图二〇，1；彩版七五，2）。

G3：111，上下均残。"良"字完整（图二〇，3；彩版七四，6）。

G3：112，支烧上部残。"良"字完整，刻于近足处（图二〇，2；彩版七五，1）。

"贵"2件。两"贵"字笔画较细、较浅，字体相同，应该是同一个人书写。

G3：114，支烧上下均残。"贵"字完整，刻于中部（图二一，1；彩版七五，3）。

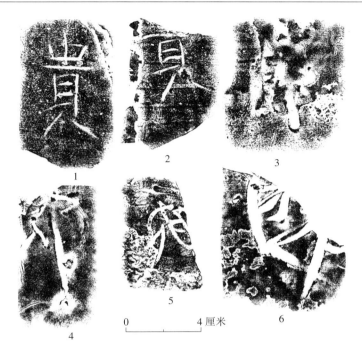

图二一　支烧上的刻划文字

1、2. "贵"（G3：114、G3：115）　3、4、6. "郎"（G3：117、G3：120、G3：116）　5. 字不清（G3：121）

G3：115，支烧残块。"贵"字上部残（图二一，2；彩版七五，4）。

"郎"　3件。

G3：116，支烧上下均残。"郎"字右上部分残。刻划笔画较粗，字体硬朗（图二一，6；彩版七五，5）。

G3：117，支烧下部残。"郎"字刻划不甚工整（图二一，3；彩版七五，6）。

G3：120，支烧残片。"郎"字左上角稍残，刻划不甚工整（图二一，4）。

另外还有几个刻划文字因残缺或字体潦草而不可辨识，如G3：121等（图二一，5）。

2. 瓷器

有碗、豆、罐、盆等，以碗为主。占绝大部分，可知此窑址以烧制瓷碗为主，专业化程度较高。瓷器皆灰白胎，施青釉，釉色青绿色，有冰裂纹。器外壁有泪滴状垂釉现象。器物内部施全釉，外部半釉，另有少量瓷器无釉。素面为主，碗和豆的口沿下部有一道凹弦纹，罐一般有一至两对复式耳，个别瓷片上发现有压印纹。

碗　器形规整统一，内侧底部有三个支烧痕迹。侈口，圆唇，弧腹，圆饼形足，平底微内凹。有无釉和带釉两种，带釉的碗内全釉，碗外半釉，腹下和底部无釉。

G3：20，灰白胎，无釉。近口沿处一周凹弦纹。口径13、底径5.9、高9.2厘米（图二二，1；彩版七六，1）。

H5：6，灰白胎，无釉。近口处一周凹弦纹。口径13、底径6.1、高8.7厘米（图二二，2；彩

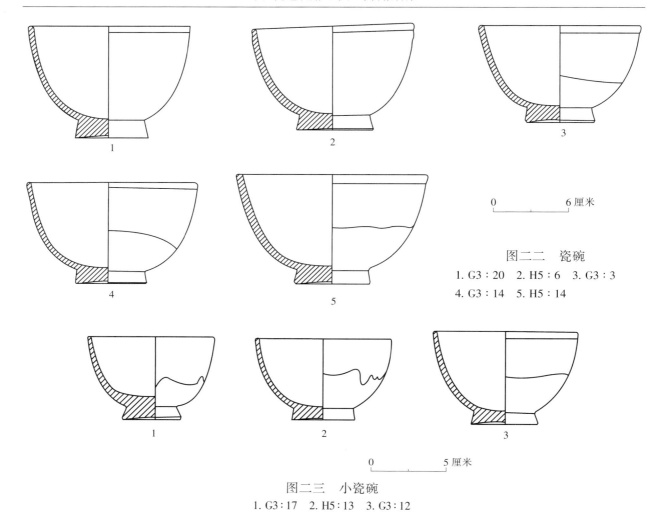

图二二　瓷碗

1. G3∶20　2. H5∶6　3. G3∶3
4. G3∶14　5. H5∶14

图二三　小瓷碗

1. G3∶17　2. H5∶13　3. G3∶12

版七六，2）。

G3∶3，灰白胎。口下有一周凹弦纹。口径13、底径5.5、高8厘米（图二二，3；彩版七六，3）。

G3∶14，口径13.7、底径5.8、高8.2厘米（图二二，4；彩版七六，4）。

H5∶14，口径15.3、底径6、高9.2厘米（图二二，5；彩版七六，5）。

小碗　器形较小。有无釉和带釉两种，带釉的碗内全釉，碗外半釉。

G3∶17，无釉。口径8.4、底径4、高5.6厘米（图二三，1；彩版七六，6）。

G3∶12，半釉，腹下部呈红色。口沿下部一周凹弦纹。口径9.6、底径4.5、高6.2厘米（图二三，3；彩版七七，1）。

H5∶13，灰白胎，半釉。口沿下部一周凹弦纹。口径9、底径4.2、高5.5厘米（图二三，2；彩版七七，2）。

豆　数量较少，绝大多数破损，一般在豆盘与豆柄连接处断开。豆盘与柄上部施青绿釉。敞口，浅盘，细柄，喇叭形圈足。

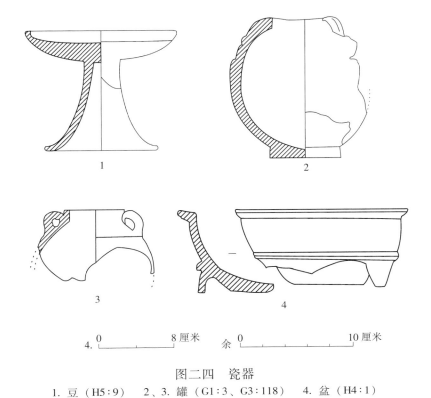

图二四　瓷器
1. 豆（H5：9）　2、3. 罐（G1：3、G3：118）　4. 盆（H4：1）

H5：9，灰白胎。斜沿，尖唇，浅平盘。口径 13.4、底径 9.7、高 10.9 厘米（图二四，1；彩版七七，3）。

罐　数量较少。小口，鼓腹，平底，四系或双系。

G1：3，器内全釉，器表半釉。直口，方唇，圆鼓腹，肩部两对略高于口沿的复式耳。口径 5、底径 6.3、高 12.5 厘米（图二四，2；彩版七七，5）。

G3：118，灰白胎，青釉。下腹残。直口，方唇，肩部一对略高于口的耳。耳下部一周凹弦纹。口径 5.4、残高 6.4 厘米（图二四，3；彩版七七，4）。

盆　1 件。

H4：1，灰白胎，腹上部施青釉，足和盆底无釉。较厚重。斜沿，方唇，弧腹。腹下部附加一周泥条用以固定圈足。高 9 厘米（图二四，4）。

弹丸　1 件。

H5：7，用高岭土手捏制成。白色，不甚规整，烧成温度较低。圆球形。直径 2 厘米（图二五，1）。

器纽　1 件。

H4：2，灰白胎，无釉。圆锥状，下部残。高 4.4 厘米（图二五，2）。

纺轮　1 件。

H5：26，灰白胎，无釉。圆饼形，一面平整，一面上弧，侧面有两周凹弦纹。直径 7.1、孔径

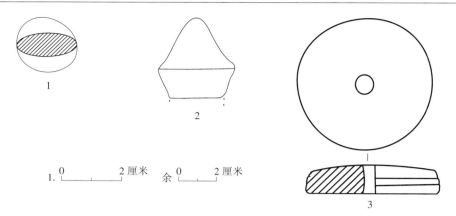

图二五　瓷器

1. 弹丸（H5∶7）　2. 器纽（H4∶2）　3. 纺轮（H5∶26）

1、厚 1.5 厘米（图二五，3；彩版七八，1）。

3. 陶器

陶器发现较少，以泥质灰陶为主，没有发现完整器，多残口沿，可辨认器形有盆、罐、瓮等。一般为素面，个别器物饰附加堆纹，有的罐上腹装饰桥形耳。

盆　无完整器。夹砂灰陶。敛口，直腹。均素面。可分为两型。

A 型　平沿，方唇或圆唇。

G3∶100，方唇。平沿内外各两道凹弦纹。残高 4.2 厘米（图二六，1）。

G3∶101，平沿微凸，圆唇。内外各两道凹弦纹。残高 5 厘米（图二六，2）。

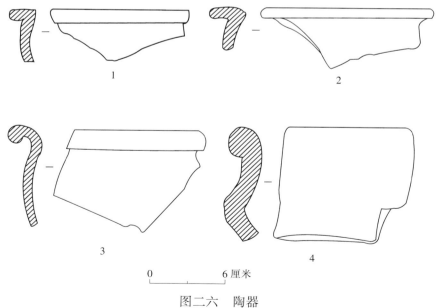

图二六　陶器

1、2. A 型盆（G3∶100、G3∶101）　3. B 型盆（G3∶102）　4. 瓮（G3∶103）

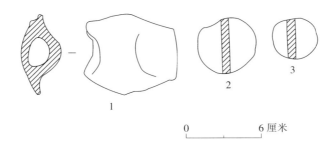

图二七　陶器
1. 罐（G3：104）　　2、3. 圆陶片（G3：106、G3：107）

B 型　卷沿，圆唇，弧腹。

G3：102，残高 8.3 厘米（图二六，3）。

罐　均残，无完整器，可辨认出的有耳和腹部。

G3：104，桥形耳。高 6.6 厘米（图二七，1）。

瓮　泥质灰褐陶，粗胎，胎厚约 1.5 厘米。

G3：103，残高 9.4 厘米（图二六，4）。

圆陶片　夹砂灰陶。器形不规整。

G3：106，稍残。直径 4.6 厘米（图二七，2）。

G3：107，较完整，一面挂一层白灰。直径 3.4 厘米（图二七，3）。

四　结　语

　　泗水、曲阜一带是山东地区古瓷窑比较集中的区域之一。历年来，当地文物部门和山东大学对这一带的瓷窑址进行过多次调查和试掘。目前已经发现近二十处古窑址①。这批窑址在时代上大体同时，多为隋唐前后，早至北朝晚期，晚至宋金。瓷窑址的大量出现跟北朝晚期和隋唐时期中国统一格局的形成、政局稳定及经济复苏息息相关。从自然环境来看，这些窑址周围尤其是泗水境内有丰富的高岭土资源，河夹店村东边的梨园村东山坡上也有出土，并且埋藏很浅。因此推测该窑址所用瓷土应该为就地取用。曲阜东部、北部的山岭植被茂盛，有着丰富的松柴等燃料。境内泗河支流众多，为瓷窑提供了水源。这些丰富的资源为窑址的发展提供了必要的基础。这种情况同宋家村窑及曲阜、泗水地区许多瓷窑址是相同的。

　　从发掘情况来看，本次发掘的瓷窑皆为地上窑，以土坯垒砌，燃烧室和窑室在一个平面上，应该是半倒焰式窑。瓷器以青釉为主，有开片现象。器物内部施全釉，外部皆施半釉，流釉现象比较多见。碗中部或流釉处有蓝色窑变。器类比较单一，以碗占绝大部分，专业化程度较高，可能尝试过烧制其他器类，如盘等，但这部分的比例非常小（彩版七八，4、5）。所以这些窑址烧制

---

① 　宋百川、刘凤君：《山东曲阜、泗水隋唐瓷窑址调查》，《考古》1985 年第 1 期。

的瓷器应该是作为商品来销售的，反映了当时商品经济的发展水平。

河夹店窑址所处的曲阜泗水地区有丰富的煤矿资源，但在窑址中没有发现煤渣，仅有烧柴迹象，所以这些窑均为柴烧窑，这应该是跟窑场对窑温的控制水平比较低有关。有些器物烧坏，装烧技术还比较原始（彩版七八，2、3）。装烧技术为叠装裸烧，还没有出现匣钵。烧制方式可以参考其他瓷窑址的情况进行推断：窑床上放置支烧，支烧上叠置瓷碗，大碗在下，小碗在上，瓷碗间以三足支钉相间隔（彩版七八，6）。

河夹店窑址出土瓷碗的风格与样式同临淄北朝崔氏墓 M3 和 M12 所出基本一致，皆为侈口，深弧腹，平底微内凹①。小碗的样式同曲阜市宋家村窑址 QS：15 基本一致，时代风格比较明显②。出土窑具以垫烧和支烧具为主，几乎所有的瓷器都发现三足支钉的使用痕迹，没有发现使用匣钵的迹象。以三足支钉、筒状支烧、垫圈为主要窑具流行于唐之前。匣钵虽然出现较早，但主要流行于唐中期③。结合瓷器的风格和窑具组合的特点，我们推断此窑址主要使用在北朝晚期至隋代，至迟不会超过唐早期，所以定为隋代是较为合适的。

在发掘过程中，我们还调查了河家店遗址。遗址位于窑址西南 500 米处，现在的河夹店村东。遗址东西两侧各有一条河穿过，河夹店村处于这两河之间的河汊地带，村子应以得名。遗址周围因取土和河流冲刷面积不断缩小。从地面所采集的文物来看，遗址从隋唐一直到宋金时期，沿用时间较长，部分采集品与窑址所烧制的相同，应该是河夹店窑址所烧制的瓷器。

支烧上的刻铭为探讨河夹店窑址的生产组织提供了重要的资料。这些窑具上的刻铭无疑是人名或姓氏，比如"子兴""良""郎""侯记"等。刻铭出现于烧具而不是产品上，说明这些刻铭不作为商标来使用，只是给窑场内部生产环节的人所看的。同时，这些刻铭也不会是窑炉主人的名字。如果这些窑为一个窑场主所有，再加刻铭似无必要；如果为多人所有，刻铭于窑具上也无法起到区分商品的目的，所以它们可能是窑业工人的名字。那么这里至少包括 8 个窑工。他们刻铭于窑具之上，以对所烧制的产品负责。所以我们认为，河夹店窑场不是一家一户的个体经济所组成的，而是拥有一定数量的窑工，从事专业化生产的窑场。从出土的窑具数量上来看，烧制如此多的瓷器不可能只为当地消费和使用，结合本区内同时期为数不少的瓷窑推断，当时曲阜、泗水地区瓷器业生产已经比较发达，反映了繁荣的商品经济。窑址烧制瓷器的年代均在唐早期以前，烧制时间也较短，可能之后因外地瓷器的传入而被废弃。

---

① 山东省文物考古研究所：《临淄北朝崔氏墓》，《考古学报》1984 年第 2 期；淄博市博物馆：《临淄北朝崔氏墓地第二次清理简报》，《考古》1985 年第 3 期。

② 宋百川、刘凤君：《山东曲阜、泗水隋唐瓷窑址调查》，《考古》1985 年第 1 期。

③ 熊海堂：《中国古代的窑具与装烧技术研究（前编）》，《东南文化》1991 年第 6 期；刘凤君：《山东古代烧瓷窑炉结构和装烧技术发展序列初探》，《考古》1997 年第 4 期。

附记：　本次发掘领队为孙波，主要业务人员有张溯、张子晓（临沂市文物考古队）和山东省文物考古研究所技工崔来临、李振彪、张学堂、周宽超 4 人。发掘过程中得到了曲阜市文物局的大力支持和帮助，在此深表感谢。

执笔：张　溯　孙　波　张子晓

绘图：张学堂　张　溯

拓片：李胜利

摄影：张　溯

附表　灰坑登记表

灰坑（H）	探方（T）	开口层位	形状	尺寸（米）	包含物
H1	T5	②下	近似长方形	长 3.7、宽 1.3～1.8、深 0.14～0.2	陶、瓷片
H2	T7	②下	近似长方形	长 4.5、宽 1、深 0.5	陶、瓷片
H3	T7	②下	近似长方形	长 2.2、宽 1.2、深 0.2	瓷片、三足支钉
H4	T2	②下	近似长方形	长 2.1、宽 1.4、深 0.25～0.6	瓷片、三足支钉、瓷碗
H5	T13、T14	②下	近似椭圆形	长 8.2、宽 3.3、深 1.58	瓷片、三足支钉、瓷碗、瓷盘
H6	T13	②下	圆形	直径 1、深 0.4	瓷片、瓷碗
H7	T7	②下	近似圆形	暴露部分长 1.9、宽 0.58、深 0.42	瓷片、三足支钉
H8	T8	②下	圆形	直径 1.76、深 0.3～0.37	瓷片、三足支钉
H9	T11	②下	圆形	直径 2、深 0.9	陶片、瓷片
H10	T9	②下	圆形	直径 2.2、深 0.9	陶片、瓷片

泰安西大吴墓地发掘报告

山东省文物考古研究院
泰 安 市 文 物 局
岱 岳 区 文 物 管 理 所
新 泰 市 博 物 馆
宁 阳 县 博 物 馆
肥 城 市 文 物 管 理 所

西大吴墓地位于泰安市岱岳区大汶口镇西大吴村西约 200 米处（图一）。2008 年 5 月下旬至 6 月中旬，为配合京沪高速铁路建设工程，山东省文物考古研究所与泰安市文物局、岱岳区文物管理

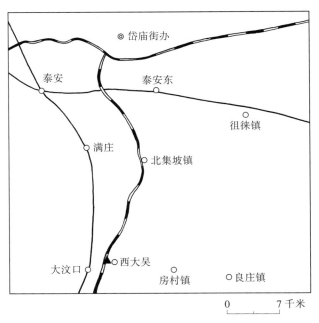

图一　墓地位置示意图

所、新泰市博物馆、宁阳县博物馆、肥城市文物管理所等联合组成考古队，对墓地进行了抢救性考古发掘。共发掘汉代、宋元、清代墓葬24座，出土陶、铜、瓷等各类随葬品150余件。现将这次发掘的主要收获报告如下。

一　墓地概况

墓地位于泰安西大吴村西偏南约200余米的高台地上，京沪高速铁路泰安段DK485＋600—DK486＋300千米处穿过墓地中部。发掘的24座墓葬中，汉代墓葬10座，宋代墓葬9座，清代墓葬5座（图二；附表）。

10座汉代墓葬均为土坑竖穴墓，按形制可分为木椁墓、砖椁墓、石椁墓、砖室墓四种，皆属于小型墓葬，较大的墓葬一般长4.5、宽3、深4～5米；较小者一般长2.5、宽1.5、深2米左右。有2座墓葬为长方形券顶砖室墓。少数墓葬曾遭到不同程度地盗扰，但仍出土较多随葬品。木椁墓的随葬品大都放在棺椁之间，石椁墓的随葬陶器多放在壁龛内。9座宋元时期墓葬都是穹隆顶砖室墓，形制特点基本相同，大小有别。墓室直径一般约1.6～2.5米。墓葬有斜坡墓道，并有甬道及仿木建筑结构砖雕门楼。墓室内连接甬道处为一弧形前厅，后面为特设的棺床。棺床的周壁大都用砖垒砌或模制日常生活中的用品用具，如桌椅、凳子、镜架、衣架、灯台、剪子等。5座清代墓葬，其中有2座竖穴土坑单室石椁墓、1座土坑竖穴梯形木棺双室墓和2座竖穴土坑单室木棺墓。

二　汉代墓葬

（一）墓葬形制

10座汉代墓葬均为土坑竖穴墓，可分为木椁墓、砖椁墓、石椁墓、砖室墓四种。

（1）木椁墓

2座（M9、M10），均为单室木椁墓。其中M9椁室一侧置有边箱。

M9　方向103°。墓口长4、宽3.2、深

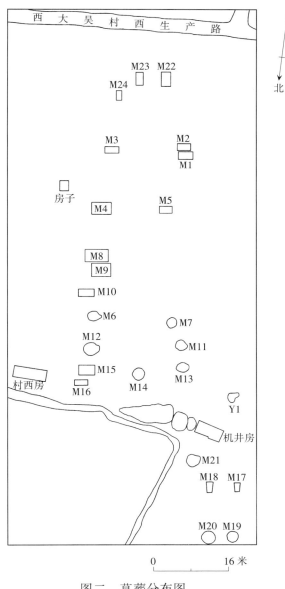

图二　墓葬分布图

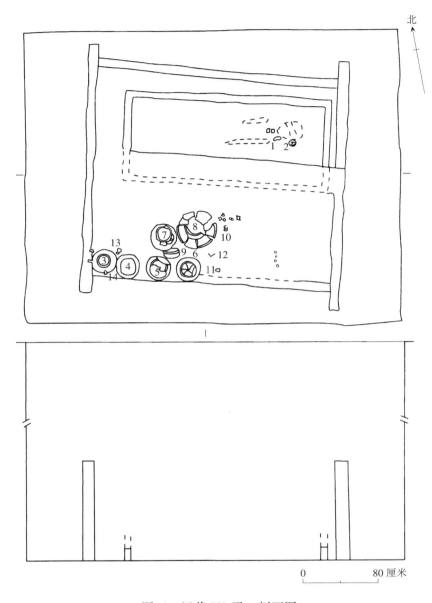

图三　汉代 M9 平、剖面图

1. 木梳　2. 铜镜　3~8. 陶壶　9. 铜钵　10. 铜四叶饰　11. 铜车軎　12. 铜
车饰　13. 漆奁盒铜足　14. 铜纽

3.8 米。填土为黄褐色粉沙土，夹杂浅褐色黏土块。墓葬由木椁、木棺及棺椁之间的器物箱所组成。木椁长 2.78、宽 2.3、残高 1.1 米，木棺长 2.2、宽 1、残高 0.17 米。该墓被盗扰，棺内残存棺盖板痕迹及部分人骨，随葬有装有铜镜的漆奁盒与木梳，但出土时木梳及漆奁盒已朽。在木棺右侧的椁棺之间，有一木质器物箱，仅存残迹，箱内随葬有铜钵 1、漆奁盒铜足 3、铜四叶饰 3、铜纽 1、铜车饰 1、铜车軎 2、陶壶 6 件。在棺内墓主人头部，还随葬有铜镜 1、木梳 1 件（图三）。

（2）砖椁墓

1 座。

M8 方向 106°。墓口长 5.1、宽 3.1 米，墓底部长 4.6、宽 2.54 米，深 3.15 米，填土为黄褐色粉沙土并夹杂黑褐色黏土块。墓葬下部四周有生土二层台，其中东侧宽 0.3 米，北侧宽 0.3 米，西侧宽约 0.2 米，南侧宽约 0.12～0.42 米。除西侧二层台之外，其余的三面均铺砖一或两层。墓圹下部南北两侧各垒砌较高的砖墙形成砖椁。砖椁长 3.4、宽 3.3、高 1.3 米。砖椁内中部为木椁，木椁长方形，长 2.64、宽 1.98、残高 0.22 米。木椁内置有长方形木棺，长 2.44、宽 0.84、残高 0.18 米。棺内人骨腐朽严重，墓主人头向东，仰身直肢葬。木质椁棺之间，置有一长 2.4、宽 0.6 米的木质器物边箱，其内随葬有铜鼎 1、盆 1、熏炉 1、铜环 1、铜纽 1 及陶鼎 1、陶壶 9、陶罐 9 件。在墓主人脚端木椁之外，还置有一长 1.68、宽 0.82 米的木质脚箱，箱内随葬有铜衔、镳 2 件（套）及铜车害 2、铜盖弓帽 5 件（组）、铜车轎 1、四叶饰 7 件。脚箱东侧与木椁西挡板之间，置有 14 厘米厚的纯沙层隔墙。而在其木棺内，还随葬有铜带钩 1、铁剑 1、铁刀 1、玉剑璏 1、石耳塞 2、石鼻塞 2 件（图四；彩版七九）。

（3）石椁墓

5 座（M1～M5），其中 M4 为夫妻并穴双室石椁墓，其余为单室石椁墓。

M1 被 M2 所打破。方向 101°。墓口长 3.2、宽 1.9、深 0.45 米，墓葬破坏严重，仅残存石椁底板，底板长 3、宽 1.26、厚 0.14 米（图五）。

M2 打破 M1。方向 101°。墓口长 3.1、宽 1.72、深 2.6 米，墓室内置有石椁及木棺。石椁长 2.56、宽 1.14、高 1.24 米。木棺长 2、宽

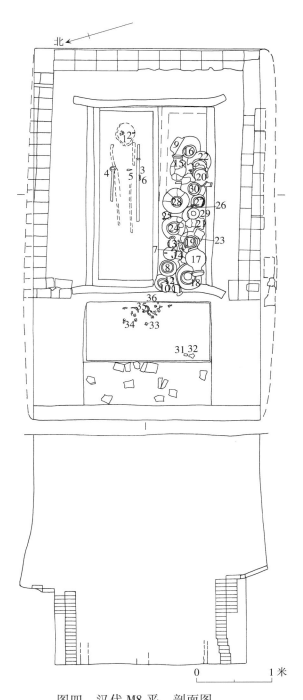

图四 汉代 M8 平、剖面图

1. 石鼻塞 2. 石耳塞 3. 铁剑 4. 铁刀 5. 铜带钩 6. 玉剑璏 7. 铜熏炉 8. 铜鼎 9. 铜盆 10～14、21、22、24、25. 陶罐 15～19、27～30. 陶壶 20. 陶鼎 23. 铜纽 26. 铜环 31. 铜车害 32. 铜车轎 33. 铜四叶饰 34. 铜盖弓帽 35. 铜镳 36. 铜衔

0.7、板灰残厚 0.13 米。人骨保存较差，头向东，仰身直肢葬。石椁外侧墓壁上有一壁龛，壁龛外侧有一石挡板，内置随葬有陶罐 2、铜钵 1 件。木棺内随葬有铜铆钉 1、铜五铢 18 枚（图五）。

M3　方向 108°。墓口长 3.1、宽 1.55、深 2.9 米，墓室填土为黄、灰褐色黏土及五花土。葬具为石椁及木棺。石椁三块由盖板、两块侧板、两块挡板、两块底板组成，长 2.6、宽 1.14、高 1.25 米。木棺长 2.04、宽 0.72、板灰残厚 0.11 米。石椁外侧有一壁龛，龛内随葬有陶罐 2 件。棺内随葬有铜五铢 10 枚、漆盒（残）1（图六）。

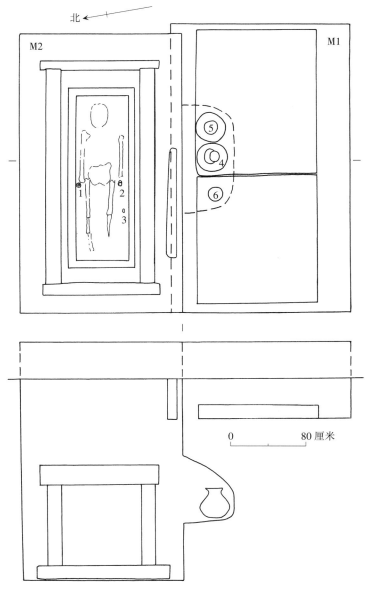

图五　汉代 M1、M2 平、剖面图
M2：1、2. 铜钱　3. 铜铆钉　4、5. 陶罐　6. 铜钵

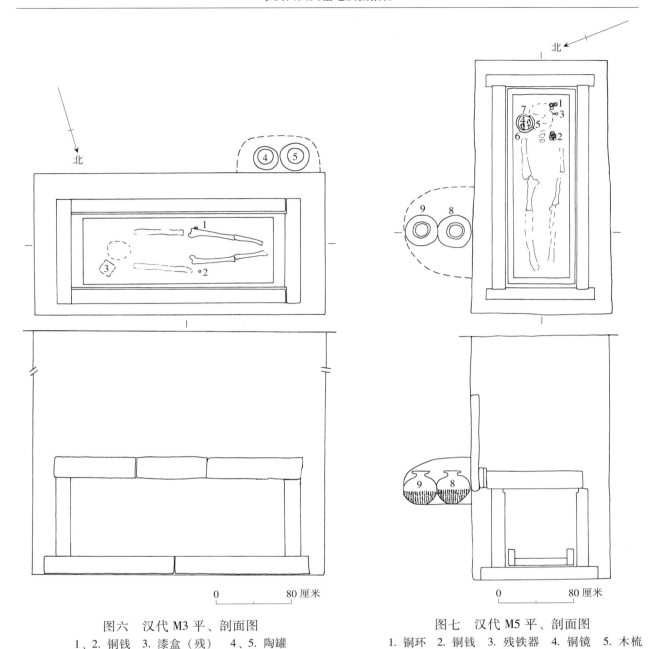

图六　汉代 M3 平、剖面图
1、2. 铜钱　3. 漆盒（残）　4、5. 陶罐

图七　汉代 M5 平、剖面图
1. 铜环　2. 铜钱　3. 残铁器　4. 铜镜　5. 木梳
6. 漆奁盒　7. 木篦　8、9. 陶罐

　　M4　方向 104°。双室石椁墓。墓口长 4.2、宽 2.9、深 2.4 米，墓室填土为黄、灰褐色黏土及五花土。墓室内置有石椁及木棺。石椁长 2.5、宽 1.8、高 0.64 米。石椁内北侧木棺长 2.08、宽 0.55、残厚 0.04 米。棺室破坏严重，墓主人葬式不明。南侧木棺长 2.08、宽 0.66、残厚 0.04 米。南木棺外侧随葬有铜环、陶罐各 1 件。北侧木棺内随葬有铁剑 1 件。

　　M5　方向为 111°。墓口长 2.8、宽 1.5、深 2.7 米，墓室填土为黄、灰褐色黏土及五花土。葬具为石椁及木棺。石椁由三块盖板、两块侧板、两块挡板、两块底板组成，长 2.48、宽 1.14、高 1.18 米。木棺长 2.14、宽 0.72、板灰残厚 0.18 米。棺内墓主人头向东，仰身直肢葬，骨架保存极差。木棺内随葬有残铁器 1、铜五铢 28 枚；并在其随葬的一漆奁盒内，置有铜环 4、铜镜 1、木梳 1、木篦 1 件。壁龛位于墓室北壁偏西，呈椭圆形，宽 1、进深 0.72、高 0.52 米，其外有石挡板。龛内随葬有陶罐 2 件（图七）。

（4）砖室墓

2 座。

M15　方向 105°。墓口长方形，长 3.42、宽 2.05、深 2.65 米，墓室填土为黄褐色五花土，并夹杂碎砖块。该墓为单室墓，墓室也呈长方形，长 3.3、宽 1.96、高 1.7 米。四壁以单砖平砌，两侧墓壁略外弧。顶部为单砖券顶，仅残存部分，底部平铺一层铺地砖。墓葬盗扰严重，棺及人骨已荡然无存。墓葬用砖一致，长 38、宽 16、厚 6 厘米，砖侧面饰放射纹。砖室底部仅存残断铜钗 1、铜五铢 1 枚（图八）。

M16　方向 105°。与 M15 形制基本相同，被彻底破坏。墓口长 3、宽 1.2、深 1.1 米，砖室长

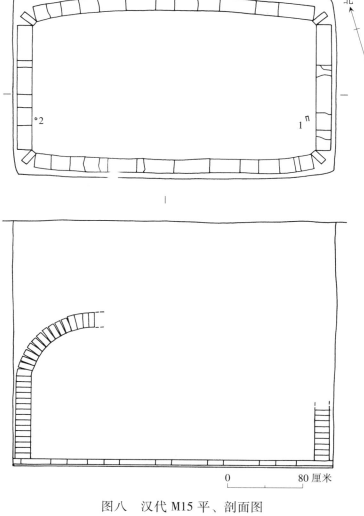

图八　汉代 M15 平、剖面图
1. 铜钗　2. 铜钱

2.48、宽 0.92、残高 0.6 米。砖长 38、宽 16、厚 6 厘米。墓砖侧面饰放射纹。

（二）随葬品

10 座汉代墓葬共出土各类随葬品 100 余件，有陶器、铜器、玉器、石器等。

1. 陶器

32 件。器类有鼎、罐、壶。

鼎 1 件。

M8：20，夹砂灰陶。直口微侈，圆唇，矮领，鼓腹，圜底，柱状足，肩部两侧有较直附耳。下腹及底部饰绳纹。口径 17.4、腹径 28、高 28.8 厘米（图九，1；彩版八○，1）。

罐 16 件。均泥质灰陶。分五型。

A 型 3 件。

M3：4，敞口，平沿，圆唇，直颈略高，斜肩，折腹，下腹斜收，小平底内凹。颈、肩部以白彩为地，以红彩绘弦纹、菱形纹、三角纹、云气纹等；中腹部饰一周戳印纹，下腹及底部饰绳纹。口径 16.6、腹径 27.2、底径 9.6、高 27.1 厘米（图九，5；彩版八○，2）。

M3：5，与 M3：4 基本相同。颈、肩部以白彩为地，以红彩绘弦纹、菱形纹、三角纹、云气纹等，下腹及底部饰绳纹。口径 15.5、腹径 30.4、底径 11、高 27.9 厘米（图九，6）。

M2：4，直口，卷沿，方唇，直颈略高，斜肩，弧折腹，下腹斜收，小平底。肩与上腹部饰三组“Д”形刻划纹，下腹及底部饰交错绳纹。口径 19、腹径 35.5、底径 12、高 38 厘米（图九，2；彩版八○，3）。

B 型 3 件。

M5：8，直口，卷沿，方唇，直颈，肩微鼓，鼓腹，下腹内收，平底。肩及上腹部刻划一组画像，画像内容似为武将出征前与家人辞行的画面，武士身着铠甲、腰佩长剑；武士身后的小树上拴着一匹战马，马头部正伸进食槽，树枝上站立两只鸟；战马的后面还刻有“上戎□父”四字铭文及几条大小不等的游鱼。整个画面，生动形象，栩栩如生。腹中部有一周戳印纹，下腹及底部饰绳纹。口径 16.7、腹径 36.6、底径 14、高 34.2 厘米（图九，4；彩版八○，5）。

M5：9，直口外侈，折平沿，方唇，短直颈，斜肩，鼓腹，小平底。肩及上腹部饰相间的细弦纹和戳印纹，下腹及底部饰交错绳纹。口径 15、腹径 35.8、底径 13.5、高 35.2 厘米（图九，3）。

M2：5，直口外侈，折平沿，方唇，短直颈，溜肩，圆鼓腹，平底。腹中部饰凹弦纹，下腹及底部饰交错绳纹。口径 17.5、腹径 36.8、底径 15.1、高 35.6 厘米（图一○，1）。

C 型 4 件。形制近同。

M8：24，侈口，方唇，束颈，鼓腹，大平底。口径 16.8、腹径 26.2、底径 13.4、高 20.5 厘米（图一○，2；彩版八○，4）。

M8：14，口径 15.6、腹径 23.4、底径 12、高 19.2 厘米（图一○，3）。

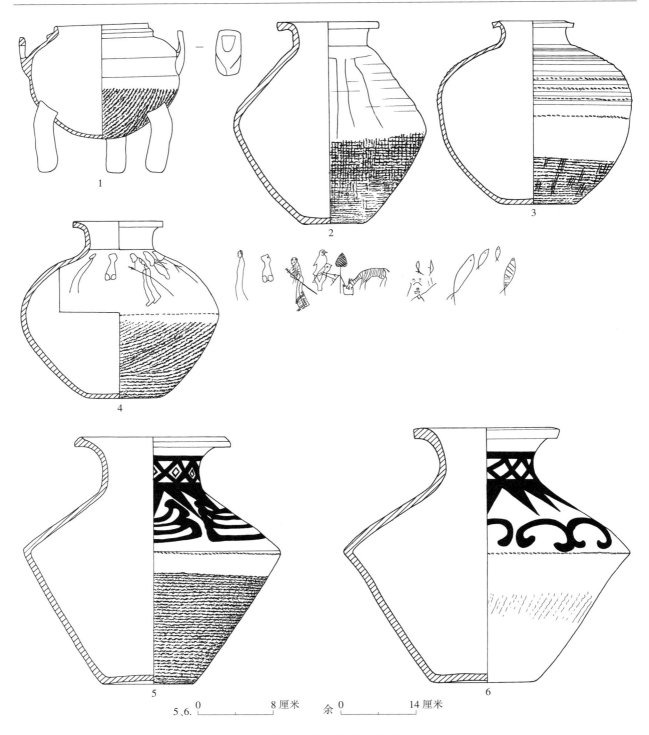

图九　汉代墓葬出土陶器

1. 鼎（M8：20）　　2、5、6. A 型罐（M2：4、M3：4、M3：5）　　3、4. B 型罐（M5：9、M5：8）

M8：21，口径 16.6、腹径 26.5、底径 12、高 22.6 厘米（图一〇，6）。

M8：22，口径 16.2、腹径 26.5、底径 11、高 22.3 厘米（图一〇，4）。

D 型　2 件。

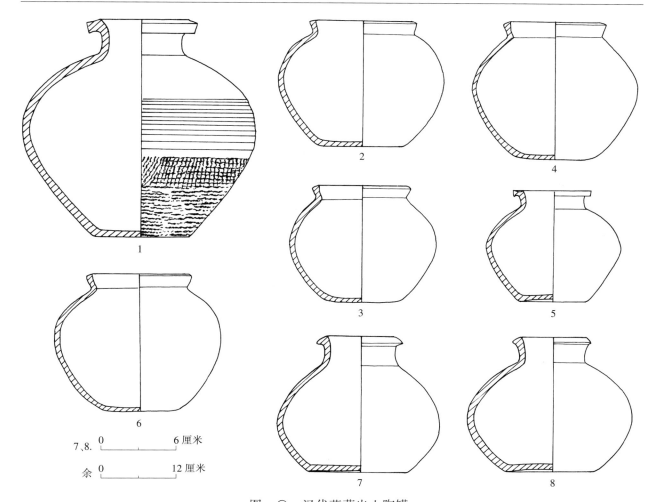

图一○　汉代墓葬出土陶罐

1. B 型（M2∶5）　　2~4、6. C 型罐（M8∶24、M8∶14、M8∶22、M8∶21）　　5. D 型（M8∶12）　　7、8. E 型（M8∶11、M8∶10）

M8∶12，直口，折沿，沿面微凹，方唇，短束颈，鼓腹略弧折，平底内凹。口径 12.5、腹径 21.3、底径 11、高 18.4 厘米（图一○，5；彩版八一，1）。

M4∶3，残存上部。直口，斜折沿，方唇，束颈，鼓腹。口径 10.6、残高 10 厘米。

E 型　4 件。

M8∶11，直口，窄斜沿，尖唇，直颈较高，溜肩，扁圆腹下垂，平底略内凹。器表有红白彩绘痕迹，已脱落不清。口径 6.8、腹径 13、底径 7.9、高 11.3 厘米（图一○，7；彩版八一，2）。

M8∶10，与 M8∶11 基本相同。口径 6.2、腹径 13.1、底径 7.1、高 11.2 厘米（图一○，8）。

M8∶13，与 M8∶11 基本相同。口径 6.7、腹径 14、底径 8.2、高 11.5 厘米。

M8∶25，与 M8∶11 基本相同。口径 6.7、腹径 13.1、底径 7.8、高 11.7 厘米。

壶　15 件，均泥质灰陶。盘口，圈足。分三型。

A 型　5 件。体型较大，腹浑圆，圈足较高。

M8∶18，浅覆盘形器盖。浅盘口，窄平沿，束颈略长，溜肩，圆鼓腹，圜底，矮喇叭状

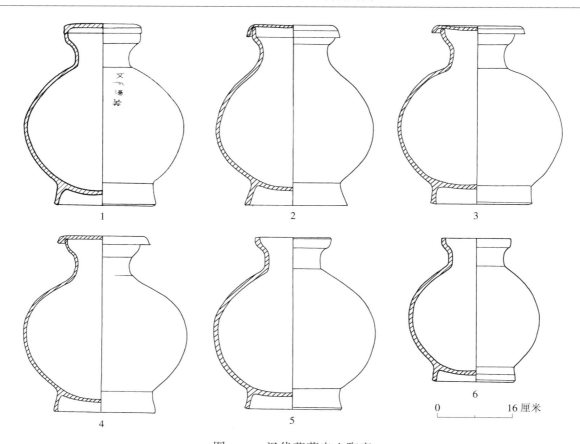

图一一　汉代墓葬出土陶壶

1～5. A 型（M8：18、M9：6、M8：30、M8：29、M8：19）　　6. B 型（M8：28）

圈足。颈腹部有白、红彩痕迹，已脱落不清。肩腹部刻有"文公酒器"四字。口径 16.2、腹径 33.8、足径 21.2、通高 40 厘米（图一一，1；彩版八一，4）。

M9：6，与 M8：18 近同。盘口较深。口径 16.9、腹径 33.5、足径 21.5、通高 39.2 厘米（图一一，2）。

M8：30，浅覆盘形器盖。盘口较深，窄平沿，颈明显内束，肩微鼓，腹浑圆，圜底近平，矮圈足。口径 15.9、腹径 35、足径 21.4、通高 39.2 厘米（图一一，3）。

M8：29，浅覆盘形器盖。深盘口，窄平沿，圆唇，颈明显内束，圆鼓腹，圜底，矮圈足。口径 16.1、腹径 34.5、足径 21.4、通高 38.8 厘米（图一一，4；彩版八一，3）。

M8：19，与 M9：6 近同，盘口较浅，腹部浑圆。颈及上腹部有白、红彩痕迹，已脱落不清。口径 16、腹径 34.2、足径 21、高 37.9 厘米（图一一，5）。

B 型　6 件。形体较 A 型略小。浅盘口，窄平沿，圆鼓腹略显瘦长，圜底，矮圈足。

M8：28，颈较短。口径 14、腹径 28、底径 17.5、高 31.6 厘米（图一一，6）。

M9：8，口上置圆饼状器盖。颈较长。口径 16.4、腹径 29.9、足径 18.5、通高 35.2 厘米（图一二，1）。

M9：7，颈较细长。口径 15.9、腹径 28.8、足径 18、高 34.7 厘米（图一二，2）。

图一二　汉代墓葬出土陶壶

1~5. B 型（M9：8、M9：7、M9：4、M9：3、M9：5）　　6~9. C 型（M8：17、M8：16、M8：15、M8：27）

M9：4，颈内束，圈足略高。口径 15.8、腹径 28.4、底径 14.2、高 33.9 厘米（图一二，3）。

M9：3，覆盘状器盖。口径 15.1、腹径 27.9、足径 17.1、通高 34.8 厘米（图一二，4）。

M9：5，颈较长。口径 16.8、腹径 29.7、足径 17.5、高 35.6 厘米（图一二，5；彩版八一，5）。

C 型　4 件。形体较小。盘口，矮圈足。

　　M8∶17，盘口较浅，窄平沿，束颈，鼓腹。颈部饰数周凹弦纹，颈与上腹部以白彩为地，饰一层红色彩绘，但脱落不清。口径15.9、腹径27、足径15.8、高27.2厘米（图一二，6）。

　　M8∶16，深盘口，圆唇，束颈，扁鼓腹。颈腹部以白彩为地，饰红色彩绘，但已脱落不清。口径15.3、腹径26.9、足径16、高27.3厘米（图一二，7）。

　　M8∶15，深盘口，圆唇，鼓腹略显瘦长。口径15、腹径27.6、足径16.2、高29.9厘米（图一二，8）。

　　M8∶27，深盘口，窄平沿，颈较细长，鼓腹略显瘦长。口径15.6、腹径26.5、足径16.4、高29.2厘米（图一二，9）。

　　2. 铜器

　　55件。器形有鼎、盆、钵、熏炉、镜、带钩、笄、钗、环、铆钉、耳环、铜扣、四叶饰、漆奁盒铜足、车饰、衔、镳、盖弓帽、车辖、车軎、纽等，另外还有铜钱57枚。

　　鼎　1件。

　　M8∶8，覆盘状弧面器盖，盖顶置有鸟形环纽三个。子母口，口上呈扁鼓腹，腹中部凸出一周腰沿，大圜底，三蹄形足，口两侧有对称的高附耳。口径14、腹径19、通高17.4厘米（图一三，1；彩版八二，1）。

　　盆　1件。

　　M8∶9，敞口，宽斜平沿，折腹，平底微内凹。口径30、底径15、高7.8厘米（图一三，3；彩版八二，3）。

　　熏炉　1件。

　　M8∶7，高镂空器盖。子母口，炉呈深盘状，直壁，平底，三高蹄状足。炉身一侧有一扁

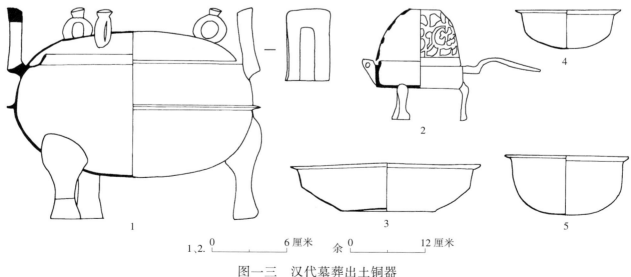

图一三　汉代墓葬出土铜器

1. 鼎（M8∶8）　2. 熏炉（M8∶7）　3. 盆（M8∶9）　4、5. 钵（M2∶6、M9∶9）

平折曲长把手，与其相对的另一侧有一穿孔鼻纽，其间有一铆钉，应属于与盖连接的结构。盖周身镂空为不规则长方形、三角形、心形、菱形等。口径 6.4、通高 9.2 厘米（图一三，2；彩版八二，2）。

钵　2 件。

M2∶6，敞口，斜折平沿，腹较深，圜底。口径 16.6、高 6.4 厘米（图一三，4；彩版八二，4）。

M9∶9，敞口，卷平沿，深腹，圜底近平。口径 19.4、高 9.6 厘米（图一三，5）。

漆奁盒铜足　3 件。

M9∶13 - 1，蹄状，内侧中空，半球形足根内侧有一较长插钉，应为漆奁盒底部三足附件。长 4.6 厘米（图一四，1）。

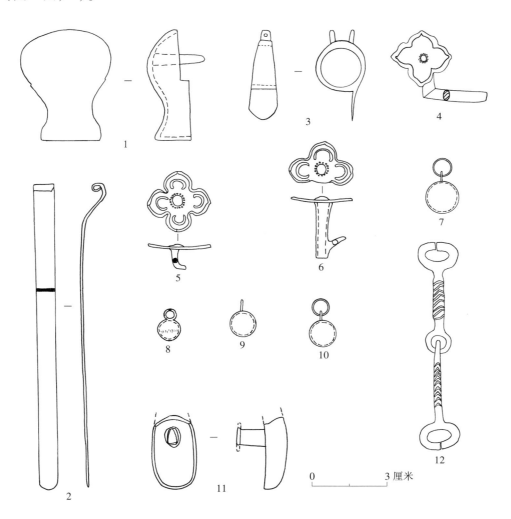

图一四　汉代墓葬出土铜器
1. 漆奁盒铜足（M9∶13 - 1）　2. 笄（M22∶1）　3. 铜纽（M9∶14）　4 ~ 6. 四叶饰（M9∶10 - 1、M8∶33 - 1、M8∶33 - 2）　7. A 型扣（M23∶2 - 1）　8 ~ 10. B 型扣（M22∶4、M23∶2 - 2、M23∶2 - 3）　11. 铜铆钉（M2∶3）　12. 铜衔（M8∶36）

铜纽　2件。

M8：23，圆环状。一侧附有插钉，另一侧置有扁平纽，可为漆器上的附纽。直径1.92、纽长1.2厘米。

M9：14，形体呈圆环形，一侧有插钉，另一侧有一扁平宽纽，应属漆木器上的纽鼻。直径1.9、纽长1.1厘米（图一四，3）。

车饰　1件。

M9：12，形体呈"L"形，可能为车饰明器。顶径2.35、钉长2.5厘米。

四叶饰　5件。

M8：33－1，顶为四花瓣造型，中间有一圆形花心，钉弯钩状。顶径2.55厘米（图一四，5）。

M8：33－2，顶为四花瓣造型，中间有一圆形花心，钉长直鱼钩倒刺状。顶径2.6厘米（图一四，6）。

M9：10－1～10－3，与M8：33－1基本相同（图一四，4）。

铆钉　1件。

M2：3，平面呈椭圆形，上部稍残，器表凸鼓，中空内壁置一粗长铆钉。残长3、宽1.8厘米（图一四，11）。

扣　8件（残2）。分两型。

A型　2件。形体为圆球状，上端伸出一圆环扣鼻与另一稍小圆环衔接相连。器表饰点状纹。

M23：2－1，铜扣直径1.3、上端圆环直径0.8、通长2.3厘米（图一四，7）。

B型　4件。形体为圆球状，上端伸出一圆环扣鼻。器表饰波浪纹及点状纹。

M22：4，铜扣直径0.9、上端圆环直径0.4、通长1.3厘米（图一四，8）。

M23：2－2，形体稍小。铜扣直径1.1、上端圆环直径0.5、通长1.5厘米（图一四，9）。

M23：2－3，铜扣直径1.1、上端圆环直径0.6、通长2厘米（图一四，10）。

笄　1件。

M22：1，扁平长条形，顶端弯曲下卷。通长12.5、宽0.7、厚0.1厘米（图一四，2）。

带钩　1件。

M8：5，形体呈琵琶状，一端残缺。残长4.5、宽1.8厘米（图一五，1）。

环　6件。

M4：1，为连环，一端为圆环，另一端为扁长方形环，中间有一菱形状转环衔接相连，器表并饰有圆点及斜线纹饰。通长5、宽1.8厘米（图一五，2）。

M8：26，椭圆形。长径3.4、短径2.1厘米（图一五，6）。

M5：1，圆形。直径2厘米（图一五，9）。其余3件与此相同。

耳环　1件。

M22：3，圆环状。器表饰点状纹，外缘饰锯齿纹。直径2.2厘米（图一五，10）。

钉　1件。

M18：3，顶部为五角星状，下端为圆锥状。顶端直径1.1、通长3.6厘米（图一五，3）。

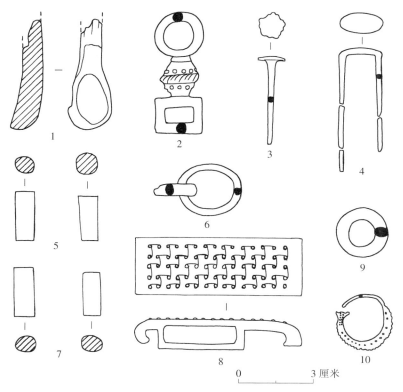

图一五　汉代墓葬出土器物

1. 铜带钩（M8：5）　　2、6、9. 铜环（M4：1、M8：26、M5：1）　　3. 铜钉（M18：3）　　4. 铜钗
（M15：1）　　5、7. 石耳塞和鼻塞（M8：1、M8：2）　　8. 玉剑璏（M8：6）　　10. 铜耳环（M22：3）

钗　1 件。

M15：1，残断，弯曲呈"U"形，两端呈圆锥状。残长 5、宽 1.8 厘米（图一五，4）。

衔　1 件。

M8：36，呈两节衔环状。通长 8.5 厘米（图一四，12）。

镳　5 件。分两种，一种呈"S"状，镳叶部作锯齿状装饰。M23：45，通长 9.4 厘米。另一种呈弯弓状，叶部有圆圈状装饰。M8：35-1，通长 5~5.7 厘米（图一六，2）。M8：35-2，通长 4.6 厘米（图一六，4）。

车軎　4 件。分别出于 M8 与 M9 两墓中。形体为上细下粗圆形，周身有数周凸棱，近底部残留两方形辖孔。

M8：3-1，残径 2.6、残长 2 厘米（图一六，1）。

M9：11-1，残径 1.6、残长 1.5 厘米（图一六，5）。

M9：11-2，残径 1.85、残长 1.5 厘米（图一六，6）。

车轙　1 件。

M8：32，形体中间呈"U"形状，下部周边作下垂的锯齿镂空状。宽 3.3、高 3.8、厚 0.1 厘米（图一六，3）。

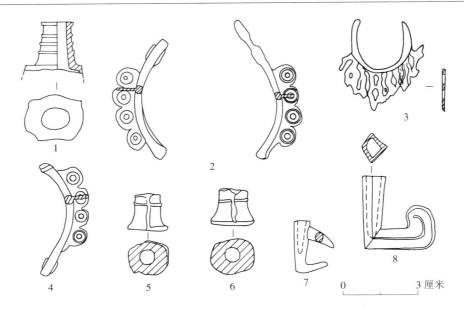

图一六　汉代墓葬出土铜器

1、5、6. 车軎（M8：3-1、M9：11-1、M9：11-2）　2、4. 镳（M8：35-1、M8：35-2）
3. 车輨（M8：32）　7. 盖弓帽（M8：34-1）　8. 车饰（M9：12）

盖弓帽　5件。

M8：34-1，顶部呈四叶形，中部有一弯钩。通长2.15厘米（图一六，7）。

车饰　1件。

M9：12，形体呈"L"形，直口向上内空呈菱形，另一端内实上卷呈羊角状。通高3厘米（图一六，8）。

镜　2件。

M5：4，草叶纹日光镜。圆纽，圆纽座。座外为一周单线方栏，方栏四角各为单瓣草叶纹，其外又有双线。两方栏之间有"见日之光，天下大明"铭文。双线方格外四面各饰有一小乳丁，乳丁两侧饰有二叠式草叶纹，四角各伸出一花苞二叶花枝纹。边为十六内向连弧镜。直径10.6厘米（彩版八二，5）。

M9：2，星云纹镜。连峰式纽，圆纽座，座外主区四枚圆座乳丁将其分为四区，每区内各饰有五枚弧线相连的星云状乳丁。其外饰两周凸弦纹，边为十六内向连弧镜。直径7.1厘米（彩版八二，6）。

铜钱　57枚，均为五铢钱。分别出自M2、M3、M5、M15四座墓葬。形制大体相同，"五"字中间相交两笔较直，"铢"字的"金"字头呈镞状或三角形，"朱"字头方折。部分钱币穿上或穿下有一横郭。钱径2.4~2.5、穿边长1厘米（图一七）。

3. 玉石器

5件。分别为玉剑璏和石耳、鼻塞。

玉剑璏　1件。

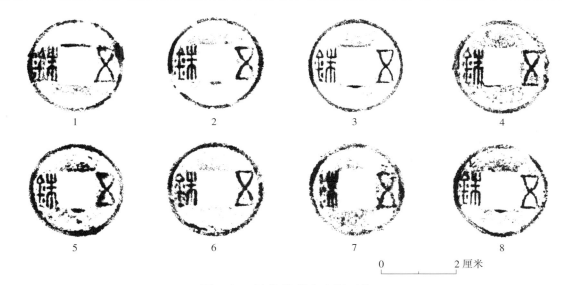

图一七　汉代墓葬出土铜五铢
1. M2:1-1　2. M2:1-2　3. M3:2-1　4. M3:2-2　5. M3:2-3　6. M5:2-1　7. M5:2-2　8. M5:2-3

M8:6，黄白色，形体表面呈长方形，正面中部饰成组的云气纹，背面上下为弯曲钩状，中下部有一长方形镂孔。通长6.6、宽2.3、厚1.3厘米（图一五，8）。

石耳塞、鼻塞　4件，耳塞和鼻塞各2件。M8:1、2，均为圆柱形。高分别为1.8、2厘米（图一五，5、7）。

三　宋代墓葬

（一）墓葬形制

9座（M6、M7、M11～M14、M19～M21），均为圆形穹隆顶砖室墓。

M6　方向180°。由墓道、墓门、墓室构成。墓圹平面呈椭圆形，长2.5（含墓道）、宽2.06、残深1.04米。墓较短小，墓门为砖砌，门两侧各有墙垛，为单砖错缝平砌，残存五层砖。墓门以砖封堵，砌筑方式为侧人字形。墓室破坏严重，仅存底部。墓室圆形，直径1.6米。残存墓壁为直壁，为单砖错缝平砌。平底，底部平铺一层砖。墓室内有人骨架三具，骨骼交叠堆放，均位于墓室北部。仅在墓道处出土1件残破瓷碗底（图一八；彩版八三，1）。

M12　方向187°。由墓道、墓门、甬道、墓室组成。墓道位于墓室南部，平面呈梯形，长2.8、宽0.9～1.8米，北端上口宽2.65米，底部呈台阶状。墓圹为土坑竖穴，略呈椭圆形，口径3.02～3.5、残深1.8米，坑底部铺垫一层厚约0.2米的沙黏混合土，经夯打，比较坚硬。墓门由门楼及甬道组成，但门楼已被破坏倒塌，从残存砖砌斗拱情况看，应是仿木质结构建筑的造型。门楼下端为甬道，宽0.65、高1.1米，上为拱形，均用侧立砖砌成。墓室略呈圆形，直径2.75、残高1.8米。墓壁为直壁，以单砖砌筑，墙厚15厘米。墓壁下部用砖砌成各种门窗及座椅等家具图案。墓顶为单砖砌筑的穹隆顶，残高1.55米。墓室前部也是用砖砌成，前庭呈长方形，东西长

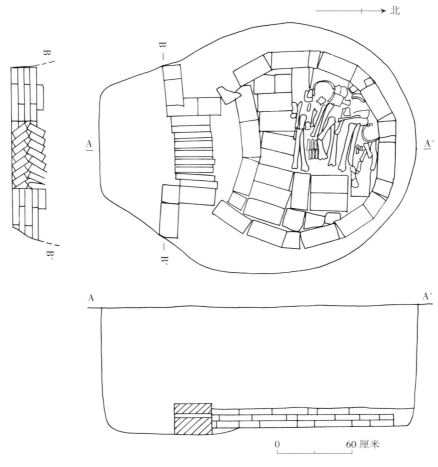

图一八　宋代 M6 平、剖面图

1.14、南北宽 0.68 米，周壁用加工成"工"字形的砖砌成花墙。北部应为棺床，用黏土与黄沙土混合夯打而成，非常坚硬。在墓门两旁各有一用竖砖砌成的小窗；在距墓底深 18 厘米处，也有用砖砌成的长、宽 0.35 米左右的窗框，其上部用砖雕刻成过梁。在墓室北壁，还有一个用砖砌成的大门图案，用两块削去侧棱角的砖作门框，上面用砖雕刻成门楣，两块立砖为门扇。其左右两侧墓壁上，分别雕刻有衣架、剪刀、钥匙、灯台、小窗等图案。残存的人骨架极为散乱，其葬式不清。仅在填土中发现残破铜钱 1 枚及残瓷盘 1 件（图一九；彩版八三，2）。

　　M14　方向 185°。墓葬顶部被破坏，由墓道、墓门、墓室组成。墓道位于墓室南部，较为宽大，平面呈梯形，南北长 2.6、宽 1.5～2.5 米。底部呈南高北低的台阶状。墓道底部中间有直径 0.46 米近圆形的红烧土面，或为当时人们祭祀焚烧物品时的残迹。墓圹为圆形竖穴土坑，直径 2.8、残深 2.4 米。坑底较为平整，且铺垫一层厚约 2 厘米的沙粒及黏土。墓门由门楼及甬道组成，门楼顶部被破坏，残高 0.7 米。从残存情况看，系采用单砖平砌门楼墙体，门楼上部有用单砖错缝平砌起脊、下部用两层单砖刻成瓦及斗拱的形状，总体似应为仿木结构的斗拱建筑。从门楼顶部至甬道底部，宽 1.74、残高 2.55 米。墓室圆形，室内直径 2.26、残高 2.25 米。墓壁下部为直壁，高约 1.4 米，顶部为穹隆顶，顶部残高 0.85 米。墓室北部有砖砌棺床，高 31 厘米。墓壁

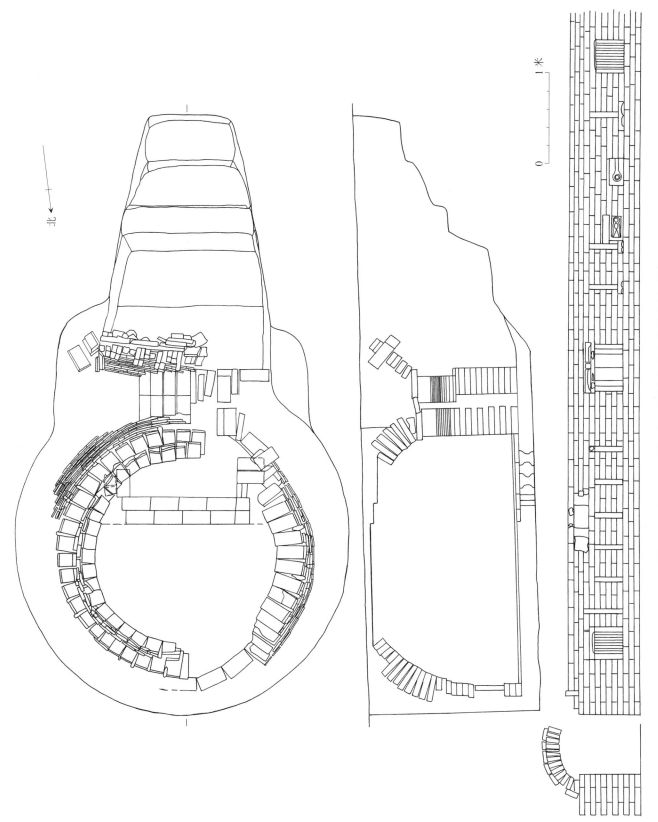

北

1米

0

图一九　宋代 M12 平、剖面图及墓壁砖砌图案展开图
上：平、剖面图　下：墓壁砖砌图案展开图

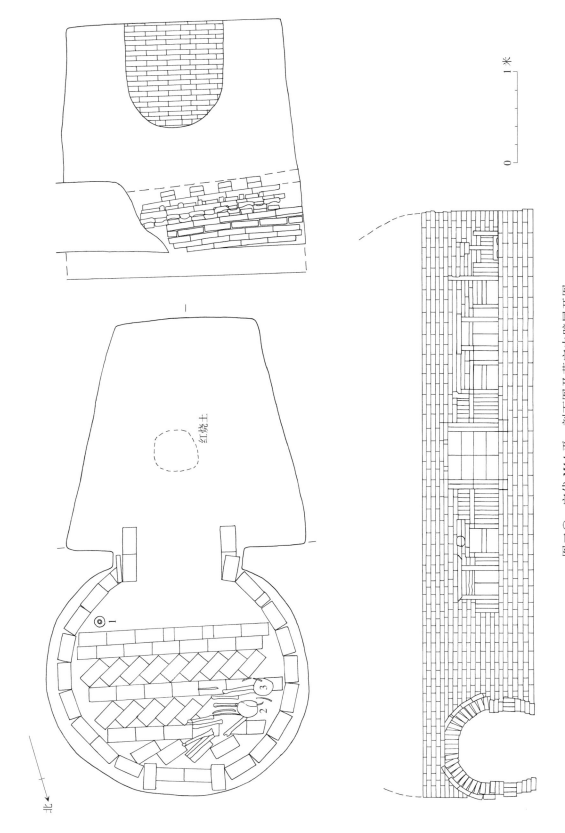

图二〇　宋代 M14 平、剖面图及墓室内壁展开图

上：平、剖面图　下：墓室内壁展开图

1. 白瓷碗　2. 陶罐　3. 黑瓷碗

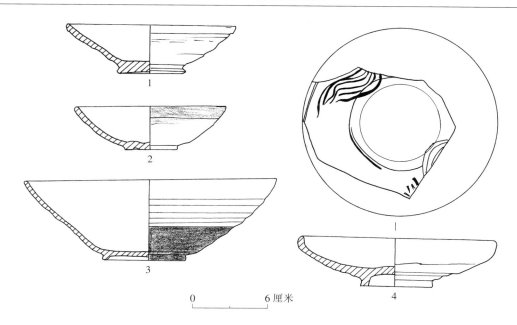

图二一　宋代墓葬出土瓷碗
1、2、4. 白瓷碗（M13∶1、M14∶1、M12∶2）　　3. 黑瓷碗（M14∶3）

下部，在墓门正对的位置有砖雕的大门，门高 0.7、宽 0.6 米，由八块单砖侧立构成。大门东侧分别用砖砌成桌子一张，桌子两边各有一把椅子。椅子南侧，又用高 40 厘米的三块青砖，雕砌成"工"形的灯台。砖雕大门西侧，依次砖雕有一矮方桌和一个高方桌。矮方桌的桌面上，还雕刻放置一带盖的碗状器皿。墓内随葬品仅残存瓷碗 2 件（图二〇）。

（二）随葬品

白瓷碗　3 件。

M13∶1，口沿下部内壁施白釉。敞口，平沿，尖唇，斜腹，平底，矮圈足。口径 13.5、足径 5.4、高 4 厘米（图二一，1；彩版八四，1）。

M14∶1，口沿下部内壁施白釉。敞口，平沿，圆唇，斜腹，内底微凸，矮假圈足。口径 12、底径 4、高 3.6 厘米（图二一，2；彩版八四，2）。

M12∶2，器表上腹施浅黄釉。直口，圆唇，浅腹，圜底内凸，圈足。浅黄釉面上并饰酱黑色树叶纹等。口径 15.6、足径 5.8、高 4 厘米（图二一，4）。

黑瓷碗　1 件。

M14∶3，器表上腹为浅黄色，下腹为酱黑色。敞口，圆唇，斜腹，平底，圈足。口径 20.2、足径 6.8、高 6.6 厘米（图二一，3）。

四　清代墓葬

5 座（M17、M18、M22、M23、M24）。其中土坑竖穴石椁墓 2 座（M22、M24）、梯形夫妻并

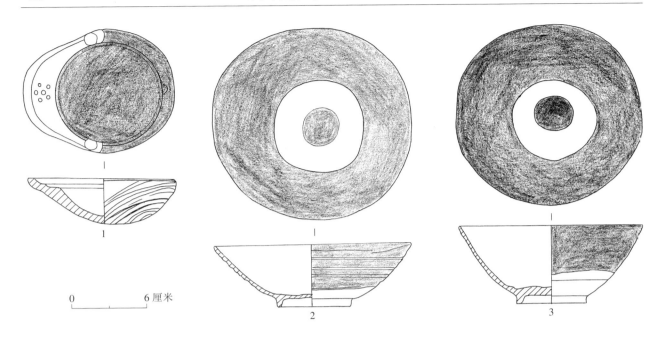

0 ____ 6 厘米

图二二　清代墓葬出土瓷器
1. 瓷灯盏（M18：3）　2、3. 黑瓷碗（M17：2、M18：1）

穴双室木棺墓 1 座（M17）、土坑竖穴单室木棺墓 2 座（M18、M23）。出土有黑瓷碗、瓷灯盏、陶瓦、铜钱等（图二二；彩版八四，3~5）。

五　宋代窑址

Y1　位于墓地中南部。由火门、操作间、窑室组成。火门分东、西两火门。位于操作间北部、西北部。方向向南 192°。东火门较正，是东窑室的；西火门位于操作间西北。操作间位于两窑室火膛南部，其平面形状呈梯形，西北角外又挖出一部分，便于同烧两窑室，长 2.6、北端宽 2.35、南端宽 1 米。操作间为斜壁、不规则圜底，底部由南向北倾斜，下部伸至东侧火门，西侧火门较高，现存深度南侧 0.25、北端 0.65、西北角 0.5 米。窑室分东、西两部。东窑室分火膛、窑床、烟道三部分。火膛位于窑室西侧，较窑床深 0.1 米，残存深度 1.1 米，东西为 0.22~0.55 米，南端较宽，在窑室南侧底部，有一凹槽与火膛相连，东西长 1.3、宽 0.2~0.26 米。窑床位于窑室东部，由东向西倾斜，残深 0.9~1 米。烟道在窑室东上部，底距窑床高 0.4、宽 0.15、进深 0.36、口东西长 0.24、南北宽 0.14 米。西窑室位于东窑室西侧，窑床已被破坏，仅存火膛。南北长 1.2、宽 0.5、残深 0.5 米。在火门、火膛、窑床壁上均有一层青灰硬面，外面有较厚的红烧土及残存瓷片等。我们依据出土的瓷片判断，该窑可能为一处民间烧制瓷器的小瓷窑，时代为宋代。

六　结语

西大吴墓地的这批墓葬，时代特征较为明显。汉墓中的 M3、M2，出土折腹罐及同出的五铢钱具有时代较早的特征，M5 出土的日光草叶纹镜以及 M9 出土的星云纹镜，都是流行于西汉中期的镜式。其他墓葬如 M5、M8、M9 等墓出土的陶器，根据以往对山东地区汉墓陶器的研究结果来看，也应属于西汉中期。个别墓葬如 M8，不仅出土了大批的陶器，而且还出土有保存基本完好的青铜器。在一件圈足陶壶（M8∶18）的腹部还有"文公酒器"的刻划铭文，墓主应具有一定的身份地位。M5 发现的人物陶罐，人物刻划得栩栩如生，生活气息极为浓厚，为汉代陶器中所罕见，堪称是这次发掘中的精品。

9 座宋代时期圆形穹隆顶砖室墓，虽然破坏严重，但墓葬的基本结构尚清晰，特别是部分墓室的周壁，用砖垒砌或模制出日常生活中的用品用具，与以往山东发现的同一时期墓葬情况基本一致，时代特征较为明显。

执笔：李曰训　张　芳
　　　陈　奇　刘汉忠
　　　吴振国　程　勇
绘图：张圣现　周宽超
清绘：王站琴
摄影：李曰训（工地）
　　　李顺华（器物）

附表　西大吴墓地墓葬登记表

（长度单位：米）

墓号	墓葬类别	方向	墓圹尺寸（长×宽-深）	石椁尺寸：长×宽-高 木棺：长×宽-残迹厚	头向、葬式	随葬品及其放置位置	时代	备注
M1	石椁墓	101°	3.2×1.9-0.45	石椁底板：3×1.26-0.14	不详		西汉中期	被M2打破
M2	石椁墓	101°	3.1×1.72-2.6	石椁：2.56×1.14-1.24 木棺：2×0.7-0.13	头向东，仰身直肢葬	陶罐A、B；铜钵、铜五铢18、铆钉	西汉中期	打破M1
M3	石椁墓	108°	3.1×1.55-2.9	石椁：2.6×1.14-1.25 木棺：2.04×0.72-0.11	头向东，仰身直肢葬	陶罐A2；漆盒（残破严重）；铜五铢10	西汉中期	
M4	石椁墓	104°	4.2×2.9-2.4	木椁：2.5×1.8-0.64 北侧木棺：2.08×0.55-0.04 南侧木棺：2.08×0.66-0.04	头向东，葬式不详	陶罐D；铜环；铁剑（残）	西汉中期	双室
M5	石椁墓	110°	2.8×1.5-2.7	石椁：2.48×1.14-1.18 木棺：2.14×0.72-0.18	头向东，仰身直肢葬	陶罐B2；铜环4、镜、五铢28；残铁器（残）；木篦（残），木	西汉中期	
M6	砖室墓	180°	2.5×2.06-0.25	墓道：0.6×(0.74~1.4)-(0.2~0.25) 墓门：(0.56~0.6)×0.42-0.25	三人二次葬，头向西	瓷碗底	宋代	
M7	砖室墓	180°	2.14×2.16-1.28	墓道：0.8×0.72-1.26	头向、葬式不详		宋代	
M8	砖椁墓	106°	5.1×3.1-3.15	砖椁：3.4×3.3-1.3 木椁：2.64×1.98-0.22 木棺：2.44×0.84-0.18	头向东，仰身直肢葬	陶罐C4、D、E4、鼎、壶A4、B、C4；铜鼎、盆、熏炉、环、四叶饰7、铜组衔、镳2、车軎2、盖弓帽5、车辖、带钩、铁剑、刀；玉剑璲、石耳塞2、石鼻塞2	西汉中期	

续附表

墓号	方向	墓葬类别	墓圹尺寸（长×宽-深）	石椁尺寸：长×宽-高 木棺：长×宽-残迹厚	头向、葬式	随葬品及其放置位置	时代	备注
M9	103°	木椁墓	4×3.2-3.8	木椁：2.78×2.3-1.1 木棺：2.2×1-0.17	头向东、仰身直肢葬	陶壶A、B5；铜钵、镜、漆瓷铜足3、四叶饰3、铜纽、车饰、车軎2；木梳	西汉中期	
M10	103°	木椁墓	3.6×1.6-2.7	木椁：3×0.97-1 木棺：2.74×0.78-0.8	头向东、葬式不详		西汉中期	
M11	184°	砖室墓	2.8×2.5-1.8	墓道：2.2×0.94-1.8 墓门南端：2.2×1.2-1.8 墓门北端：1.6×1-1.64	不详		宋代	
M12	187°	砖室墓	3.5×3.02-1.8	墓道：2.8×(0.9~1.8)-(0.5~1.8)	不详	白瓷碗；"乾元通宝"铜钱	宋代	
M13	197°	砖室墓	墓圹近圆形：2.84×2.2-1 墓门半圆形，宽0.64，高0.94米	墓道：约2.3×1.1-1.06	不详	白瓷碗	宋代	
M14	185°	砖室墓	2.8×2.8-2.4	墓道：2.6×(1.5~2.52)	不详	白瓷碗、黑瓷碗、瓷罐	宋代	
M15	105°	砖室墓	3.42×2.05-2.65	砖椁：3.3×1.96-1.7	不详	铜钱（残）、钗	东汉	
M16	105°	砖室墓	3×1.2-1.1	砖椁：2.48×0.92-0.6	均不详		东汉	
M17	189°	土坑夫妻合葬墓	2.3×(1.14~1.36)-1.1	左木棺：1.96×(0.54~0.65)-0.2 右木棺：1.9×(0.48~0.56)-0.2	头向西南、仰身直肢	陶瓦；黑瓷碗	清代中期	
M18	10°	木棺墓	2.44×(0.8~1)-1.04	木棺：1.88×(0.48~0.62)-0.12	头向北、仰身直肢葬、已腐朽	铜钉；黑瓷碗、瓷灯盏	清代中期	

续附表

墓号	墓葬类别	方向	墓圹尺寸（长×宽-深）	石椁尺寸：长×宽-高 木棺：长×宽-残迹厚	头向、葬式	随葬品及其放置位置	时代	备注
M19	砖室墓	191°	2.6×2.6-1.7	墓道：1.6×0.95-1.12	不详		宋代	
M20	砖室墓	180°	2.92×2.92-1.9	墓道：1.5×1.12-0.72	不详	"乾元通宝"铜钱	宋代	
M21	砖室墓	186°	3.18×2.8-1.7	墓道：残1.4×1.94-（1.3~1.7）	不详		宋代	
M22	石椁墓	193°	3.4×2-0.82	石椁：3.2×1.52-0.33 木棺：2.44×0.68-0.1	头向南，仰身直肢葬	铜笄，耳环，"嘉庆通宝"铜钱，扣4	清代中期	
M23	单室木棺墓	194°	3×1.5-0.72	木棺：2×（0.54~0.68）-0.1	头向南，仰身直肢葬	"道光通宝"、"嘉庆通宝"铜钱，扣4	清代中期	
M24	单室石椁墓	13°	2.18×1.06-0.76	石椁：3.2×1.52-0.75 木棺：1.9×0.52-0.12	头向北，仰身直肢葬		清代中期	

曲阜朱家庄遗址发掘报告

山东省文物考古研究院

一　前言

朱家庄遗址位于曲阜市董庄乡朱家庄村东南约 50 米，董柘路北侧，东北距董庄乡 700 米，西南距曲阜市 13 千米（图一）。遗址处于平原，地势略高于周围，西部为险河，北部险河支流穿过遗址中部，下切达 3 米多，切壁可见暴露文化堆积层。遗址东西长 200、南北宽 500 米，面积约 10 万平方米。京沪高铁南北向穿过遗址西部（图二）。

为了配合京沪高速铁路建设工程，山东省文物考古研究所于 2007 年底考古调查，首次发现朱家庄遗址，并于 2008 年 5 月对其进行考古发掘。

发掘区位于险河支流南部约 100 米，沿京沪高铁铁路施工便道西侧布 5 米×5 米探方 16 个，连同扩方实际发掘面积为 373.5 平方米。方向 11°（图三；彩版八五）。此次发掘收获主要以宋代遗存为主，遗迹有房址、灰坑、灶。本次发掘领队为孙波，参与人员有孙波、何德亮、韩辉、房成来、张子晓、张学堂、张胜现、周宽超。发掘期间得到京沪高速铁路建设部门的大力支持，在此表示感谢。

二　地层堆积

地层堆积共分为 5 层，遗迹主要开口于第 2、3 层下。第 1～3 层为原生文化堆积，第 4、5 层为冲积层（图四）。

第 1 层，耕土，厚 0.11～0.25 米。

第 2 层，近代层，黄褐色粉沙土，结构较致密。厚 0.08～0.24 米。该层遍布整个发掘区。出土瓷碗、支架，陶盆、砚台、陶球及磨石等遗物。F4、G1、H1 开口于本层下。

第 3 层，灰褐色、浅灰褐色粉沙土，质较疏松，厚约 0～0.22 米。内含少量红烧土粒及黄土粒、炭屑。分布在发掘区南部。出土有瓷碗、白瓷俑、铜钱、滑石猴等。大部分房址、灶址、沟和灰坑开口于本层下。

第 4 层，灰褐色粉沙土，较致密。厚约 0.2 米。内含较多的灰褐色土块、红烧土颗粒及少量

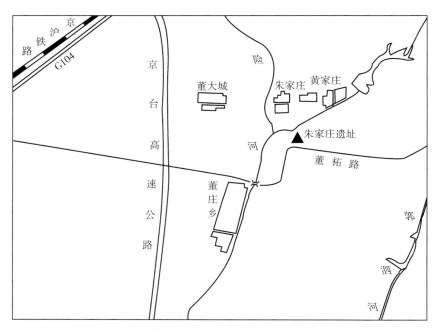

图一 遗址位置示意图

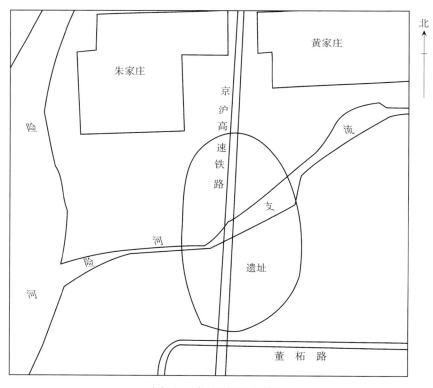

图二 遗址平面示意图

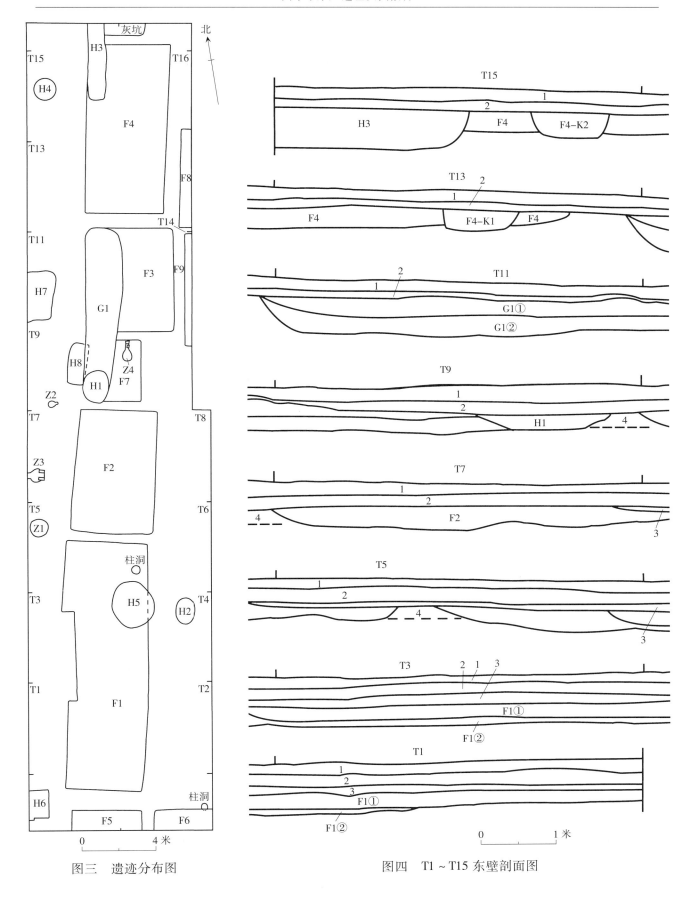

图三 遗迹分布图

图四 T1～T15 东壁剖面图

陶粒。该层遍布整个发掘区。出土瓷碗，陶盆、罐、瓮，铜钗、铜钱残片等。H8 开口于该层下。

第 5 层，浅灰褐粉沙土，较疏松。发现有汉代陶瓦片。厚度不明。

三 宋代遗存

主要有房址、灶址、灰坑和沟。

1. 房址

9 座，F1～F4、F7 全部揭露，其余暴露一部分。房址均呈长方形，南北向，略偏东北。上部破坏严重，不见门道、活动面等，仅残留房基底部。一般长约 6～9、宽约 4～4.5 米。房址南北成排，西面较开阔，建筑物少，似为庭院。在 F1、F2 的西部有 3 个灶，推测为露天灶。房基呈浅坑状，斜壁，底不平。边界处相对较硬。建造方式为先挖基坑，然后取土垫实，垫土上砌墙。F3 可见基坑东南部砖墙遗存。

F1 位于 T1～T6 及 T1、T2 南部扩方中。开口于第 3 层下，被 H5 打破。留有墙基残痕和室内垫土。平面呈南北长方形，西部中间部位内缩方折，呈"凹"字形，长约 13.6～13.8、宽 4.14～4.54 米，中部内凹部分南北长 4.9、宽 0.5～0.7 米，面积约 59 平方米。东北角残留一处柱洞底部，平面圆形，直径 0.46 米。房基垫土可分 2 层：第 1 层浅灰褐土，厚约 0～0.25 米；第 2 层灰褐土，厚约 0～0.34 米。出土较多陶、瓷片，可辨器形有瓷碗、瓷纽、陶瓮、陶盆、铁镰、残石器等（图五）。

瓷碗 2 件。内及外上部施青白釉。均敞口，矮圈足。

F1：2，尖唇，斜壁。内底有支钉痕。口径 20、底径 7.1、高 6.7 厘米（图五，1）。

F1：4，圆唇，弧腹。口径 13.4、底径 5.6、高 5.6 厘米（图五，2）。

陶瓮 1 件。

F1：7，泥质灰陶。直口，圆唇，广肩。口外多凸棱。口径 56.4、残高 17.5 厘米（图五，4）。

陶盆 2 件。均泥质陶。敞口，方唇。

F1：6，灰陶。折沿外卷，唇外缘有凹槽，斜腹。口径 63、残高 9.8 厘米（图五，3）。

F1：8，红陶。卷沿，折腹。腹外多凸棱。内壁一道凹槽，为修整所致。口径 40、残高 9.2 厘米（图五，5）。

铁镰 1 件。

F1：3，后端卷成筒状，前部为长方体。长 14.5、宽 2.4～3.1 厘米（图五，6）。

F2 位于 T5～T8 内。开口于第 3 层下，打破第 4 层。平面略呈梯形。南北向，北端宽 4.2、南端宽 4.48、长 6.55～6.6、深 0.35 米，面积约 28.7 平方米。四边圹较为明显，尤其东、北、西三面，南边稍模糊。房基南北两端各有一东西向的不规则坑，中间有一略低的沟状相连。坑底不平，边线不甚明显。垫填灰褐色粉沙土，较紧密，内含灰色土块、黄褐色沙土粒及少量红烧土颗

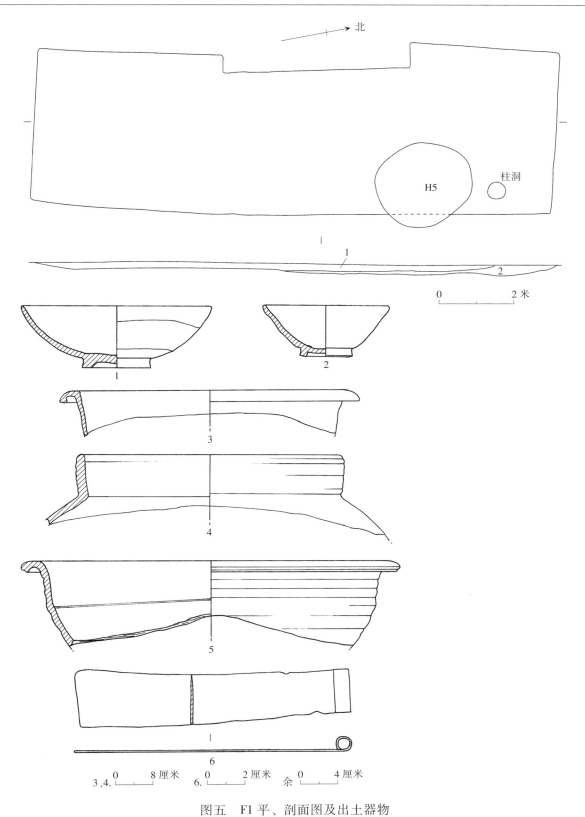

图五　F1 平、剖面图及出土器物
1、2. 瓷碗（F1：2、F1：4）　3、5. 陶盆（F1：6、F1：8）　4. 陶瓮（F1：7）　5. 铁镰（F1：3）

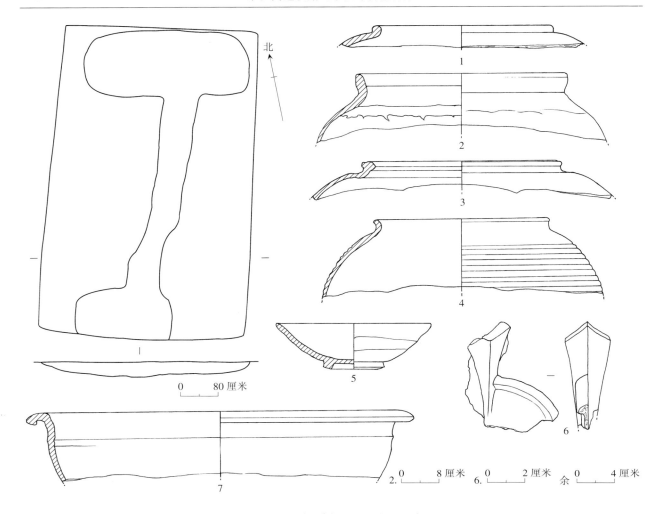

图六　F2 平、剖面图及出土器物

1、3、4. 陶罐（F2：11、F2：3、F2：10）　2. 陶瓮（F2：8）　5. 瓷碗（F2：7）　6. 铁舀（F2：5）　7. 陶盆（F2：9）

粒。出土较多灰褐色陶片、陶砖、瓷片以及少量兽骨等。可辨器形有瓷碗、盏、罐，陶瓮、罐、盆，陶瓦片、砖块、铜条、石夯具等（图六；彩版八六，1）。

瓷碗　1 件。

F2：7，内及外上部施白釉，外中部施青釉。敞口，尖唇，斜壁，矮圈足。口径 16.5、底径 6.5、高 5 厘米（图六，5）。

陶瓮　1 件。

F2：8，泥质灰陶。直口稍侈，圆唇，鼓腹。肩部内外均有拍制痕迹。口径 45、残高 14.6 厘米（图六，2）。

陶罐　3 件。均泥质灰陶。敛口，鼓腹。

F2：3，方唇，唇内外凹。有鼻残留痕。口径 21.2、残高 4.2 厘米（图六，3）。

F2：10，敛口稍外卷，圆唇。腹多凸棱。口径 18.6、残高 8.3 厘米（图六，4）。

F2：11，圆唇。口径 19、残高 2.3 厘米（图六，1）。

陶盆　1件。

F2∶9，泥质灰陶。敞口，卷沿，尖圆唇，弧腹。口径40.8、残高7.6厘米（图六，7）。

铁釜　1件。

F2∶5，残。残高5.8厘米（图六，6）。

F3　位于T11、T12、T14内。开口于第2层下，被G1打破，打破第4层。平面呈长方形，南北长5.8、东西残长3.8米，面积约22平方米。房基在西北部有一坑，东侧、南侧底面经烧烤，呈红色，深0.35米，功能不明。东南部垫土上部，残存一段青砖墙。仅余一层。长约2.5、宽约0.4米。墙体为内外两层砖，中间填土。房基垫填灰褐色粉沙土，质疏松，内含大量木炭及草木

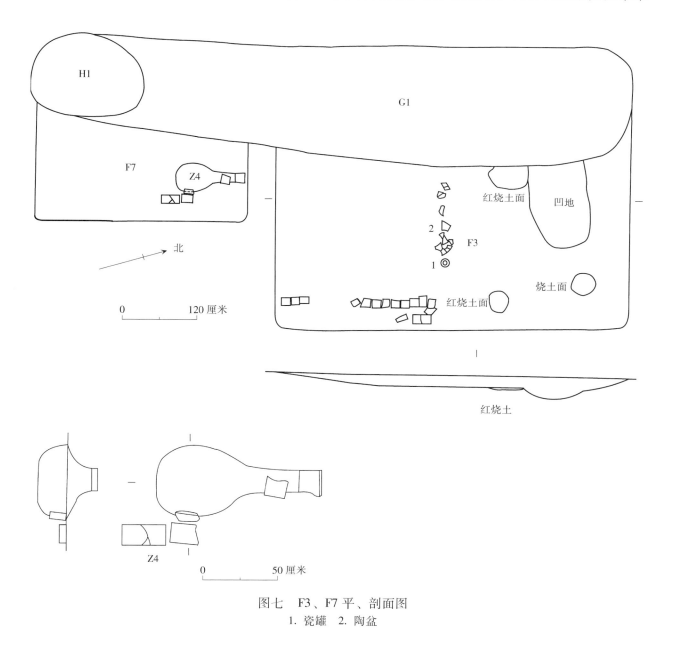

图七　F3、F7平、剖面图
1. 瓷罐　2. 陶盆

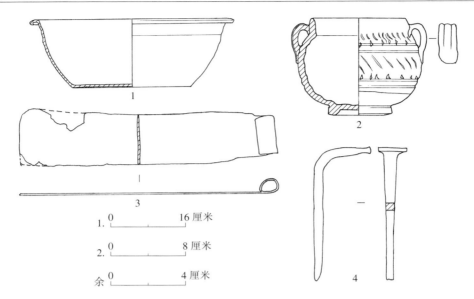

图八　F3、F7 出土器物

1. 陶盆（F3 垫土①:2）　2. 瓷双耳罐（F3 垫土①:1）　3. 铁镰（F7:2）　4. 铁钉（F3 垫土①:5）

灰、红烧土粒及少量兽骨。厚 0～0.2 米。出土较多陶瓷片，可辨器形有陶罐、盆、砖块、瓷碗及砺石、残铁钉、滑石饰件等。中间偏东处出土碎陶盆和完整瓷罐各 1 件。罐口向下扣于地面（图七；彩版八六，2、3）。

瓷双耳罐　1 件。

F3 垫土①:1，外施黄釉偏白，不及足。直口，圆唇，鼓腹，矮圈足，肩饰对称系耳。腹部四道凹弦纹，并间两格斜刻线纹及三角戳印纹。口径 10、底径 6.7、高 10.6 厘米（图八，2）。

陶盆　1 件。

F3 垫土①:2，泥质灰陶。敞口，平折沿外卷，尖圆唇，弧腹，平底。口沿下一周附加堆纹，外腹部有凸棱。口径 43、底径 24.7、高 14.9 厘米（图八，1）。

铁钉　1 件。

F3 垫土①:5，残长 7.2 厘米（图八，4）。

F4　位于 T13、T15 东部，T14、T16 西部。开口于第 2 层下，被 H3 打破，打破第 4 层。平面呈长方形，南北长 9.38、东西宽 4.3～4.5、深 0.2～0.27 米，面积约 41 平方米。房址基坑底部南北向分布三个坑，为建房取土时形成。垫填灰褐色沙土，结构紧密，内含少量红烧土粒、兽骨。出土较多灰褐陶片、砖块及少量瓷片。可辨器形有瓷碗、盏、罐、支架、兽、佛，陶盆、罐、瓮、瓦及铜簪、铜耳环、铁钉、钉铃（图九；彩版八六，4）。

瓷碗　2 件。均敞口。

F4:4，内及外部施白釉。尖唇，弧腹，矮圈足。内底有支钉痕。口径 20.2、底径 7.2、高 7.2 厘米（图九，1）。

F4:9，内及外大部施酱釉。圆唇，斜腹微鼓，圈足。内饰牡丹花图案，外饰削棱。口径

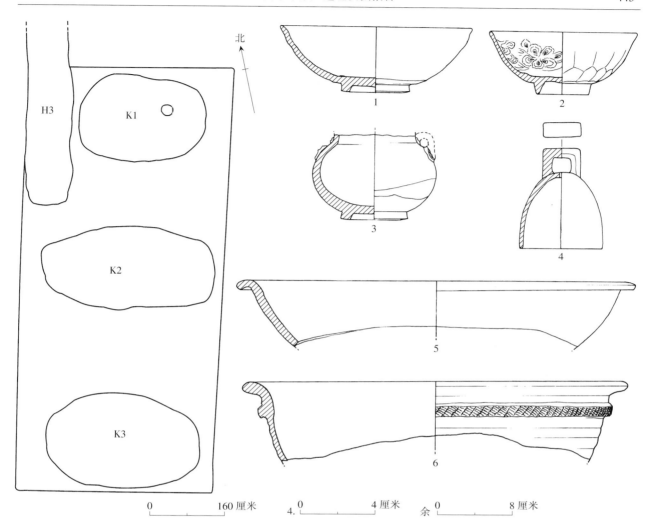

图九　F4 平、剖面图及出土器物

1、2. 瓷碗（F4：4、F4：9）　3. 瓷双耳罐（F4：8）　4. 铁铃（？）（F4：1）　5、6. 陶盆（F4：18、F4：17）

15.7、底径 5.5、高 6.8 厘米（图九，2）。

瓷双耳罐　1 件。

F4：8，内外施白釉，外下施青釉。直口，圆唇，鼓腹，矮圈足。颈肩部存耳残痕。腹下部及足素烧。底径 7、残高 9.3 厘米（图九，3）。

陶盆　2 件。均泥质灰陶。敞口，卷沿，圆唇。

F4：17，弧腹。口沿下一周附加堆纹，外腹部有凸棱。口径 40.6、残高 8.7 厘米（图九，6）。

F4：18，斜腹。口径 42、残高 7.1 厘米（图九，5）。

铁铃（？）　1 件。

F4：1，锈蚀严重。方纽，截面椭圆形。直径 4.4、纽长 2、高 5.5 厘米（图九，4）。

F7　位于 T10 内。F3 与 F7 紧邻，根据布局可能为一体。开口于第 2 层下，被 G1、H1 打破，打破第 4 层。从现存情况看，应是长方形或方形，南北长 3.45、东西残宽 2、深 0.2～0.23 米，面

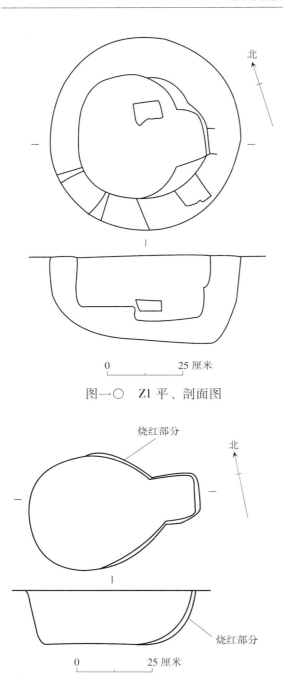

图一〇　Z1 平、剖面图

0　　　　　25 厘米

烧红部分

北

图一一　Z2 平、剖面图

烧红部分

0　　　　　25 厘米

积存 5.7 平方米。房基垫填灰褐色粉沙土，较致密。内含较多红烧土粒、草木灰、炭屑等，厚约0.23 米。出土较多砖块、陶瓷片、兽骨等，可辨器形有瓷碗、罐，陶罐、盆，铁镰。在房址东北角，有一灶，编号 Z4（彩版八六，5）。平面呈瓢形，半地穴式，剖面为勺状，南阔北窄，长 1.1 米。灶膛在南部，呈椭圆状，斜壁圜底。直径 0.5 ~ 0.58、深 0.2 米。灶膛外侧残存两块砖。烟道呈勺把状，长约 0.5、宽 0.15 ~ 0.2 米，由火膛向北斜上延伸，北端存砖块，为烟道底部铺砖。灶址周边经烧烤，呈红色。底部未见红烧土。灶内填疏松灰土，含大量草木灰及较多木炭、红烧土粒。出土有陶片、砖块（图七；彩版八六，2）。

铁镰　1 件。

F7:2，后端卷成筒状，前部为长方体。长13.6、宽 2 ~ 3.1 厘米（图八，3）。

2. 灶址

4 座。Z4 从属于 F7，上面已介绍。

Z1　位于 T5 西部。开口于第 3 层下，打破第 4 层。平面呈瓢形，东西向，烟道向东。灶膛为圆形，直壁。直径约 0.64、深 0.26 ~ 0.32 米。底西高东低，高差 0.06 米。灶膛基本为残砖坯垒砌，仅一块残砖砌入。填深灰褐色粉沙黏土，质较疏松。内含少量烧土颗粒和炭屑（图一〇；彩版八七，1）。

Z2　位于 T9 西南部。开口于第 2 层下，打破第 4 层。平面呈瓢形，东西向，仅存其下部。烟道向东。火膛平面呈圆形，斜壁平底。直径 0.4 米。

烟道东西、南北均约 0.15、深 0.18 米。灶的东部和烟道明显有烧烤痕迹，红色烧结壁厚 0.01 米。内填灰褐色粉沙土，质较疏松。内含少量红烧土颗粒（图一一；彩版八七，2）。

Z3　位于 T7 西部略偏南，部分压于探方西壁下。开口于第 2 层下，打破第 4 层。平面呈瓢形，东西向，仅存其下部。烟道向西。灶膛圆形，南北约 0.75、东西约 0.72、最深 0.25 米。烟道南北宽 0.32、东西清理 0.2、深 0.14 米。烟道底部平整，灶膛底部为圜底。灶为下挖坑，上部和灶底部用砖铺成。东侧用几块碎块平铺一层，呈圆弧形。火门南北两侧各有一块整砖，东西向放置。整砖长30、宽14、厚4厘米。灶底部由三块半砖平铺而成，南北向排列。自烟道向东，灶床至火膛，渐次走低。灶东部为一不规则的圆形坑，类似于火膛，较西部灶床低0.04米左右。南北宽约0.3、东西约0.25米。灶床呈倾斜状向上至烟道。火膛底部有较多的灰。灶内填灰土，质较疏松。内含较多红烧土颗粒（图一二；彩版八七，3）。

3. 灰坑

8座。

H1 位于T9东南部。开口于第2层下，打破G1和第4层。平面呈椭圆形，斜壁，圜底，壁面较规整，地面无加工痕迹。南北长约为1.86、东西宽1.4、深0.3米。填灰褐色土，质较疏松，内含少量烧土颗粒。出土大量陶、瓷片等（图一三）。

H2 位于T4北部。开口于第3层下，打破第4层。平面呈椭圆形，斜壁，平底，壁，底面较规整，东西长1.42、南北宽1.02米，底部长1.18、宽0.78米，深0.34米。填灰褐色土，质较疏松。内含少量烧土颗粒、炭屑。出土较多陶、瓷片，可辨器形有瓷碗（图一四）。

瓷碗 1件。

H2：1，内及外上部施白釉。敞口，尖唇，斜壁，矮圈足。口径20.4、底径7.2、高7.4厘米（图一四，1）。

H3 位于T15、T17内。开口于第2层下，打破F4、4层。平面呈圆角长条形，斜壁内收，近平底。口南北长4.17、东西宽0.9~0.96米，底部长3.8、宽约0.8米，深0.56米。填灰褐色粉沙黏土，

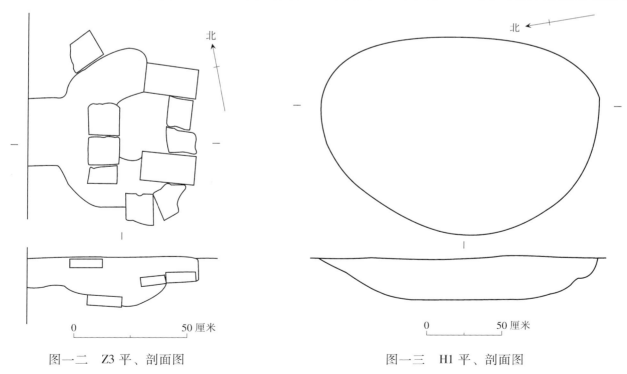

图一二　Z3平、剖面图　　　　　　　图一三　H1平、剖面图

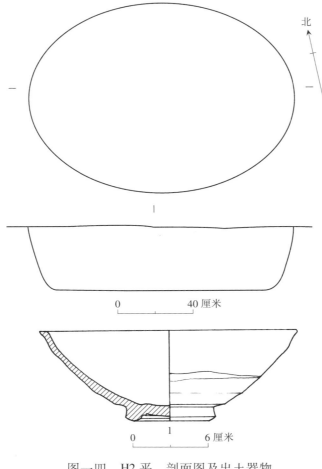

图一四 H2 平、剖面图及出土器物
1. 瓷碗（H2:1）

质较疏松，内含少量的烧土颗粒及大量砖块、瓦片、陶瓷片和少量石块等。可辨器形有瓷碗（图一五）。

瓷碗 1 件。

H3:1，内外部施酱釉。敞口，圆唇，弧腹，矮圈足。口径 12.1、底径 3.9、高 4.5 厘米（图一五，1）。

H4 位于 T15 西部。开口于第 2 层下，打破第 4 层。平面呈圆形，直壁平底。直径 1.2、深 0.7 米。填深灰褐色粉沙黏土，质较疏松，内含少量的烧土颗粒。出土大量砖块、瓦片和陶瓷片、铜片和少量石块等，可辨器形有瓷碗（图一六；彩版八七，4）。

瓷碗 2 件。均矮圈足。内及外上部施黄白釉。

H4:2，敞口，尖唇，平底。圈足内底有五个支钉痕。口径 18.3、底径 6.2、高 6.4 厘米（图一六，1）。

H4:8，直口，圆唇，平底稍内凹。口径 12.7、底径 6.8、高 7.1 厘米（图一六，2）。

H5 位于 T4 西北部。开口于第 3 层下，打破 F1、4 层和生土。平面呈不规则椭圆形，斜壁，

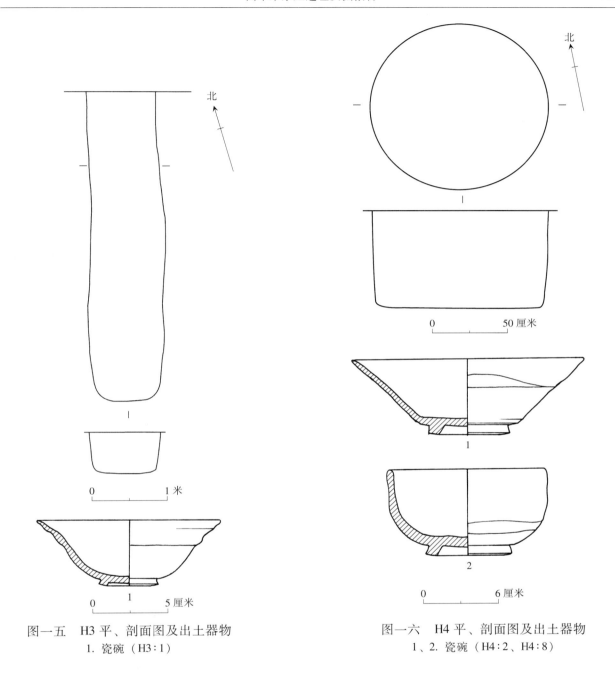

图一五　H3 平、剖面图及出土器物
1. 瓷碗（H3∶1）

图一六　H4 平、剖面图及出土器物
1、2. 瓷碗（H4∶2、H4∶8）

底不平。口南北长 2.56、东西宽 2.2、底部长宽均为 1.6、深 0.52 米。填灰褐色粉沙黏土，质较疏松，内含少量烧土和微量的炭屑。出土大量陶片、砖和瓦片，可辨器形有瓷碗、陶盆和陶罐（图一七；彩版八七，5）。

瓷碗　1件。

H5∶1，内及外上部施白釉。敞口，圆唇，斜壁，矮圈足。内底有支钉痕。口径 18.3、底径 6.7、高 6.2 厘米（图一七，1）。

陶罐　1件。

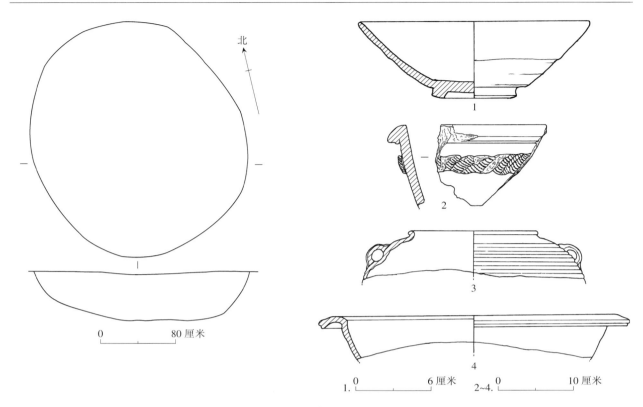

图一七　H5 平、剖面图及出土器物
1. 瓷碗（H5∶1）　　2、4. 陶盆（H5∶5、H5∶3）　　3. 陶罐（H5∶4）

　　H5∶4，泥质灰陶。敛口，圆唇，鼓腹，双耳。腹部多凸棱。口径 17、残高 6.5 厘米（图一七，3）。

　　陶盆　2 件。均泥质灰陶。敞口，斜腹。

　　H5∶3，卷沿，方唇，唇外缘一周凹槽。口径 41.2、残高 5.8 厘米（图一七，4）。

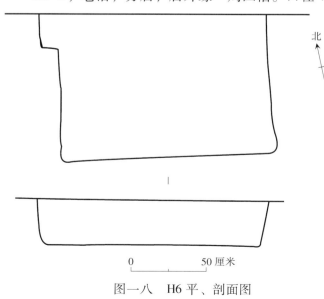

图一八　H6 平、剖面图

　　H5∶5，翻叠沿，尖方唇。沿下一周附加堆纹。残高 11 厘米（图一七，2）。

　　H6　位于 T1 西南部扩方。开口于第 3 层下，打破第 4 层。揭露部分平面呈长方形，斜壁内收，平底。口南北长 1.52、东西现宽 1 米，底部长 1.13、宽 0.92 米，深 0.32 米。填黑灰褐色粉沙黏土，质较疏松，内含红烧土块和微量的炭屑。出土陶、瓷片（图一八；彩版八七，6）。

　　H7　位于 T11 西部。开口于第 2 层下，打破第 4 层。平面呈不规则方形，斜壁，底部不平，无加工痕迹。口部南北长

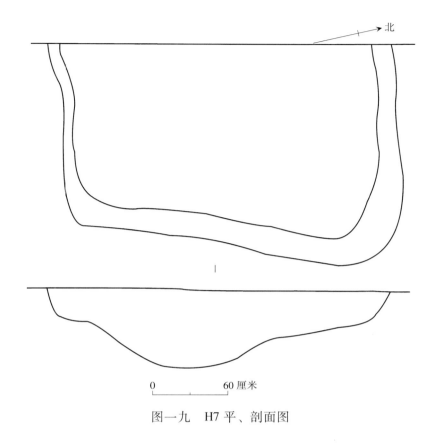

图一九　H7 平、剖面图

2.75、东西宽 1.3 ~ 1.58 米，底部南北长 2.5、东西宽 1.18 ~ 1.4 米，深 0.22 ~ 0.56 米。填深灰褐色粉沙黏土，质较疏松（图一九）。

H8　位于 T9 西部。开口于第 4 层下，被 G1 打破。平面呈圆角长方形，斜壁内收，近平底，壁面较规整，无加工痕迹。口部南北长 2.34、东西宽 0.7 ~ 1 米，底部南北长 2.3、东西宽 0.5 ~ 0.8 米，深 0.54 米。填灰褐色粉沙土，质较疏松，内含炭屑、红烧土、草木灰。出土陶片、骨角，可辨器形有瓷碗、角管（图二〇）。

瓷碗　1 件。

H8：1，红胎，无釉。敞口，圆唇，弧壁，假圈足。口径 14.5、底径 5.7、高 5.9 厘米（图二〇，1）。

4. 沟

1 条。

G1　位于 T9、T11 内。开口于第 2 层下，被 H1 打破，打破 F3、F7。平面形状呈南北向长条形，斜壁，不规则圜底，底由南向北渐低。底面起伏不平，无加工痕迹。口部长 9.2、宽 1.5 ~ 2、深 0.3 ~ 0.6 米。填土可分 2 层：第 1 层填灰色粉沙土，较致密。厚 0 ~ 0.3 米。内含红烧土粒、草木灰、砖、瓦、瓷片及少量石块、铁块和兽骨。器形有残铜钱、瓷碗底、滑石狗。第 2 层灰褐粉

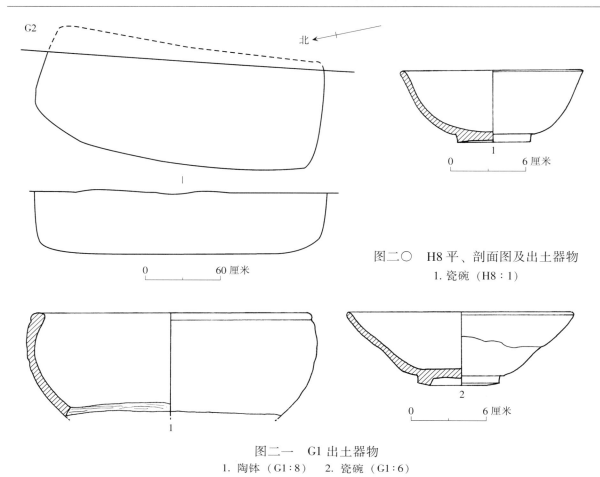

图二〇　H8 平、剖面图及出土器物
1. 瓷碗（H8∶1）

图二一　G1 出土器物
1. 陶钵（G1∶8）　2. 瓷碗（G1∶6）

沙土，较致密，厚 0～0.3 米。内含少量红烧土粒、炭屑。出土较多陶、瓷片，少量兽骨及瓷碗、陶钵等。

瓷碗　1 件。

G1∶6，内及外上部施白釉。敞口，尖圆唇，斜壁，矮圈足。内底有三个支钉痕。口径 18、底径 6.5、高 6 厘米（图二一，2）。

陶钵　1 件。

G1∶8，泥质灰陶。敛口，圆唇，鼓腹。口沿下一周凹弦纹。口径 21.4、残高 8.5 厘米（图二一，1）。

5. 地层内出土器物

主要有瓷碗，陶瓮、罐、盆、砚台等。

瓷碗　8 件。均敞口，矮圈足。

T1③∶6，内及外上部施白釉。圆唇，斜壁。内底有支钉痕。口径 18、底径 6.7、高 6 厘米（图二二，1）。

T1③∶10，内及外上部施白釉。圆唇，斜壁。内底有支钉痕。口径 18.3、底径 6.6、高 6.5 厘

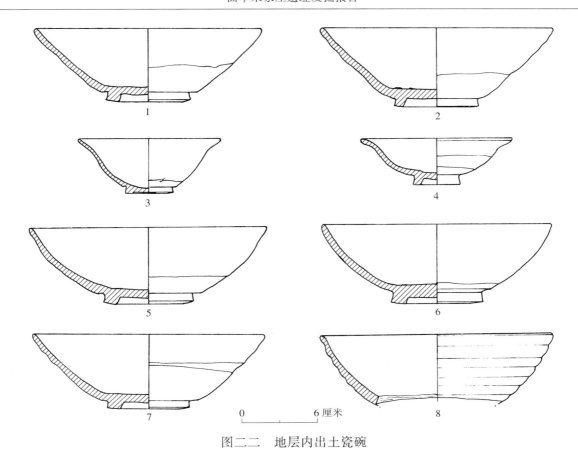

图二二 地层内出土瓷碗

1. T1③:6　2. T1③:10　3. T3③:1　4. T6②:1　5. T9②:1　6. T9②:2　7. T9②:3　8. T15④:4

米（图二二，2）。

　　T3③:1，内外部施酱釉，内多红斑。圆唇，斜壁。口径11.3、底径3.8、高4.5厘米（图二二，3）。

　　T6②:1（瓷盏?），内及外上部施白釉，外中部施青釉。圆唇，沿外翻。内底有支钉痕。口径12、底径3.8、高3.8厘米（图二二，4）。

　　T9②:1，灰胎，内及外上部施白釉。口沿外翻，圆唇，弧腹。内底有四个支钉痕。口径18.6、底径7、高6.3厘米（图二二，5）。

　　T9②:2，内及外大部施白釉。圆唇，斜壁。口径18.2、底径7.2、高6.5厘米（图二二，6）。

　　T9②:3，内及外上部施白釉。尖唇，斜壁。内底有支钉痕。口径18.3、底径6.5、高6.2厘米（图二二，7）。

　　T15④:4，内外施白釉。尖唇，弧腹，底残。腹外多凸棱。口径18.2、残高5.6厘米（图二二，8）。

　　陶盆　2件。均泥质陶。敞口，卷沿。

　　T14②:1，红陶。方唇，弧腹。口沿下一周凹弦纹，外腹部有凸棱。口径41、残高8.7厘米（图二三，1）。

　　T15④:2，灰陶。圆唇，唇外缘下垂，斜腹。外腹部多凹槽。口径79、残高9.5厘米（图二三，3）。

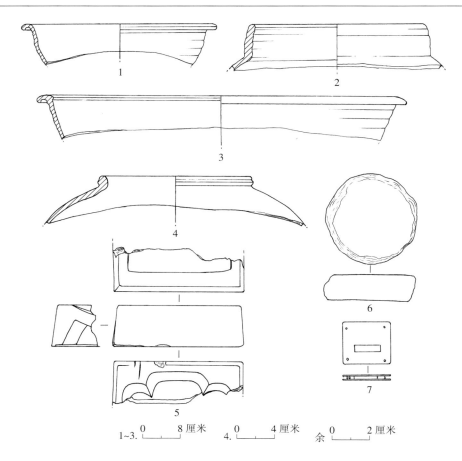

图二三　地层内出土器物

1、3. 陶盆（T14②:1、T15④:2）　2. 陶瓮（T15④:1）　4. 陶罐（T16④:3）
5. 陶砚台（T6②:2）　6. 圆陶片（T3③:3）　7. 铜饰片（T4④:6）

陶瓮　1件。

T15④:1，泥质灰陶。直口稍内敛，圆唇。口部有轮制痕迹。口径37、残高10厘米（图二三，2）。

陶罐　1件。

T16④:3，泥质红陶。敛口，圆唇，鼓腹。口径16.5、残高5.3厘米（图二三，4）。

陶砚台　1件。

T6②:2，残。泥质灰陶。长方体，上下面呈长方形，侧面呈梯形。残存砚槽下斜，底面呈内花边框。残长6.9、宽2.3厘米（图二三，5）。

圆陶片　1件。

T3③:3，泥质灰陶。用陶片打制而成。直径5、厚1.4厘米（图二三，6）。

铜饰片　1件。

T4④:6，两片合成，之间四角有支钉，支钉处有孔。各有一长方形孔，对穿。长2.5、宽2.3厘米（图二三，7）。

四　结语

此次发掘区文化堆积浅薄，遗物也不丰富。遗迹有房址、灶和灰坑。房址均保存较差，仅余房基部分，不见居住面和门道。其中 F3 和 F7 保存较好。F3 残存砖墙，F7 内灶址基本完整。两者联系紧密，推测为一组建筑，F3 内残存红烧土面，面积为 F7 的近四倍，具备居住功能，F7 应为厨房。整体来看，F1 ~ F4、F7 南北成一列，且考虑 F1 形制和 Z1 ~ Z3 的位置，这些房址朝向西。F8、F9 与 F3、F4 向背，距离较近，相对齐整。勘探证明遗址面积约 10 万平方米，或可说明此次发掘的朱家庄宋代遗存为一处规模较大的古村落。房址内的器物主要为瓷碗、罐、陶盆、罐、瓮，均为生活器具。另外生产工具有铁臿、镰，反映当时的生产力水平。陶砚台、铜簪等物品则反映时人的文化和精神的追求。

遗物多为瓷器和陶器。瓷器有碗、罐、盏，以碗为主。多灰白胎，青釉，内部施全釉，外部半釉。另有白釉、黄釉和酱釉，少量瓷器无釉。碗多敞口，矮圈足，内侧底部三至五个支烧痕。素面为主，个别施牡丹花纹。罐双耳，直口，鼓腹，矮圈足。瓷碗（F1∶2）与河南巩义元德李皇后陵①（M1∶14）形态近似，（H5∶1）与巩义永定禅院②（DST8③∶6）形态相近，而（F4∶9）的内壁牡丹花外壁棱线装饰风格近似；瓷碗（H4∶8、H8∶1）与枣庄中陈郝瓷窑址③（M2∶2）风格接近中陈郝瓷窑址的第四期；瓷碗（G1∶6）与济南魏家庄遗址④（M17∶1）类似。瓷双耳罐（F3 垫土①∶1）与苍山后杨官庄遗址⑤双系罐（M1∶2）和济南魏家庄遗址（M69∶1）接近。较中陈郝瓷窑址第四期Ⅵ罐更为圆浑，接近其第五期Ⅷ式罐（NY1∶19）。瓷碗斜壁、弧壁兼有，器壁较薄，底部均有支钉烧痕，不见刮圈叠烧痕迹。

通过以上典型遗物形态风格和烧制方法的对比，推测该遗址时代为北宋晚期到金代。总之，这次考古发掘为深入研究宋代聚落及物质文化提供了重要资料。

执笔：韩　辉　孙　岩　孙　波

绘图：许　珊　房成来　韩　辉

摄影：韩　辉

---

① 河南省文物考古研究所：《北宋皇陵》，中州古籍出版社，1997 年。

② 河南省文物考古研究所：《北宋皇陵》，中州古籍出版社，1997 年。

③ 山东大学历史系考古专业等：《山东枣庄中陈郝瓷窑址》，《考古学报》1989 年第 3 期。

④ 山东省文物考古研究所：《济南市魏家庄遗址宋元墓葬发掘报告》，《海岱考古》（第 7 辑），科学出版社，2014 年。

⑤ 山东省文物考古研究所：《苍山县后杨官庄遗址发掘报告》，《海岱考古》（第 6 辑），科学出版社，2013 年。

1. 遗址远景（北—南）

2. H21

3. H19

彭家庄遗址远景和龙山文化灰坑

1. 扁腹罐（H25：3）

3. 圈足盒（H19：2）

4. 盂（H21：2）

2. 双耳罐（H25：2）

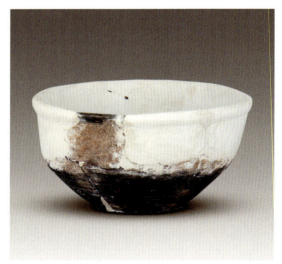

5. 碗（H25：1）

彭家庄遗址出土龙山文化陶器

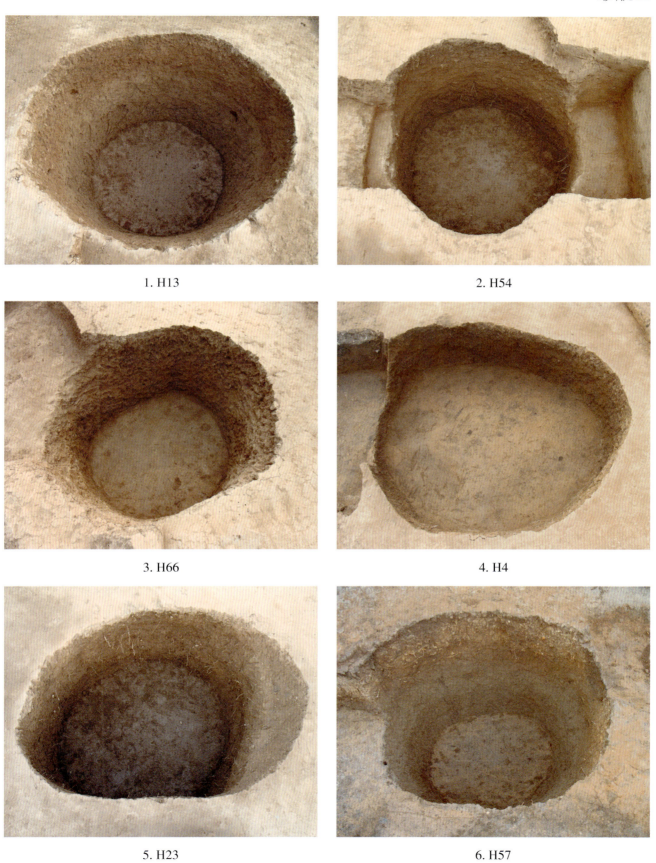

1. H13

2. H54

3. H66

4. H4

5. H23

6. H57

彭家庄遗址岳石文化灰坑

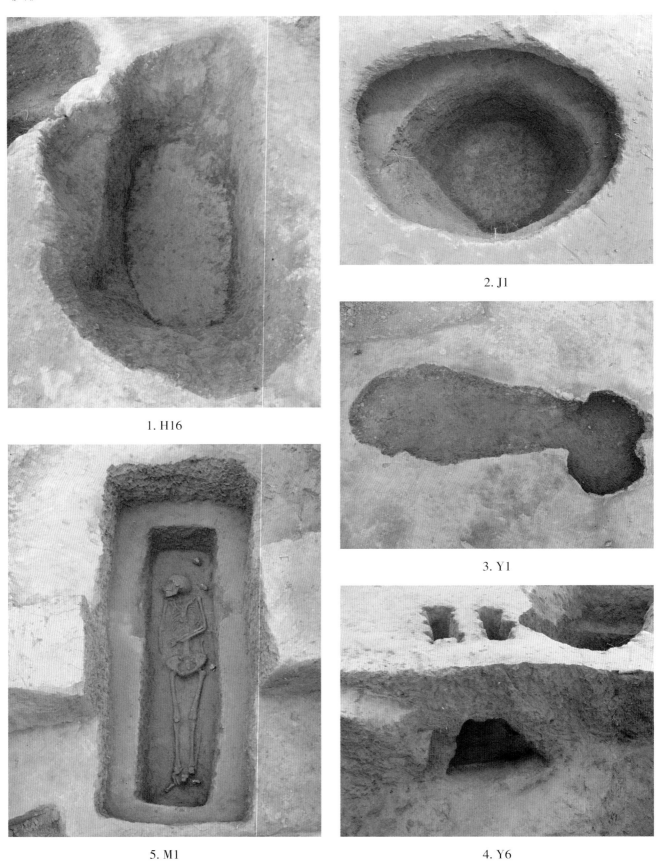

1. H16

2. J1

3. Y1

5. M1

4. Y6

彭家庄遗址岳石文化遗迹

1. A型Ⅰ式鼎（H1：3）

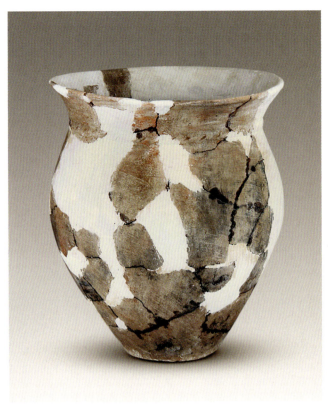

2. A型Ⅰ式中口罐（H49：1）

3. B型Ⅰ式球腹罐（H55：36）

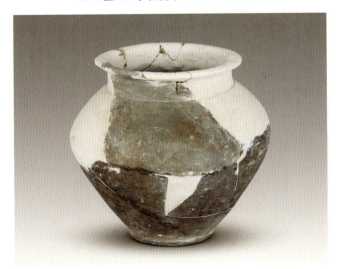

4. B型Ⅱ式球腹罐（H13：4）

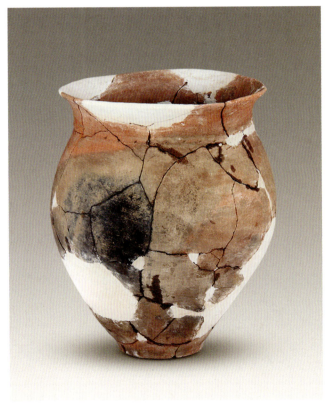

5. A型Ⅰ式中口罐（H4：2）

彭家庄遗址出土岳石文化陶器

彩版六

1. Ⅱ式大平底盆（H55∶22）

2. Ⅱ式大平底盆（H55∶20）

3. Ⅱ式大平底盆（H55∶23）

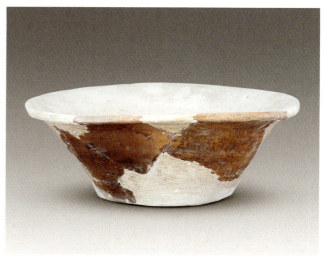

4. Ⅲ式大平底盆（H10∶3）

5. A型Ⅱ式鼓腹盆（H55∶28）

6. A型Ⅱ式鼓腹盆（J1∶1）

彭家庄遗址出土岳石文化陶器

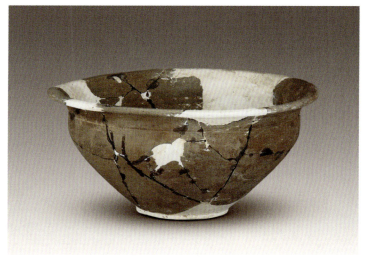

1. A型Ⅱ式鼓腹盆（H10：2）

2. A型Ⅰ式盂（H23：1）

3. A型Ⅱ式鼓腹盆（H9：1）

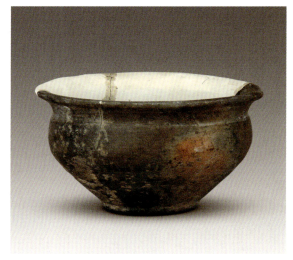

4. A型Ⅰ式盂（H16：6）

5. B型盂（H55：11）

6. 碗（H55：35）

彭家庄遗址出土岳石文化陶器

1. A型浅盘豆（H55：7）

2. B型Ⅰ式浅盘豆（H55：12）

3. B型Ⅱ式浅盘豆（H57：5）

4. B型Ⅲ式浅盘豆（H42：1）

5. A型Ⅰ式盘（H55：32）

6. A型Ⅱ式盘（H55：31）

彭家庄遗址出土岳石文化陶器

1. B型Ⅱ式盘（H61∶1）

4. Ⅰ式蘑菇纽器盖（H16∶4）

2. 壶（H20∶1）

5. 覆锅式器盖（H55∶30）

6. 圆饼（H87∶6）

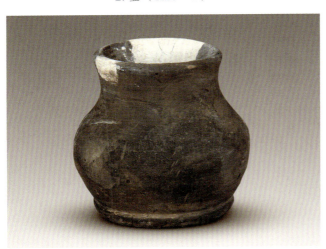

3. 壶（H15∶1）

7. 珠（H6∶1）

彭家庄遗址出土岳石文化陶器

1. 石钺（H55：1）

2. 石钺（采集：02）

3. 石凿（H96：1）

4. 石刀（H55：18）

5. 骨锥（H16：7）

6. H17

彭家庄遗址出土岳石文化器物及商周文化灰坑

（6为商周文化，余为岳石文化）

1. 发掘前（东北—西南）

2. 发掘后（西南—东北）

催马庄遗址发掘前后

1. H25

2. H7

3. Z2、Z1（左一右）

4. H33

催马庄遗址大汶口文化、周代遗迹

（1、3为大汶口文化，2、4为周代）

1. H39

2. H30

3. H37

4. H18

催马庄遗址周代灰坑

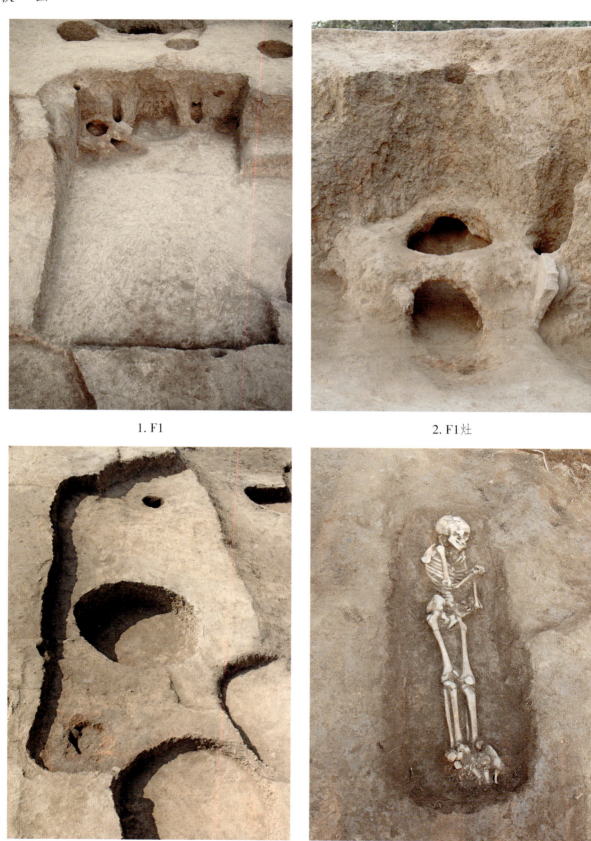

1. F1

2. F1灶

3. F2

4. M1

催马庄遗址周代遗迹

1. M2

2. M3

3. M5

4. M6

催马庄遗址周代墓葬

1. 鬲（H33：1）

3. 鬲（M2：1）

4. 鬲（M3：1）

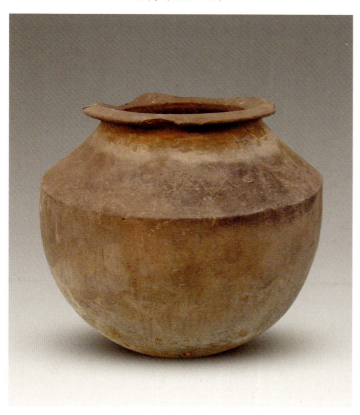

2. 罐（采：01）

5. 鬲（M5：1）

催马庄遗址出土周代陶器

1. ①刀（H56：1）　②~⑤镰（H38：8、H18②：12、H7：1、H18②：13）

2. ①~④刀（H38：4、H22：2、H33：2、H41：1）

催马庄遗址出土周代蚌器

1. 凿（H33：3）

2. 斧（H37：2）

3. 纺轮（H18②：15）

4. 纺轮（H46：1）

5. 锛（F1：1）

6. 砺石（F1：8）

催马庄遗址出土周代石器

1. 骨匕（H18②：2、H37：10）（左-右）

3. 骨锥（H6：4、F1：3、F1：2）（左-右）

2. 骨簪（H18②：11）

4. 骨锥（H60：1、H18②：1、H37：3、H18②：3、H22：1）（左-右）

催马庄遗址出土周代骨器

1. 墓地全景（西-东）

2. M31

3. M119

寨山墓地及汉代墓葬

1. M55

2. M46

3. M18

4. M18耳室挡板

寨山墓地汉代墓葬

1. M107南侧器物出土情况

2. M9

3. M63器物出土情况

4. M66

寨山墓地汉代墓葬

1. M93器物出土情况

2. M110

3. M130器物出土情况

寨山墓地汉代墓葬

1. M42

2. M22

3. M48

寨山墓地汉代墓葬

1. M8

2. M8墓门

寨山墓地汉代墓葬M8

1. M17画像石

2. M17器物出土情况

寨山墓地汉代墓葬M17

1. Aa型Ⅰ式（M115：5）

2. Aa型Ⅱ式（M160：4）

3. Ab型（M63：6）

4. Ba型Ⅰ式（M93：7）

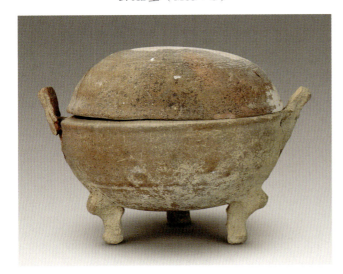

5. Ba型Ⅱ式（M103：3）

6. Bb型Ⅲ式（M122：1）

寨山墓地汉代墓葬出土陶鼎

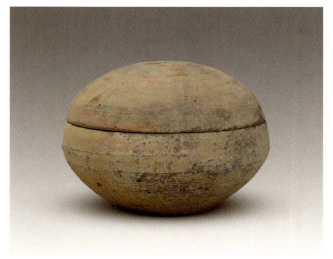

1. Aa型Ⅰ式（M115：6）

2. Aa型Ⅲ式（M63：7）

3. Ab型Ⅲ式（M66：6）

4. Bb型Ⅰ式（M131：3）

5. Bb型Ⅱ式（M103：2）

6. Bb型Ⅲ式（M209：2）

寨山墓地汉代墓葬出土陶盒

1. 钫（M131：2）　　　　2. A型壶（M115：2）　　　　3. Ba型Ⅰ式壶（M115：3）

4. Ba型Ⅲ式壶（M63：5）　　　5. Ba型Ⅲ式壶（M120：1）　　　6. Bb型Ⅰ式壶（M160：3）

寨山墓地汉代墓葬出土陶器

1. Ⅰ式匜（M115：4）

2. Ⅱ式匜（M93：8）

3. Ⅲ式盘（M151：6）

4. Ⅱ式仓（M151：3）

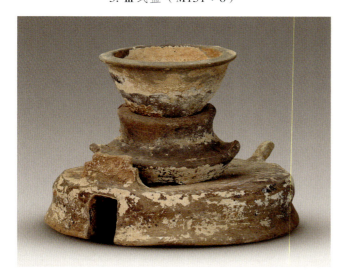

5. Ⅰ式灶（M17：12）

6. Ⅱ式猪圈（M66：2）

寨山墓地汉代墓葬出土陶器

1. Ⅰ式陶楼（M66：3）

2. Ⅱ式釉陶罐（M30：1）

3. M111出土原始瓷壶（M111：2~6）、釉陶壶（M111：7）

寨山墓地汉代墓葬出土器物

1. M17出土釉陶壶（M17：1～7）

2. 原始瓷罐（M20：2）

3. Ⅰ式铜镜（M66：13）

寨山墓地汉代墓葬出土器物

1. Ⅱ式镜（M33：1）

2. Ⅲ式镜（M22：1）

3. Ⅱ式带钩（M125：5）

4. Ⅰ式带钩（M33：6）

5. 印章（M50：1）

6. 印章（M123：5）

7. 帽钉（M154：4）

寨山墓地汉代墓葬出土铜器

1. 鎏金铜饰件（M21：3-2）

2. 鎏金铜饰件（M9：2）

3. 玉璧（M154：3）

4. 玉璧（M123：4）

5. 玉璜（M210：2）

6. 玉玲（M130：2）

7. 石璧（M170：2）

寨山墓地汉代墓葬出土器物

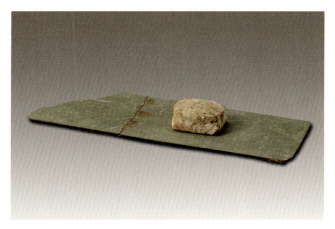

1. 石黛板（M28：3-2）、砚（M28：3-1）

3. 铁镬（M5：1）

4. 铁镬（M2：1）

5. 铁球（M87：2）

2. 铁剑（M171：2）

6. 金属车害（M21：1、M21：2）（左-右）

寨山墓地汉代墓葬出土器物

1. 墓地航拍图

2. 外景

凤凰山墓地外景

1. M2

2. M23脚箱

3. M24、M25（左—右）

凤凰山墓地汉代墓葬

1. 上盖板

2. 内盖板

3. 棺内漆皮

4. 器物出土情况

凤凰山墓地汉代墓葬M40

1. A型（M38：4）

2. B型（M23：19）

3. Ca型（M40：3）

4. D型（M35：2）

5. E型（M11：3）

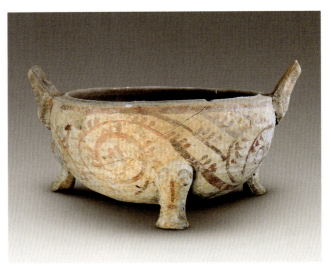

6. E型（M11：3）

凤凰山墓地汉代墓葬出土陶鼎

1. A型Ⅰ式（M41∶5）

2. A型Ⅰ式盒盖（M41∶5）

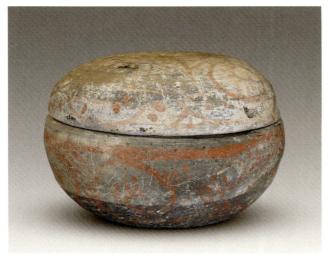

3. A型Ⅰ式（M11∶1）

4. A型Ⅱ式（M2∶4）

5. A型Ⅲ式（M35∶3）

6. B型Ⅰ式（M40∶4）

凤凰山墓地汉代墓葬出土陶盒

1. Aa型（M35：1）

2. Ab型（M2：2）

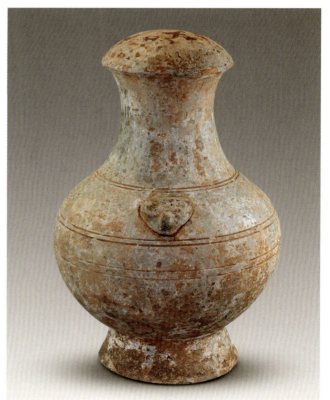

3. Ab型（M38：2）

4. Ac型Ⅰ式（M29：1）

凤凰山墓地汉代墓葬出土A型陶壶

1. Ac型Ⅱ式（M40：2）

2. Ac型Ⅱ式（M23：1）

3. Ac型Ⅲ式（M41：3）

4. Ba型（M26：1）

凤凰山墓地汉代墓葬出土陶壶

1. Ba型（M27：1）

2. Bb型Ⅰ式（M40：1）

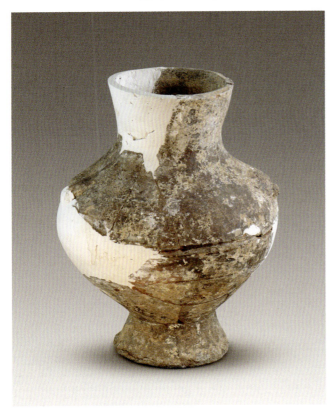

3. Bb型Ⅰ式（M46：1）

4. Bb型Ⅱ式（M11：2）

凤凰山墓地汉代墓葬出土B型陶壶

1. 钫（M2：1）

3. C型小壶（M41：6）

4. A型Ⅰ式罐（M25：2）

2. 钫（M38：1）

5. A型Ⅱ式罐（M1：2）

凤凰山墓地汉代墓葬出土陶器

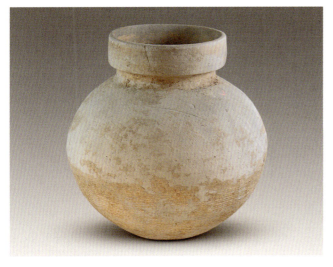

1. A型Ⅲ式（M13：2）

2. Ba型Ⅱ式（M37：1）

3. Bb型Ⅰ式（M19：1）

4. Bb型Ⅱ式（M18：1）

5. Bb型Ⅲ式（M28：1）

6. C型（M9：2）

凤凰山墓地汉代墓葬出土陶罐

1. C型罐（M12：3）　　　　　　　　2. E型罐（M9：3）

3. A型Ⅰ式小罐（M10：3）　　　　　4. A型Ⅱ式小罐（M10：2）

5. A型Ⅲ式小罐（M11：5）　　　　　6. Ba型小罐（M40：5）

凤凰山墓地汉代墓葬出土陶器

1. Bb型小罐（M29：5）

2. Cb型小罐（M9：14）

3. Cb型小罐（M9：13）

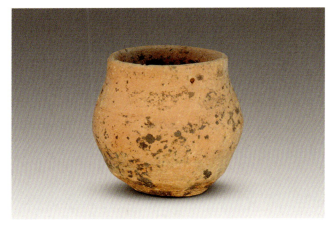

4. D型小罐（M35：4）

6. B型盘（M41：4）

5. 釜（M12：1）

7. B型盘内部彩绘（M41：4）

凤凰山墓地汉代墓葬出土陶器

1. A型匜（M29：8）　　　　　　　2. A型卮（M40：6）

3. A型卮（M29：2）　　　　　　　4. B型卮（M29：6）

5. 镳壶（M29：3）　　　　　　　　6. 勺（M23：11）

凤凰山墓地汉代墓葬出土陶器

1. 陶磨（M29：15）

2. 陶磨（M29：15）（去盖）

3. 陶磨（M29：15）（去磨盘）

4. 陶磨底部（M29：15）

5. 猪圈（M29：13+14）

6. 陶猪（M29：14）

凤凰山墓地汉代墓葬出土陶器

1. 盆（M11：4）

2. 盆内部彩绘（M11：4）

3. 盆（M3：2）

4. 仓（M29：10）

5. 囷（M29：12）

6. 灶（M29：9）

凤凰山墓地汉代墓葬出土陶器

1. 陶器盖（M41：2）

3. 铜辟兵符（M37：4）

4. 铜印章（M9：7）

2. 铜镜（M15：2）

5. 铜印章（M37：3）

6. 铜带钩（M37：2）

7. 铜带钩（M9：9）

凤凰山墓地汉代墓葬出土器物

1. M23：26

2. M22：32

3. M22：14

4. M25：33

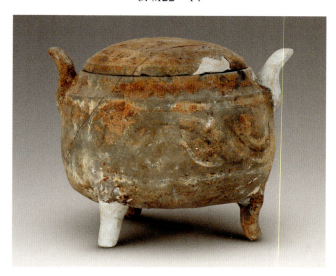

5. M22：26

6. M25：28

小宫山墓地汉代墓葬出土陶鼎

1. M22：27

2. M23：17

3. M23：18

4. M25：24

5. M25：29

6. M25：31

小宫山墓地汉代墓葬出土陶盒

1. 大型壶（M25：30）

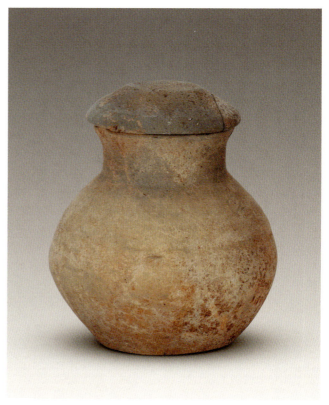

2. 中型壶（M2：6）

3. 中型壶（M6：2）

4. 中型壶（M6：6）

小宫山墓地汉代墓葬出土陶壶

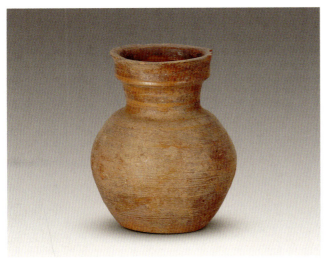

1. M9：11

2. M22：7

3. M25：12

4. M25：13

5. M25：27

6. M25：35

小宫山墓地汉代墓葬出土中型陶壶

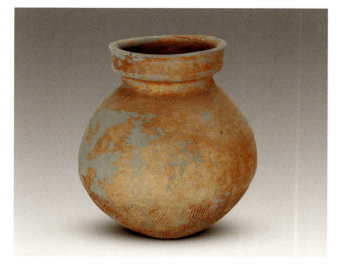

1. M7：6

2. M9：13

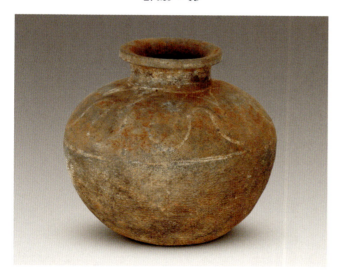

3. M22：6

4. M22：9

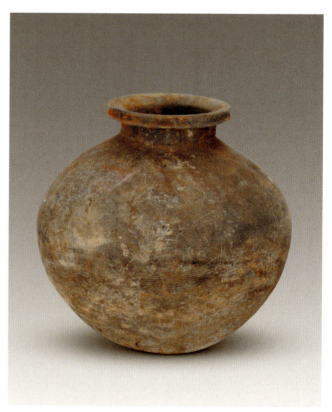

5. M22：11

小宫山墓地汉代墓葬出土大型陶罐

1. M22：13

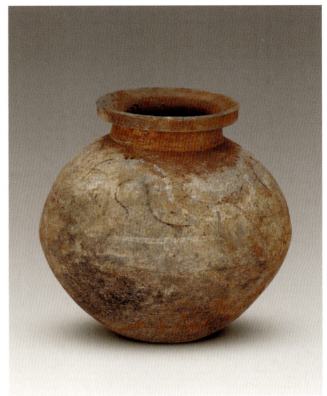

2. M22：33

3. M23：24

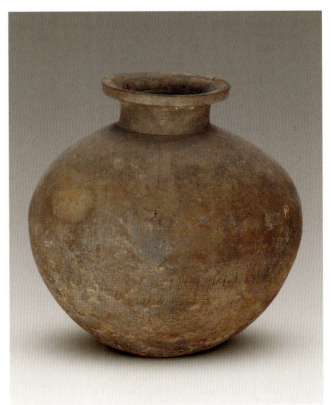

4. M23：30

小宫山墓地汉代墓葬出土大型陶罐

1. M3：13

4. M10：3

2. M3：14

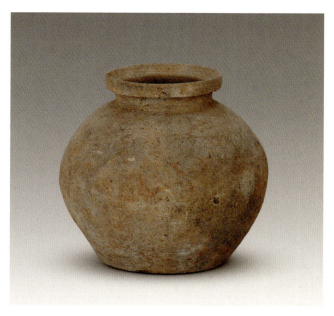

5. M25：34

3. M10：2

小宫山墓地汉代墓葬出土中型陶罐

1. 小型罐（M3：2）

4. 匜（M23：20）

2. 小型罐（M21：4）

5. 匜（M24：1）

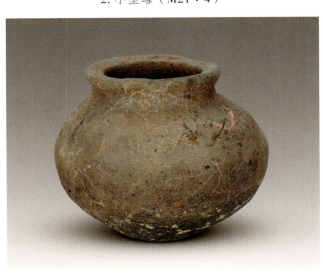

3. 小型罐（M21：6）

6. 熏炉（M9：10）

小宫山墓地汉代墓葬出土陶器

1. 陶耳杯（M23：28）

2. 陶器盖（M25：39）

3. 铜镜（M21：9）

4. 铜镜（M14：5）

5. 铜镜（M22：4）

6. 铜镜（M7：1）

小宫山墓地汉代墓葬出土器物

1. 铜印章（M22：16）

2. 漆奁盒铜环耳（M22：34-2）

3. 漆奁盒铜足（M22：12、31、34）（左—右）

4. 铜衔（M23：42-2）

5. 铜当卢（M23：42-1）

6. 银戒指（M14：8）

7. 铁甾（M3：6）

小宫山墓地汉代墓葬出土器物

1. 玛瑙环（M22：35）

2. 玉琀（M22：36）

3. 玉琀（M23：1）

4. 石琀（M22：1）

5. 石琀（M1：4）

6. 玉耳塞（M23：2）

7. 玉鼻塞（M23：3）

小宫山墓地汉代墓葬出土器物

1. M23:40

2.①~④、⑥方形中空带堵头（M23:40-1~40-4、40-6）、⑤长方形（M23:40-5）

小宫山墓地汉代墓葬M23出土骨牌

1. 北室石椁南侧立板

2. 北室石椁北侧立板

3. 北室石椁东挡板

4. 北室石椁西挡板

小宫山墓地汉代墓葬M22出土画像石

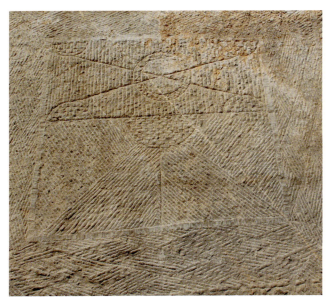

1. M22南室石椁西挡板

2. M23南室石椁东挡板

3. M22南室石椁南侧板

4. M18墓门

5. M23北室石椁北侧板

小宫山墓地汉代墓葬出土画像石

1. 卫星图片

2. 遗址地貌及勘探情况

河夹店窑址外景及勘探情况

1. 发掘工作场景

2. 发掘区全景

河夹店窑址发掘工作场景及发掘区全景

1. T13、T14全景

2. Y1

3. Y1窑底

河夹店窑址发掘探方及Y1

1. G3

2. H9

3. H10

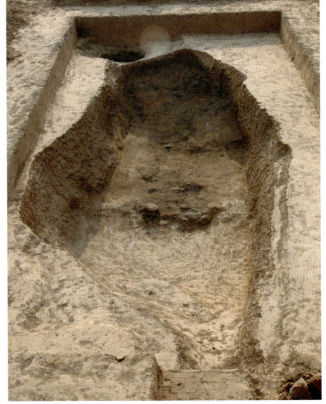

4. H5

河夹店窑址遗迹

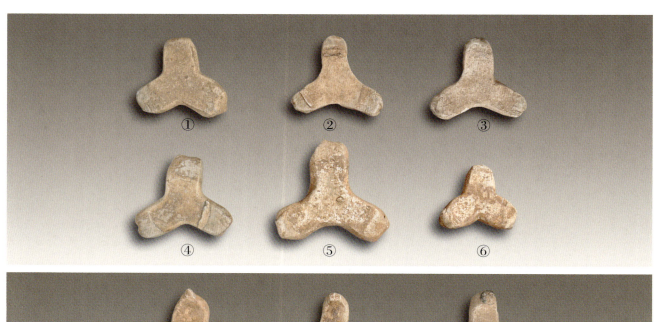

1. A型三足支钉　①G3：119　②G1：01　③G1：02　④H5：27　⑤标本②：01　⑥标本②：02

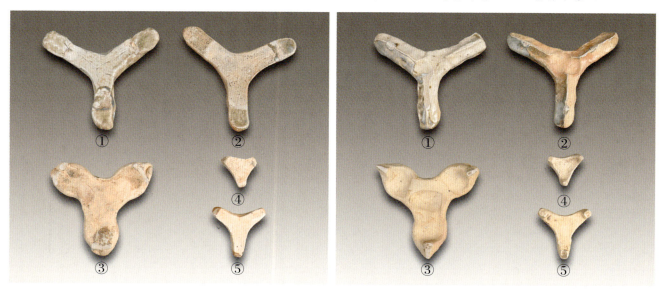

2. 三足支钉　①②D型（G1：01、H5：23）　③A型（G3：30）　④C型（G3：31）　⑤B型（H5：22）

河夹店窑址出土窑具

1. A型支烧（G3：33）

2. A型支烧（H5：24）

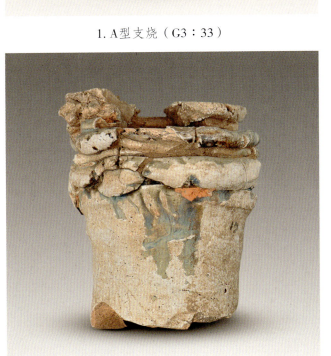

3. A型支烧（G3：32）

4. B型支烧（G1：4）

河夹店窑址出土窑具

1. G3：108

2. G3：109

3. G3：118

4. H5：25

5. G3：110

6. G3：111

河夹店窑址出土刻字支烧

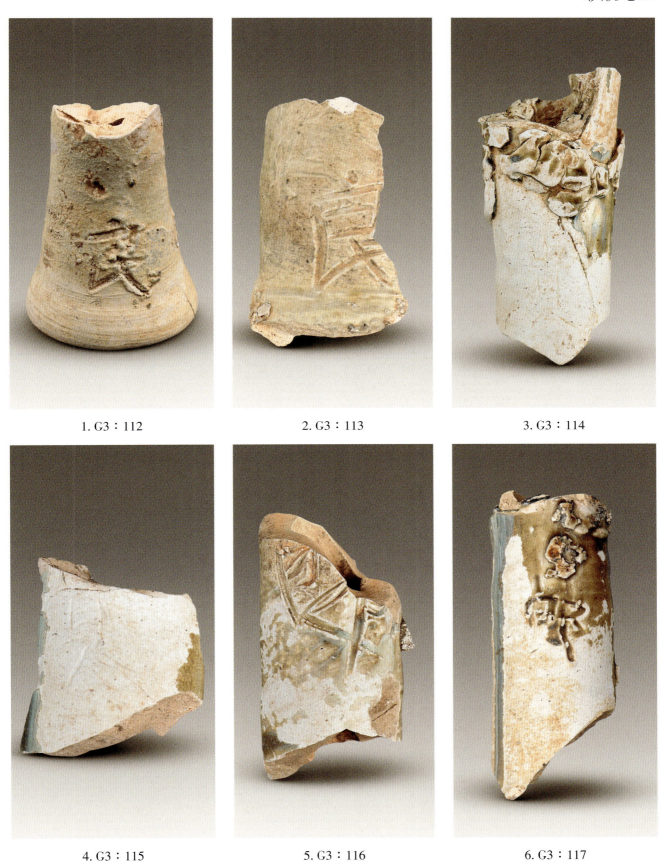

1. G3：112

2. G3：113

3. G3：114

4. G3：115

5. G3：116

6. G3：117

河夹店窑址出土刻字支烧

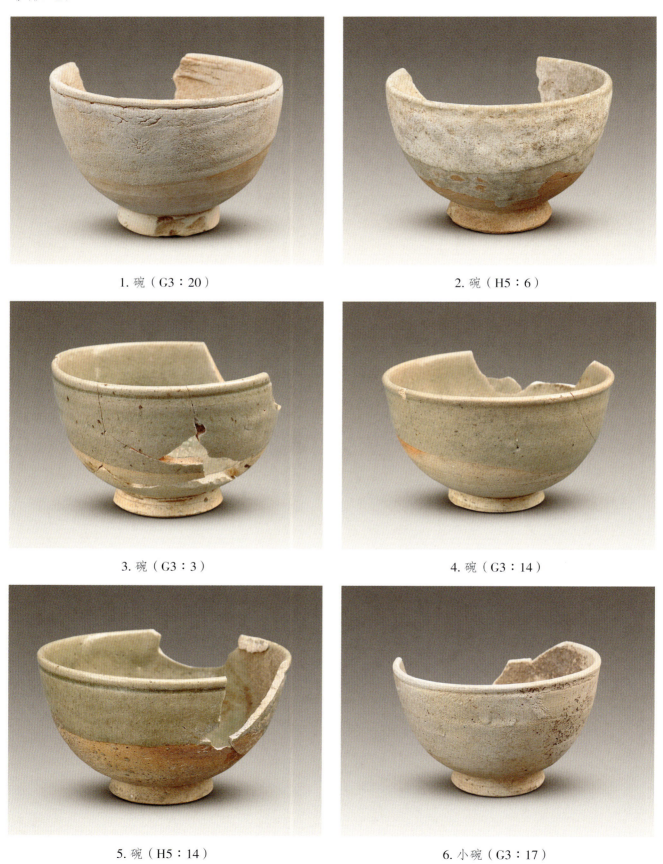

1. 碗（G3：20）　　　　　　　　2. 碗（H5：6）

3. 碗（G3：3）　　　　　　　　4. 碗（G3：14）

5. 碗（H5：14）　　　　　　　6. 小碗（G3：17）

河夹店窑址出土瓷器

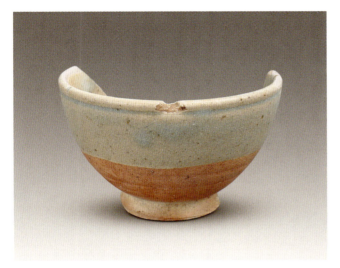

1. 小碗（G3：12）

2. 小碗（H5：13）

3. 豆（H5：9）

4. 罐（G3：118）

5. 罐（G1：3）

河夹店窑址出土瓷器

1. 瓷纺轮（H5：26）

2. 烧坏的瓷碗（G3：5）

3. 烧坏的瓷碗

4. 瓷盘残片

5. 瓷盘残片

6. 瓷碗上粘贴的支钉

河夹店窑址出土器物

1. M8

2. M8发掘现场

西大吴墓地汉代墓葬M8

1. 鼎（M8：20）

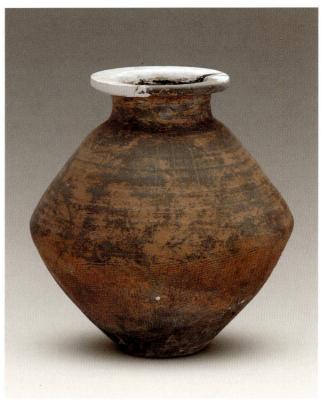

3. A型罐（M2：4）

2. A型罐（M3：4）

4. C型罐（M8：24）

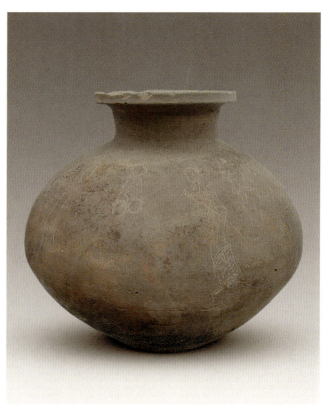

5. B型罐（M5：8）

西大吴墓地汉代墓葬出土陶器

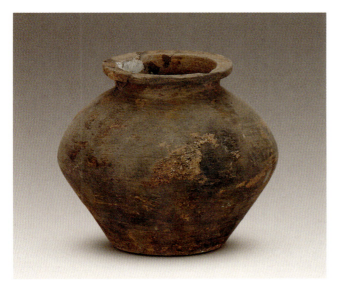

1. D型罐（M8：12）

2. E型罐（M8：11）

4. A型壶（M8：18）腹部刻划铭文

3. A型壶（M8：29）

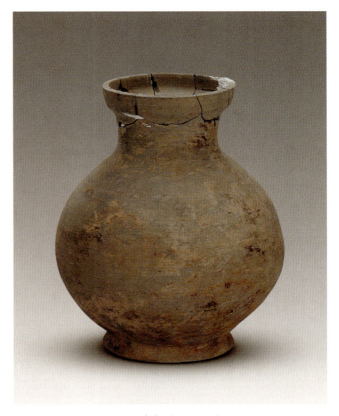

5. B型壶（M9：5）

西大吴墓地汉代墓葬出土陶器

1. 鼎（M8：8）

2. 熏炉（M8：7）

3. 盆（M8：9）

4. 钵（M2：6）

5. 镜（M5：4）

6. 镜（M9：2）

西大吴墓地汉代墓葬出土铜器

1. M6

2. M12

西大吴墓地宋代墓葬

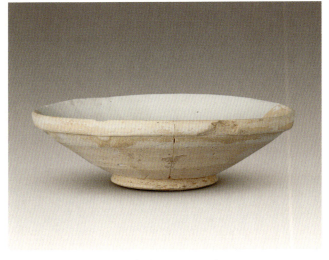

1. 白瓷碗（M13：1）

2. 白瓷碗（M14：1）

3. 黑瓷碗（M18：1）

4. 黑瓷碗（M17：2）

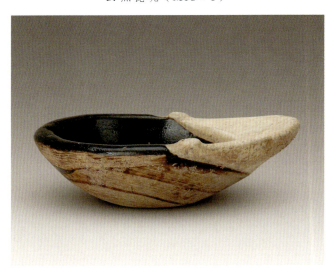

5. 灯盏（M18：2）

西大吴墓地墓葬出土瓷器
（1、2为宋代，余为清代）

1. 北—南

2. 南—北

朱家庄遗址发掘现场

1. F2

2. F3、F7

3. F3瓷罐、陶盆及房址垫土

4. F4

5. Z4

朱家庄遗址遗迹

1. Z1

2. Z2

3. Z3

4. H4

5. H5

6. H6

朱家庄遗址遗迹